행정법의 기초

이윤환 · 이한태

탑북스

서 문

학문으로서 법학을 하든, 수험생이든 누구나 한번쯤은 행정법을 어떻게 공부하고 어느 교과서를 선택할 것인가라는 본질적 문제에 직면해 고민을 했던 기억이 있거나 지금도 여전히 그 고민은 진행되고 있는 경우가 적지 않다. 그 이유는 모든 공무원시험에 행정법과목이 들어가고, 행정법이라는 교과목이 비단 법학전공자들만의 전유물이 아니어서 다른 법서에 비해 무수한 유형의 행정법 교과서들이 존재하기 때문이다. 행정법을 공부하는 이들의 이러한 고민을 해결해 보려는 의지에서 책을 써야겠다고 마음먹었고, 이 책을 쓴 본격적인 이유는 다음과 같다.

행정법이라는 과목 자체가 어려운데다가 기존의 교과서들이 법학전공자 위주로 어렵게 집필되어 있어 초학자들에게 많은 부담이 되었다. 게다가 행정법을 공부하기 위해서는 헌법적 지식과 민법적 지식, 민사소송법적 지식 뿐만 아니라 행정법 분야에서는 형사법에 대한 배경지식도 필요하다. 그래서 법과대학에서도 고학년이 되어서야 배우는 과목이기도하다. 행정법 강의를 하면서 어렵고, 재미없다는 등의 이야기를 학생들에게 자주 듣는다. 법학을 전공하지 않고, 공무원시험을 준비하는 이들은 더욱 공감할 것이다. 따라서 행정법을 가르치는 사람으로서 그런 소리를 들을 때마다 미안하기도 하고 책임감이 느껴지기도 한다. 그렇기 때문에 저자의 능력이 부족함에도 불구하고 이렇게 용기를 내어 책을 내게 되었다. 따라서 본서는 행정법이라는 과목과 기존 교과서들이 가지고 있는 한계를 극복하기 위하여 다음과 같은 몇 가지 점을 고려하였다.

첫째, 본문의 내용을 최대한 간소화하였다. 법서의 대부분이 그렇지만 빽빽한 글씨와 방대한 내용의 분량이 주는 중압감은 행정법을 공부하는 이들을 처음부터 질리게 만들기 때문이다.

둘째, 행정법을 이해하기 위해서는 여타의 다른 법 과목에 대한 배경지식이 필요한 바, 이는 비전공자들이 행정법을 공부하기 위해 넘어야 하는 또 하나의 산이다. 이를 위해 본문과 각주에 행정법을 이해하기 위한 기초적 법률지식과, 어려운 용어의 이해를 돕는 길라잡이를 서술해 놓았다.

셋째, 난해한 이론에 대한 이해를 돕기 위해 가능한 많은 예시를 들었으며, 경우에 따라서는 이론을 사례와 연결하여 풀어 놓음으로써 행정법이론이 현실에서 어떻게 적용되는지 소개하였다.

넷째, 다른 행정법 교과서들도 그렇겠지만 중요판례를 빠짐없이 소개하려고 노력했고, 수시로 개정되는 행정법의 법원들을 최대한 최신의 것들로 담기위해 세심하게 주의를 기울였다.

학문적으로 일천한 입장에서 이미 많은 연구가 축적된 행정법 교과서를 낸다는 것은 부담스럽고 두려운 일이다. 학계의 원로・선배교수님들의 가르침이 있었기에 가능한 일이었다. 새 학기에 맞추어 출간하려니 미흡한 점이 더러 발견된다. 앞으로 더 많은 연구와 노력을 통하여 본서의 단점들을 보완해 나갈 것을 약속드린다. 후학들이 본서를 통하여 행정법을 보다 쉽게 이해하고 나아가 행정법에 더욱 친숙해질 수 있는 작은 길잡이가 되기를 바라마지 않는다.

끝으로 좋은 책이 나올 수 있도록 출간을 맡아 애써주신 탑북스 대표님과 편집관계자 여러분에게 깊은 감사를 드린다.

2016년 2월

저 자 씀

차 례

제1편 행정법 서론

제1장 행 정

제2장 행정법

제3장 행정상 법률관계

제2편 행정작용법

제1장 행정입법과 행정행위

제2장 그 밖의 행정의 행위형식

제3장 행정과정의 법적 규제

제4장 행정의 실효성 확보수단

제3편 행정구제법

제1장 행정구제 일반 및 옴부즈만제도

제2장 행정상 손해배상(국가배상)

제3장 행정상 손실보상

제4장 행정심판

제5장 행정소송

제 1 편

행정법 서론

제1장 행 정

제1장 행 정

제1절 행정관념의 성립과 권력분립

Ⅰ. 행정관념의 성립

행정개념은 과거 절대군주에게 구분 없이 집중되었던 통치권이 시민계급에게로 넘어오면서, 국가권력을 입법·사법·행정으로 나누어 이를 서로 다른 국가기관에 분산하여 담당시키고 상호 견제와 균형을 통하여 권력행사의 독주를 방지함으로서 국민의 기본권을 보장하려는 권력분립제도를 이념적·역사적 배경으로 하고 있다. 즉, 행정관념은 근대국가의 탄생과 함께 권력분립을 전제로 3권분립 이후에 역사적·제도적으로 성립 발전하였다.

Ⅱ. 권력분립이론

1. 고전적 권력분립이론

(1) 의의 및 특징

국가의 통치작용을 입법·사법·행정의 3권으로 나눠 상호 균형과 견제의 원리로 국민의 자유와 권리를 보장하려는 자유주의적 조직 원리이다. 기본권보장을 목적으로 하는 가치중립적인 원리이고 권력상호간의 견제와 균형을 통하여 국가권력의 남용을 억제하기 위한 소극적이고 수단적·기술적 개념이다. 회의적 · 비관적 인간관(인간에 대한 불신)에 근거하며,[1] 고전적 권력분립 원리인 견제와 균형을 가장 잘 구현한 정치제도는 미국의 대통령제이다.

(2) J. Locke의 2권분립론

'시민정부이론'에서 국가권력을 입법과 행정으로 2권분립 하였다. 기능상으로 입법 · 집행 · 외교 · 대권 4권으로 나누었으나, 기관상 의회(입법권), 국왕(집행권, 외교권, 대권) 2권으로 나누었으며, 사법권은 집행권에 포함되었다. 국민주권을 전제로 입법권의 우위를 인정하여 영국헌법에 영향을 줌에 따라 의원내각제로 발전하며, 로크의 2권분립론은 몽테스키외에 의하여 체계화되어 근대 모든 국가의 권력분립제도에 결정적인 영향을 미치게 되었다.

(3) Montesquieu의 3권분립론

'법의 정신'에서 국가권력을 입법 · 사법 · 행정으로 3권분립하였다. 엄격한 3권분립을 전제로 하여 미국의 대통령제로 발전하며, 몽테스키외의 3권분립론은 권력의 분산을 통한 권력 제한을 실현시킴으로써 시민의 자유를 보호하겠다는 것에 주안점을 둔 것이다. 이는 권력의 집중이 권력의 남용을 낳고, 권력남용이 결국은 독재와 인권침해를 초래한다는 인식에서 출발한다.

2. 현대적 권력 분립이론

(1) 권력분립의 지반변화와 위기원인

1) 권력분립의 지반변화

권력분립은 권력에 대한 불신에서 출발하여 개인의 자유를 보장하기 위해 국가기능이 소극적인 것을 그 특징으로 하였으나, 오늘날 현대국가는 정당국가화 경향, 적극적 국가화 경향의 요청에 따라 국가권력이 통합화 내지는 적극화 양상을 띠게 되어 고전적 권력분립이론의 수정이 요구되게 되었다.

---

1) 영국의 정치학자 액튼 경(Lord Action)의 "절대 권력은 절대 부패한다."는 말처럼 견제되지 않는 권력은 필연적으로 부패한다는 역사적 경험에서 비롯된 것이 바로 권력분립이다.

2) 권력분립제도의 위기원인

권력분립제도의 위기원인에는 국제긴장에 따른 비상사태의 만성화와 그에 따른 방위기구의 확대・강화, 정당정치의 확립에 따른 입법권과 행정권의 권력통합, 사회국가이념의 실현과 경제적 위기를 극복하기위한 집행부 우위의 권력구조, 헌법재판제도의 강화로 인한 사법국가화 경향 등이 있다.

(2) 새로운 권력분립이론의 등장

1) K. Lowenstein의 새로운 기능적・합리적・동태적 권력분립론

K. Lowenstein는 "전통적인 권력분립주의는 20세기의 현실에 비추어보면 낡고 현실유리적인 것이 되었다."고 하였다. 현대대중사회에서는 고전적 권력분립론은 동태적 권력분립론으로 대처되어야 한다고 하고 국가기능을 정책결정기능, 정책집행기능, 정책통제기능으로 나누어 파악하면서 헌법은 정치적 통제를 위한 제도적 장치라고 하였다.

2) W. Kagi의 다원적・포괄적 권력분립론

W. Kagi는 다원화된 현대사회에서는 권력분립도 다원화되어야 한다고 보고 사회세력간의 다양한 권력분립을 주장하였다. 복수정당제 확립에 따른 여・야의 권력 분립, 대통령 등 국가기능 담당자의 임기제, 행정의 권력분립(중앙과 지방간의 권력분립), 입법부의 양원제, 헌법제정・개정권과 일반입법권의 분리, 연방제와 지방자치제에 의한 수직적 권력분립, 민간권력과 국가권력의 분리 등으로 다원적으로 권력분립을 주장하였다.

제2절 행정의 의의

I. 개 설

행정의 의의에 관하여 실질적으로 파악하는 입장과 형식적으로 파악하는 입장

으로 구분, 양자는 대부분 일치하지만 반드시 일치하는 것은 아니므로 차이점의 구분을 요한다. 그 이유는 형식적 의미의 행정은 성질상 입법이나 사법도 포함하고 있으므로 입법이나 사법과 성질상 차이가 있는 실질적 행정을 탐구하기 위함이다.[2)]

Ⅱ. 실질적 의미의 행정

1. 의 의

실질적 의미의 행정이란 입법의 하위개념으로서 법을 구체화하고 집행함으로써 현실적으로 국가목적을 실현시키는 국가작용을 말한다. 여기서 법이라고 함은 성문의 법규뿐만 아니라 헌법상의 일반원칙 그 밖의 불문법을 포함하고 있다. 또한 입법의 하위개념이므로 법에 저촉하지 않고 법의 근거가 필요하며 법의 범위 내에서 행하여지는 작용이다.

2. 학 설

(1) 긍정설

긍정설은 국가작용의 성질상의 차이를 인정하여 입법은 법정립작용, 사법은 법선언작용, 행정은 법집행작용이라고 보는 전통적 견해인데, 여기에도 소극설과 적극설이 대립되고 있다.

1) 소극설(공제설: Hatschek, W. Jellinek)

소극설은 국가작용 중에서 입법·사법을 제외한 나머지 작용을 행정이라고 하는 견해이다. 이 학설은 군주의 통치권 행사를 제한하기 위하여 입법권과 사법권

2) ① 형식적 의미의 분류(담당하는 **기관**에 따른 분류) : 실정법 및 조직상 각 기관에 분배된 권한을 표준으로 파악, 권한 행사를 '누가 하느냐?'에 중점
② 실질적 의미의 분류(국가작용의 **성질**에 따른 분류) : 국가작용의 고유한 성질과 기능을 표준으로 분류, 권한 행사를 '무엇을 하느냐?'에 중점

을 왕권으로부터 분리・독립시킨 후 최후로 왕에게 남은 권력을 행정권이라 하여 근대입헌국가의 3권분립의 이념적 형성과정에 충실한 이론이라 할 수 있으며, 특히 오늘날 복잡・다양한 행정의 내용을 포함시킬 수 있는 장점이 있다.

2) 적극설

적극설은 행정의 특징을 포착하여 적극적으로 정의하는 견해로 목적설과 양태설이 있다.

① **목적설**(O. Mayer)

목적설은 행정이란 법질서 아래에서 국가목적 또는 공익목적을 실현하기 위한 작용이라고 하는 견해이다.

② **양태설**(**결과실현설**: F. Fleiner)

양태설(樣態說)은 현대행정의 적극적・형성적 모습을 염두에 두고 행정을 정의하려는 견해이다. 즉, 행정이란 법 아래에서 법의 규제를 받으면서, 사법 이외의 국가목적실현을 위하여 구체적으로 행하여지는, 전체로서 통일성을 지닌 계속적・형성적 국가활동이라고 하는 견해로 오늘날의 통설적인 견해이다.

3) 행정의 개념징표설(E. Forsthoff)

행정은 정의할 수 없고 다만 묘사할 수밖에 없다고 하는 포르스토프(E. Forsthoff)의 말과 같이 행정을 적극적으로 정의한다는 것이 사실상 어렵다고 본다. 따라서 행정의 본질적 성격을 특징지울 수 있는 개념적 징표의 발견을 통한 방법이 유용하다는 견해이다. 그리하여 행정의 개념적 징표로는 행정은 공익실현을 목적으로, 적극적이고 미래지향적인 사회형성활동이며, 법집행작용으로서, 개별적 사안에 대해 구체적 조치를 행하는 작용이라고 한다.

(2) **부정설**(**기관양태설**: H. Kelsen, A. Merkl)

부정설은 순수법학적 견해로서, 입법・사법・행정의 성질에 따른 실질적 구별은 불가능하다고 하며, 다만 실정법질서에서의 단계적 구조와 기관양태의 차이라는 형식적 표준에 의하는 수밖에 없다고 한다.

3. 행정과 구별되는 실질적 의미의 입법

(1) 의 의

국가기관이 그 통치권에 의거하여 국가와 국민간에 일반적으로 효력을 가지는 성문의 법규를 정립하는 작용이다.

(2) 행정과의 차이

입법은 일반적·추상적인 성문의 법규를 정립하는 작용이다. 반면 행정은 국가기관이 법을 개별적·구체적으로 집행함으로써 국가목적을 실현하는 작용이다.

4. 행정과 구별되는 실질적 의미의 사법

(1) 의 의

구체적인 법률상의 쟁송에 있어 옳고 그름을 판단하고 선언하여 법질서의 유지를 목적으로 하는 작용으로 법원의 재판작용과 행정기관의 재결작용이 있다.

(2) 행정과의 차이

사법은 당사자의 신청을 기다려 수동적으로 이루어지며, 따라서 재판의 공정성을 확보하기 위해 재판기관의 독립성보장과 엄격한 절차적 규제 및 법에의 기속이 요구된다. 이에 대하여 행정은 능동적으로 행하여지며 국가목적의 효과적인 실현과 능률성을 확보하고 통일성을 유지하기 위하여 계층적 기관에 의하여 합목적적으로 수행되며 비교적 절차적 규제가 덜하고 재량의 여지가 많다. 실질적 개념으로서의 사법은 법선언작용이므로 민사·형사·행정 등 재판작용과 행정심판 등 재결작용을 포함하지만 형식적 개념으로 볼 때는 재결작용은 행정에 속한다.

Ⅲ. 형식적 의미의 행정

1. 의 의

행정의 본질적이고 이론적인 개념으로서가 아니라 현실적인 국가기관을 기준으로 제도적 입장에서 분류한 개념이다. 따라서 행정부에 의하여 행하여지는 작용이기만 하면 그것이 성질상 입법에 속하거나(행정입법), 사법에 속하거나(행정심판에 있어서의 재결, 대통령의 사면권) 모두 행정에 속한다.

2. 형식적 의미의 입법

입법기관에 의해 행해지는 국가작용에 대해 성질상 행정에 속하거나(국회공무원 임명) 사법에 속하거나(국회의원 징계) 모두 입법으로 이해한다.

3. 형식적 의미의 사법

사법기관에 의해 행해지는 국가작용에 대해 성질상 행정에 속하거나(법관 임명, 법원 공무원 임명, 토지 등기) 입법에 속하거나(대법원규칙 제정) 모두 사법으로 이해한다.

제3절 통치행위

Ⅰ. 통치행위의 의의

1. 개 념

통치행위는 국가최고기관의 정치지도에 관한 행위로서 그 행위가 법률적 측면을 가지고 있어 법률적 판단이 가능함에도 불구하고 고도의 정치성으로 인해 사법심사에서 제외되는 국가작용으로 법치행정원리에 대한 중대한 예외 영역이다.

2. 특 성

통치행위는 고도의 정치성으로 인해 법에 구속되지 않아 사법심사 대상에서 제외되며, 입법 · 사법 · 행정 어느 것에도 속하지 않는 제4의 국가작용이다(O. Mayer).

3. 제도적 전제

(1) 실질적 법치주의 확립과 사법심사제도의 발달

실질적 법치주의 확립과 사법심사제도가 발달하지 못한 상황에서는 굳이 통치행위라는 편법적 개념을 별도로 인정할 실익이 없다.

(2) 행정소송사항에 관한 개괄주의 채택

행정소송사항에 대하여 열기주의를 취하는 국가에서는 정치적으로 민감한 사항을 처음부터 소송의 대상에서 제외시킬 수 있으므로 통치행위 인정에 대한 논의에는 개괄주의가 전제되어야 한다.

참고

개괄주의와 열기주의

① 개괄주의

법률상 특히 예외가 인정되는 사항을 제외하고는 일반적으로 모든 사항에 대하여 행정쟁송을 인정하는 제도를 말한다. 행정소송의 범위를 널리 인정함으로써 권리구제에 충실하다는 장점이 있으나, 행정소송의 남발을 초래할 우려와 행정소송의 한계가 명확하지 않다는 단점이 있다. 이에 대하여 열기주의는 행정소송의 범위는 명확한 반면에 권리구제에는 충실하지 못한 것이 단점이다. 한국의 현행 법은 개괄주의를 채택하고 있다.

② 열기주의

쟁송을 허용하는 사항을 개별화하여 열기하고, 그 특정된 사항만을 행정쟁송의 대상으로 하는 제도를 말한다. 이러한 열기주의는 그 대상을 제한 없이 일반적으로 인정하는 개괄주의에 비하여 남소(濫訴)나 행정쟁송의 한계의 불명이라는 단점을 제거할 수 있다. 그러나 국민의 권리구제에 불충실하다는 비판을 면할 수 없는 것이 사실이다.

Ⅱ. 통치행위의 이론

1. 긍정설(사법심사 제한설)

(1) 권력분립설(내재적 한계설)

통치행위는 고도의 정치성을 가지므로 정치문제에 대한 판단은 정치부문(대통령을 수장으로 하는 행정부와 의회)에 맡겨진 것이라고 보는 견해로 사법부는 독립성의 보장을 통한 객관적 재판을 보지하기 위하여 정치성이 원칙적으로 배제된다(미국 · 일본의 판례 입장).

(2) 재량행위설

통치행위는 정치적 재량행위에 해당되므로 사법심사의 대상이 되지 않는다고 보는 견해이다(독일 · 일본에서 이론적으로 성립).

(3) 사법자제설

사법의 정치화를 방지하기 위하여 법원이 자제하기 때문이라고 보는 견해이다(프랑스에서 판례를 통해 성립).

(4) 대권행위설

통치행위가 대권행위[3]이기 때문에 사법심사의 대상에서 제외된다는 견해이다(영국 국왕의 대권행위불심사상에 근거).

2. 부정설(사법심사 긍정설)

법치주의와 개괄주의가 철저하게 적용되는 경우 모든 행정작용은 사법심사의 대상에서 제외될 수 없다는 견해이다. 독재권력 방지와 국민의 재판청구권이라

---

3) 한나라의 최고 통치자인 국가원수가 국토와 국민을 통치하는 헌법상의 권한(예: 국왕의 대권행위로 선전포고, 사면, 국가승인, 강화 등이 있다.)

는 기본권보장 차원에서는 논리적으로 타당하다. 그러나 정치문제의 사법화로 인한 현실적 문제점을 간과하고 있다는 비판에 따라 대부분 국가에서는 긍정설을 취하고 있다.[4)]

Ⅲ. 각국의 통치행위

1. 프랑스

통치행위를 보통의 행정으로부터 구별하여 보는 이론은 주로 프랑스에서 행정재판소의 판례를 통하여 발달하였다. 프랑스에서는 원칙적으로 모든 행정기관의 행위가 행정재판소인 국참사원(Conseil d'Etat)의 통제를 받게 되었으나, 정치성이 강한 일정한 행위를 정치적 합목적성의 고려에 의하여 행정재판의 대상에서 제외하는 판례가 일찍부터 인정되어 왔다. 통치행위를 인정하는 근거는 행정재판소의 법정책적 견지에서의 자제에서 구하고 있으며, 오늘날 통치행위는 국제관계와 의회의 절차에 국한하는 등 그 범위가 축소되어 가고 있다.

2. 독 일

독일에서는 행정소송사항에 관하여 열기주의를 채택하여 고도의 정치성을 지닌 문제는 열기사항에서 미리 제외시킴으로써 통치행위의 문제는 재판상으로는 크게 문제되지 않고 주로 이론적 입장에서 논의되었다. 그러나 제2차 세계대전 후 개괄주의가 채택됨에 따라 실제상의 문제로 활발히 논의되어 통치행위를 인정하는 방향으로 나아가고 있다.

3. 영 국

영국에서 통치행위의 문제는 판례를 중심으로 전개되어 왔는데, 연혁적으로는

4) 프랑스의 정치가이며 역사가인 기조(Guizot, François Pierre Guillaume)는 "만일 사법권이 정치에 간섭을 하게 되면 아무것도 얻는 것이 없으나, 사법은 모든 것을 잃게 된다."고 하였는데, 이는 통치행위의 인정근거 중 사법자제설을 대변하는 말이다.

국왕의 대권에 바탕을 두고, 국왕의 대권적 행위에 대하여 법원은 심사권을 가지지 못하게 한데서 연유한다. 다만 법원은 구체적 사안과 관련하여 과연 대권이 인정될 수 있는 지의 여부와 그 대권이 적정한 범위 내의 것인가는 선결문제로서 심리하는 것이 보통이다.

4. 미 국

미국의 경우 통치행위의 문제는 엄격한 권력분립의 원칙에 입각하여 정치문제라는 관념을 인정하면서 성립하였다. 사법권을 행사하는 법원이 의회나 집행부의 전권(專權)에 속하는 사항에 관여하지 않는 것이 헌법정신인 것으로 인식하고, 또 그렇게 함으로써 법원이 정치적 분쟁에 휘말리는 것을 방지할 수 있다고 보았다. 따라서 그 이론적 근거는 권력분립에 구하는 견해가 가장 유력하며 판례도 대개 이 입장에 선다.

5. 일 본

일본의 경우도 독일의 경우와 마찬가지로 제2차 세계대전까지는 행정소송 사항에 관하여 열기주의를 취하고 있었으므로 판례상 문제되지 않았다. 그러나 제2차 세계대전 후 개괄주의가 채택됨에 따라 실제문제로서 등장하게 되었다. 즉, 학설상으로는 통치행위 부정설도 있으나 통설과 판례는 통치행위의 관념을 인정하고 있다.

Ⅳ. 우리나라의 통치행위

1. 학설과 판례

학설은 권력분립설(내재적 한계설)의 입장에서 통치행위 개념을 인정하는 것이 통설이다. 판례도 통치행위의 관념을 인정하고 있으며 근거로는 대체로 대법원은 권력분립설(내재적 한계설)적 입장에 서 있으며, 헌법재판소는 사법부자제설적 입장이라는 견해가 유력하다.

2. 통치행위의 실정법상 근거

헌법 제64조 제4항에 의하면 국회의원의 자격심사와 징계에 대하여 법원에 제소할 수 없다.[5)]

3. 구체적 사례

(1) 국회의 내부적 자율권에 속하는 행위

회기연장, 의원징계, 의사규칙제정, 의원자격심사 등이 있다.

(2) 정부와 국회와의 관계에 관한 행위

국무총리 · 국무위원 해임결의, 임시국회 소집요구, 법률안 거부권 행사 등이 있다.

(3) 대통령의 정치적 관례에 관한 행위

국무총리 · 국무위원 임명 등이 있다.

(4) 외교행위

조약체결 및 비준, 국가나 정부 또는 교전단체 승인, 외교사절 접수 등이 있다.

---

5) 제64조 ① 국회는 법률에 저촉되지 아니하는 범위 안에서 의사와 내부규율에 관한 규칙을 제정할 수 있다.
② 국회는 의원의 자격을 심사하며, 의원을 징계할 수 있다.
③ 의원을 제명하려면 국회재적의원 3분의 2 이상의 찬성이 있어야 한다.
④ 제2항과 제3항의 처분에 대하여는 법원에 제소할 수 없다.

(5) 대통령이 국가원수 자격으로 하는 행위

긴급명령권 발동, 선전포고, 계엄선포, 사면, 영예수여, 전쟁행위, 국군통수, 군대 외국파견 등이 있다.

4. 판 례

(1) 대법원

1) 남북정상회담의 개최(통치행위성 인정)

남북정상회담의 개최는 고도의 정치적 성격을 지니고 있는 행위라 할 것이므로 특별한 사정이 없는 한 그 당부를 심판하는 것은 사법권의 내재적・본질적 한계를 넘어서는 것이 되어 적절하지 못하다(대판 2004. 3. 26, 2003도7878)

2) 군사시설보호법에 의한 군사시설보호구역의 설정, 변경 또는 해제행위(통치행위성 인정)

군사시설보호법에 의한 군사시설보호구역의 설정, 변경 또는 해제와 같은 행위는 행정청에 의한 공법행위라는 점에서는 넓은 의미의 행정행위라고 할 것이나 이는 행정입법행위 또는 통치행위라는 점에서 협의의 행정행위와 구별된다(대판 1983. 6. 14, 83누43).

3) 대통령의 비상계엄선포행위(통치행위성 인정)

대통령의 계엄선포행위는 고도의 정치적, 군사적 성격을 띠는 행위라고 할 것이어서, 그 선포의 당, 부당을 판단할 권한은 헌법상 계엄의 해제요구권이 있는 국회만이 가지고 있다 할 것이고 그 선포가 당연무효의 경우라면 모르되, 사법기관인 법원이 계엄선포의 요건 구비여부나, 선포의 당, 부당을 심사하는 것은 사법권의 내재적인 본질적 한계를 넘어서는 것이 되어 적절한 바가 못 된다(대판 1979. 12. 7, 79초70).

4) 법령의 국회통과과정의 하자(국회의 자율권에 속하는 사항)(통치행위성 인정)

국회가 적법하게 통과하였다 하여 정부에 이송하고 국방회의가 의결하고 대통령이 승인 공포했으면 실질상 입법의 전과정에 걸쳐 적법히 통과하였다고 인정되므로 삼권분립의 원칙으로 보아 법원이 헌법상 동위인 입법부의 자율권에 개입해서는 안된다. 즉 구 헌법(62.12.26. 개정헌법) 제102조가 정한 법원의 법령조사권으로써는 입법부 스스로가 국회를 통과하였다고 결정하여 정부에 이송, 국무회의의 의결, 대통령의 공포가 있으면 국회통과의 과정에 흠이 있더라도 법원이 이를 뒤엎을 수 없다(대판 1972. 1. 18, 71도1845).

5) 남북정상회담 개최과정에서 북측에 사업권 대가 명목으로 송금한 행위(통치행위성 부정)

남북정상회담의 개최는 고도의 정치적 성격을 지니고 있는 행위라 할 것이므로 특별한 사정이 없는 한 그 당부를 심판하는 것은 사법권의 내재적 · 본질적 한계를 넘어서는 것이 되어 적절하지 못하지만, 남북정상회담의 개최과정에서 재정경제부장관에게 신고하지 아니하거나 통일부장관의 협력사업 승인을 얻지 아니한 채 북한측에 사업권의 대가 명목으로 송금한 행위 자체는 헌법상 법치국가의 원리와 법 앞에 평등원칙 등에 비추어 볼 때 사법심사의 대상이 된다(대판 2004. 3. 26, 2003도7878).[6)]

6) 국헌문란 목적의 달성을 위하여 행하여진 비상계엄의 선포나 확대행위(통치행위성 부정)

대통령의 비상계엄의 선포나 확대 행위는 고도의 정치적 · 군사적 성격을 지니고 있는 행위라 할 것이므로, 그것이 누구에게도 일견하여 헌법이나 법률에 위반되는 것으로서 명백하게 인정될 수 있는 등 특별한 사정이 있는 경우라면 몰라도, 그러하지 아니한 이상 그 계엄선포의 요건 구비 여부나 선포의 당 · 부당을 판단할 권한이 사법부에는 없다고 할 것이나, 이 사건과 같이 비상계엄의 선포나 확대가 국헌문란의 목적을 달성하기 위하여 행하여진 경우에는 법원은 그 자체

6) 통치행위는 사법심사가 배제되지만 통치행위로 인한 후속조치나 통치행위로부터 분리될 수 있는 행정작용은 사법심사의 대상이 된다는 '가분행위의 이론'이 반영된 판례로 볼 수 있다. 예를 들어 외국대사관을 짓기 위한 건축허가의 신청에 대한 건축허가 또는 건축허가의 거부는 국제관계로부터 분리될 수 있는 작용으로서 사법심사가 가능한 행정작용이며, 남북정산회담의 개최와 그 과정에서 발생한 대북송금행위는 분리하여 판단할 수 있다. 또한 계엄선포행위는 고도의 정치적 작용이지만, 계엄선포하의 개개의 집행행위는 사법심사의 대상이 될 수 있다.

가 범죄행위에 해당하는지의 여부에 관하여 심사할 수 있다(대판[전원합의체] 1997. 4. 17, 96도3376).

7) 지방의회의 의원징계의결(통치행위성 부정)

지방자치법 제78조 내지 제81조의 규정에 의거한 지방의회의 의원징계의결은 그로 인해 의원의 권리에 직접 법률효과를 미치는 행정처분의 일종으로서 행정소송의 대상이 된다(대판 1993. 11. 26, 93누7341)

(2) 헌법재판소

1) 대통령의 사면행위(통치행위성 인정)

사면은 형의 선고의 효력 또는 공소권을 상실시키거나, 형의 집행을 면제시키는 국가원수의 고유한 권한을 의미하며, 사법부의 판단을 변경하는 제도로서 권력분립의 원리에 대한 예외가 된다(헌재 2000. 6. 1, 97헌바74).

2) 대통령의 긴급재정경제명령(금융실명제)(통치행위이지만 헌법소원의 대상)

대통령의 긴급재정경제명령은 국가긴급권의 일종으로서 고도의 정치적 결단에 의하여 발동되는 행위이고 그 결단을 존중하여야 할 필요성이 있는 행위라는 의미에서 이른바 통치행위에 속한다고 할 수 있으나, 통치행위를 포함하여 모든 국가작용은 국민의 기본권적 가치를 실현하기 위한 수단이라는 한계를 반드시 지켜야 하는 것이고, 헌법재판소는 헌법의 수호와 국민의 기본권 보장을 사명으로 하는 국가기관이므로 비록 고도의 정치적 결단에 의하여 행해지는 국가작용이라고 할지라도 그것이 국민의 기본권 침해와 직접 관련되는 경우에는 당연히 헌법재판소의 심판대상이 된다(헌재 1996. 2. 29, 93헌마186).

3) 신행정수도건설이나 수도이전 문제를 국민투표에 붙일지 여부에 관한 대통령의 의사결정(통치행위이지만 헌법소원의 대상)

이 사건 법률의 위헌여부를 판단하기 위한 선결문제로서 신행정수도건설이나 수도이전의 문제를 국민투표에 붙일지 여부에 관한 대통령의 의사결정이 사법심사의 대상이 될 경우 위 의사결정은 고도의 정치적 결단을 요하는 문제여서 사법심사를 자제함이 바람직하다고는 할 수 있고, 이에 따라 그 의사결정에 관련된 흠을 들어 위헌성이 주장되는 법률에 대한 사법심사 또한 자제함이 바람직하다고는 할 수 있다. 그러나 대통령의 위 의사결정이 국민의 기본권침해와 직접 관련되는 경우에는 헌법재판소의 심판대상이 될 수 있고, 이에 따라 위 의사결정과 관련된 법률도 헌법재판소의 심판대상이 될 수 있다(헌재 2004. 10. 21, 2004헌마554).[7)]

4) 대통령의 자이툰부대 이라크 파병결정(통치행위로서 헌법소원의 대상이 되지 않음)

이 사건 파병결정은 대통령이 파병의 정당성뿐만 아니라 북한 핵 사태의 원만한 해결을 위한 동맹국과의 관계, 우리나라의 안보문제, 국・내외 정치관계 등 국익과 관련한 여러 가지 사정을 고려하여 파병부대의 성격과 규모, 파병기간을 국가안전보장회의의 자문을 거쳐 결정한 것으로, 그 후 국무회의 심의・의결을 거쳐 국회의 동의를 얻음으로써 헌법과 법률에 따른 절차적 정당성을 확보했음을 알 수 있다. 그렇다면 이 사건 파견결정은 그 성격상 국방 및 외교에 관련된 고도의 정치적 결단을 요하는 문제로서, 헌법과 법률이 정한 절차를 지켜 이루어진 것임이 명백하므로, 대통령과 국회의 판단은 존중되어야 하고 헌법재판소가 사법적 기준만으로 이를 심판하는 것은 자제되어야 한다. 이에 대하여는 설혹 사법적 심사의 회피로 자의적 결정이 방치될 수도 있다는 우려가 있을 수 있으나 그러한 대통령과 국회의 판단은 궁극적으로는 선거를 통해 국민에 의한 평가와 심판을 받게 될 것이다(헌재 2004. 4. 29, 2003헌마814).

---

7) 헌재는 이 판례에서 정치적 문제는 '진정한 의미의 정치적 분쟁'과 '정치적 법률분쟁'으로 구분할 수 있는데, '진정한 의미의 정치적 분쟁'은 법원의 사법심사에서 제외되지만 '정치적 법률분쟁'은 사법심사의 대상이 된다는 취지로 "신행정수도건설이나 수도이전의 문제가 정치적 성격을 가지고 있는 것은 인정할 수 있지만, 그 자체로 고도의 정치적 결단을 요하여 사법심사의 대상으로 하기에는 부적절한 문제라고까지는 할 수 없다. 더구나 이 사건 심판의 대상은 이 사건 법률의 위헌여부이고 대통령의 행위의 위헌여부가 아닌바, 법률의 위헌여부가 헌법재판의 대상으로 된 경우 당해법률이 정치적인 문제를 포함한다는 이유만으로 사법심사의 대상에서 제외된다고 할 수는 없다"고 하였다.

① **진정한 의미의 정치적 분쟁(절대적 통치행위) – 사법심사로부터 제외되는 행위**
고도의 정치성을 띤 행위이며, 헌법도 법률도 그 내용이나 절차를 규제하는 규정을 두고 있지 않을 뿐더러 국민의 기본권 보장과도 직접 관련이 없는 것으로, 외교작용 등이 있다.

② **정치적 법률분쟁(상대적 통치행위) – 사법심사의 대상이 되는 행위**
비록 고도의 정치적 성격을 띤 집행부의 행위일지라고 헌법 또는 법률에 행사절차와 요건이 구체적으로 규정되어 있거나, 국민의 기본권 보장에 중대한 영향을 미치는 행위를 말한다.

V. 통치행위의 판단기준 및 경향 · 한계

1. 판단기준

통치행위의 여부는 법원의 판결에 의해 결정될 수밖에 없는데, 판례를 통해 통치행위로 인정하기 위한 일반적인 판단기준을 열거하면 다음과 같다.

(1) 정치적 책임을 질 수 있는 국가기관의 행위

정치적 책임을 질 수 있는 국민의 대의기관인 국회와 국민으로부터 직접 선출되고 국민에게 직접 책임을 지는 대통령의 행위일 것을 요한다.

(2) 고도의 정치성

국민 내지 국익에 영향을 미치는 복잡하고 중요한 문제로서 국내외 등 제반 상황을 고려하여 미래를 예측하고 목표를 설정하는 등 고도의 정치적 결단이 요구되는 사안이어야 한다. 이는 고도의 정치적 판단에 대한 사법권의 기능적 한계와 사법권의 독립수호의 필요 및 사법권이 독자적 판단을 내리는 것이 곤란하고 정치부문에 위임하는 것이 효과적이고 적절한 경우 등이다.

(3) 헌법에 부여되어 있는 권한

헌법의 명문으로 규정되어 있는 배타적 권한이어야 한다.

(4) 절차적 정당성

정치적 의사결정이 헌법과 법률에 명시된 절차와 요건에 따름으로써 절차적 정당성을 확보해야 한다.

2. 경향 및 한계

오늘날 통치행위는 한정적으로만 인정되고, 그 범위는 과거에 비하여 축소되는 경향이다. 따라서 사법심사의 폭을 늘려 통치행위를 극히 제한적으로 인정한다.

통치행위의 범위는 나라와 시대에 따라 일정하지 않겠지만 정치영역의 확대, 사법권의 약화와 법치주의의 경시는 독재주의의 공통된 특징이라는 점에서 통치행위를 인정하되 신중히 해야 하며, 또한 그 한계가 필요하다. 어떠한 행위가 통치행위에 속하는가의 판단은 법원의 권한이며, 통치행위의 한계를 벗어나면 당연히 사법심사의 대상이 된다.

(1) 헌법수권규정에 의한 한계

헌법에서 명문으로 규정한 그 권한의 목적 및 요건과 절차에 따라야 하고 이를 위반하면 사법심사의 대상이 된다.

(2) 기본권관련성에 의한 한계

기본권을 국가권력으로부터 보호하는 일은 헌법이 명한 헌법재판소 및 사법부의 권한이자 의무이기 때문에 국민의 기본권침해와 직접 관련되는 경우에는 사법심사의 대상이 된다. 그러나 간접적으로 기본권에 관련되는 경우에는 당사자적격의 문제로 각하된다.

(3) 통치행위에 부수하는 행위

통치행위 그 자체가 아니라 이를 실현 내지 집행하기 위한 부수적인 행위는 관련법령(계엄법 등)에 따르게 되는 것으로서 그 관련법령을 위반하면 사법심사의 대상이 된다.

(4) 비례원칙 등

통치행위의 목적의 실현과 수단 사이에 합리적인 비례관계를 넘어서거나 법치국가원리 및 평등원칙에 위배되는 경우에는 사법심사의 대상이 된다.

Ⅵ. 통치행위의 효과와 손해전보

1. 효 과

통치행위이론을 통해 통치행위의 적법성 통제가 가능하고, 통치행위로 인정되는 경우 위법성의 심사(사법심사, 사법통제)가 배제된다.

2. 손해전보

현실적으로 손해와 인과관계의 입증이 어렵다. 다만 통치행위의 집행행위를 통한 손해의 경우에 국가배상을 청구할 수 있는가에 대하여는 긍정설과 부정설의 견해가 대립되고 있다.

제4절 행정의 분류

Ⅰ. 주체에 의한 분류

1. 국가행정(국가)

국가가 직접 그 기관을 통하여 행하는 행정이다.

2. 자치행정(공공단체)

지방자치단체(공공단체)가 행정권의 주체로서 처리하는 일정한 범위의 행정이다.

3. 위임(위탁)행정(공무수탁사인)

국가나 공공단체가 자신에게 할당된 사무를 다른 공공단체나 그 기관 또는 사인에게 위임하여 처리하는 행정이다.

Ⅱ. 수단에 의한 분류

1. 권력행정(행정행위 등)

권력행정이란 경찰행정, 조세행정, 군사행정, 공용부담행정 등 행정주체가 행정목적을 달성하기 위하여 공권력을 발동하여 일방적으로 명령 또는 강제하는 행정을 말한다.

2. 비권력행정(관리작용, 행정지도, 국고작용 등)

비권력행정이란 행정주체가 공권력의 주체가 아니라 공기업·공물 등의 경영·관리 주체로서 국민과 대등한 지위에서 하는 행정작용으로 관리행정과 국고행정이 있다.

(1) 관리행정

사법의 규율대상으로 행정목적의 달성에 필요한 한도 내에서만 공법적 규율의 대상이 된다.
공기업, 공물의 경영·관리 등이 그 예이다.

(2) 국고행정

행정주체가 사법상의 주체 또는 재산권의 주체로서 사법상의 행위형식을 이용하여 행한다.
사무용품 구입, 국유일반재산 임대·매각 등이 그 예이다.

Ⅲ. 목적에 의한 분류

1. 사회목적적 행정

(1) 질서행정

사회공공의 안녕과 질서를 유지함을 목적으로 하는 소극적 행정을 말한다.

(2) 복리행정

사회공동체 구성원의 생활을 향상시키도록 배려하는 적극적 행정을 말하며, 급부행정, 규제행정, 공용부담행정 등이 있다.

1) 급부행정

행정주체가 사람들의 생존에 불가결한 용역이나 재화를 제공하는 행정, 즉 국민에 대한 배려적 활동을 통해 사회구성원의 이익추구 활동을 직접적으로 조장하여 주는 공행정작용으로 급부행정의 전형적인 영역에는 사회보장을 중심으로 하는 사회보장행정, 공공시설이나 공기업 등에 의한 서비스와 재화를 제공하는 공급행정, 자금을 보조하는 조성행정의 3가지가 있다.

2) 규제행정

법령에 근거해 국가나 지방자치단체가 국민의 행위·불행위 그 밖의 생활관계에 관해 그 권리나 자유를 제한하는 행정을 말하며 경제규제, 환경규제 등이 있다.

3) 공용부담행정

특정한 공익사업을 추진하기 위해 그 사업에 이해관계를 가진 사람에게 부담시키는 공법상의 의무이다. 부과 내용에 따라 인적 부담과 물적 부담으로 구분된다. 전자는 대인적 부담으로 각종 부담금이나 분담금, 부역 등이 이에 해당된다. 후자는 특정의 재산권에 대해서 부과하는 부담으로 공용수용 ·공용사용 ·공용제한 등이 해당된다.

2. 국가목적적 행정

재무행정, 군사행정, 외무행정, 사법행정 등 국가의 존립・유지를 위해서 재력이나 병력 등을 취득하고 관리하는 행정을 말한다.

Ⅳ. 법적 효과에 의한 분류

1. 침익적 행정

행정주체가 그 상대방에게 자유와 권리를 제한하거나, 의무나 부담을 과하는 행정을 말한다.

2. 수익적 행정

행정주체가 그 상대방에게 권리와 이익을 부여하거나, 과하여진 의무를 해제하주는 행정을 말한다.

3. 복효적 행정(이중효과적 행정)

한 가지 행정행위가 상대방에 대하여는 수익적이나 제3자에 대하여는 불리한 처분을 하거나, 상대방에게는 침익적이나 제3자에 대하여는 이익적 처분의 효력을 발하는 행정을 말한다.

제2장 행정법

제2장 행정법

제1절 행정법 개설

Ⅰ. 행정법과 행정학

1. 행정법

당위를 대상으로 하는 규범과학으로 대상형식은 규범이다.

2. 행정학

존재법칙을 대상으로 하는 존재과학으로 대상형식은 사실이다.

Ⅱ. 행정법의 의의 및 특성

1. 행정법의 의의

(1) 행정법의 개념

1) 행정법이란 '행정의 조직과 작용 및 구제에 관한 국내공법'이다.

행정법은 행정권의 조직·권한 및 기관상호간의 관계에 관한 법 및 국가·공공단체 등 행정주체와 사인간의 공법상 법률관계에 관한 법, 행정작용에 대한 개인의 권리구제에 관한 법으로서, 행정에 고유한 법을 말한다. 행정법은 그 형식상 통일된 단일법전이 없고 무수한 개별법규로 형성되어 있는데, 그러한 개별법규의 전체를 특징짓는 공통의 기본원리를 지니는 것들의 집합체로서의 국내 공법을 의미한다.

2) 행정법은 '행정'에 관한 법이다

행정법은 행정권을 중심으로 행정권의 조직·작용 및 행정구제에 관한 법이다. 이 점에서 국가와 통치권 전반을 중심 관념으로 하고 국가의 근본조직과 근본작용에 관한 법인 헌법과 구별되며, 입법권의 조직과 작용에 관한 입법법(국회법·국정감사및조사에관한법률 등)과 사법권의 조직과 작용에 관한 법인 사법법(법원조직법·민법·형법·민사소송법 등)과 구별된다.

3) 행정법은 행정에 관한 고유한 '공법'이다.

행정법은 행정에 관한 모든 법을 의미하는 것은 아니고, 행정이 사인과 같은 지위에서 활동하는 경우인 국고행정을 제외한 권력행정 및 단순공행정을 규율대상으로 하는 공법이다.

4) 행정법은 행정에 관한 '국내 공법'이다.

행정법은 행정에 관한 공법 중에서 행정에 관한 국내법만을 의미한다. 다만 헌법에 의하여 체결·공포된 조약과 일반적으로 승인된 국제법규는 국내법과 같은 효력을 가지므로 이러한 국제법규 중 국내행정의 조직·작용·구제와 관계되는 것은 그 한도 내에서 행정법의 일부가 된다.

(2) 헌법과의 구별

행정법은 행정관념을 중심으로 한다는 점에서, 국가의 전 작용 및 통치권을 중심관념으로 하여 국가의 근본조직과 작용에 관한 근본원칙을 규율하는 헌법과 구별된다. 헌법과 행정법은 기본법·분과법, 전체법·부분법, 상위법·하위법의 관계에 있다.

O. Mayer는 "헌법은 변해도 행정법은 존속한다."라고 하여 헌법의 정치성, 행정법의 비정치성·불변성을 강조하였다. F. Werner는 "행정법은 헌법의 구체

화법이다."라고 하여 행정법은 헌법이 추구하는 국가적 목표와 방향을 달성하기 위한 구체적 수단과 방법을 제시한다는 것(헌법구체화 법으로서의 행정법, 헌법집행법으로서의 행정법)을 강조하였다. L. Stein과 Maurer도 "행정법은 활동하는 헌법이다."라고 하였다.

2. 행정법의 특성

(1) 형식상 특성

행정법의 형식상 특성으로 성문성, 법규형식의 다양성, 단일법전의 부존재 등을 들 수 있다.

(2) 성질상 특성

행정법의 실질상 특성으로 집단성, 획일평등성, 강행성, 기술성, 명령성, 자유재량성 등을 들 수 있다.

(3) 내용상 특성

행정법의 내용상 특성으로 합목적성, 공익우선성, 민주국가성, 행정주체의 우월성 등을 들 수 있다.

Ⅲ. 행정법의 성립과 발달의 유형

1. 대륙법계

(1) 행정법 성립

행정법은 '법치주의의 확립'과 '행정제도의 발달'을 전제로 성립한다. 법치주의가 행정영역에 반영된 것이 법치행정의 원리이고, 행정권의 자주성·독립성을 확보하기 위한 것이 행정제도인데, 이 과정에서 행정법이 성립·발전하였다. 여기서 행정제도란 사법권으로부터 행정권의 독립성을 보장하기 위하여 일정한 자율성을 인정한 제도로서, 행정상의 분쟁을 사법재판소가 아닌 독립한 행정재판소에서 심판하는 제도이다.

(2) 행정법의 발달

1) 프랑스

1873년 Blanco 판결[1] 이래 공역무 중심으로 행정재판소인 국참사원(Conseil d'Etat)의 판례를 통해 발전하였다. 따라서 행정법의 기본적 원리는 판례법중심으로 발달하였으며, 행정사건에 대하여는 독립된 행정재판소의 관할로 해오고 있다(행정국가주의).

또한 위험책임이론에 입각한 국가배상 책임의 법리를 확보하였다. 전통적인 공역무에 대한 배상책임은 국참사원판결에 의해 엄격하게 공무원의 고의·과실로 발생한 손해일 것을 요하였다. 그러나 20세기에 들어오면서 산업재해, 원자력재해 등 고도의 위험을 수반한 행정작용으로 인한 손해가 발생하면서 이른바 위험책임이론이 등장하게 되었다. 이는 종래의 과실책임을 벗어나 고도의 위험성을 수반하는 일정한 영역의 행정작용에 부수된 손해는 무과실책임으로 하자는 이론으로 우리나라에서도 산업재해보상보험법, 원자력손해배상법 등에서 개별적으로 입법화되어 지고 있다.

2) 독 일

독일은 '오토 마이어'(Otto Mayer)에 의하여 주로 프랑스 행정법의 체계를 본받아 행정법의 학문적 체계화가 이루어졌다. 전통적인 국고학설 영향으로 행정권의 우월적 지위를 인정하는 권위주의에 기초하여 '공권력' 중심으로 발전하였다. 제정법 중심으로 발전하였으며, 프랑스와 같이 별도의 행정재판소가 있었으나 제2차 세계대전 이후 일반법원조직의 일부로 행정법원을 설치하여 행정국가주의에서 사법국가주의로 전환하였다.

제2차 세계대전 이후 실질적 법치주의를 채택하여 국민의 자유와 권리의 구제

---

1) 국영 담배회사의 담배운반수레에 치어 부상당한 블랑꼬(Blanco)라는 소년에 대한 손해배상청구의 관할 쟁의에 대한 것으로 담배제조 판매는 공공역무에 해당되어 관할이 행정재판소에 있다고 결정된 판결이다.

수단을 강구하였다. 프랑스와는 달리 독일에서는 급진적인 혁명이 일어나는 대신 입헌국가의 틀 위에 전제왕권과 귀족들과의 타협을 통해 변질된 법치주의 즉 형식적 법치주의를 취하게 된다. 이후 독일은 형식적 법치주의를 악용한 히틀러에 의해 자행된 제2차 세계대전에서 패망한 후 형식적 법치주의에서 실질적 법치주의로 전환을 이루게 된다.

2. 영미법계

(1) 행정법의 성립

'법의 지배 원리'(Rule of Law)를 전제로 성립하여 19세기 초까지만 해도 행정주체와 국민이 대등한 관계에서 보통법(Common Law)의 지배하에 있었으므로 고유한 행정법이 발달하지 못했다.[2] 그러나 자본주의 발달로 사회경제가 복잡해짐에 따라 통상의 재판소와 행정기관의 활동만으로 개인의 권익보호와 공공복리의 실현도모가 곤란함에 따라 전문적이고 기술적인 사무담당기관이 필요하게 되어 '행정위원회' 설치하였다. 이러한 '행정위원회'의 권한 행사 절차와 활동에 대한 사법심사 등에 관한 행정위원회를 규율하는 절차법 중심의 행정법이 성립하였다. 사법국가주의를 채택함에 따라 행정사건과 민사사건 모두 일반법원이 관할하고, 소송절차도 동일하다. 일반적으로 대륙법계는 공법과 사법의 이원적 법체계를 이루고 있으나, 영・미법계는 일원적 법체계를 지니고 있으므로 행정법의 발달이 대륙법계보다 저조하고 사법국가주의를 채택하는 것이 당연한 이치이다.

---

2) '법의 지배 원리'(Rule of Law)는 기본권 보장을 위하여 사람에 의한 자의적 지배를 부정하고 법에 의한 지배를 강조하는 원리로 영국에서 성립되어, 영국 불문헌법(不文憲法)의 기본원리가 되었으며, 미국에 계수되었다. 일반국민은 물론이고 국왕・국가라고 할지라도 오직 '보통법'(Common Law) 앞에 평등하게 놓인다고 함으로써 국가의 행위에 대하여는 개인의 행위와 다른 법적 취급을 한다는 전제에서 출발하는 행정의 관념 또는 행정법의 성립과 발달을 더디게 하였다. 즉 법의 지배 원리 아래 보통법(Common Law)에 의해 형성되어진 판례를 통해 나타난 불문법상의 법의 관념 아래서 국가와 개인이 평등한 위치에서 민사와 같은 절차를 통해 사법부 아래서 행정사건도 구제받을 수 있도록 하는 형태의 사법국가 제도가 나타났다. 이 때문에 영미에서는 일찌기 행정법(공법)의 개념이 발달하지 못하였고 행정재판소제도역시 성립되지 못하였다. 전제권력에 의한 지배를 배제하고 기본권을 보장하는 법에 의한 지배를 천명함으로써 일찍 실질적 법치주의의 길을 열었다.

(2) 행정법의 발달

1) 영 국

20세기 사회공공복리 향상을 위해 행정기능의 확대강화로 인해 행정권이 비대해지고 강화해짐에 따라 국민 개인의 권리와 자유를 보호하기 위해 행정기관의 권한행사 통제와 행정기관의 권한과 의무를 규율하는 행정법이 성립하였다.

정리 영국행정법의 특성

- 독립된 행정재판소가 없다.
- 공법과 사법의 불구분
- 주의 보통법에 정부가 복종
- 독립성이 보장된 법원에 출소
- 효과적인 구제가 가능

2) 미 국

행정위원회의 광범위한 작용으로부터 개인의 자유와 권리를 보장하기 위해 행정위원회의 지위・권한・작용・절차 및 그에 대한 사법심사 등을 규율하기 위해 행정법이 성립하였다.

정리 미국 행정법의 특성

- 행정위원회 제도에 의해 성립
- 경제분야를 중심으로 규율
- 행정위원회는 행정명령 형식으로 입법권 행사

Ⅳ. 우리나라

1. 성 립

일본식민지 하에서 독일 행정법에 일본 행정법을 가미하였고, 1945년부터 1948년까지 미군정 이후 영미법의 영향을 받았다. 따라서 대륙법적 성격과 영미법적 성격이 혼합되어있다.

2. 성 격

대륙법적 성격으로 독립한 법체계로서 공법과 사법의 이원적 체계를 유지하고 있으며, 행정사건을 행정소송법에 의해 진행하고 있다. 독립된 행정재판소는 아니고 일반법원조직의 일부이나 행정법원이라는 명칭의 특수법원이 존재하고, 행정소송절차에 민사소송절차의 여러 특칙이 인정되는 등 사법국가주의 원칙에 행정국가주의 요소를 가미하고 있다.

제2절 행정과 법치주의(법치행정)

I. 법치행정(법치주의)의 의의

법치주의란 국민의 기본권 보장을 위하여 모든 국가작용은 법에 근거하여 행함으로써 자의적 권력행사를 방지한다는 헌법적 원리이다. 법치행정의 원리는 법치주의 원리가 행정영역에 반영된 것이다. 법치행정의 원리는 행정은 법률에 근거를 두어야 하고, 법률의 내용에 위반되면 아니 된다는 한계가 있으며, 이에 위반하여 국민의 기본권을 침해하는 경우에는 재판을 통한 구제제도가 마련되어 있어야 한다는 법원리로 행정의 법률적합성이라고도 한다.

법치주의는 일반적으로 근대국가의 개인주의, 자유주의를 이념으로 하는 시민적 법치주의와 현대국가의 단체주의 사상을 바탕으로 하는 사회적 법치주의로 구분된다.[3] 시민혁명의 경험이 없는 독일에서 근대국가의 시민적 법치주의가 변

---

3) 국가권력에서 시민의 자유를 보장받는 게 시민적 법치주의였는데 그런 제도를 마련하고 운용해보니 법과 제도적으로는 자유롭고 평등하지만 가난하고 못 배운 사람들과 많이 가지고 많이 배운 사람들이 현실에서는 결코 평등하지 않았다는 것이다. 또 많이 가지고 많이 배울수록 다양한 선택을 할 수 있는데, 가난하고 못 배운 사람들은 선택의 폭도 좁으니 자유롭지도 못하다는 것이다. 그래서 형식적 자유와 평등만으로는 안되고, 그것을 누릴 수 있는 경제적 조건 등이 보장되어야 실질적인 자유와 평등이 보장된다는 방향으로 생각이 발전해 갔고 이것을 사회적 법치주의라고 말한다. 그렇기에 사회경제적 약자의 인간다운 생활을 보장하는 사회정의를 실현하기 위하여 국가가 경제에 적극적으로 개입하고 규제할 것을 요구하게 되는 것이다.

질되어 나타나게 되어 이를 형식적 법치주의라고 부르며, 이에 대한 반성에서 등장한 제2차 세계대전 이후의 법치주의를 실질적 법치주의라고 한다.

Ⅱ. 법치행정의 구체적 내용(O. Mayer)

1. 법률의 법규창조력

국민의 권리·의무관계에 구속력을 가지는 법규범인 법규를 창조하는 것은 국민의 대표기관인 의회의 권한으로 의회에서 제정한 법률만이 법규로서의 구속력을 갖는다는 것을 의미한다.

2. 법률우위의 원칙

법률은 행정보다 우월하며, 행정은 이에 위반되어서는 아니 된다는 의미이다. 법치행정원리의 소극적 측면이며, 있는 법에 대한 행정의 문제이다. 여기서 법률은 성문법뿐만 아니라 불문법인 관습법, 조리 내지 행정법의 일반원칙 등도 포함한다. 행정의 모든 영역에서 적용되는 원칙이다.

3. 법률유보의 원칙

행정작용을 하기 위해서는 법률의 근거 또는 수권이 있어야 한다는 의미이다. 법치행정원리의 적극적 측면이며, 없는 법에 대한 행정의 문제이다. 여기의 법률은 국회입법의 형식적 의미의 법률만을 의미할 뿐, 불문법인 관습법, 조리 내지 행정법의 일반원칙은 포함하지 않는다. 적용되는 영역에 대하여는 견해가 대립한다.

Ⅲ. 법치주의의 유형

1. 대륙법계

(1) 형식적 법치주의

1) 의 의

행정에 대한 관계에 있어서 의회가 제정한 형식적 의미에서의 법률의 우위를 전제로 하는 형식적 법률의 지배를 의미한다.

2) 특 징

법률의 형식만을 강조하므로 법률의 목적이나 내용은 묻지 아니한다. 따라서 인권보장이 형식적 수준에 그치며, 형식적 법치주의 하에서는 악법도 법이 되며, 악법의 집행도 정당화된다. 또한 행정구제수단의 미비하다.

(2) 실질적 법치주의

1) 의 의

국민의 자유・권리를 보장하기 위하여 행정작용의 내용이 헌법 원리에 충실하여 인권을 침해할 수 없도록 보장하는 법치주의를 말한다.

2) 특 징

법률의 형식뿐만 아니라 목적이나 내용도 중시하므로 실질적인 국민의 기본권 보장에 기여한다. 또한 행정구제수단이 확충하고, 법치행정의 원리가 강화된다. 따라서 법률의 법규창조력이 강조되어 포괄적 위임입법이 금지되고 '합헌적' 법률우위의 원칙을 실현하기 위한 위헌법률심사제도를 인정하고, 법률유보의 범위를 확대하는 경향이 있다.

2. 영미법계(법의 지배 – 실질적 법치주의)

(1) 영국의 법의 지배 : A. V. Dicey의 법의 지배의 원리(실질적 법치주의)

정당한 법의 절대적 우위, 법 앞의 평등, 인권에 관한 헌법의 일반원칙은 판례법의 산물임을 강조한다. 즉, 자의적 전제권력이 아닌 정규의 법의 절대적 우위, 모든 사람은 신분에 관계없이 국가라 하더라도 일반인과 마찬가지로 누구나 똑같이 보통법에 복종하여야 한다는 보통법 앞의 평등을 말하는 것으로 판례를 통하여 형성된 인권에 관한 헌법상의 일반원칙의 존중을 내용으로 한다.

(2) 미국의 법의 지배

기본권 보장을 이념으로 하고, 법의 실질적 내용도 헌법상의 기본권 보장과 헌법의 입법권에 대한 우위를 통하여 인권이 침해됨이 없도록 보장하려는 법치주의의 원리이다.

(3) 영국의 법의 지배와 미국의 법의 지배 차이

양자의 차이점은 사법부가 의회가 제정한 법률을 심사할 수 있는지의 여부에 있다. 영국에서는 의회주권의 원칙이 확립됨으로써 사법부가 의회 제정법을 심사하는 것이 허용되지 아니한다. 이에 반하여 미국에서는 사법부의 위헌법률심사제도가 확립됨으로써 사법부는 의회가 제정한 법률이 미국의 성문 헌법에 위반되는지의 여부를 심사할 수 있는 권한을 가진다.

(4) 대륙법계 법치주의와의 구별

대륙법계의 법치주의의 개념은 영미법상의 법의 지배(rule of law)의 원리와 다른 관점에서 발달해 왔다. 첫째, 법의 지배원리가 입법・사법・행정 등 모든 국가 권력의 행위를 구속하는 원리임에 반하여, 법치주의 원리는 원칙적으로 행정부의 대국민적 행위를 구속하는 원리이다. 둘째, 법의 지배 원리가 법의 실질적 내용이 정의・도덕・이성 및 합리성 등을 갖출 것을 요구하고 있음에 반하여, 법치주의는 법의 실질적 내용을 문제 삼지 않고 법으로서의 형식적인 외형만 갖추면 충분하다. 따라서 전자를 '실질적 법치주의', 후자를 '형식적 법치주의'로 구분한다. 셋째, 행정부의 월권 또는 위법행위 여부의 판단 권한을 법의 지배 원리 하에서는 사법부가 행사하나, 법치주의 원리 하에서는 행정부 안에 설치한 행정재판소가 이를 행사하는 것이 일반적이다.

그러나 대륙법계 국가에서도 나치의 등장과 제2차 세계대전의 참화 이후 법률의 실질적 내용까지를 문제 삼는 실질적 법치주의가 등장하였고, 행정재판소에 의한 재판에서도 열기주의에서 개괄주의로 변화되었기 때문 오늘날 양자는 크게 다르지 아니한 것으로 보고 있다.

Ⅳ. 법률유보의 원칙이 적용되는 영역에 관한 학설

1. 침해유보설

종래의 통설로 행정작용 가운데 국민의 권익을 침해·제한하거나 의무를 부과하게 되는 불이익적·권력적 작용을 하는 경우에는 법률의 수권을 필요로 하나, 국민에게 권리·이익을 부여하거나 의무를 감면하는 수익적인 행정작용에는 법률의 근거를 필요로 하지 않는 것이라 본다.

2. 신침해유보설

원칙적으로 침해유보설의 입장을 취하면서 특별권력관계에 법률유보의 적용을 긍정하고, 급부행정의 영역에 있어서는 법률유보가 필수적인 것은 아니라고 본다.

3. 전부유보설

행정은 모든 영역에서 법률에 의한 수권을 필요로 한다고 한다. 그러므로 행정이 권력행정이든 비권력행정이든 또는 부담적 행정이든 수익적 행정이든 불문하게 된다.

4. 사회유보설(급부행정유보설)

침해행정뿐만 아니라 급부행정에 대해서도 사회국가원리에 따라 공정한 급부활동이 요청된다는 점에서 법률의 유보 하에 두려는 견해이다. 현대국가에서 급부의 거부는 자유와 재산의 침해와 실질적으로 같은 의미를 지닐 수 있어 사회국가이념의 실현을 위하여 공정한 급부활동을 보장하기 위해서는 법률로 규율하여야 한다는 점을 논거로 한다.

5. 중요사항유보설(본질사항유보설)

공동체나 시민에게 있어 중요한(본질적인) 사항(영역)에 대한 행정권의 조치는 침해행정뿐만 아니라 급부행정에 있어서도 법률의 근거를 요하고, 그 중요성의 정도에 비례하여 구체적인(강도 있는) 규율을 하여야 한다는 견해이다. 이설에 의하면 법률유보의 범위와 강도에 여러 단계가 존재한다. 매주 중요한 사항에 대하여는 모든 사항이 법률로만 정해져야 하고, 보다 덜 중요한 사항은 그에 비례하여 행정입법에도 입법권이 수권될 수 있으며, 중요하지 않은 사항은 법률의 근거를 요하지 않게 된다. 공동체에 매우 중요한 사항은 구체적 위임도 안 되며, 법률로 정해야 한다는 점에서 중요사항유보설은 의회유보론의 근거가 된다. 독일의 연방헌법재판소의 판례에 의해 채택되고 있는 이론인데 우리나라에서도 점점 많은 지지를 받고 있으며, 헌법재판소는 중요사항유보설의 입장을 취하고 있다.

6. 권력행정유보설

당해 행정작용이 침익적인가 수익적인가를 가리지 않고, 행정권의 일방적 의사에 의하여 국민의 권리·의무를 결정하게 되는 모든 권력적 행정작용에 대하여 법률유보의 원칙을 적용하는 견해이다. 기본적으로 침해유보설의 변형에 불과하다.

7. 개별적 · 구체적 판단설

법률유보의 원칙이 적용되는 범위는 행정작용의 성질과 수권의 형식 및 그 정도를 고려하여 헌법의 규정, 권력분립주의, 국민의 권익보장 등을 종합적으로 고찰하여 개별적 · 구체적으로 정하여야 한다는 것으로 다수설의 입장이고, 중요사항유보설과 결과는 동일하다.

V. 법률유보에 관한 판례

1. 대법원

법률유보와 관련된 대법원의 입장은 확실하지 않으나, 병의 복무기간과 관련하여 중요사항유보설에 입각하여 판시(대판 1985. 2. 28, 85초13)한 바가 있으나, 주류적 입장이라고 말하기는 어렵다.

2. 헌법재판소

중요사항유보설의 입장에 있으며, 그와 관련된 판례로 교육에 관한 기본정책 또는 기본방침(헌재결 1991. 2. 11, 90헌가27), 토초세법상의 기준시가(헌재결 1994. 7. 29, 92헌바49·52병합), 취득세가 중과세되는 고급주택과 고급오락장의 의미(헌재결 1998. 7. 16, 96헌바52, 97헌바40, 97헌바52·53·86·87, 98헌바23 병합), 텔레비전방송수신료 납부의무자의 범위와 수신료금액(헌재결 1999. 5. 27, 98헌바70), 법인세법상의 특별부가세의 과세대상의 범위(헌재결 2001. 1. 27, 96헌바95, 97헌바1·36·64 병합) 등이 있다.

Ⅵ. 법률유보의 한계(행정유보)

1. 개 설

법률유보의 한계는 입법기관의 규율권과 규율의무에 관한 문제이다. 즉, 입법기관이 어디까지 규율할 수 있는지의 여부와 어느 정도까지 규율하여야 하는지의 여부의 문제이다. 따라서 법률유보의 헌법상의 한계는 행정유보의 문제이다.

2. 법률유보의 한계로서 행정유보

(1) 의 의

행정유보는 행정권이 입법에 의한 제한을 받지 않고 스스로 규율할 수 있는 행정의 고유영역을 의미한다. 행정유보를 긍정하는 경우, 그 범위 내에서 법률유보의 적용이 없기 때문에 행정유보는 곧 법률유보의 한계를 의미한다.

(2) 인정근거

법률유보가 "적어도 이러한 영역은 반드시 법률에 의한 수권이 있어야한다."라는 것을 의미한다면, 행정유보는 "적어도 이러한 영역은 행정의 고유영역 또는 핵심영역으로서 입법권이나 사법권 등 다른 권력이 관여할 수 없다."라는 것을 근거로 하여 인정한다. 권력분립주의의 확립, 법률의 경직성 해소, 행정의 전문성·실효성의 존중 등과 관련이 있다.

(3) 행정유보의 한계 및 유형

1) 한 계

행정유보는 의회 간섭권의 유지를 전제로 하고 의회의 간섭권이 미치지 않는 행정영역에 한하여 인정될 수 있다.

2) 유 형

① 배타적 행정유보

일정한 사항에 대하여는 법률의 개입을 배제하고 행정권에 배타적인 입법권을 인정하는 것을 말한다.

② 허용적 행정유보

법률의 부재 시에 명령이 제정될 수 있고, 명령이 제정된 경우에도 법률은 언제든지 개입할 수 있다는 의미의 행정유보를 말한다.

3) 우리나라의 현황

우리나라의 현행 헌법상 배타적 행정유보는 인정하지 않고, 허용적 행정유보만 인정한다.

Ⅶ. 법치주의의 한계(사법심사 대상에서 제외)

과거 통치행위 · 특별권력관계에서의 행위 · 자유재량행위 등은 법치주의의 예외영역으로 사법심사의 대상에서 제외시켜 왔다. 즉, 종래 법으로부터 자유로운 행위로 보았던 통치행위 · 특별권력관계에서의 행위 · 자유재량행위 등은 법치행정의 한계문제와 관련한다. 오늘날 기본권보장이라는 시대적 요청에 따라 통치행위와 특별권력관계의 인정범위를 점점 더 축소하는 방향으로 나아가고 있으며, 재량행위도 재량권의 남용이나 일탈의 경우에는 사법심사의 대상이 되는바, 역시 법치주의의 적용 하에 놓인다. 단순한 행정지도 및 행정계획도 사법심사의 대상에서 제외되는 경향에 따라 법치주의의 한계 및 예외로 논의되고 있다.

Ⅷ. 법치주의의 문제점

1. 신뢰보호 원칙의 인정에 따른 문제점

위법인 행정작용(선행조치)이라도 국민의 신뢰가 보호가치 있는 경우 국민의 권익향상을 위하여 법치주의를 포기하는 경우가 발생할 수 있다.

2. 행정입법의 증가

행정기관이 스스로를 구속하는 법률의 입법과정에서 조차 광범위한 참여가 이루어지고 있으며, 입법기술상 모든 행정수요를 예측하여 법률로써 규율하는 것은 불가능하기 때문에 행정기관은 법률의 집행과 관련하여 재량권을 가지게 되고, 그 재량권행사를 위하여 그 기준을 행정규칙으로 정하게 되면서 '법률에 의한 행정'이 '행정규칙에 의한 행정'으로 대체되는 경향이 있다.

3. 비공식행정작용4)의 등장

행정의 현실적 필요에 따라 행정기관이 일방적으로 행하는 경고・권고・교시・정보제공 또는 행정과 사인의 상호간에 행해지는 협상・합의・타협 등 비공식행정작용의 등장, 그밖에 행정과정론의 등장은 법치주의적 통제원리와 관련하여 문제점으로 등장하고 있다.

4. 행정계획의 등장에 따른 문제점

행정계획의 수립에 있어서 계획관청에게 법률에서 규정한 행정계획의 목적달성이라는 범위 내에서 광범위한 형성의 자유, 즉 계획재량을 허용하게 되었다.

---

4) **비공식행정작용**은 다른 말로 비정형적 행정작용이라고도 하며, 이는 독일 행정법상의 관념으로서 우리나라와 일본의 '행정지도'와 일맥상통한 개념이라고 할 수 있다. 이는 공식행정작용에 대응하는 개념으로서 요건, 효과, 절차 등이 법에 정해져 있지 않고 법적 구속력을 받지 않는 행정작용으로 비권력적 사실행위에 해당한다. 따라서 작용법적 근거는 필요하지 않고, 조직법적 근거만으로 충분하다고 본다.

제3절 행정법의 법원(法源)

I. 법원의 의의

행정법의 법원이란 행정권의 조직과 작용 및 그 구제에 관한 법의 존재형식, 즉 행정법의 존재형식을 말한다.

1. 협의설(법규설)

법규만이 행정법의 법원으로 보는 학설로 행정규칙의 법규성을 부인한다.

2. 광의설(행정기준설)

법규뿐만 아니라 법규성이 없는 법규범도 행정법의 법원으로 보는 학설로 행정규칙의 법규성을 인정한다.

참고

법규(성)와 규범, 법규범

법규는 일반 국민의 권리・의무에 관계되는 법규범(法規範)을 특히 법규라 하고 이를 법규성이 있다고 한다. 특별권력관계에 있어서의 법규범 또는 일반 국민의 권리・의무에 관계되지 않는 법규범에 대립되는 개념이다. 법규명령이라는 경우의 법규는 이런 뜻이다. 우리 헌법도 '입법권은 국회에 속한다.'라고 규정하고 있으며(제40조), 여기에서의 입법이란 곧 법규의 제정을 의미하는 것이다. 이와 같이 헌법은 입법, 즉 법규의 제정을 국민의 대표기관인 국회에 독점시키고(국민의 권리・의무와 관계되므로) 행정부에서 법규를 제정하는 것은 특히 헌법에 규정이 있는 경우(예: 헌법 제75・76・95・108조, 제114조 제6항, 제117조 제1항)에 한하며, 헌법과 법률에서 위임된 범위 내에서만 허용된다.

법규범(法規範)은 사회규범 중의 하나인 법이라는 규범을 가리킨다. 규범은 인간이 사회생활을 하는데 있어, 구속(拘束)되고 준거(準據)하도록 강요되는 일정한 행동양식으로 단순히 강제적인 구속만을 지니는 것은 아니다. 따라서 법규범이란? 공권력에 의한 강제력이 부여된 규범으로 그렇지 않은 종교규범, 도덕규범, 관습규범 등의 다른 사회규범과 병렬하면서 또한 구별된다. 법 또는 법률과 거의 같은 뜻인데, 특히 그 규범이라는 성질에 착안해서 법규범이라고 불린다.

즉, 법규범의 범주에는 법규성이 있는 것(법규-일반 국민의 권리 · 의무에 관계되는)과 그렇지 않은 것으로 구분된다. 따라서 규범은 법규범을 법규범은 법규를 포괄하는 개념이다(**규범 ⊃ 법규범 ⊃ 법규**).

Ⅰ. 행정법의 성문법주의

우리의 헌법은 국민의 기본권에 관한 사항을 대부분 법률에 유보하고 행정조직도 원칙적으로 법률에 의하도록 하고 있다. 또한 중요한 행정작용을 법률에 유보함으로써 원칙적으로 행정법의 성문법주의를 취하고 있으며, 불문법은 성문법에 대한 보충적 효력을 가질 뿐이다. 행정법의 성문법주의에 대한 이론적 근거는 행정권 발동의 예측가능성과 법적 안정성 보장, 행정작용의 공정성 보장, 국가적 급부활동의 계속성 보장의 요청, 국가적 지도와 보호의 목적과 수단의 명백화, 행정구제절차의 명백화로 국민의 권익을 보장하기 위한 것들이다.

Ⅲ. 성문법원 : 헌법, 법률, 조약 · 국제법규, 명령, 규칙, 자치법규

1. 헌 법

헌법 안에는 행정의 조직 · 작용 · 구제 등 행정에 관한 사항을 규율하고 있는데 이는 행정법의 법원 중 최고법원이다. 또한 헌법은 국가의 최고법이기 때문에 다른 형식의 법원에 우선하는 형식적 효력을 가진다.

2. 법 률

의회가 헌법이 정한 절차에 따라 제정한 법형식(형식적 의미의 법률)으로 헌법 다음가는 가장 중요한 행정법의 중심적 법원이다.

3. 조약과 국제법규

조약이란 그 명칭의 여하에 불구하고 국가간에 법적 효력이 있는 문서에 의한 합의를 말하며, 국제법규란 우리나라가 체약국이 아닌 조약으로서 국제사회에서 일반적으로 그 규범성이 승인된 것 및 국제관습법을 말한다. 헌법에 의해 체결 공포된 조약과 일반적으로 승인된 국제법규는 국내법과 동일한 효력을 가지므로 행정법의 법원이다. 조약은 국회의 동의를 얻어야 국내법과 동일한 효력을 갖지만, 일반적으로 승인된 국제법규는 국회의 동의를 요하지 않는다.

4. 명령(행정입법)

법률에 따라 행정권에 의하여 정립되는 규범(행정입법)으로 일반적으로 법규명령과 행정명령(행정규칙)으로 나누어진다. 법규명령은 일반 국민의 권리·의무에 관한 사항을 규율하고(법규성이 있다.) 국가와 국민 모두에게 구속력을 가지는 명령이다. 행정명령은 행정규칙이라고도 하며, 일반 국민의 권리·의무에 관한 사항을 규율하지 않고(법규성이 없다.) 행정조직 내부에서만 구속력을 가지는 명령이다. 명령은 법률보다 신축성이 있으므로 행정법의 법원으로서 명령의 중요성이 크다.

5. 규 칙

헌법이나 법률에 근거하여 정립되는 성문법의 한 형식으로, 헌법에 의해 그 제정이 인정되는 규칙으로서는 국회규칙·대법원규칙·헌법재판소규칙·중앙선거관리위원회규칙 등이 있으며, 법률에 의해 그 제정이 인정되는 규칙으로서는 감사원규칙·자치규칙·교육규칙·노동위원회규칙·공정거래위원회규칙 등이 있다.

6. 자치법규

지방자치단체가 자치입법권에 의하여 만든 법규로 지방자치단체의 구역 안에서만 효력을 갖는 지방자치행정에 대한 중요한 법원으로 지방의회가 제정하는 조례와 지방자치단체장이 제정하는 자치규칙이 있다.

Ⅳ. 불문법원 : 행정관습법, 판례법, 조리

1. 행정관습법

(1) 성 립

오랫동안 관행이 되풀이되어(객관적 요건) 일반국민 법적 확산을 얻어(주관적 요건) 법규범으로써 인식, 승인된 것으로 통설은 법원성을 인정한다.

(2) 학 설

관습법의 성립에 관행과 법적 확신의 결합 이외에 또 다른 요건이 필요한가에 대하여 학설이 나뉜다.

1) 법적 확신설(법적 내재설)

법적 확신설은 국민의 일반적인 법적 확신을 얻은 장기적·계속적 관행은 그 자체에 내재하는 힘에 의하여 법으로 된다는 견해로 통설 및 판례의 입장이다.

2) 국가승인설

국가승인설은 법의 본질을 국가의 명령으로 보는 입장에서 관습법이 법으로서 효력을 가지기 위해서는 국가에 의한 명시적 또는 묵시적 승인이 있어야 한다는 견해이다.

(3) 종 류

1) 행정선례법

행정선례법인란 행정청의 선례가 장기적으로 반복되어 시행됨으로써 국민의 법적확신을 얻은 것을 의미한다. 행정절차법 제4조 제2항[5]과 국세기본법 제18조 제3항[6]의 규정에서 행정선례법의 성립가능성을 시사한다.

---

5) 행정절차법 제4조 제2항 : 행정청은 법령등의 해석 또는 행정청의 관행이 일반적으로 국민들에게 받아들여진 때에는 공익 또는 제3자의 정당한 이익을 현저히 해할 우려가 있는 경우를 제외하고는 새로운 해석 또는 관행에 의하여 소급하여 불리하게 처리하여서는 아니된다.

6) 국세기본법 제18조 제3항 : 세법의 해석이나 국세행정의 관행이 일반적으로 납세자에게 받아

2) 민중적 관습법

행정법관계에서 일정한 관행이 민중 사이에서 장기적으로 계속됨으로써 그것이 다수의 국민에 의해 인식되었을 때 성립하는 것으로 주로 공물의 이용관계에 관하여 성립된다. 그 예로는 공유수면이용 및 인수・배수권, 입어권, 하천용수권 등이 있다.

(4) 관습법의 법원성

관습법의 법원성을 인정하는 명문규정이 있는 경우에는 관습법의 성립이 당연히 인정되나, 명문규정이 없는 경우에는 학설이 나뉜다.

1) 소극설(O. Mayer, F. Fleiner)

행정은 사법(司法)과는 달리 법규가 없는 경우에도 존립할 수 있을 뿐만 아니라 자신의 합리적인 질서를 가지고 있기 때문에 관습법을 필요로 하지 않고, 또한 행정의 법률적합성의 원칙에 의해 성문규정이 없는 한 관습법이 성립할 수 없다고 한다.

2) 적극설(W. Jellinek, E. Forsthoff)

행정의 복잡・다양성으로 모든 영역에 성문법규가 완비될 수 없어 행정관습법의 성립을 인정하는 견해로 통설의 입장이다.

(5) 관습법의 효력

관습법의 법원성을 긍정하는 경우에는 성문법이 없는 경우에 보충적 효력만을 인정하는 보충적 효력설과, 성문법이 있는 분야에도 성립될 수 있고 성문법을 개폐하는 효력까지도 인정하는 개폐적 효력설이 대립하고 있다. 법치행정의 원칙상 성문법 우위가 강조되어야 하므로 행정관습법은 성문법이 없는 경우에 보충적 효력만을 가진다는 전설이 타당하다.

들여진 후에는 그 해석이나 관행에 의한 행위 또는 계산은 정당한 것으로 보며, 새로운 해석이나 관행에 의하여 소급하여 과세되지 아니한다.

2. 판례법

(1) 성 립

동일 사건에 대한 판결이 계속됨으로 장래의 같은 종류의 사건에 대하여 같은 판결이 내려질 것이라는 법적 확신이 있을 때 판례법이 성립한다. 행정사건에 관한 법원의 판결은 추상적인 행정법규를 구체화하고 그 내용을 명확히 하며, 또한 관습법의 존재와 내용도 명확히 하여 성문법의 결함을 보충하는 행정법의 법원이 된다.

(2) 법원성

1) 영미법계

판례가 장래에 향하여 하급법원을 구속하는 효력이 인정되므로 중요한 법원 중에 하나이다.

2) 대륙법계

상급법원의 판결은 당해 사건 이외에는 하급법원을 법적으로 구속하는 효력을 인정하지 않고 대법원은 자기 판결을 변경할 수 있으므로 판례의 법원성 여부가 문제되나 일반적으로 부정한다.

3) 우리나라

대륙법계를 기본으로 하므로 일반법원의 판례의 법원성을 부인하는 게 판례의 태도이나 실제 법원성을 어느 정도 인정해야 한다는 게 통설이다. 즉, 법관은 현실적으로 판례상 확립된 원칙을 무시할 수 없는 게 재판의 현실이므로 제도적 관점에서 법적 구속력을 부정하나 실질적 관점에서 사실상 구속력을 인정한다는 것이 학설(통설)의 입장이다.

4) 법원성이 인정되는 판례법

대법원 판결은 하급심을 사실상 구속하며 대법원 판례의 변경은 전원재판부에 의한다는 점에서 법원성이 인정되나, 하급심 판결은 상소에 의해 변경될 수 있다는 점에서 법원성을 인정하기 곤란하다. 헌법재판소 결정은 법원 그 밖의 국가기관을 기속하므로 당연히 법원성이 인정된다. 헌법재판소법은 위헌결정이 난 법률 또는 법률조항은 그 판결이 있는 날로부터 효력을 상실하고, 법원 기타 지방자치단체를 기속한다고 규정하고 있다(헌법재판소법 제47조 제1·2항)

3. 조 리

(1) 의 의

일반사회의 정의감에 비추어 반드시 그러하여야 한다는 사물의 본질 또는 법해석의 일반원리를 말한다. 판례 중에는 '사회통념에 비추어'·'사회일반의 정의관념에서 보아'라고 하여 조리를 전제로 하여 이에 근거하여 법원이 판단하고 있음을 볼 수 있다.

(2) 법원성

성문법, 관습법, 판례법 모두가 존재하지 않는 경우에 최후의 보충적 법원으로서 중요성을 지닌다. 특히 행정법에는 총칙적 규정이 없고, 그 규율대상인 행정자체가 복잡다기하여 법규가 예상하지 못한 사태가 발생하는 일이 적지 아니하고, 또 행정법규에 모순·결함이 많고 법규 상호간에 횡적 통일성이 없는 까닭에 다른 어느 법분야보다도 행정법에 있어서의 법원으로서 중요성을 가지고 있다.

(3) 내 용

조리는 시대와 사회에 따라 변화하고, 최근에는 행정의 헌법구체화법으로서의 성격이 강조됨으로써 종래 조리라고 지칭되어 온 것을 헌법상의 원칙으로 재인식하면서 대부분 헌법규정 및 헌법의 일반원리에 토대를 두고 있는 것이기 때문에 행정법의 일반원칙으로서 파악하는 경향이 있다. 평등원칙, 신의성실의 원칙, 비례원칙, 신뢰보호의 원칙, 과잉급부금지 원칙 등이 있다. 특히 최근에는 행정법의 헌법구체화법으로서의 성격이 강조됨으로써 종래 조리라고 지칭되어 온 것을 헌법상의 원칙으로 재인식하면서 행정법의 일반원칙으로서 파악하는 경향이 있다.

제4절 행정법의 기본원리와 일반원칙

Ⅰ. 행정법의 기본원리

1. 법치국가(법치행정)의 원리

자의적인 행정으로부터 개인을 보호하고 행정작용의 예견가능성을 보장하기 위하여 행정은 법률에 근거하여 법률의 기속하에 행해져야 하고, 이를 위반하여 개인에게 피해가 발생할 경우에는 사법적인 구제를 받을 수 있다.

2. 민주국가(민주행정)의 원리

행정은 국민주권의 원리에 따라 국민 모두의 이익과 의사가 반영되어야 한다는 원리로 행정조직의 민주성, 행정작용의 민주성, 민주적 · 직업적 공무원제도 등이 요구된다.

3. 복리국가(복지행정)의 원리

행정은 적극적으로 국민의 인간다운 생활을 보장해야 하는 바, 복리국가란 실질적인 자유와 평등을 보장하기 위하여 국민생활에 적극적으로 간섭하고 경제질서를 형성하는 국가를 말한다.

4. 지방자치(지방분권)의 원리

지방 행정은 그 지역 주민자치에 의하여 이루어져야 한다는 원리로 헌법 제117조 제1항은 "지방자치단체는 주민의 복리에 관한 사무를 처리하고 재산을 관리하며, 법령의 범위 안에서 자치에 관한 규정을 제정할 수 있다."규정하여 지방분권주의를 채택하고 있음을 보여 준다.

5. 사법국가주의의 원리

행정사건도 독립된 행정재판이 아닌 일반법원이 담당하도록 하는 것으로 행정국가주의의 반대 개념을 사법국가주의라고 한다.

Ⅱ. 행정법의 일반원칙

행정법의 모든 분야에 적용되는 법의 일반원칙을 말한다. 이러한 일반원칙은 행정법의 불완전성 및 행정법의 헌법에 의한 제한의 원리(헌법에 구속)로 인하여 성문법·학설 및 판례 등을 통하여 헌법의 지배이념이 비교적 구체화된 것이다. 행정법의 일반원칙은 행정법규 해석의 준거, 행정법의 법원, 재량권의 한계설정, 법률로부터 자유로운 행정에 있어서의 행정권의 한계 설정 등의 기능을 한다.

오늘날 행정법의 불문법원의 하나로 설명되므로 위반하면 위법이 되고, 대부분 헌법 및 헌법을 지배하는 기본원리에서 유래하므로 위반 시 위헌의 소지도 있다.

1. 평등의 원칙

(1) 의 의

평등의 원칙은 행정작용에 있어서 특별한 합리적 사유가 없는 한 국민을 공평하게 처우하여야 한다는 것이다. 평등원칙은 형식적으로는 법이 평등하게 적용되는 것을 의미하고, 실질적으로는 모든 법률관계를 무차별하게 취급하지 않고 본질적으로 동일한 것을 자의적으로 불평등하게, 본질적으로 동일하지 않은 것을 자의적으로 평등하게 취급하는 것을 금한다. 따라서 평등원칙은 자의적인 차별의 금지를 의미한다. 평등원칙은 행정에 대한 신뢰를 보호하고 예측가능성을 확보함으로써 행정법관계의 안정에 기여하는 구실을 한다. 이는 비례의 원칙과 함께 재량권 행사를 한계지우는 중요한 기능을 한다.

(2) 근 거

행정에 있어서 평등의 원칙은 직접 헌법(헌법 제11조)에 명시되어 있는 법원칙이라고 보는 견해가 있으나, 헌법상 규정된 평등원칙의 기본이념으로부터 도출된 불문법원리라고 보는 견해가 다수설이다.

(3) 적용영역

행정에서 평등원칙은 주로 행정재량의 한계, 행정규칙의 외부적 효과 및 행정의 자기구속의 법리에서 나타난다.

(4) 판 례

1) 평등의 원칙 위반을 인정한 경우(위법)

① 함께 화투놀이를 한 3명은 견책, 1명은 파면처분(대판 1972. 12. 26, 72누194)

② 국유일반재산에 대한 시효취득 부인(헌재 1991. 5. 13, 89헌가97)

③ 국가유공자에 대해 일률적으로 10%의 가산점 부여(헌재 2006. 2. 23, 2004헌마675)

④ 청원경찰 감원 시 초등학교 졸업 이하의 학력소지자 집단과 중학교 중퇴 이상의 학력소지자 집단으로 나누어 각 집단별로 같은 감원비율을 선정한 것(대판 2002. 2. 8, 2000두4057)

⑤ 해외근로자 자녀 특별전형에서 외교관 자녀에 대해서만 20%의 가산점을 인정한 것 (1990. 8. 28, 89누8255)

⑥ 국민주택 특별공급에서 다세대주택과 달리 다가구주택 소유자에게 특별분양권을 부여하지 않는 것(2007. 11. 29, 2006두8495)

⑦ 개인택시운송사업면허의 우선순위 기준으로 무사고운전 등의 성실의무를 반드시 동일회사에서 이행하였을 것을 요구하는 것(대판 2009. 5. 28, 2008두13828)

2) 평등의 원칙 위반을 부정한 경우(적법)

① 피보험자의 생활수준별로 소득금액을 차등 규정한 것(대판 2001. 1. 30, 99두11431)

② 법인인 사업자가 세금계산서를 교부하지 않거나 부실 기재한 경우 가산세를 부과하도록 규정한 것(대결 2008. 7. 10, 2006아27)
③ 교사임용시험에서 복수·부전공 가산점 적용시한을 규정하고 있는 부칙 조항(대판 2009. 11. 26, 2009두6759)
④ 개인택시운송사업면허를 하면서 택시운전 경력을 우대하거나 해당지역 운수업체에서 일정기간 근무한 경력을 우대하는 것(대판 2009. 11. 26, 2008두16087)

2. 행정의 자기구속의 원칙

(1) 의 의

행정의 재량영역에 있어 일정한 관행이 형성된 경우 행정청은 그 관행에 구속된다는 원칙이다. 즉, 동일 행정청이 제3자에 대하여 행하였던 결정은 동종 사안을 행함에 있어서 다른 상대방에게도 동일한 결정을 행하도록 스스로에게 구속당하는 것을 말한다. 행정의 자기구속의 법리는 원래 재량영역에서 헌법상의 원리인 평등원칙에 구속되는 것으로 보아 행정의 자의금지의 원리로 형성된 개념이다.

(2) 요 건

1) 재량영역

행정의 자기구속의 주된 적용영역은 행정의 재량영역이다. 행정에 재량의 여지가 전혀 없고 법이 정한 대로 행동해야 하는 기속행위에는 행정이 스스로 행위준칙을 정할 여지가 없기 때문이다. 엄격히 법률에 구속된 영역에서는 법률은 특정행위만을 행하도록 행정에 의무지우고, 그 이후의 동종사안에서도 동일한 행위가 반복되어도 이는 법률기속성의 효과의 문제이고 행정의 자기구속에는 해당하지 않는다.

2) 적법한 행정선례

행정의 자기구속이 적용되기 위해서는 동종사안에 비교의 대상이 되는 적법한 행정선례(行政先例)가 존재해야 한다. 행정기준에 따른 결정이 제3자에게 행해지지 않은 단계에서는 평등원칙위반이라고 할 수 없기 때문이다. 그런데 평등원칙이 적용될 수 있는 비교기준이 되는 행정선례 내지 행정실무가 장기간 계속 반복되어 행정관행으로까지 고양(高揚)되어야 하는지, 아니면 비교기준이 되는 행정실무가 단 한번만이라도 행해지면 족한 것인지, 또는 행정선례를 매개로 함이 없이 행정규칙 자체만으로도 충분한지에 대해서는 견해의 대립이 있다.

① 행정관행설

이는 계속적으로 반복된 행정관행이 필요하다는 입장으로, 통설과 판례의 태도이다. 즉, 행정이 새로운 행정실무를 행정상의 프로그램에 따라 적용하고 집행하는데 필요한 시간과 기회를 줄 필요가 있기 때문에 행정결정을 통하여 형성된 행정관행의 존재가 필요하다고 한다.

② 행정선례설

이는 행정의 자기구속이 인정되기 위해서는 행정실무가 단 1회만이라도 행해졌으면 충분하고 반드시 행정선례가 반복되어 행정관행으로까지 고양될 필요는 없다는 견해이다. 과거에 단 일회만이라도 행정실무가 행해졌으면, 거기에 이미 비교의 기준이 정립되어 상대방의 사안에 있어서 이 기준에 맞는 사실이 나타나 있는가의 여부를 판정하는 것은 가능하기 때문이라고 한다.

③ 행정규칙설

이는 행정규칙 자체에 행정의 자기구속이 당연히 인정된다는 입장이다. 행정규칙에 대한 행정의 자기구속을 인정하는 방법으로, 헌법상 평등조항에 기한 행정규칙의 구속력을 인정하는 방법과, 헌법상 평등조항에 기한 행정실무의 구속력을 통해 간접적으로 행정규칙의 구속력을 인정하는 방법이 있다. 여기서 행정선례를 매개함이 없이 행정규칙만으로 행정의 자기구속을 인정하는 입장이다.

3) 동일한 상황

행정의 자기구속은 동일한 상황의 행정실무에서만 적용된다. 동일한 법적용의 요청은 동일한 상황에서만 가능한 것이기 때문에 행정실무의 상대방에 대한 사안과 제3자에게 행했던 행정선례의 사안이 법적인 의미와 목적에서 같은 종류로 취급할 수 있는 것이어야 한다.

(3) 근 거

행정의 자기구속의 법리에 대한 실정법적 근거로는 행정절차법 제4조 제2항 및 국세기본법 제18조 제3항 등을 들 수 있으며, 이론적인 근거에 대해서는 다음과 같이 학설이 나뉜다.

1) 평등원칙설

이 설은 행정의 자기구속이 행정의 동등한 재량권행사의 표현으로 보아 헌법상의 평등원칙에서 그 근거를 구하는 입장이다. 헌법상의 '법 앞에 평등'은 법과의 관련 하에 동종사안을 불평등하게 취급해서는 아니 되며, 이것에 위반한 불평등취급은 자의적인 것이 된다고 한다.

2) 신뢰보호원칙설

이 설은 행정실무의 존속에 대한 상대방의 신뢰보호에서 행정의 자기구속의 근거를 구하는 입장이다. 행정의 자기구속은 행정관행의 존재를 요건으로 하는데, 행정관행은 행정실무의 존속으로서의 신뢰와 행정실무가 적용될 것이라는 기대를 잠재적 당사자에게 줄 수 있기 때문이라고 한다. 이 설은 다시 신뢰보호의 근거를 신의칙에서 구하는 입장과 법적 안정성에서 구하는 입장으로 나뉜다.

3) 판 례

헌법재판소(헌재 1990. 9. 3, 90헌마13)와 대법원(대판 2009. 12. 24, 2009두7967)은 행정의 자기구속의 법리를 명시적으로 인정할 뿐만 아니라 신뢰보호의 원칙과 평등원칙 모두를 그 논거로 제시한바 있다.

(4) 기 능

행정규칙의 법규화 기능(행정규칙의 법규로의 전환기능)을 한다. 즉, 행정의 자기구속의 원칙은 평등원칙의 행정법상 구현으로 양자는 행정규칙을 법규로 전환시키는 매개규범(전환규범)의 기능을 수행한다. 그 결과 사법적 통제의 확대기능을 동시에 수행한다. 그 외에 중요한 기능으로서 국민의 권리보호 기능, 국민의 신뢰보호 기능, 법적 안정성 도모 기능 등이 있다.

(5) 판 례

대법원은 식품위생법시행규칙 처분기준을 위반한 영업정지처분 취소소송에서 이 법리에 입각하여 위 처분은 재량권 일탈이라고 판시한 바 있고, 헌법재판소도 자기구속의 원칙을 정면으로 인정하고 있다.

1) 대법원

식품위생법 제53조와 이에 따른 별표상의 처분기준과 관련하여 이는 사무처리 준칙을 규정한 것에 불과하지만 한 행정청이 이 처분기준에 따르지 않고 특정개인에 대해서만 과도한 처분을 한 경우에는 특별한 사정이 없는 한 재량권의 한계를 일탈한 것이라고 하여 재량권의 통제법리로서 행정의 자기구속의 원칙을 인정하였다(대판 1993. 6. 29, 93누5635).

2) 헌법재판소

재량준칙이 그 정한 바에 따라 되풀이 시행된 결과 행정관행이 이룩되어 평등의 원칙이나 신뢰보호의 원칙에 따라 상대방에 대한 관계에서 그 규칙을 따라야 할 자기구속을 당하게 되는 경우에는 대외적인 구속력을 가지게 된다고 하여 정면으로 자기구속의 원칙을 인정하였다(헌결 1990. 9. 3, 90헌마13; 헌결 2001. 5. 31, 99헌마413).

3. 비례의 원칙(과잉금지의 원칙) : 적합성의 원칙, 최소침해의 원칙, 상당성의 원칙

(1) 의 의

행정법상의 비례의 원칙이란 행정주체가 구체적인 행정목적을 실현함에 있어서 그 목적의 실현과 수단 사이에 합리적인 비례관계가 유지되어야 한다는 것으로, 과잉(조치)금지의 원칙이라고도 한다. 즉, 비례의 원칙은 일정한 목적을 달성하기 위한 수단에 있어서 요청되는 기준이다.

(2) 근 거

헌법 제37조 제2항[7), 경찰관직무집행법 제1조 제2항[8), 국세기본법 제18조 제1항[9), 행정규제기본법 제5조 제2항[10), 식품위생법 제62조 제4항[11) 등이 있다.

(3) 내 용

1) 적합성의 원칙

적합성의 원칙이란 행정기관이 취한 조치 또는 수단이 그 의도하는 목적을 달성하는 데에 적합해야 함을 의미한다. 즉, 선택한 수단은 그 목적의 달성에 적합한 것이어야 한다는 방법의 적합성(수단의 적합성)을 말한다. 예컨대, 행정기관의 직무수행에 적합하지 않거나 무용한 조치, 사실적 또는 법적으로 불가능한 조치는 적합한 조치라고 할 수 없다.

2) 최소침해의 원칙

최소침해의 원칙이란 행정조치는 설정된 목적을 실현하기 위하여 필요한 이상으로 행해져서는 안 된다는 것을 말하며, 필요성의 원칙이라고도 한다. 다시 말하자면 일정한 목적을 달성할 수 있는 수단이 여러 가지 있는 경우에 그 중에서 관계자에게 가장 적은 부담을 주는 수단을 선택해야 한다는 것이다. 이는 발생하는 피해를 가능한 한 적게 하는 것으로 피해의 최소성(침해의 최소성)을 의미한다.

3) 상당성의 원칙

상당성의 원칙이란 어떤 행정조치가 설정된 목적의 실현을 위하여 필요한 경

---

7) 국민의 자유와 권리는 국가안전보장·질서유지 또는 공공복리를 위하여 필요한 경우에 한하여 법률로써 제한할 수 있으며, 제한하는 경우에도 자유와 권리의 본질적인 내용을 제한할 수 없다.

8) 이 법에 규정된 경찰관의 직권은 그 직무수행에 필요한 최소한도 내에서 행사되어야 하며 이를 남용하여서는 아니 된다.

9) 세법을 해석 · 적용할 때에는 과세의 형평(衡平)과 해당 조항의 합목적성에 비추어 납세자의 재산권이 부당하게 침해되지 아니하도록 하여야 한다.

10) 규제의 대상과 수단은 규제의 목적을 실현하는 데 필요한 최소한의 범위 안에서 가장 효과적인 방법으로 객관 ·투명성 및 공정성이 확보되도록 설정되어야 한다.

11) 제1항의 조치(영업소의 폐쇄조치)는 그 영업을 할 수 없게 함에 필요한 최소한의 범위에 그쳐야 한다.

우라 할지라도 그 행정조치의 정도는 공익상 필요의 정도와 상당한 균형을 유지해야 한다는 원칙을 말하며, 협의의 비례의 원칙이라고도 한다. 다시 말하자면 적합성의 원칙과 필요성의 원칙을 충족하는 경우에도 그 행정조치를 취함에 따른 불이익이 그것에 의해 초래되는 이익보다 큰 경우에는 해당 행정조치를 취해서는 안 된다는 것을 말한다. 이는 다른 목적과의 균형적인 관계를 유지하는 법익(法益)의 균형성(수단과 목적 또는 이익과 불이익의 비교형량)을 의미한다. 이 원칙에 적용되는 법익형량을 함에 있어서는 특히 그 때 그 때 위협을 받는 보호법익의 가치와 행정권의 개입으로 인하여 상대방 또는 공중에게 발생할 것이 예견되는 손해의 중요도 및 손해발생의 개연성의 정도가 고려되어야 한다.

(4) 판 례

1) 비례의 원칙 위반을 인정한 사례(위법)

① 전 운영자의 유사회발유 판매사실을 모른 주유소 양수인에 대한 최장기간인 6개월의 영업정지처분(대판 1992. 2. 25, 91누13106)

② 청소년유해매물인지 모르고 청소년에게 대여한 도서대여업자에 대한 700만원의 과징금 부과(대판 2001. 7. 27, 99두9490)

③ 경찰관이 난동부리는 범인 검거 시 가스총을 근접 발사하여 범인이 실명한 경우(2003. 1. 14, 2002다57218)

④ 공직선거법에서 감액의 여지없이 일률적으로 제공받은 금액의 50배의 과태료를 부과하도록 한 규정(헌재 2009. 3. 26, 2007헌가22)

⑤ 공용수용에서 필요한 한도를 초과하여 수용한 경우(대판 1994. 1. 11, 93누8018)

⑥ 여권발급 신청인이 북한 고위직 출신의 탈북인사라 신변에 대한 우려를 이유로 미국여권 발급을 거부한 경우(대판 2008. 1. 24, 2007두10846)

⑦ 신용카드 가맹점수수료율 합의에 의한 부당한 공동행위에 대하여 부과한 과징금이 제재적 성격만 지나치게 강조하여 과중하게 산정한 이유(대판 2008. 8. 11, 2007두4919)

2) 비례의 원칙 위반을 부정한 사례(적법)

① 개인택시 사업자의 음주운전을 이유로 한 운전면허 취소(대판 2003. 10. 10.

2003두6184)

② 음주측정거부자에 대한 운전면허의 필요적 취소를 규정한 것(헌재 2007. 12. 27, 2005헌바95)

③ 음주운전 3회 이상 적발시 운전면허를 필요적으로 취소하도록 규정한 것(헌재 2006. 5. 25, 2005헌바91)

④ 개인택시운송사업자의 운전면허취소 시 개인택시운송사업면허를 취소할 수 있도록 한 규정(헌재 2008. 5. 29, 2006헌바85)

⑤ 수입녹용 중 기준치를 초과한 유해물질이 있다는 이유로 수입녹용을 전량 폐기 또는 반송처리를 지시한 처분(대판 2006. 4. 14, 2004두3854)

⑥ 대부계약을 맺지 않고 국유일반재산을 무단 점유한 사람에게 통상 대부료의 20%를 할증한 변상금을 부과하도록 한 국유재산법 제51조 제1항(대판 2008. 5. 15, 2005두11643)

⑦ 선거당일의 선거운동 금지와 선거당일 선거운동을 한 경우 보통의 사전선거운동보다 무겁게 처벌하는 것(대판 2007. 10. 11, 2007도3468)

⑧ 미결수용자가 수치소 등 수용시설에서 사복착용을 금지하고 재소자용 의류를 입게 한 행위와 수사 또는 재판과정 에서 사복착용을 금지하고 재소자용 의류를 입게 한 행위(헌재 1999. 5. 27, 97헌마137 등)

⑨ 일정한 재량처분에 있어서 법령상 환경배려조항이 없는 경우에 각종 인허가를 거부하더라도 비례의 원칙에 반하지 않는다.(대판 1997. 9. 12, 97누1228 ; 대판 2000. 7. 7, 99두66 ; 대판 2000. 4. 25, 98두6555 ; 대판 2000. 5. 26, 98두6500)

4. 신뢰보호의 원칙

(1) 의 의

개인이 행정기관의 일정한 행위의 정당성 또는 존속성에 대하여 신뢰한 경우, 그 신뢰가 보호받을 가치가 있는 한, 그 신뢰를 보호해야 한다는 원칙을 말한다.

신뢰보호의 원칙은 일찍이 영·미의 보통법상의 '금반언'(禁反言)의 법리에서 찾아 볼 수 있고, 특히 제2차 세계대전 후 독일에서 사회국가적 기능이 전개되면서 급속도로 발전하여 마침내 행정절차 등에서 제도화된 원칙이다. 이 원칙은 일방 당사자가 전에 주장한 바 있고 타방 당사자가 이를 신뢰한 경우에, 그 일방당사자가 종전의 그의 주장과 모순되는 주장을 하는 것은 금지된다는 원칙이다.

(2) 근 거

1) 이론적 근거

① 신의칙설(초기)

신뢰보호의 근거를 사법에서 발달한 신의성실의 원칙에서 구하는 견해로 행정기관의 행위를 적법한 것으로 믿은 경우, 나중에 위법을 이유로 그 효력을 부인하는 것은 신의칙에 반한다. 독일연방행정재판소의 미망인보조금청구에 관한 사건[12]에서 확립되었다.

② 법적 안정성설

법적 안정성을 법치국가의 구성부분으로 보면서 신뢰보호의 원칙의 근거를 헌법에서 구하는 견해로 현재의 다수설과 판례의 태도이다. 결국 국가작용에 의하여 형성된 법적 관계의 존속이 행정의 법률적합성의 원리와 비교하여 이익이 큰 경우 법적 관계를 존속시켜 국민의 신뢰를 보호한다.

다만, 행정의 법률적합성의 견지에서는 이율배반적인 면이 없지 아니하다. 신뢰보호의 원칙은 법률위반을 감수하고서라도 정당한 관계인의 신뢰를 보호하는 것이므로 행정의 법률적합성의 원칙과 상반되게 된다. 따라서 신뢰보호의 원칙의 이론적 근거는 법적 안정성에서 구하는 것이 타당하다. 법치국가의 또 다른 구성원리인 법적 안정성, 예측가능성의 확보를 통해서만이 손상된 법치주의를 치료할 수 있다.

---

12) 동베를린에 거주하던 전직 공무원의 미망인(원고)이 서베를린에 이주하면 미망인보조금을 받을 수 있다는 관계기관의 지도를 받고 서베를린에 이주하여 보조금을 받아오던 중, 1년 후에 피고행정청이 원고의 청구권은 기일의 요건을 충족하지 않아 권리가 없는 것으로 원고에게 보조금반환을 청구함으로써 소송이 제기되었는데, 연방행정법원은 신의칙을 근거로 미망인의 신뢰를 보호하여야 한다는 판결을 내리게 된 사건

2) 설정법적 근거

행정절차법 제4조 제2항[13], 국세기본법 제18조 제3항[14], 행정심판법 제18조 제5항[15] 등이 있다.

(3) 요 건

1) 행정기관의 선행행위의 존재(선행조치)

국가의 모든 행정 작용이 포함되며, 공적인 견해표명은 반드시 명시적이고 적극적인 언동(言動)일 것을 요하지는 않는다. 즉, 위법상태의 장기간 묵인 및 방치 등과 같은 묵시적 언동도 이에 포함된다. 묵시적인 견해표명이 있다고 인정하기 위하여서는 단순한 부작위와는 달리 일정한 의사표시를 하였다고 볼 수 있는 사정이 있어야 한다는 것이 대법원의 입장이다(대판 1993. 6. 11, 92누14021). 그러나 '추상적 질의에 대한 일반적 견해표명'은 이러한 공적 견해의 표명으로 볼 수 없다(대판 2000. 2. 11 98두2119 ; 대판 1995. 11. 14, 95누10181).

2) 보호할 만한 가치 있는 상대방의 신뢰(보호가치)

행정기관 선행행위의 정당성, 존속성, 유효성에 대한 신뢰가 존재하고, 이 신뢰는 보호할 가치가 있는 것이어야 한다. 보호가치성을 갖기 위해서는 상대방이 신뢰를 얻기까지의 과정에서 관계인의 귀책사유(고의 또는 과실) 및 사기, 강박 등이 없어야 한다.

3) 신뢰에 따른 상대방의 일정한 행위(처리보호)

흠이 있는 건축허가를 믿고 건축에 착수한 경우처럼 선행행위의 상대방인 관계인이 행정기관의 행위를 믿고, 일정한 행위를 해야 한다.

---

13) 행정청은 법령 등의 해석 또는 행정청의 관행이 일반적으로 국민들에게 받아들여진 때에는 공익 또는 제3자의 정당한 이익을 현저히 해할 우려가 있는 경우를 제외하고는 새로운 해석 또는 관행에 의하여 소급하여 불리하게 처리하여서는 아니 된다.

14) 세법의 해석이나 국세행정의 관행이 일반적으로 납세자에게 받아들여진 후에는 그 해석이나 관행에 의한 행위 또는 계산은 정당한 것으로 보며, 새로운 해석이나 관행에 의하여 소급하여 과세되지 아니한다.

15) 행정청이 심판청구기간을 제1항의 규정에 의한 기간(처분이 있음을 안 날로부터 90일)보다 긴 기간으로 잘못 알린 경우에 그 잘못 알린 기간내에 심판청구가 있으면 그 심판청구는 제1항의 규정에 의한 기간내에 제기된 것으로 본다.

4) 인과관계

선행행위에 대한 신뢰와 관계인의 처리사이에 인과관계가 성립해야 한다.

5) 선행조치에 반하는 후행처분(권익침해)

행정청이 행한 선행조치에 반하는 후행조치를 하였거나, 선행조치에 의하여 약속한 행위를 이행하지 않음으로써 이를 신뢰한 개인의 이익을 침해해야한다.

6) 보충성

관계인의 신뢰에 관하여 신뢰보호의 원칙 이외에는 이를 보호할 다른 수단이 없어야 한다.

7) 공익 또는 제3자의 이익을 현저히 해하지 않을 것(판례)

"행정청이 그 견해표명에 반하는 처분을 함으로써 그 견해표명을 신뢰한 개인의 이익이 침해되는 결과가 초래되어야 하며, 마지막으로 위 견해표명에 따른 행정처분을 할 경우 이로 인하여 공익 또는 제3자의 정당한 이익을 현저히 해할 우려가 있는 경우가 아니어야 한다."(대판 2001. 9. 28, 2000두8684; 대판 2003. 9. 5, 2001두403; 대판 2005. 7. 8, 2005두3165)

(4) 법적 효과

1) 존속보호와 보상보호

이미 이루어진 위법상태를 존속하여 당사자의 신뢰를 보호하는 존속보호와 이미 이루어진 위법상태를 제거하고, 발생한 손실을 신뢰보호의 차원에서 금전 등으로 보상하는 보상보호가 있다.

2) 우리나라의 태도

입법적으로 해결한 독일(독일행정절차법 : 보상보호원칙, 존속보호예외)과 달리 우리나라에서는 재산권의 보장이 원칙적으로 존속보장인 점을 고려하여 존속보호를 원칙으로 하고, 존속보호가 불가능한 경우에는 보상보호의 입장에 의한다는 견해가 다수의 견해이다.

3) 판 례

신뢰보호의 원칙은 행정법의 일반원칙으로서 효력이 있으므로 그 위반은 위법이 된다. 따라서 신뢰보호의 원칙에 반한 행정처분은 원칙적으로 취소사유가 된다. 위반의 효과에 관해서 판례는 당연무효가 아니라고 본다(대판 1982. 6. 22 81누 284).

(5) 적용영역

1) 행정법의 모든 영역

행정법의 모든 영역에 적용된다. 특히, 수익적 행정행위의 취소・철회의 제한, 행정상 확약, 행정법상의 실권(失權), 공법상 계약, 사실상 공무원이론 등에 적용된다.

① 취소・철회의 제한

신뢰보호원칙의 적용례로 대표적인 것은 수익적 행정행위의 취소권이나 철회권의 행사를 제한하는 경우이다. 특히 금전・현물급부의 전제조건이 되는 처분이나 현실적으로 급부가 행하여진 처분의 취소 및 철회를 제한하는 경우이다.

② 행정상 확약

행정청이 국민을 구속하기 위해 일정한 작위 또는 부작위를 약속하는 의사표시를 한 경우에 행정청은 그 약속한 의사표시에 영향을 받는다. 따라서 행정기관은 특별한 이유가 없는 한 확약의 내용에 영향을 받는다.

③ 행정법상의 실권

행정기관이 위법한 상태를 장기간 방치하여 개인이 법률관계를 형성한 경우 행정기관은 장기간 방치한 위법상태를 인정하게 되어 취소권이 없어진다는 이론이다. 이 경우도 신뢰보호의 원칙이 적용된다.

④ 공법상 계약

계약이 체결된 후 법률의 개정이 계약의 효력에 어떠한 영향을 주는지가 문제된다. 신뢰보호의 입장에서 행정기관은 계약상의 의무를 이행하거나 법치행정의 입장에서 계약을 무효로 할 수 있다. 이 경우 귀책사유(고의 또는 과실)가 없는 개인은 신뢰보호의 원칙에 의해 보호된다.

⑤ 사실상 공무원이론

본래 공무원이 아닌 자의 행위(공무원으로 임명되어 공무를 행하지만 원초적으로 공무원 결격사유가 있는 자나 정년퇴직한 공무원의 행위 등)는 무효이다. 그러나 외부에서 이를 파악하기는 매우 어려우므로 사실상의 공무원이론에서는 외부에서 객관적으로 파악하여 외관상 공무원의 행위라고 볼 수 있는 행위는 이를 유효로 보는 이론을 말한다.

예를 들어 공무원결격 사유가 있으나 공무원에 임용된 자는 공무원의 임명이 무효・취소되기까지 각종의 인허가 절차나 수리행위를 하게 되는데 공무원의 임명행위가 후에 무효・취소되면 공무원 아닌 자가 인허가나 수리행위를 한 것이 되어 모두 부적법하다고 해버리면 국민은 공무원의 행위를 믿고 그에 터 잡아 투자 등의 새로운 법률관계를 형성했는데 무허가나 무인가가 된다며 많은 금전적 손실을 보거나 새로운 인허가를 받아야 하는 등의 손해가 발생한다. 이 경우 공무원이 그동안 행한 행위를 국민의 신뢰보호의 관점에서 유효한 것으로 처리하자는 게 사실상 공무원이론이다.

2) 행정계획의 변경 시(행정계획에 있어서의 계획보장)

행정계획보장(집행, 존속)청구권은 신뢰보호원칙이 적용되는 사례 중의 하나이다. 그러나 행정계획이 가지는 성질로서의 재량성과 공공복리의 측면에서 계획보장청구권을 인정하기 어렵다고 본다다는 것이 다수설과 판례의 태도이다.

(6) 한 계(행정의 법률적합성과 법적 안정성의 관계)

1) 문제의 제기

신뢰보호의 요건을 갖추었어도 선행조치가 위법한 경우 법치국가의 구성요소인 법률적합성의 원칙과 신뢰보호의 원칙이 충돌하여 양자의 우열이 문제된다.

2) 학 설

① 법률적합성 우위설

행정행위가 위법함에도 불구하고 상대방의 신뢰를 보호한다는 이유로 이를 방치하면 법치국가 원리에 반하게 된다는 이유로 이 경우에는 법률적합성 원칙을 항상 우위에 두는 견해이다.

② 양자동위설

법치국가 원리의 파생원리로는 법률적합성 원칙 외에 신뢰보호의 원칙도 파생되는 바, 따라서 양자는 동위적, 동가치적 이라는 견해이다.

③ 이익교량설

양자동위설에 입각하여 행정법의 대원칙인 법률적합성의 원칙과 법적 안정성의 원칙은 기본적으로 같은 지위에 있으므로 구체적인 경우에 있어서는 각각의 이익을 비교형량하여 결정, 신뢰보호를 인정하는 범위는 구체적으로 적법상태의 실현이라는 공익과 행정작용의 존속에 대한 신뢰의 보호라는 관계자의 이익을 비교형량하여 결정해야 한다는 견해로 독일의 통설 · 판례이고 우리나라의 다수설 · 판례이다.

3) 사정변경

신뢰형성의 기초인 사실이 변경되어 과거의 상태를 유지하는 것이 현저히 공익에 반하는 경우에는 신뢰보호가 예외적으로 배제될 수 있다.

(7) 판 례

1) 신뢰보호원칙에 위배된다고 본 사례

① 운전면허 취소사유에 해당하는 음주운전을 적발한 경찰관의 소속 경찰서장이 사무착오로 위반자에게 운전면허정지처분을 한 상태에서 위반자의 주소지 관할 지방경찰청장이 위반자에게 운전면허취소처분을 한 것은 선행처분에 대한 당사자의 신뢰 및 법적 안정성을 저해하는 것으로서 허용될 수 없다고 한 사례(대판 2000. 2. 25, 99두1C520)

② 보건사회부장관이 "의료취약지 병원설립운영자 신청공고"를 하면서 국세 및 지 방세를 비과세하겠다고 발표하였고, 그 후 내무부장관이나 시 · 도지사가 도 또는 시 · 군에 대하여 지방세 감면조례제정을 지시하여 그 조례에

대한 승인의 의사를 미리 표명하였다면, 보건사회부장관에 의하여 이루어진 위 비과세의 견해표명은 당해 과세관청의 그것과 마찬가지로 볼 여지가 충분하다고 할 것이고, 또한 납세자로서는 위와 같은 정부의 일정한 절차를 거친 공고에 대하여서는 보다 고도의 신뢰를 갖는 것이 일반적이다라고 한 사례(대판 1996. 1. 23, 95누13746).

③ 종교법인이 도시계획구역내 생산녹지로 농지(답)인 토지에 대하여 종교회관 건립을 목적으로 하는 토지거래계약의 허가를 받으면서 담당공무원이 관련 법규상 허용된다하여 이를 신뢰하고 건축준비를 하였으나, 그 후 당해 지방자치단체의장이 다른 사유를 들어 토지형질변경허가신청을 불허한 것은 신뢰보호원칙에 반한다고 한 사례(대판 1997. 9. 12, 96누18380).

④ 과세관청이 운송면허세를 부과할 수 있다는 점을 알고도 수출확대라는 공익상 필요에 의하여 4년 동안 한건도 면허세를 부과하지 않다가 지나간 2년 동안의 면허세를 한꺼번에 소급하여 부과한 사례(대판 1984. 6. 12, 84누53)

⑤ 운전면허정지기간 중의 운전행위에 대하여 3년여가 지난 후 행정제재로 가장 무거운 운전면허 취소 처분을 한 사례(대판 1987. 9. 8, 87누373)

2) 신뢰보호원칙에 위배되지 않는다고 본 사례

① 무효행위

② 교통사고가 일어난 지 1년 10개월이 지난 뒤 사고택시의 운송사업면허를 취소한 사례(대판 1989. 6. 27, 88누6283)[16)]

③ 변경된 기준에 따라 개별토지가격을 산정한 결과 개별토지가격이 종전보다 상승한 경우(대판 1993. 6. 11 92누16706)

④ 일반 주거지역으로 지정되었던 임야에 대하여 공익목적을 위하여 주택건설사업계획사전결정을 거부한 경우(대판 1997. 11. 11 97누11966)

⑤ 한약사제도를 신설하면서 그 이전부터 한약을 조제해 온 약사들에게 향후 2년간만 한약을 조제할 수 있도록 규정한 약사법 부칙(헌재결 1997. 11. 27 97헌바10)

⑥ '일반론적인 견해표명'에 불과한 경우에는 묵시적 표시가 있다고 볼 수 없

---

16) 택시운전기사가 형사처벌을 받은 후 3년여가 지난 뒤 면허취소를 한 것은 실권의 법리를 적용하여 위법으로 판시한 바 있다(대판 1987. 9. 8, 87누373).

다는 사례(대판 1995. 11. 14, 95누10181 ; 대판 1993. 7. 27, 90누10384)

⑦ 헌법재판소의 위헌결정은 행정청이 개인에 대하여 신뢰의 대상이 되는 공적인 견해를 표명한 것이라고 할 수 없다는 사례(대판 2003. 6. 27,2002두6965)

⑧ 당초 정구장 시설을 설치한다는 도시계획결정을 하였다가 정구장 대신 청소년수련시설을 설치한다는 도시계획 변경결정 및 지적승인을 한 경우, 당초의 도시계획결정만으로는 도시계획사업의 시행자 지정을 받게 된다는 공적인 견해를 표명하였다고 할 수 없다는 이유로 그 후의 도시계획 변경결정 및 지적승인이 도시계획사업의 시행자로 지정받을 것을 예상하고 정구장 설계비용 등을 지출한 자의 신뢰이익을 침해한 것으로 볼 수 없다고 한 사례(대판 2000. 11. 10, 2000두727)

⑨ 일반적으로 폐기물처리업 사업계획에대한 적정통보에 당해 토지에 대한 형질변경 허가신청을 허가하는 취지의 공적 견해표명이 있는 것으로는 볼 수 없다고 할 것이고, 더구나 토지의 지목변경 등을 조건으로 그 토지상의 폐기물처리업 사업계획에 대한 적정통보를 한 경우에는 위 조건부적정통보에 토지에 대한 형질변경허가의 공적 견해표명이 포함되어 있었다고 볼 수 없다고 한 사례(대판 1998. 9. 25, 98두6494)

⑩ 폐기물관리법령에 의한 폐기물처리업 사업계획에 대한 적정통보와 국토이용관리법령에 의한 국토이용계획변경은 각기 그 제도적 취지와 결정단계에서 고려해야 할 사항들이 다르다는 이유로, 폐기물처리업 사업계획에 대하여 적정통보를 한 것만으로 그 사업부지 토지에 대한 국토이용계획변경신청을 승인하여 주겠다는 취지의 공적인 견해표명을 한 것으로 볼 수 없다고 한 사례(대판 2005. 4. 28, 2004두8828)[17]

⑪ 재정경제부가 보도자료를 통해 "법인세법시행규칙을 개정하여 법제처의 심의를 거쳐 6월 말경 공포・시행할 예정"이라고 밝힌 것만으로 위 시행규칙을 시기적으로 반드시 6월 말경까지 공포・시행하겠다는 내용의 공적 견해

17) 〈주의판례〉
폐기물처리업에 대하여 사전에 관할 관청으로부터 적정통보를 받고 막대한 비용을 들여 허가요건을 갖춘 다음 허가신청을 하였음에도 다수 청소업자의 난립으로 안정적이고 효율적인 청소업무의 수행에 지장이 있다는 이유로 한 불허가처분이 신뢰보호의 원칙 및 비례의 원칙에 반하는 것으로서 재량권을 남용한 위법한 처분이라고 본 사례(대판 1998. 5. 8, 98두4061).

를 표명한 것으로 보기 어렵고, 부동산의 양도 이전에 위 시행규칙의 관계 규정이 실제 공포·시행 되고 있는지 여부를 확인하지 않은 데 귀책사유가 있다고 본 사례(대판 2002. 11. 26. 2001두9103).

⑫ 병무청 담당부서의 담당공무원에게 공적 견해의 표명을 구하는 정식의 서면질의 등을 하지 아니한 채 총무과 민원팀장에 불과한 공무원이 민원봉사차원에서 상담에 응하여 안내한 것을 신뢰한 경우, 신뢰보호 원칙이 적용되지 아니한다(대판 2003. 12. 26. 선고 2003두1875).

⑬ 행정청이 용도지역을 자연녹지지역으로 지정결정하였다가 그보다 규제가 엄한 보전녹지지역으로 지정결정하는 내용으로 도시계획을 변경한 경우, 신뢰보호의 원칙이 적용되지 않는다고 본 사례(대판 2005. 3. 10. 선고 2002두5474)[18]

⑭ 문화관광부장관의 지방자치단체장에 대한 회신은 사인의 신뢰이익을 보호하기 위한 공적 견해표명에 해당되지 않는다는 사례(대판 2006. 4. 28. 2005두6539)[19]

⑮ 「개발이익환수에관한법률」에 저촉되지 않는다는 통보가 동법상 개발부담금 부과대상이 아니라는 공적 견해표명을 한 것으로 볼 수 없다는 사례(대판 2006. 6. 9. 선고 2004두46)[20]

---

18) 행정청이 용도지역을 자연녹지지역으로 지정결정 하였다가 그보다 규제가 엄한 보전녹지지역으로 지정결정하는 내용으로 도시계획을 변경한 경우, 행정청이 용도지역을 자연녹지지역으로 결정한 것만으로는 그 결정 후 그 토지의 소유권을 취득한 자에게 용도지역을 종래와 같이 자연녹지지역으로 유지하거나 보전녹지지역으로 변경하지 않겠다는 취지의 공적인 견해표명을 한 것이라고 볼 수 없고, 토지소유자가 당해 토지 지상에 물류창고를 건축하기 위한 준비행위를 하였더라도 그와 같은 사정만으로는 용도지역을 자연녹지지역에서 보전녹지지역으로 변경하는 내용의 도시계획변경결정이 행정청의 공적인 견해표명에 반하는 처분을 함으로써 그 견해표명을 신뢰한 개인의 이익이 침해되는 결과가 초래된 것이라고도 볼 수 없다는 등의 이유로, 신뢰보호의 원칙이 적용되지 않는다고 본 원심의 판단을 수긍한 사례.

19) 관광 숙박시설 지원 등에 관한 특별법의 유효기간인 2002. 12. 31. 이전까지 사업계획승인 신청을 한 경우에는 유효기간이 경과한 이후에도 특별법을 적용할 수 있다는 내용의 회신은 문화관광부장관이 지방자치단체장에게 한 것이어서 이를 원고에 대한 공적인 견해표명으로 보기 어렵고, 위 회신에 앞서 피고의 담당공무원이 원고에게 위와 같은 내용의 회신이 있을 것으로 예상되니 신청을 다소 늦게 하더라도 무방하다고 말했다고 하더라도 이는 위 회신이 있기 전에 담당공무원 자신의 추측을 이야기한 것에 불과하여 이 또한 피고의 공적인 견해표명으로 보기 어렵다.

20) 개발이익환수에 관한 법률에 정한 개발사업을 시행하기 전에, 행정청이 토지 지상에 예식장 등을 건축하는 것이 관계 법령상 가능한지 여부를 질의하는 민원예비심사에 대하여 관련부서 의견으로 개발이익환수에 관한 법률에 '저촉사항 없음'이라고 기재하였다고 하더라도, 이후의 개발부담금부과처분에 관하여 신뢰보호의 원칙을 적용하기 위한 요건인, 개인에 대하여 신뢰의 대상이 되는 공적인 견해표명을 한 것이라고는 보기 어렵다.

⑯ 충전소설치예정지로부터 100m 내에 있는 건물주의 동의를 모두 얻지 아니하였음에도 불구하고 이를 갖춘 양 허가신청을 하여 그 허가를 받아낸 것으로서, 처분의 하자가 당사자의 사실은폐 내지 사위의 방법에 의한 신청행위에 기인한 것이라 할 것이어서 그 처분에 의한 이익이 위법하게 취득되었음을 알아 그 취소 가능성도 능히 예상하고 있었다고 보아야 할 것이므로 수익적 행정행위인 액화석유가스충전사업허가처분의 취소에 위법이 없다(대판 1992. 5. 8, 91누3274).

⑰ 건축주와 그로부터 건축설계를 우임받은 건축사가 상세계획지침에 의한 건축한계선의 제한이 있다는 사실을 간과한 채 건축설계를 하고 이를 토대로 건축물의 신축 및 증축허가를 받은 경우, 그 신축 및 증축허가가 정당하다고 신뢰한데에 귀책사유가 있다고 한 사례(대판 2002. 5. 8, 2001두1512).

5. 부당결부금지의 원칙

(1) 의 의

공권력을 행사함에 있어서 관련성이 없는 상대방의 반대급부와 결부시키거나 의존해서는 안된다는 원칙을 말한다. 국가에 깊이 의존하는 국민의 기본적 생활필수수단인 전기·가스·수도 등 확대된 급부행정이 행정강제의 효과적인 수단으로 활용되는 경향이 있다. 급부행정의 수단과 행정권한의 결부는 법치행정(행정의 예측가능성과 법적안정성)의 원리와 관련해서 기본권의 침해를 초래할 수 있는 문제점이 있다. 따라서 행정권한에 결부시키는 행정수단에 일정한 한계의 설정이 필요하게 된다.

(2) 적용영역

이 원칙은 행정법의 일반원칙으로서 모든 행정법 분야에 적용된다고 할 수 있으나, 특히 행정행위의 부관의 한계, 행정의 실효성확보수단(공급거부, 관허사업의 제한 등), 공법상 계약 등과 관련하여 논의되고 있다.

(3) 요 건

이 원칙을 적용하기 위해서는, 법령에 의한 주된 행정권한의 행사와 반대급부의 결부가 있어야 하고, 이들 사이에 실질적인 관련이 없어야 한다. 실질적 관련성여부는 주된 권한행사와 반대급부의 결부(結付) 사이에 직접적·원인적인 인과관계와 상호간의 목적적 관련성의 유무로 판단할 수 있다. 원인적 관련성이나 목적적 관련성이 결여되면 행정작용과 사인의 급부 사이에는 부당한 내적 관련(부당결부)이 존재하는 것이 된다.

1) 원인적 관련성

이는 행정작용과 사인의 급부 사이에 인과관계가 있을 때 정당한 내적 관계가 존재함을 의미한다. 이는 인과관계가 없음에도 불구하고 행정기관이 사인에게 급부를 할 수 있는 권한을 이용하여 사인이 다른 이유로 부담하고 있는 특정 의무이행을 강제하려는 것을 방지할 수 있다.

2) 목적적 관련성

이는 행정작용과 사인의 급부 사이에 사인의 급부가 행정작용과 특정의 목적을 같이 할 때 정당한 내적 관계가 존재함을 의미한다. 이는 사인에 대한 반대급부의 목적과 특정 행정작용의 목적이 다름에도 불구하고 이들을 상호 관련시켜 특정 행정목적을 강제하려는 것을 방지할 수 있다.

(4) 판 례

1) 부당결부금지의 원칙 위반을 인정한 사례

지방자치단체장이 사인에게 주택사업계획승인을 하게 됨을 기화로 그 주택사업과는 아무런 관련이 없는 토지를 기부채납하도록 하는 부관을 위 주택사업계획승인에 붙인 경우 위 부관은 부당결부금지의 원칙에 반하다고 하였다(대판 1997. 3. 11, 96 다49650).

2) 복수운전면허의 취소(철회)에 대한 판례의 태도

여러 종류의 자동차운전면허를 가지고 있는 사람이 음주운전을 한 경우 모든 운전면허를 취소(철회)해야 하는지, 아니면 음주운전을 한 당해 차량에 대한 운전면허만을 취소(철회)해야 하는지가 문제된다.

판례는 복수운전면허를 취소 또는 정지하는 경우에 서로 별개의 것으로 취급하는 것이 원칙이나, 이들 복수운전면허가 서로 '관련성'이 있으면 전부 취소할 수 있다고 판시하고 있다.[21)]

① 제1종 보통·대형 및 특수면허를 가지고 있는 자가 레이카크레인을 음주운전한 경우 특수면허만을 취소할 수 있다고 한 사례(대판 1995. 11. 16, 95누8850)

② 이륜자동차를 음주운전한 사유만으로 제1종 대형면허나 보통면허의 취소나 정지를 할 수 없다고 한 사례(대판 1992. 9. 22, 91누8289).

③ 제2종 원동기장치자전거 운전면허, 제1종 보통면허, 제1종 대형면허를 가지고 있는 자가 승용차를 음주운전한 경우 모든 운전면허를 취소할 수 있다고 한 사례(대판 1994. 11. 25, 94누9672)

④ 제1종 대형면허로 운전할 수 있는 차량을 운전면허 정지기간 중에 운전한 경우, 이와 관련된 제1종 보통면허까지 취소할 수 있다는 사례(대판 2005. 3. 11. 선고 2004두12452)

⑤ 택시를 음주운전한 경우 제1종 보통면허와 제1종 특수면허를 모두 취소할 수 있다는 사례(대판 1996. 6. 28. 선고 96누4992).

---

21) 판례는 관련성 여부를 판단함에 있어서 도로교통법시행규칙 제53조(운전할 수 있는 차의 종류)에 관한 [별표18]을 기준으로 삼고 있는 것으로 보인다. 즉, 적발 당시 운전한 차량을 놓고 위 별표에 의할 때 당해 차량을 운전할 수 있는 면허가 무엇인지를 기준으로 관련성을 판단하고 있다.

제5절 행정법의 특수성과 효력

I. 행정법의 특수성

1. 형식상 특성

(1) 성문성

행정법은 행정작용의 공공성으로 다수의 개인에게 획일적 · 강행적으로 규율하므로 그 내용을 명확히 하여 장래의 예측을 가능케 하고 법률생활의 안정을 도모하기 위하여 원칙적으로 성문의 형식을 취하고 있다.

(2) 형식의 다양성

단일 법전으로 존재하지 않고, 행정법을 구성하는 성문법은 의회입법의 원칙에 의하여 법률임을 원칙으로 하면서도 다양하고 고도의 기술성 · 능률성과 변화에 대처하기 위하여 위임명령 · 집행명령 · 조례 · 규칙 및 공고 · 고시 등 다양한 형태를 취한다.

2. 성질상 특성

(1) 재량성

행정법은 국가목적을 실현하기 위해 집행자에게 재량을 인정하는 경우가 많다. 행정법은 사법법에 비해 상대적으로 재량의 여지를 많이 인정하고 있다.

(2) 획일성 · 강행성

행정법은 보통 다수의 국민을 대상으로 하여 일정한 국가목적의 실현을 위하여 개개인의 의사여하를 불문하고 획일 · 강행적으로 규율한다. 이러한 점에서 사적 자치의 원칙에 따라 당사자의 자유의사를 존중하게 되는 사법(私法)과 다른 특색을 나타낸다. 이 획일·강행성은 개인만이 아니라 행정청도 구속하는 것이기 때문에 법규가 정한 바에 따라 이를 집행할 의무를 지니게 된다.

(3) 기술성·수단성

행정법은 행정목적을 합목적적으로 공정하게 실현하기 위한 절차·수단을 정한 것으로서, 이 목적에 보다 잘 봉사하기 위한 기술적·수단적 성질을 가진다. 이 점에서 헌법처럼 어떤 정치적 변동에 민감하지 아니하다. 따라서 공익적 결과를 실현하기 위한 편의·능률·확실·공정과 같은 합목적성에 의하여 지배되는 동시에 민주적으로 마찰과 저항을 적게 하여 공익과 사익의 공정한 조정을 도모한다.

O. Mayer[22]는 "헌법은 사라져도 행정법은 남아있다."고 하여 행정법의 기술성을 강조하였다. 당시 군주제에서 공화제(바이마르헌법)로 이전하면서 헌법은 변하였으나 행정법은 그대로 쓰인다는 의미이다. F. Werner는 "구체화된 헌법으로서의 행정법"이라고 하였는 바, 이는 행정법의 지도이념은 헌법에서 나온다는 의미이다.

(4) 명령규정성

행정법은 국민에 의무를 명하는 명령규정(단속규정)을 원칙으로 하고, 법률상 능력의 형성에 관한 능력규정(효력규정)을 예외로 한다는 점에서 사법과 반대이다. 명령규정의 위반에 대한 제재는 처벌이고, 능력규정에 위반한 행위는 무효인 것이 보통이다.

---

22) 독일의 공법학자. 종래 행정학적 방법으로부터 해방되어 법학적 방법에 의한 행정법학을 확립함으로써 독일 행정법학의 기초를 닦아 놓았다. 슈트라스부르크대학, 라이프치히대학 교수를 역임하였다. 슈트라스부르크대학의 강사로서 행정법(行政法)을 연구하기 시작하여 독일보다 앞서 있던 프랑스의 행정법을 연구하고, 이를 독일에 재생시킬 의도에서 1886년에 '프랑스 행정법 이론'을 내고, 1896년에는 '독일행정법(Deutsches Verwaltungsrechts)'을 완성하였다. 이로써 종래의 행정학적 방법으로부터 해방되어 법학적 방법에 의한 행정법학을 확립함으로써 독일 행정법학의 기초를 닦아 놓았다. "헌법은 사라져도 행정법은 남아있다"는 그의 유명한 말은'독일 행정법' 제3판의 서문에 있다.

명령규정(단속규정)과 능력규정(효력규정)

참고 명령규정(단속규정)은 이를 어기는 경우 일정한 제재가 가하여지지만 그 행위의 효력자체가 부정되지 않는다. 가령 무면허 음식점의 음식판매의 경우 행정법위반으로 행정벌과 같은 제재가 가해지지만 사법상 음식판매행위는 여전히 유효하다. 보통은 행정법규는 명령규정(단속명령)에 해당하기 때문에 사법상 효력까지 부정하지 않는다.

그러나 능력규정(효력규정)은 그 행위를 무효로 보기 때문에 행정상 제재여부를 떠나 사법상의 계약자체를 무효화 한다.

결론적으로 명령규정을 어기는 경우 일정한 제재가 가하여질뿐 그 행위의 효력은 유효하나 능력규정을 어기는 경우 그 행위의 효력 자체가 부정된다.

3 내용상 특성

(1) 행정주체의 우월성

행정주체가 우월한 지위에서 국민에 대하여 명령 또는 강제함을 말하며 그 내용은 다음과 같다.

1) 행정주체의 지배권(일방적 명령권과 형성권)

행정법은 국가·공공단체 등의 행정주체에 대하여 국민에게 일방적으로 명령·강제하고 법률관계를 발생·변경·소멸시키는 힘을 인정한다. 이 같은 명령·형성의 권능을 지배권이라고 한다.

2) 행정행위의 공정력

행정행위에 하자가 있는 경우 그것이 중대하고 명백하여 당연 무효가 아닌 한, 권한 있는 기관이 위법을 시인하여 취소할 때까지 적법하고 유효로 추정하여 구속력 인정한다. 따라서 권한 있는 기관에 의하여 취소될 때까지 상대방 또는 이해관계인들이 그의 효력을 부인할 수 없는 힘이다.

3) 행정행위의 강제력(자력강제권 등의 인정)

대등한 사인간의 관계를 다루는 민사법과 달리 각종 행정법규에서는 '스스로 자신의 권리를 실현'할 수 있는 자력집행을 인정하고 있다. 그 인정 근거는 행정법이 공익실현을 위한 법이라는 특수성 때문이다.

(2) 공익우선성

공익은 개인의 이익인 사익과 달리 국가 등 행정주체의 이익으로서 사익보다 고도의 가치가 인정되고 있기 때문에 국민의 사권 박탈・제한의 정당화 이유가 되기도 한다. 그런데 행정법은 행정주체가 사인과 대등한 지위에서 행하는 비권력적 작용에 있어서도 공익목적의 달성을 위하여 일반사법과는 다른 특별한 법적 규율을 하는 경우가 적지 않다. 다만, 그것이 사익을 무시하는 것은 아니고 공공복리와 사익과의 조화를 도모하여 전체로서 공익목적을 실현한다.

(3) 집단성과 평등성

행정법은 보통 다수인을 규율대상으로 하며, 따라서 이들 다수인간에 평등이 보장되도록 한다. 물론 평등성은 행정법에만 있는 특유한 것은 아니나, 행정법은 많은 사람을 동시에 또는 단일의 규율대상으로 삼는다는 점에서 더욱 강하게 나타난다.

Ⅱ. 행정법의 효력

행정법의 효력이란 행정법이 언제부터(시기), 언제까지(종기), 어디에서, 누구에게 그 효력이 미치느냐 하는 문제이다.

1. 시간적 효력

(1) 효력발생

타 법령에 특별한 규정이 없으면 공포한 날부터 20일 후 효력발생이 발생하고, 예외적으로 국민의 권리제한・의무부과와 관련이 있는 경우에는 30일 후 효력이 발생한다.

(2) 공포방법

헌법 · 법률 · 조약 · 대통령령 · 총리령 및 부령은 관보에 게재한다. 조례나 규칙은 당해 자치단체의 공보나 일간신문에 게재 또는 게시판에 게시한다. 국회의장이 공포하는 경우는 서울에서 발간되는 2개 이상의 일간신문에 게재한다.

(3) 공포일

법령 등의 공포 또는 공고일은 그 법령 등을 게재한 관보 또는 신문이 발행된 날로 한다. 판례상 공포한 날부터 시행하기로 한 법령의 시행일은 관보가 정부간행물 판매센터에 배치되거나 관보취급소에 발송된 날이다.

(4) 법률불소급의 원칙과 예외

1) 원 칙

소급효란 법률의 효력이 법률 시행이전으로 거슬러 올라가 효력을 발생하는 것을 말한다. 그리고 법령은 시행이전으로 거슬러 올라가 효력을 미치는 것을 금지하는 게 원칙이다. 즉, 법률의 효력은 법률의 시행일로부터 발생한다. 이것을 법률불소급의 원칙이라 한다.

일단 유효하게 취득한 권리나 적법하게 성립한 행위를 사후에 제정된 법으로 침해 · 박탈 또는 처벌할 수 있다면, 사회의 안정이 깨어지고 국민생활이 불안하게 되므로 기득권의 존중, 또는 법적 안정성을 유지하기 위하여 세워진 법률의 기본원칙이다.

2) 예 외

법령이 소급적용 되더라도 국민의 기득권을 침해하지 아니하거나 일정한 이익 또는 불이익을 면제하는 경우에는 소급적용이 가능하며, 법규시행당시에 진행 중인 사실에도 소급적용이 가능하다. 또한 공공복리의 요청이 신뢰보호의 필요성을 월등히 능가하거나 형벌법규가 위헌으로 결정이 난 경우 소급적용이 가능하다.

(5) 효력의 소멸

1) 한시법

유효기간이 명기되어 있는 법률의 경우 종기(終期)의 도래로 효력을 상실한다.

2) 비한시법

당해 법규의 명시적 개폐, 그와 저촉되는 동위의 신법의 제정(신법 우선의 원칙), 또는 상위 단계의 법이 개폐된 경우(상위법 우선의 원칙)에 효력을 상실한다.

참고

신법·상위법·특별법 우선의 원칙

① 신법 우선의 원칙

같은 사안에 대하여 구법(舊法)과 신법(新法)이 서로 어긋나는 경우에 신법을 우선적으로 적용한다.

② 상위법 우선의 원칙

상위법과 하위법이 서로 충돌하는 경우 상위법이 우선한다. 예를 들어 헌법과 법률이 충돌되는 경우 헌법이 우선한다. 즉, 조례보다는 명령이 명령보다는 법률이 법률보다는 헌법이 상위법이고 이 중 두 법이 충돌 할 때 상위법이 우선한다는 원칙. 상하위 구별순서는 헌법>법률>명령(대통령령>총리령>부령 : 견해 대립 있음)>조례>규칙이 일반적이다.

③ 특별법 우선의 원칙

동일한 순위의 법이 충돌하는 경우 일반법보다 특별법이 우선한다. 예를 들어 민사에 관하여는 민법이 일반법이고 그 외 주택임대차보호법, 국가배상법 등이 특별법으로 존재하는데 이런 경우 특별법이 우선하게 된다.

---

2. 장소적 효력

(1) 원 칙

행정법규는 그 법규의 제정권자의 권한이 미치는 지역 내에 있는 모든 내국인과 외국인에 대해 효력을 갖는다. 따라서 법률, 대통령령, 총리령, 부령 등은 전국적 효력이 발생하고, 지방지치단체의 조례와 규칙 등은 관할구역 안에서만 효력을 발생한다.

(2) 예 외

국제법상 치외법권이 인정되는 지역(외교사절이나 외국군대가 사용하는 구역)에는 사실상 효력이 미치지 못하는 경우가 있다. 지방자치단체가 다른 지방자치단체의 구역 안에 공공시설을 설치한 경우처럼 제정기관의 본래의 관할구역을 벗어나 적용되는 경우로 예를 들어 서울특별시에서 주민복지를 위한 휴양시설을 대천에 짓는 경우 등을 생각할 수 있다. 또한, 수출자유지역설치법[23] 등 영토내의 일부지역에서만 적용됨을 예상하여 제정된 법률도 있다.

3 대인적 효력

(1) 원 칙(속지주의, 속인주의, 기국주의)

행정법은 원칙적으로 속지주의에 의해 그것을 제정한 기관의 권능이 미치는 지역 내에 있는 한, 국적 및 자연인, 법인을 가리지 않고 원칙적으로 모든 사람에게 적용된다. 이와 함께 속인주의에 의해 외국에 있는 내국인에게도 우리 행정법이 적용된다. 그 밖에 기국주의에 의해 공해상에 있는 한국국적의 선박이나 항공기에도 대한민국의 행정법이 적용된다.

(2) 예 외

외국 원수나 외교관과 같이 국제법상 치외법권자에는 행정법규가 적용되지 않으며, 미군의 구성원의 경우 한미행정협정에 의해 각종 행정법규의 적용이 배제된다.

---

23) 바다에 인접하여 있는 특정 지역에 면세 따위의 혜택을 주도록 제정한 법으로 외국인의 투자를 유치함으로써 수출의 진흥, 고용 증대 및 기술의 향상을 기하여 국민 경제의 발전을 목적으로 한다. 현재는 '자유무역지역의지정및운영에관한법률'로 명칭을 바꾸었다.

제3장 행정상 법률관계

제3장 행정상 법률관계

제1절 행정상 법률관계

I. 의 의

행정상 법률관계란 행정주체를 일방 당사자로 하는 행정에 관한 모든 법률관계를 말하며, 행정주체 사이의 법률관계가 있고(행정조직법적 법률관계), 행정주체와 개인 사이의 법률관계가 있다(행정작용법적 법률관계). 광의로는 행정조직법적 관계를 포함하지만 행정주체 상호간의 관계는 논의에서 제외시키고 행정주체와 사인간의 법률관계인 행정작용법적 관계인 좁은 의미의 행정상 법률관계를 행정상 법률관계로 보고 있다.

행정상 법률관계에서는 공법이 지배하는 경우도 있고, 사법이 지배하는 경우도 있으며, 전자를 행정상 공법관계(행정법관계)라 하고, 후자를 행정상 사법관계(국고관계)라고 한다. 이러한 분류는 공법과 사법의 구별을 전제로 하므로 공법과 사법의 구별의 문제를 살펴볼 필요가 있다.

재판관할의 결정을 위해 공법과 사법을 나누고 있기 때문에 법률관계를 유형화 시켜 보다 더 효율적으로 공법과 사법을 분류하여 적용하기 위해 행정상 법률관계를 논의한다.

Ⅱ. 종 류

1. 행정조직법적 법률관계

법률에 의해 규정된 관할권 및 직무범위에 관련된 것으로 진정한 의미의 행정상 법률관계는 아니다.

(1) 행정주체 상호간의 관계

행정주체는 행정권의 담당자로서 실제로 행정권을 행사하는 자이며, 국가 · 공공단체 · 공무수탁사인 등이 있다. 그런데 국가와 지방자치단체와의 관계, 지방자치단체 상호간의 관계 등 행정주체 상호간의 관계가 행정조직법적 관계인지 또는 행정작용법적 관계인지에 대해서는 의문이 제기되고 있다. 그러나 이것은 행정주체와 국민과의 관계와 같은 순수한 행정작용법의 관계가 아니라 행정조직법의 고찰대상인 것으로 보는 것이 일반적이다.

(2) 행정조직 내부관계

행정조직의 내부관계는 상하급관청 또는 대등관청 상호간의 관계, 기관위임사무에 관한 국가기관의 장과 지방자치단체의 장과의 관계 등을 말한다. 상하급관청 상호간의 관계에 있어서는 권한위임관계 · 권한대리관계 · 권한감독관계가 주로 문제되며, 대등관청 상호간의 관계에 있어서는 권한의 존중이나 협의 · 사무의 위탁 행정응원 등 상호협력관계의 문제이다. 따라서 행정조직의 내부관계는 권리 · 의무관계가 아니고 직무권한 · 기관권한에 관한 관계로서의 성질을 가진다. 그러므로 행정조직 내부관계에서 발생한 분쟁은 법률상 쟁송이 아니므로, 개별적인 특별규정이 없는 한 법원에 제소하지 못한다.

(3) 행정주체와 공무원간의 관계

국가 또는 지방자치단체와 그 소속공무원 사이의 관계는 종래의 특별권력관계 이론에서는 그것을 행정조직 내부관계로 보았다. 그러나 오늘날은 특별행정법관계에도 법치주의가 전면적으로 적용되기 때문에 그것은 행정주체와 국민간의 일반권력관계와 차이가 없다고 보는 것이 타당하다.

2. 행정작용법적 법률관계

행정상의 법률관계 중 공법에 의해 규율되는 행정주체와 국민간의 관계인 좁은 의미의 행정상 법률관계를 말한다.

(1) 공법관계

1) 권력관계(본래적 의미의 공법관계)

권력관계란 행정주체가 개인에 대해 일방적으로 명령·강제하거나 법률관계를 형성·변경·소멸시키는 등 우월한 지위에서 공권력을 행사하는 법률관계를 말한다. 특별한 규정이 없는 한 공법이 적용되고 항고소송의 대상이 된다. 엄격한 법률유보가 요구되며, 공정력·확정력·강제력·권리구제의 특수성 등이 인정된다. 전통적인 질서행정분야인 경찰행정 및 조세행정, 공용부담 등에 주로 적용된다.

2) 관리관계(전래적 의미의 공법관계, 단순고권관계, 비권력관계)

관리관계란 행정주체가 사업 또는 재산의 관리주체로서 개인과 맺는 법률관계를 의미한다. 관리관계는 원칙적으로 사법이 적용되고 그에 대한 법적 분쟁은 민사소송에 의하나, 공익실현을 위해 특별한 규율을 하고 있는 경우에는 그 범위에서 공법이 적용되며, 공법상 당사자소송의 대상이 될 수 있다. 법률유보가 완화되고, 공정력·확정력·강제력 등 행정주체의 우월적 효력이 부정된다. 주로 급부행정의 영역인 영조물의 제공 및 공물의 관리 등에 주로 적용된다.

(2) 사법관계

행정상 사법관계란 행정주체가 사인과 동일한 지위에서 행하며 특별한 공공성도 띠지 않는 법률관계를 말한다. 행정주체의 행위는 사인과 같은 사법상의 행위이므로, 사법의 규율을 받고 법적 분쟁은 민사소송의 대상이 된다. 국가가 사인과 물품매매계약, 건물임대차계약, 공사도급계약 등을 체결하거나 국고수표발행, 주식시장참여, 은행·광산 등의 경영, 국채·지방채 발행 등의 경우 및 국·공유 일반재산을 매각하는 법률관계가 이에 해당한다.

국가재정법, 국유재산법 등에 의하여 계약의 방법·상대방·내용 등에 관하여 제한을 받는 경우가 있으나, 이러한 법적 제한은 행정주체의 사법행위에 대한 제한에 불과한 행정주체 내부의 사정으로 행위의 사법적 성질 자체를 변경하는 것은 아니라는 것이 통설과 판례의 입장이다.

(3) 사 례

1) 공법관계로 본 사례

① 공무원임명
② 국·공유행정재산의 임대관계
③ 국·공유행정재산의 사용·수익허가관계
④ 행정벌·행정강제
⑤ 전염병환자에 대한 강제입원
⑥ 국립·시립도서관 이용관계
⑦ 조세부과행위
⑧ 특별권력관계
⑨ 특허기업자의 토지수용관계
⑩ 공유수면매립면허행위
⑪ 사립학교의 학위수여
⑫ 사인의 소득세 원천징수
⑬ 공공조합(도시재개발조합, 농지개량조합)과 조합원과의 관계
⑭ 지방자치단체와 기업 사이의 환경보전협정
⑮ 사유공물의 지정관계, 임의적 공용부담
⑯ 국유재산변상금부과처분
⑰ 공무원연금관리공단의 급여결정
⑱ 지방자치단체에 근무하는 청원경찰의 근무관계 등

2) 사법관계로 본 사례

① 물품 매매계약 · 주식 매매행위

② 공사도급계약

③ 국 · 공유 일반재산 매각 · 임대, 국유림 대부행위

④ 국 · 공립병원의 유료 입원

⑤ 국고수표 발행, 국채 · 지방채의 발행 · 모집

⑥ 국 · 공립대학 학생의 수업료 납부관계

⑦ 국유광산 경영

⑧ 시영버스 · 국영철도 · 시영식당의 이용관계

⑨ 영조물의 사용료 징수관계

⑩ 창덕궁 안내원들의 근무관계

⑪ 국가배상법상의 손해배상청구관계

⑫ 공무원 및 사립학교 교직원, 의료보험관리공단 직원의 근무관계

⑬ 당연무효인 조세부과처분을 이유로 한 부당이득반환청구관계

⑭ 종합유선방송위원회 직원의 근무관계 등

제2절 행정법관계(공법관계)

I. 의 의

행정법관계란 행정상 법률관계 중 행정작용법 관계 가운데 공법관계를 의미한다. 행정법관계의 내용은 권리 · 의무의 관계라는 점에서 사법관계와 본질적인 차이는 없다. 다만, 사법관계에서는 사적 자치의 원칙이 인정되어 권리 · 의무의 발생 · 변경 · 소멸이 원칙적으로 사인의 자유로운 의사에 의해 결정되는데 대하여, 행정법관계에서는 법령에 의거한 행정청의 일방적인 의사에 따라 결정되는 것이 보통이라는 데에 차이가 있다.

Ⅱ. 행정법관계의 당사자

행정법관계에서 권리와 의무의 주체와 객체를 의미한다.

1. 행정주체

(1) 국 가

국가는 하나의 인격을 가진 법인으로서 행정권을 원시적으로 행사하는 권리주체이며, 주무관청에 의하여 대표된다. 국가의 행정주체의 지위는 국가에 시원적으로 존재하는 지배권으로부터 나오는 것으로, 국가는 고유의 행정주체이다. 국가가 그 행정사무를 자치단체의 기관 또는 사인에게 위임한 경우에도 행정주체는 여전히 수임자에 의하여 대표되는 국가인 것이다.

(2) 공공단체

공공단체란 국가로부터 존립목적을 부여받아 행정목적을 수행하는 공법인으로 지방자치단체, 공공조합, 영조물법인 등이 있으며, 협의로는 공공조합만을 공공단체라고 한다.

1) 지방자치단체

지방자치단체란 국가의 영토 내의 일정한 지역 및 그 지역의 주민으로 구성되어, 그 지역 내에서 일정한 통치권을 행사하는 공공단체이다. 이에는 보통지방자치단체(예: 서울특별시 · 광역시 · 도 · 시 · 군 · 자치구)와 특별지방자치단체(예: 지방자치단체조합)가 있다. 지방자치단체의 기관에는 의결기관과 집행기관이 있으며, 이 기관들을 통하여 지방자치단체의 고유한 자치사무와 국가로부터 위임받은 위임사무를 처리한다.

2) 공공조합

특정한 국가목적을 위하여 법적 자격을 가진 사람(조합원)의 결합으로 설립된 사단법인으로 농지개량조합, 산림조합, 변호사회, 상공회의소, 대한교육연합회교원공제조합, 국민건강보험조합 등이 이에 해당한다.

3) 영조물법인

특정한 국가목적에 제공된 인적·물적 종합시설에 공법상의 법인격이 부여된 것으로 한국조폐공사, 한국전기통신공사, 대한석탄공사 등 각종의 공사, 한국은행 등 특수은행 등 그 밖에 지방자치단체에 속하는 공사의 예로는 서울특별시 지하철공사가 이에 해당한다.

4) 공법상의 재단

공법상의 재단이란 국가나 지방자치단체가 출연한 재산을 관리하기 위하여 설립된 재단법인인 공공단체이다. 공법상의 재단은 일정한 행정목적을 위하여 출연된 재산의 결합체로서 수혜자만 있을 뿐이라는 점에서 인적·물적 수단의 결합체인 영조물법인과 다르다. 그 예로는 한국연구재단과 한국학중앙연구원 등이 있다.

(3) 공무수탁사인

1) 개 념

공적 행정업무의 권한이나 지위를 부여받아 행정행위를 행사하는 개인을 의미한다. 일반적인 개인의 경우 행정객체가 되는 것이 일반적이나 예외적으로 공적인 업무를 처리 할 권한을 부여받은 사인은 그 범위 안에서 행정주체의 지위에 서게 된다. 이 경우의 사인을 공무수탁사인이라고 한다.

2) 사 례

공무수탁사인의 예로는 토지수용에 있어서의 사인인 기업자(공익사업을위한토지등의취득및보상에관한법률 제19조), 별정우체국장(별정우체국법 제5조), 가족관계등록·경찰사무를 행하는 상선의 선장(가족관계의등록등에관한법률 제49·91조 등), 학위를 수여하는 사립대학장(고등교육법 제35조), 교정업무를 위탁받은 민간교도소(민영교도소등의설치운영에관한법률 제3조), 공증업무를 수행하는 공증인(공증인법 제11조) 등을 들 수 있다. 사법인이 그 종업원의 조세를 원천징수하는 경우에 소득원천징수자의 행정주체성에 대해 학설은 긍정설과 부정설로 나뉘며, 판례는 원천징수행위의 처분성을 부정하였으므로 소득 원천징수 의무자의 행정주체성을 부인하고 있다고 보는 견해가 다수설이다.

2. 행정객체

행정객체란 행정작용의 상대방으로서 행정권 발동의 대상이 되는 자를 말한다. 사인이 원칙이나 국가와 다른 공공단체와의 관계에서 공공단체도 행정객체의 지위에 선다.

참고

행정주체와 행정기관, 행정청

① 행정주체

행정주체란 가장 큰 개념으로 행정권을 행사하고 그 법적 효과를 받게 되는 법인격체를 말한다. 즉 국가, 지방자치단체 등을 의미한다.

② 행정기관

행정기관이란 행정주체의 사무를 처리하는 지위에 있는 담당자를 의미한다.

③ 행정청

행정청이란 행정에 관한 의사를 결정하고 이를 외부에 표시할 수 있는 권한을 가진 행정기관을 의미한다.

④ 예

행정안전부, 외교통상부, 보건복지부같은 행정관서가 행정청을 의미하는 말로도 쓰이지만 행정법에서의 행정청은 행정안전부장관처럼 권한을 가진 사람을 의미한다. 그렇다고 장관처럼 최고의 직책만을 뜻하는 것이 아니라 행정안전부내의 경찰청의 경우 경찰청장이 행정청이 된다. 이에 비해 행정기관이라는 말은 의사를 결정하고 외부에 표시할 수 있는 권한을 가진 담당자뿐만 아니라, 그를 보좌하는 기관이나 의결기관 등을 총칭하는 개념이다.
서울특별시를 예로 들면 우선 서울특별시장이 행정청이 된다. 그러나 부시장 실・국장, 과장 등은 행정기관이기는 하나 행정청은 아니다. 그리고 서울시의회도 행정기관이기는 하나 단지 의결기관일 뿐이고 이를 집행하는 것은 시장이기 때문에 서울시의회는 행정청은 아니다. 이런 분류가 중요한 것은 행정소송법 제13조에서 행정소송은 행정청을 피고로 하여 제기해야 하기 때문이다.

Ⅲ. 공법과 사법의 구별

1. 전 제

공법관계와 사법관계의 구별은 공법과 사법의 구별을 전제로 한다. 공법과 사법의 구별은 각국의 사정에 따라 다르다. 영미법계 국가의 경우 공법과 사법의 구분이 분화되지 않아 공법의 특수성을 인정하지 않으려는 경향이 강한 반면, 대륙법계 국가에서는 공법과 사법을 구분하여 공법의 특수성을 인정하는 경향이 일반적이다.

2. 학 설

(1) 구별부정설

1) 법일원론

Kelsen이나 Merkl 등 순수법학자들의 견해로 법률을 형식적으로 고찰하고 법 내용을 도외시하여 양자의 성질상의 구별을 부인하는 견해이다. 즉 권력관계도 권리・의무관계이므로 본질적으로 사법과 동일하다는 것이다.

2) 특별사법설

Wolff의 견해로 공법과 사법을 동일한 법체계 내의 특별법과 일반법의 관계로 보고, 특별법인 공법의 흠결 시 일반법인 사법을 적용한다는 견해이다.

(2) 구별긍정설

1) 이익설(목적설)

공익의 보호를 목적으로 하는 법이 공법이고, 사익(개인의 이익)을 보호하는 법은 사법이라는 설로서, 목적설이라고도 한다.

2) 생활관계설

법이 규율하는 생활관계를 기준으로 공법과 사법을 구별하는 견해로, 정치적 생활관계 또는 단체생활관계를 규율하는 법이 공법이고, 민사적 생활관계 또는 개인 상호간의 법률관계를 규율하는 법이 사법이라는 견해이다.

3) 성질설(법률관계설, 효력설, 복종설, 종속설, 권력설)

법이 규율하는 법률관계가 평등관계이냐 아니냐를 그 표준으로 하여, 불평등관계 즉 권력・복종의 관계(수직관계)를 규율하는 법을 공법이라 하고, 평등・대등의 관계(수평관계)를 규율하는 법을 사법이라고 하는 설이며, 법률관계설 또는 효력설, 권력설이라고도 하며, 독일에서는 종속설이라고 한다.

4) 구주체설

국가 기타의 공공단체 상호간의 관계 또는 이들과 개인과의 관계를 규율하는 법이 공법이고, 개인 상호간의 관계를 규율하는 법은 사법이라고 설명한다.

5) 신주체설(귀속설)

공권력의 담당자인 국가 등의 행정주체에 대해서만 권리・권한을 부여하거나 의무를 부과하는 법은 공법, 모든 권리주체에 권리를 부여하고 의무를 부과하는 법은 사법이라는 견해이다.

(3) 복수기준설(절충설)

주체설을 중심으로 권력설과 성질설을 가미하여 구분하는 절충설적 입장으로 통설이다.

3. 구별실익 및 구별기준

(1) 구별실익

1) 절차법상의 필요성

우리나라는 행정소송사건에 대해서도 사법국가주의에 따라 일반법원의 통일적 관할로 하고 있다. 그러나 행정소송법은 행정소송의 특수성을 감안하여 재판의 관할과 절차에 대하여 민사소송법과는 다른 특칙을 두고 있기 때문에 그 구별이 필요하다. 즉, 행정소송은 관할법원이 행정법원이며 출소기간이 제한되고 있다.

2) 실체법상의 필요성

우리 실정법은 공법과 사법에 따라 법규의 적용을 달리하고 있고, 명문규정으로 구별하지 않은 경우에도 해석상 특정한 법률관계에 적용할 법규·법원칙을 결정해야 하므로 그 구별이 필요하다.

(2) 구별기준

1) 명문규정이 있을 경우

법규가 명문으로 사법과 달리 규정하는 경우 공법관계에 해당하며, 손해전보·행정쟁송·행정강제·행정벌 등에 관한 규정들이 있다.

2) 명문규정이 없을 경우

당해 법규가 규율하고 있는 목적과 내용에 따라 개별적·합리적으로 판단, 행정주체에게 공권력행사나 우월적 지위를 인정하는 경우, 공공복리 실현의 행정목적을 달성하는 경우 등이 공법이 적용되는 관계라 하겠다.

Ⅳ. 행정법 관계의 특질

1. 법적합성

권력관계는 국민의 기본권보호를 위해 법률에 의해 엄격한 기속을 받으므로 공법상의 행위는 법률에 적합하고 흠이 없어야 한다.

2. 공정력

(1) 공정력의 의의

행정행위가 흠이 있더라도 그 흠이 중대하고 명백하여 당연무효인 경우를 제외하고는 권한 있는 기관에 의해 취소가 되기 전까지는 적법·유효하다는 추정을 받게 되어 상대방 또는 이해관계인들이 그의 효력을 부인할 수 없는 힘을 의미한다.

(2) 공정력의 근거

1) 이론적 근거

① 자기확인설

행정행위는 본질적으로 재판의 판결과 유사하며 따라서 행정청이 그 일반적 권한 내에서 행정행위를 하였으면 그 적법요건을 갖춘 것도 동시에 확인되어 실체법상의 적법성의 추정력을 받으며 행정행위의 내재적 효력으로 본다. 이 견해에 대해서는 판결은 독립된 기관인 법원에 의해 공정하고 신중한 절차에 따라 이루어진다는 점을 고려할 때 행정청의 행정행위를 이와 유사하다고 보는 것은 문제가 있다는 비판이 있다.

② 국가권위설

행정행위는 권위 있는 국가기관의 행위이므로 그 적법성이 추정된다는 견해이다("국왕은 악을 행하지 않는다."). 이 견해에 대해서는 권위적·관료적이라는 비판이 있다.

③ 예선적 특권설

이 설은 프랑스의 '예선적 특권'개념에 기초하고 있다. 예선적 특권이란 행정결정에 대하여 행정권에게 인정되는 특권을 말하는 바, 예선적 특권에 근거한 행정행위는 법원에 의한 판결이 있기 전에는 적법성이 추정된다는 견해이다. 위에서 언급한 자기확인설은 행정행위와 법원의 판결을 대등하게 위치지우는 반면에 예선적 특권설은 법원의 판결을 우위에 두고 행정행위에 법원의 판결에 앞선 예선적 특권을 인정할 뿐이라는 점에서 양자는 구별된다고 한다.

④ **행정정책설(법적 안정성설)**

다수설인 행정정책설(법적 안정성설)에 의하면 공정력을 행정법관계의 안정성, 행정의 원활한 운영, 상대방이나 제3자의 신뢰보호라는 정책적 관점에서 인정되는 효력으로 본다. 오늘날 자유민주주의 법치국가에서 국가권위적 사고는 인정될 수 없으며, 행정법 관계의 안정성과 행정작용의 원활한 운용을 위해 잠정적으로 통용력을 부여한 것으로 보는 법적 안정설이 타당하다.

2) 실정법적 근거

실정법상 직접적인 근거는 없으나, 행정심판법·행정소송법상의 취소쟁송제도, 직권취소제도, 집행부정지원칙의 채택 등 취소쟁송에 관한 관계 규정을 그 실정법적 근거로 볼 수 있다. 즉, 행정행위는 취소쟁송을 통하여 그 효력이 부인되므로 현행 행정심판법과 행정소송법상의 취소쟁송의 배타적 관할에 관한 규정들은 공정력의 실체법적 근거가 된다. 또한 위법한 행정행위에 대하여 행정청이 직권으로 취소할 수 있는 규정 또한 위법한 행정행위일지라도 원칙적으로 유효성이 인정된다는 것을 전제로 한다는 점에서 공정력의 실체법적 근거가 되며, 행정심판이나 행정소송이 제기되어도 원칙적으로 처분의 효력이 정지되지 않는다는 집행부정지의 원칙 또한 간접적인 공정력의 근거로 볼 수 있다는 견해가 있으나, 집행부정지에 관한 내용은 각 국의 입법정책에 따라 인정여부가 결정되는 것으로 행정행위의 공정력과 관계가 없다는 것이 다수의 견해이다.

(3) 공정력 효과의 본질

공정력은 당해 행정행위가 유효하다는 추정뿐만 아니라 실체법상으로도 적법하다는 추정도 한다는 견해(적법성 추정설)가 있으나 공정력은 적법성을 추정하는 효력은 아니며, 당연무효가 아닌 한 권한 있는 기관에 의해 취소되기 전까지는 유효성이 추정되는 또는 유효성이 통용되는 것에 불과하다는 것이 오늘날의 통설(유효성 추정설)이다. 이러한 의미에서 공정력은 실체법상의 효력이 아니라 절차법상의 효력이라고 할 수 있다.

(4) 공정력의 한계

1) 행정행위 이외의 행정작용

공정력은 취소쟁송제도를 전제로 한 것이므로 취소쟁송(취소심판 · 취소소송)의 대상이 되지 않는 행정기관의 행위인 명령 · 행정계약 · 사실행위 및 사법행위에 대해서는 공정력이 인정되지 않는다.

2) 부존재 또는 무효의 행정행위

처음부터 행정행위라 할 만한 실체조차 존재하지 않는 부존재와 행정행위의 하자가 중대하고 명백하여 무효인 경우에는 공정력이 인정되지 않는다. 이러한 경우에까지 공정력을 인정하면 행정청에게 지나친 특권을 부여하고 그 결과 국민에게는 큰 부담이 되기 때문이다.

(5) 공정력과 입증책임

1) 원고책임설

공정력의 이론적 근거로 국가권위설, 자기확인설 등을 취할 경우 공정력은 적법성의 추정에까지 미치게 되므로 원고가 행정행위의 위법성을 입증해야 한다는 견해이다.

2) 피고책임설

공정력은 유효성까지만 추정될 뿐이라고 보는 견해로서, 행정행위의 적법성은 행정청이 담보해야 한다는 논리로 행정청이 행정행위의 적법성을 입증해야 한다는 견해이다.

3) 입증책임무관설(입증책임분배설)

통설적 견해인 유효성 추정설에 의하면 공정력이란 행정행위가 당연무효가 아닌 한 권한 있는 기관에 의해 취소되기 전까지는 일응 유효하게 추정된다는 유효성 추정력 또는 유효성 통용력에 불과하다고 보므로 공정력은 입증책임의 분배와는 관계가 없다고 보고 이는 입증책임 분배원리의 일반원칙에 따라 해결되어야 한다는 견해로 통설과 판례의 입장이다.

(6) 공정력과 구성요건적 효력

1) 구성요건적 효력의 의의

행정행위가 당연무효가 아닌 이상 처분청 이외의 국가기관은 그의 존재를 존중하여야 하며 스스로의 판단의 기초 내지는 구성요건으로 삼아야 하는 행정행위의 구속력을 말한다. 예컨대 갑이라는 사람이 국적법에 근거하여 법무부장관으로부터 귀화허가를 받았다면, 그 귀화허가가 무효가 아닌 한 모든 국가기관은 갑을 대한민국 국민으로 인정해야 함과 같다. 판례는 공정력과 구성요건적 효력의 구별을 부정하나 다수설은 긍정한다.

2) 근거상의 차이

공정력은 행정의 안정성과 실효성의 확보를 근거로 하나, 구성요건적 효력은 국가기관 상호간 권한존중의 사고와 권력분립의 원리를 근거로 한다.

3) 효력의 상대방의 차이(인적 범위)[1)]

공정력은 상대방과 이해관계인을 효력의 상대방으로 하나, 구성요건적 효력은 처분청 이외의 국가기관(다른 행정청과 법원)을 효력의 상대방으로 한다.

4) 구속력의 성질상의 차이

공정력은 구속력의 성질이 절차상 구속력(절차적 효력)이나, 구성요건적 효력은 구속력의 성질이 내용상 구속력(실체적 효력)이다.

---

1) 공정력은 광의의 공정력과 협의의 공정력의 개념으로 새롭게 정의하려는 견해가 있다. 종래의 통설적 공정력 개념이 너무 넓다는 전제하에 이를 광의의 공정력이라 부르고, 행정행위가 무효가 아닌 한 행정행위로 인하여 법률상 이익을 침해 받은 자는 행정쟁송을 통해서만 그의 효력을 부인할 수 있게 하는 구속력만을 협의의 공정력이라고 하는데, 이러한 공정력 개념을 인정하게 되면 제3의 국가기관에 대한 구속력처럼 종래의 공정력 개념에서 탈락되는 부분이 있는 바, 이를 구성요건적 효력이라고 부른다. 이 견해에 따르면 공정력이란 행정행위의 직접상대방 또는 이해관계인에 대한 구속력을 의미하고, 구성요건적 효력이란 제3의 국가기관에 대한 구속력을 의미하는 것이다.

(7) 공정력(구성요건적 효력)과 선결문제

1) 의 의

선결문제라 함은 행정행위의 위법 또는 무효 여부가 다른 사건에서 재판의 전제가 되어 선행적으로 해결되어야만 당해 재판의 결론을 도출할 수 있는 경우 행정행위의 위법 또는 무효 여부를 다른 사건의 수소법원이 심사할 수 있는지의 문제이다. 다른 사건의 수소법원이라 함은 취소소송의 재판관할권이 없는 법원을 말하며 통상 민사소송의 수소법원인 민사법원, 형사소송의 수소법원인 형사법원, 그 외 행정소송에서 취소소송의 수소법원 이외의 법원들 즉, 무효확인소송의 수소법원, 당사자소송의 수소법원 등이 이에 해당한다.

2) 공정력(구성요건적 효력)과의 관계

다른 사건의 수소법원이 당해 행정행위의 위법성 또는 유무효를 판단하기 위해서는 당해 행정행위의 사법심사에 대한 재판관할권을 가져야 하는데 이때 공정력 또는 구성요건적 효력으로 인해 다른 사건의 수소법원이 처분청의 결정에 구속당해 위법성 또는 무효 여부의 판단을 할 수 없는 것이 아닌지가 문제된다. 이와 관련해 행정소송법 제11조 제1항에서는 '처분 등의 효력 유무 또는 존재 여부가 민사소송의 선결문제로 되어 당해 민사소송의 수소법원이 이를 심리・판단하는 경우 제17조, 제25조, 제26조 및 제33조의 규정을 준용한다.'라고 규정하고 있다. 따라서 나머지 부분은 학설과 판례에 맡겨져 있다.

3) 민사사건의 경우

① 민사사건에서 행정행위의 위법 여부가 선결문제인 경우

i) 소극설

공정력 또는 구성요건적 효력에 대해 행정행위의 적법성까지 추정하는 효력으로 보고 따라서 행정행위의 위법성을 판단하면 공정력 또는 구성요건적 효력에 반하게 되며, 행정소송법 제11조는 선결문제 심사권을 한정적으로 규정한 것으로 그 이외의 경우는 선결문제 심사권의 대상이 아니라는 이유로 위법 여부의 심사를 부인하는 견해이다.

ii) **적극설**

공정력 또는 구성요건적 효력이 행정행위의 적법성까지 추정하는 것은 아니므로 위법성 여부의 심사와 공정력 또는 구성요건적 효력은 서로 무관하고, 행정소송법 제11조는 선결문제에 대한 단순한 예시조항일 뿐 그 이외의 경우에도 선결문제 심사는 가능하다 할 것이므로 결국 위법 여부의 심사도 가능하다는 견해로 다수설의 입장이다.

iii) **판례**

"위법한 행정대집행이 완료되면 그 처분의 무효확인 또는 취소를 구할 소의 이익은 없다 하더라도, 미리 그 행정처븐의 취소판결이 있어야만, 그 행정처분의 위법임을 이유로 한 손해배상 청구를 할 수 있는 것은 아니다."(대판 1972. 4. 28. 72다337)라고 하여 대법원은 적극설을 취하고 있다.

② **민사사건에서 행정행위의 유무효가 선결문제인 경우**

i) **선결문제가 당연무효인 경우**

민사법원이 그에 대해 무효 판단을 할 수 있고, 이는 행정소송법 제11조에도 그와 같이 규정되어 있다. 통설과 판례의 태도이다.

ii) **선결문제가 취소사유인 경우**

이는 공정력 또는 구성요건적 효력에 영향을 받아 민사법원은 취소를 할 권한이 없어 당해 행정행위를 취소하고 소급적으로 무효화 할 수 없으므로 그 효력을 부인할 수 없게 된다. 통설과 판례의 태도이다.

iii) **판례**

"조세의 과오납이 부당이득이 되기 위하여는 납세 또는 조세의 징수가 실체법적으로나 절차법적으로 전혀 법률상의 근거가 없거나 과세처분의 하자가 중대하고 명백하여 당연무효이어야 하고, 과세처분의 하자가 단지 취소할 수 있는 정도에 불과할 때에는 과세관청이 이를 스스로 취소하거나 항고소송절차에 의하여 취소되지 않는 한 그로 인한 조세의 납부가 부당이득이 된다고 할 수 없다."(대판 1994. 11. 11. 94다 28000)

4. 형사사건의 경우

① 형사사건에서 행정행위의 위법 여부가 선결문제인 경우

이에 대한 학설과 판례는 민사사건의 경우와 동일하며 대법원도 "구 도시계획법(2000. 1. 28. 법률 제6243호로 전문 개정되기 전의 것) 제78조에 정한 처분이나 조치명령을 받은 자가 이에 위반한 경우 이로 인하여 같은 법 제92조에 정한 처벌을 하기 위하여는 그 처분이나 조치명령이 적법한 것이라야 하고, 그 처분이 당연무효가 아니라 하더라도 그것이 위법한 처분으로 인정되는 한 같은 법 제92조 위반죄가 성립될 수 없다."(대판 2004. 5. 14. 2001도2841)라고 하여 적극설을 취하고 있다.

② 형사사건에서 행정행위의 유무효가 선결문제인 경우

i) 행정행위가 당연무효사유인 경우

이 경우는 민사소송의 경우와 같이 형사법원이 행정행위의 당연무효를 확인할 수 있다. 판례도 "조세범처벌법 제10조에 정한 체납범은 정당한 과세에 대하여서만 성립되는 것이고, 과세가 당연히 무효한 경우에 있어서는 체납의 대상이 없어 체납범 성립의 여지가 없다고 볼 것이니, 원심이 같은 취지에서 당연무효의 설시 과세를 설시 체납의 대상에서 제외한 판단은 옳다."(대판 1971. 5. 31. 71도742)라고 하여 같은 입장을 취하고 있다.

ii) 행정행위가 단순취소사유인 경우

가) 부정설

이 경우 형사법원이 행정행위를 취소하고 소급적으로 무효화하는 것은 공정력 또는 구성요건적 효력에 반 한다는 이유로 이를 부정하는 견해이다.

나) 긍정설

형사소송은 민사소송과 달리 피고인의 인권보장이 고려되어야 하므로 형사재판에서는 공정력 또는 구성요건적 효력이 미치지 않고, 따라서 형사법원이 위법한 행정행위의 효력을 부인하고 범죄의 성립을 부정할 수 있는 것으로 보는 견해이다.

다) 판례

대법원은 "연령미달의 결격자인 피고인이 소외인의 이름으로 운전면허시험에

응시, 합격하여 교부받은 운전면허는 당연무효가 아니고 도로교통법 제65조 제3호의 사유에 해당함에 불과하여 취소되지 않는 한 유효하므로 피고인의 운전행위는 무면허운전에 해당하지 아니한다."(대판 1982. 6. 8. 80도2646)라고 하여 부정설을 취하고 있다.

3. 존속력(확정력)

(1) 서 설

행정행위가 일단 행하여지면 이를 근거로 다른 많은 법률관계들이 형성된다. 따라서 법적 안정성 차원에서 행정행위를 가급적 취소하거나 변경하지 않고 **'존속'**시키거나 **'확정'**짓는 것이 바람직하다.

(2) 불가쟁력(형식적 확정력)

1) 의 의

행정행위의 쟁송제기기간 경과, 판결의 확정 등의 사유가 있으면 행정행위가 위법 또는 부당하더라도 행정행위의 상대편이 행정행위의 효력을 다투지 못하게 하는 것을 의미한다.

2) 예 외

무효인 행정행위는 제소기간의 제한이 없으므로 불가쟁력이 발생하지 않는다. 또한 불가쟁력은 처분의 상대방에게만 효력이 미치므로 불가쟁력이 생긴 행정행위라도 행정청의 직권취소는 가능하다.

3) 불가쟁력과 국가배상청구

위법한 과세처분이 불가쟁력을 발생한 후 처분의 상대방인 납세자가 정당한 세액을 초과한 금액을 국가배상청구소송을 통해 배상 받을 수 있는지의 문제가 발생한다. 학설은 적극설과 소극설로 나누며, 판례는 적극설을 취한다. 즉, 하자있는 상속세 납입고지서에 대한 취소처분이 없더라도 국가배상청구가 가능하다(대판 1991. 1. 25. 87다카2569).

4) 재심청구

불가쟁력이 발생한 행정행위에 대하여 그 위법을 시정하는 것이 바람직하나, 위법한 행정행위의 시정을 구하는 재심청구절차가 없다. 다수설은 재심절차의 마련이 필요하다고 본다.

(3) 불가변력(실질적 확정력)

1) 의 의

행정행위를 한 행정청 자신도 직권으로 당해 행정행위를 스스로 취소・변경・철회할 수 없는 효력을 말한다.

2) 본 질

① 불가변력설

소송절차와는 무관하게 법적 안정성 차원에서 국가행위의 성질상 발생하는 효력이라고 보는 견해로 통설의 입장이다.

② 소송법적 확정력설

소송절차와 관련해서 그 행정행위가 행하여진 절차 때문에 생긴 효력으로 보고 독립된 행정재판소의 판결에만 인정된다고 보는 견해이다.

3) 인정범위

모든 행정행위에 공통된 효력은 아니고 예외적으로 특별한 경우에만 인정된다.

① 준사법적 행정행위

행정심판의 재결, 소청심사위원회의 결정, 배상심의회의 배상결정, 농지위원회의 결정 등

② 확인적 행위행위

도로・하천구역 결정, 당선인 결정, 국가시험 합격자 결정, 교과서 검정, 발명특허 등

③ 기타 행정행위

수익적 행정행위의 취소·철회 제한, 공공복리를 이유로 취소가 제한되는 경우, 법률의 규정에 의하여 확정판결과 동일한 효력이 있는 경우 불가변력의 영향으로 설명하려는 견해들이 있으나 다수의 견해는 아니다.

i) 수익적 행정행위

수익적 행정행위에서 취소권과 철회권이 제한되는 경우 이를 불가변력 때문으로 보는 입장도 있지만, 다수설은 당사자의 신뢰보호차원에서 인정되는 것으로 보고 있다.

ii) 공공복리를 이유로 취소가 제한되는 경우

사정재결과 사정판결과 같이 공공복리를 이유로 취소가 제한되는 경우 이를 불가변력 때문이라는 견해도 있으나, 다수설은 이러한 경우 공공복리와 비교형량하여 취소권이 제한되는 것이지 불가변력의 영향은 아니라 본다.

iii) 법률의 규정이 있는 경우

토지수용위원회의 확정재결과 같이 법률의 규정에 의해 확정판결과 같은 효력이 부여되는 경우에도 이를 불가변력 때문이라는 견해도 있으나, 다수설은 이러한 소송법적 확정력은 법률의 규정에 의해서 부여된 효력이지 불가변력과는 무관하다고 본다.

4) 불가변력의 상대성

행정심판의 재결 등은 행정소송 등에 의해 취소변경이 가능하고, 불가변력 있는 행위에 재심사유에 해당하는 중대한 흠이 있으면 취소·변경이 가능하다.

5) 불가쟁력과 불가변력과의 관계

구 분	불가쟁력	불가변력
대 상	국민(행정행위의 상대방, 이해관계인)	행정기관(처분청 자신, 감독청)
범 위	모든 행정행위(무효인 경우 제외)	특정 행정행위(준사법적·확인적 행정행위)
성 질	절차법적 효력(형식적 존속력)	실체법적 효력(실질적 존속력)
관 계 (독립적)	불가쟁력은 있어도 불가변력이 없으면 행정청의 직권취소는 가능	불가변력은 있어도 불가쟁력이 없으면 상대방의 쟁송제기 가능
공통점	모두 행정법 관계의 안정과 상대방의 신뢰보호를 목적으로 한다는 점과 행정행위의 구속력이라는 점에서 같다.	

4. 강제력

행정의사의 우월성과 실효성을 확보하기 위한 방법으로 자력집행력과 제재력 등이 있다.

(1) 자력집행력(행정강제)

공법관계에서 상대방이 공법상의 의무를 이행하지 아니하는 경우 강제력을 동원하여 공법상의 의무를 행정주체가 스스로 실현할 수 있는 힘을 의미하며, 사법관계에서는 인정되지 않는다.

(2) 제재력(행정벌)

행정법관계에서 상대방의 행정질서를 위반한 행위에 대한 제재로서 행정형벌 또는 행정질서벌을 과할 수 있는 힘을 말한다.

5. 권리구제의 특수성

(1) 행정상 손해전보[2]

행정상 손해전보는 행정작용으로 말미암아 발생한 국민의 재산상의 손해를 국가 또는 공공단체가 갚아 주는 재산상의 실체적 구제 제도를 말한다.

1) 행정상 손해배상(국가배상)

행정상의 손해배상은 공무원의 직무상 불법행위 또는 영조물의 설치・관리상의 흠으로 인해 손해를 입은 사람에게 국가・공공단체가 그 손해를 배상해 주는 제도이다.

---

2) 전보(塡補)라함은 부족한 것을 채움, 또는 결손을 보충한다는 의미가 있다. 따라서 손해전보(損害塡補)란 의미는 발생한 손해를 메워주는, 즉 회복시키거나 복구하는 것을 뜻한다.

2) 손실보상

행정상의 손실보상은 사유재산을 공공의 필요에 따라 적법하게 침해한 경우에 국가·공공단체가 그 특별한 손실을 보상해 주는 제도를 말한다.

(2) 행정상 쟁송

행정쟁송이란 광의로는 행정법규의 적용에 관한 분쟁을 가리는 모든 절차를 말하며 행정심판과 행정소송을 포함한다. 협의로는 행정기관에 의하여 행하여지는 행정쟁송, 즉 행정심판만을 의미한다.

1) 행정심판

행정심판이라 함은 위법 또는 부당한 처분 기타 공권력의 행사·불행사 등으로 인하여 권리 또는 이익을 침해당한 자가 원칙적으로 처분청의 직근 상급 행정청에 대하여, 그 취소, 변경이나 무효 등 확인 또는 일정한 처분을 구하는 쟁송절차를 말한다.

2) 행정소송

행정소송이란 행정법규의 적용에 관하여 분쟁이 있는 경우 당사자로부터 법원에 소송제기가 있는 때에 무엇이 법인가를 판단하는 행정쟁송제도를 말한다.

제3절 행정법관계의 내용

Ⅰ. 의 의

행정법관계는 일종의 법률관계이며, 법률관계는 권리와 의무로 구성되는 바, 행정법관계의 내용도 공권과 공의무로 구성 된다. 행정법관계에서는 권리 의무가 다 같이 국가적·공익적 견지에서 인정되는 까닭에 권리가 동시에 의무라는 상대적 관계에 선다. 행정법관계에서는 권리·의무가 사법관계에서처럼 권리자와 의무자가 상호반대의 이해관계로 대립되는 것이 아니라 다 같이 공공복리의 향상이나 사회질서의 유지를 위하여 인정되는 것이기 때문에 사법상의 권리・의무와는 달리 그 이전이나 포기가 제한되거나 특별한 보호가 행하여지는 경우가 많다.

Ⅱ. 공권과 그 특수성

1. 공권의 개념

공권이란 공법관계에서 인정되는 특별한 이익을 누릴 수 있는 법률상의 힘을 의미한다. 공법상의 권리라는 점에서 사법상의 권리인 사권(私權)과 다르며, 소송을 통한 구제가 인정된다는 점에서 그러한 구제가 인정되지 않는 단순한 반사적(反射的) 이익과 다르고, 권리라는 점에서 의무인 공의무(公義務)와 대응한다.

2. 공권의 종류

(1) 국가적 공권

행정주체가 우월적 의사주체로서 그 상대방인 개인에게 가지는 권리를 말한다.

1) 내용에 따른 유형

하명권, 강제권, 형성권, 공법상의 물권 등이 있다.

2) 목적에 따른 유형

조직권, 경찰권, 규제권, 공용부담권, 군정권, 재정권, 과벌권 등이 있다.

(2) 개인적 공권

1) 의 의

행정법관계에서 개인이 자신의 고유한 이익을 추구하기 위해 행정주체에 대해 일정한 행위를 할 것을 요구할 수 있는 공법에 의해서 주어진 법적인 힘을 의미한다. 일반적으로 공권이라고 하면 개인적 공권을 의미하고, 그 종류는 자유권, 수익권, 참정권 등이 있다.

2) 개인적 공권의 특수성

① 이전성 제한

공권은 일반적으로 공익성이 인정되고 일신전속성이 있어 양도·상속 등 이전성이 제한된다(선거권, 연금청구권, 생경·신체침해에 대한 국가배상청구권, 국민기초생활수급권 등). 그러나 그 내용이 경제적 가치를 주목적으로 하는 것은 사권과 같이 이전성이 인정된다(손실보상청구권, 재산적 침해로 인한 국가배상청구권 등).

② 포기성 제한

공권 중 일부는 임의로 포기할 수 없는 것이 원칙(선거권, 연금청구권, 소권 등)이다. 그러나 주로 경제적 가치를 내용으로 하는 권리는 포기할 수도 있다.

③ 대행의 제한

공권은 그 위임 또는 대리가 인정되지 않는 경우가 많다(투표권, 선거권 등).

④ 보호의 특수성

침해 시 국가배상, 손실보상, 행정심판, 행정소송에 의한 구제가 가능하다.

⑤ 소멸시효상 특수성

소멸시효는 시간의 경과에 의해 권리를 주장할 수 없는 경우를 말하는 바, 공법상의 금전채권의 소멸시효에 관해서는 국가재정법 제96조 또는 지방재정법 제82조의 적용을 받아 5년의 단기소멸시효가 적용 되므로, 이 점에서 공권과 사권의 구별의 실익이 있다.

Ⅲ. 공의무와 그 특수성

1. 개념 및 종류

공의무란 공권에 대응한 개념으로서, 공공의 이익을 위하여 의무자의 의사에 관계없이 가하여진 공법상의 구속을 말한다.

주체에 따라 개인적 공의무와 국가적 공의무가 있고, 성질에 따라 작위의무, 부작위의무, 급부의무, 수인의무 등이 있다.

2. 특수성

(1) 개인적 공의무

법령이나 법령에 근거한 행정행위에 의해 형성되고, 의무의 불이행시 행정권의 자력집행 및 제재가 인정된다. 또한 일신전속적인 공의무는 이전이나 포기가 제한되며, 순수한 경제적 성질의 의무는 이전과 상속이 가능하다(납세의무 등).

(2) 국가적 공의무

공익의 봉사가 주된 내용이나 특정 개인의 이익과 양립되는 경우도 존재한다. 공의무의 이행을 강제하는 방법은 의무의 성질에 따라 다르다.

Ⅳ. 공권 · 공의무의 승계

1. 의 의

공권 · 공의무의 승계란 국가적 공권 · 공의무 또는 개인적 공권 · 공의무가 다른 국가기관 또는 타인에게 이전되는 것을 말한다. 국가적 공권 · 공의무는 지방자치단체의 폐치 · 분할 그 밖의 공공단체의 통 · 폐합의 경우에 그 사무와 재산을 승계하는 경우이다(지방자치법 제5조 제1항). 공권 · 공의무에서 문제되는 것은 주로 개인적 공권·공의무의 승계의 경우이다.

2. 개인적 공권·공의무의 승계

개인적 공권 또는 공의무의 승계는 사망으로 인한 경우, 법인 등의 합병의 경우 및 공권·공의무의 양도·양수의 경우 등이 있다. 이에 관한 규정으로, 행정절차법 제10조(지위의 승계)에 이 법률상의 당사자를 대상으로 승계를 규정하고 있고, 각 개별법(도로법 제4조, 하천법 제5조, 식품위생법 제39조 등)에도 규정을 두고 있다. 이러한 권리·의무의 승계의 필요성은 새로운 권리의무의 승계자에게 종래와 같은 처분절차를 다시 거치게 하는 것은 비경제적이라는 절차경제상의 이유에 있다.

그런데 공권·공의무가 승계될 수 있으려면, 그 승계에 관한 법률의 규정이 있어야 하고(승계규정), 나아가 그 공권·공의무가 승계될 수 있는 법적 성질을 가져야 한다(승계적성). 즉, 먼저 공권·공의무가 법령의 규정상 승계요건을 갖추어야 하고, 다음 그 성질상 승계가 가능하다고 볼 수 있는 성질을 지니고 있어야 한다.

제4절 반사적 이익과 새로운 공권

Ⅰ. 반사적 이익

1. 의 의

법이 공익상 행정주체에 대하여 일정한 작위, 부작위 등을 명하는 경우 단순한 반사적 효과로서 국민이 받는 사실상 이익을 말한다. 법이 공익의 보호·증진을 위해 일정한 규율을 행하는 데 따르는 반사적 효과로서 특정 또는 불특정의 사인(私人)에게 생기는 일정한 이익으로 법적인 권리주장이 불가능하여 행정쟁송에 의한 사법상의 권리보호가 불가능하다는 것이 일반적인 견해이다. 예를 들어 편의점 앞에 버스 정류장이 생겨 편의점의 매출이 급상승했을 경우가 반사적 이익이다. 따라서 어느 날 시에서 버스노선을 재정비하느라 그 버스 정류장을 폐쇄하여 편의점의 매출이 급감했다고 하더라도 편의점주인은 행정기관을 상대로 소송을 제기할 수 없다.

2. 반사적 이익과 공권의 구분

구 분	공 권	반사적 이익
이익방법	직접 개개인의 이익보호	간접적으로 관계인의 이익보호
향수이익	법률상 이익(권리로서의 이익)	사실상의 이익
주체적 지위	행정법관계의 당사자 지위	제3자적 지위
이익실현	법적구제(행정쟁송)	법적 구제 수단 결여
원고적격	소의 이익 인정(원고적격 인정)	소의 이익 불인정(원고적격 부정)
손해전보	인정	부정

3. 공권과 반사적 이익의 구별실익과 기준(공권의 성립요건)

(1) 구별실익

행정쟁송에 의해 구제받을 수 있는 이익인지의 여부(원고적격 인정 여부)를 판단하는 기준이 된다.

(2) 구별기준(O. Bühler의 공권성립의 3요소)

1) 강행법규성

개인적 공권의 성립을 위해서는 강행법규를 통해 행정주체에게 일정한 행위의무를 부과해야 한다.

2) 사익보호성

개인적 공권이 성립하기 위해서는 관련법규가 공익의 실현 이외에 개인의 사적 이익의 보호도 목적으로 하고 있어야 한다. 단순히 공익만을 목적으로 하고 있는 경우에 발생하는 간접적 이익은 반사적 이익에 불과하다.

3) 이익관철 의사력의 존재(소구가능성)

개인의 이익을 소송을 통하여 관철시킬 수 있는 법규상 힘이 필요하다. 이익관철 의사력의 존재(소구가능성)는 오늘날 재판청구권이 헌법상 기본권으로 보장되고 있고 개괄주의를 택하고 있기 때문에 당연히 인정되어 이를 특별히 그 요건으로서 다루지는 않는 것이 일반적이다. 그러나 독일과 같이 다양한 소송유형이 마련되어 있지 않은 우리나라에서는 여전히 중요한 의미를 갖는다고 보는 견해도 있다.

Ⅱ. 공권의 확대화 경향(새로운 공권)

개인적 공권은 여러 측면에서 계속 확대되어 왔으며, 이는 자유민주적·사회적 법치국가의 강화를 통해 국민의 권익보장을 요구하게 된다. 즉, 새로운 공권이 탄생함에 따라 개인에 대한 행정구제의 폭이 넓어지므로 국민의 기본권보장을 강화하는 것이다.

1. 무하자재량행사청구권

(1) 의 의

무하자재량행사청구권이란 행정청에 대하여 재량권의 하자(흠) 없는 행사를 청구할 수 있는 권리를 말한다. 행정청에 재량이 인정되는 경우에도 일정한 한계가 있기 때문에 그 범위를 벗어나면 재량권의 일탈·남용으로 위법이 된다. 이러한 재량영역에서 행정청의 상대방은 해당 행정청에 대해 특정한 행위를 요구할 수는 없지만 그 재량권행사를 하자 없이 행사해 줄 것을 청구할 수는 있다는 것이다.

(2) 성 질

재량행위에 대한 사법심사를 용이하게 하기 위한 권리이다. 재량권행사의 과정을 통제하는 절차적 권리로 보는 견해도 있지만, 다수설은 재량의 법적 한계를 준수한 내용의 행정처분을 구하는 권리라는 점에서 절차적 공권이라는 표현은 타당하지 않다고 본다. 재량처분을 하는 과정에서 어떠한 처분이든 재량권의 법적 한계의 준수를 요구할 수 있을 뿐(제한적 공권), 특정처분을 구할 수 있는 권리는 아니라는 점에서 형식적이고 불완전한 공권이다.

그러나 재량권이 0으로 수축되는 경우에 개인은 행정청에 대하여 특정처분을 청구할 수 있게 된다는 점에서 행정개입청구권 인정된다. 국민의 신체와 재산에 중대하고 위급한 상황이 발생했을 때 재량권이 0으로 수축해서 재량이 없어짐에 따라 반드시 필요한 행정행위(개인이 요구하는 특정처분 포함)를 해야 하는 기속행위가 된다. 예를 들어서 무장공비가 나타났거나 탈옥수가 나타났을 경우 국민에게 치명적인 상황을 초래할 수도 있으므로 경찰이 스스로 재량권을 가지고 출동여부를 결정할 게 아니라 경찰권이 무조건 발동되어야 한다. 이 경우 경찰권이 발동되지 않으면 위법한 상황이 되고 따라서 이에 대한 피해가 있을 경우 국가배상청구가 가능하다.

(3) 행 사

재량을 내용적인 측면에서 하자 없이 행사할 것을 실제로 행정청에 대해 요구할 수 있으며, 재량이 0으로 축소되는 경우에는 그 대상이 수익적 행정행위이면 특정한 급부행위를 요구하는 청구권(행정행위발급청구권)이 중첩적으로 인정되고, 침해적 행정행위인 경우는 특정한 침해행위를 하지 말 것을 요구하는 방어권이 중첩으로 인정된다. 흠 있는 재량을 행사하여 적극적으로 행정처분을 행한 경우 취소소송의 제기가 가능하다.

2. 행정개입청구권

(1) 의 의

법률상 행정청에 제3자에 대한 규제, 감독 기타 행정권 발동의무가 부과되어 있는 경우에 그에 대응하여 행정청의 부작위로 인하여 권익을 침해당한 사인이 행정청에 행정권 발동을 구하는 권리로 다수설과 판례[3]가 인정한다.

행정개입청구권은 행정권의 발동을 청구할 수 있는 실체적 공권으로 개인이

3) 무장공비출현에 대한 군경공무원들의 직무유기로 인한 주민의 사망사건에서 행정청의 부작위로 인한 손해에 대하여 국가의 손해배상책임을 인정하였다(대판 1971. 4. 6. 71다124).

자기를 위하여 행정권의 발동을 요구하는 행정행위발급청구권(예를 들어 건축허가의 청구 등과 같이 행정청의 의무로 규정하고 있는데도 이행치 않는 인가, 허가, 특허 등)과 자기를 위하여 타인에 대해 행정권의 발동을 요구할 수 있는 협의의 행정개입청구권(예를 들어 자신의 생명을 위협하는 폭력범에 대한 경찰권 발동 청구)이 포함된다. 통상적으로 행정개입청구권이라 하면 후자를 가리킨다. 행정개입청구권은 행정기관이 재량권을 가지는 경우에는 개인이 행정권의 발동을 청구할 수 없는 것이 원칙이지만, 재량권이 0으로 수축되는 경우에는 당사자에게 행정권의 발동을 청구할 수 있는 권리가 성립한다는 점에서 중요한 의미가 있다.

(2) 성질 및 적용대상

행정청에 대하여 적극적으로 행정처분 또는 행정작용을 할 것을 구하는 적극적・실체적 공권이다.

경찰행정 뿐만 아니라 행정의 전 영역에 적용되고, 재량행위뿐만 아니라 기속행위도 가능하다.

(3) 성립요건

이 청구권도 개인적 공권의 일종이므로 공권의 일반적 성립요건을 충족해야 한다. 따라서 재량권의 수축에 따라 행정청의 개입의무가 발생해야 하며, 관계법규가 사익에 대한 보호규범으로서의 성질을 가져야 한다.

(4) 행 사

행정청에 행정권의 발동을 청구할 수 있으며, 위해를 예방하기 위한 사전적 목적이든 위해나 장해가 존재하여 이를 제거하기 위한 사후적인 것이든 모두인정 된다.

행정청이 거부하거나 미발동시 의무이행심판제기이나 부작위위법확인소송을 제기할 수 있으나, 무명항고소송의 일종인 의무이행소송은 현행법상 인정하지 않는다. 행정청의 거부나 미발동으로 손해 발생 시 국가배상청구권의 행사도 가능하며 판례도 인정한다.[4]

4) 경찰관의 권한 불행사가 현저하게 불합리하다고 인정되는 경우에는 그러한 권한의 불행사는 직무상의 의무를 위반한 것이 되어 위법하게 된다. 따라서 공무원의 직무상 불법행위로 인한

3. 기타 이론

(1) 제3자의 개인적 공권의 성립(제3자 이익의 보호-제3자 보호규범이론)

처분의 상대방이 아닌 제3자에게도 개인적 공권이 인정될 수 있다. 법률의 제정이나 개정에 의해서 뿐만 아니라 기존 법률의 해석을 통해서도 개인적 공권의 확대화가 이루어 질 수 있다. 개인적 공권은 기존 법률의 해석을 통한 확대화가 논의의 초점이다.

일반적으로 행정청이 사인에게 어떠한 행정처분을 내리는 경우에 그러한 처분은 반드시 실정법에 근거하여 이루어지게 되어 있다. 문제는 그러한 처분으로 인해 다른 사인(제3자)이 피해를 보는 경우 직접 처분의 당사자가 아닌 사람이 그 처분의 취소를 구할 수 있는지와 관련하여 제3자 보호규범이론이 나온다. 즉 직접 처분을 받은 사람이 아닌 제3자가 그 처분을 취소하기 위하여 행정법원에 소송을 제기할 수 있는지의 문제로, 제3자 보호규범이론은 행정청이 처분을 내리는 근거법령의 해석상 그 처분의 직접 당사자 뿐 아니라 다른 사람에게 미치는 영향까지 고려하는 규정이라고 해석이 되면 제3자도 처분의 취소를 구하는 소송을 제기할 원고적격이 인정되는 것이다. 따라서 제3자의 원고적격문제에서 원고적격의 확대화 경향을 뒷받침하는 이론이다.[5]

(2) 반사적 이익의 공권화 경향(반사적 이익의 보호이익화이론)

과거에 특히 질서행정분야의 법규는 오로지 공익만을 보호하고 직접적으로 사익을 보호하지 않았기 때문에 그러한 행정작용으로부터 사인이 어떤 이익을 향

국가배상이 인정된다(대판 1998. 8. 25, 98다16890).

5 A라는 사람이 어떤 지역에 연탄공장을 만들기 위하여 행정청에 연탄공장 설치 허가신청을 하였고 행정청은 A에게 허가처분을 내렸다. 그런데 그 지역에 거주하는 B라는 사람이 연탄공장의 매연과 소음으로 고통을 받다가 결국 행정청에 A에 대한 연탄공장허가처분을 취소하라는 소송을 제기하려고 하는데 문제는 그러한 행정청의 처분은 B가 아닌 A에게 내려진 것이기에 직접 당사자가 아닌 제3자인 B가 A에게 내려진 처분의 취소를 구할 원고가 될 수 있는지 이다. 이에 대하여 대법원 판례는 연탄공장 설치 허가의 근거가 되는 법령을 해석해본 결과 제3자의 이익도 고려해야 한다는 취지로 해석이 되는 경우에는 제3자도 그 처분의 취소에 대하여 법률상이익이 있기에 허가취소소송의 원고적격이 인정된다고 하였다(대판 1975. 5. 13. 선고 73누96,97).
결국 처분의 근거법령에 제3자를 보호하는 규정이 있다고 해석되면 그 제3자도 다른 사람에게 내려진 처분의 취소를 구할 수 있다는 것이 바로 제3자 보호규범이론이다.

유하더라도, 그것은 반사적 이익에 지나지 않는다고 보았다. 그러나 근래에는 국가관의 변천, 개인의 지위향상 등에 따라서 관련법규 역시 사인의 이익을 보호하는 것으로 여기는 경향이 강해지고 있다. 즉, 행정개입청구권은 반사적 이익의 공권화, 제3자 보호규범이론의 확대, 공권의 확대화 추세에 따라 인정되는 권리 중의 하나이다.

(3) 헌법상 기본권에 의한 개인적 공권의 성립(기본권의 공권화)

개인의 공권은 원칙적으로 관계법률에 근거한다. 그러나 법률상 규정 외에 헌법상 기본권에서 개인적 공권을 도출하여 바로 기본권의 침해를 법률상 이익의 침해로 보고 이를 이유로 항고소송을 제기할 수 있는지가 문제된다. 학설은 대체로 헌법상 기본권에 의한 개인적 공권의 성립을 인정하나 그 것은 어디까지나 보충적이고 최후적인 것으로 본다. 따라서 모든 기본권에 대해 그 침해를 이유로 소를 제기할 수 있는 것은 아니고, 행정법상 개인적 공권은 법적으로 주장할 수 있는 구체적인 권리이기 때문에 헌법상의 기본권도 그것이 구체적인 내용을 갖고 있어 법률에 의해서 따로 구체화되지 않더라도 직접 적용될 수 있는 경우라야 한다. 자유권이 적극적 청구권인 아닌 소극적 방어권으로 행사될 때 및 평등권, 재산권은 구체적인 내용을 가지고 있어 개인적 공권으로 성립 가능하다 할 것이나, 사회권적 기본권이나 청구권적 기본권의 경우는 법률이 기본권의 내용 등을 구체화하기 전까지는 직접 개인적 공권으로 성립된다고 보기 어렵다. 이에 대해 헌법재판소는 경쟁의 자유에 기해서는 개인적 공권을 인정하고(헌재 1998. 4. 30. 97헌마141), 대법원은 환경권에 대해서는 이를 부정한 바 있다(대법원 2006. 3. 16. 2006두330).

(4) 행정절차법상 행정절차참가권의 인정

행정절차법상 행정절차참가권은 개인이 행정청의 의사형성 과정에 참여하는 권리로 행정절차법상 사전통지, 청문절차, 공청회, 의견진술 등이 있다.

(5) 정보공개청구권의 인정

정보공개청구권이란 사인이 공공기관에 대하여 정보를 제공하여 줄 것을 요구할 수 있는 개인적 공권이다.

Ⅲ. 공권으로서 법률상 이익 인정여부에 관한 사례

1. 서 설

행정소송법에서는 항고소송의 대상을 "법률상 이익이 있는 자만 제기할 수 있다."고 규정하기 때문에 개인이 향유하는 이익이 공권으로서 법률상 이익인가 아니면 반사적 이익이나 사실상의 이익인가의 여부는 이익이 침해된 경우 행정소송에 근거한 구제를 받을 수 있느냐 여부를 가리는 데 필요하다.

2. 사 례

(1) 법률상 이익을 인정한 사례

① 연탄공장 건축허가제한으로 얻는 인근주민의 이익
② LPG충전소 설치허가에 대한 인근주민의 이익
③ 공설화장장 설치허가 취소소송에서 인근주민의 이익
④ 환경영향평가대상지역 안의 주민들이 얻는 환경상의 이익
⑤ 선박운송사업 신규면허처분에 대한 기존업자의 이익
⑥ 자동차운송사업의 노선연장인가에 대한 기존업자의 이익
⑦ 시외버스를 시내버스로 전환하는 것에 대한 기존 업자의 이익
⑧ 자동차증차인가에 대한 기존업자의 이익
⑨ 직행버스정류장설치인가로 인해 침해되는 기존업자의 이익
⑩ 광구의 증구에 관한 인접 광업권자의 이익
⑪ 약종상영업소 이전허가에 대한 기존업자의 영업상 이익

(2) 법률상 이익을 부정한 사례(반사적 이익)

① 상수원 보호구역 변경처분 취소소송에서 인근주민의 이익
② 문화재 지정으로 인해 지역주민이 이를 활용하고 그로 인하여 얻는 이익
③ 환경영향평가대상지역 밖의 주민들이 얻는 환경상의 이익
④ 수입금지 조치르 이익을 본 사람

⑤ 공중목욕탕 거리제한으로 인한 기존업자의 영업상 이익
⑥ 양곡가공업 허가로 인한 기존업자의 이익
⑦ 선탄가공업 허가로 인한 기존업자의 이익
⑧ 유기장영업 허가로 인한 기존업자의 이익
⑨ 정화조업 허가로 인한 기존업자의 이익
⑩ 약사의 한약조제로 인한 기존업자의 이익

제5절 특별권력관계(특별행정법관계)

Ⅰ. 의 의

공법상 특정한 행정목적의 필요한 한도 내에서 권력주체에서 포괄적 지배권이 인정되고 그 상대방은 복종하는 법률관계로 일정한 행정목적의 능률적이고 효과적인 실현을 위해 법치주의 적용이 원칙적으로 배제되어 기본권의 제한을 감수해야한다.

일반권력관계에 대비되는 개념으로 일반권력관계는 일반국민이 국가 또는 공공단체의 일반통치권에 복종하는 관계인 반면, 특별권력관계는 공법상의 특정목적을 위하여 특정인이 국가 또는 공공단체의 포괄적인 특별권력에 복종하는 관계이다. 예를 들어 일반국민이 경찰권에 복종하거나 납세의 의무를 지거나, 범죄로 인하여 재판을 받아 형벌을 받는 등의 관계는 일반권력관계이며, 특별한 조직의 구성원으로서 공무원으로 근무하거나 징집에 의하여 군무에 복무하거나 국립대학에 입학하여 수학(修學)하는 등의 관계는 특별권력관계이다. 일반권력관계는 국민 또는 공공단체의 일원으로서의 일반적 지위에서 복종하는 관계이며, 통치권에 복종하는 모든 자에게 당연히 성립하는 관계이다. 이에 대하여 특별권력관계는 특수한 지위에서 복종하는 관계이며, 특별한 법률원인에 의하여 특별권력의 지배범위 안에 들어온 자에 한하여서만 성립하는 관계이다.

Ⅱ. 성립배경

독일의 입헌군주정 아래 행정권의 우월성을 보호하기 위한 이론으로서 불침투성이론을 바탕으로 성립하였다. 특별권력관계는 19세기 독일의 입헌군주정을 배경으로 하여 라반트(P. Laband)에 의해 개념이 확립되었고, 오토 마이어(O. Mayer)에 의해 법적 이론구성으로 체계화되었다. 19세기 독일에서 군주와 시민(의회)의 타협의 산물로 의회가 군주의 권력을 제한하는 반대급부로 군주에게 법으로부터 자유로운 영역을 확보해 주는 역할을 하였다. 라반트(P. Laband)는 국가법인설을 근거로 법이란 인격주체 상호간의 의사의 범위를 정해주는 것이고 국가 또한 하나의 인격주체로서 국가와 다른 인격주체 간에는 법이 적용되지만 국가 내부에는 법이 침투할 수 없다고 하여 법치주의의 배제를 특징으로 하는 전통적 특별권력관계이론의 기초를 제공했다.

Ⅲ. 고전적 이론의 특색

1. 포괄적 지배권

법치주의, 특히 법률유보원칙이 적용되지 않으므로 권력주체에게 포괄적 지배권이 인정된다. 다만 법률우위의 원칙은 적용된다.

2. 기본권의 제한

특별권력 내부에서 설정 목적에 비추어 필요하다고 인정되는 범위 내에서 개별적 법률의 수권 없이도 기본권이 제한된다.

3. 사법심사의 배제

특별권력관계 내에서 권력주체의 행위는 사법심사의 대상이 되지 않는다.

Ⅳ. 성립과 소멸

1. 성 립

(1) 법률의 규정에 의하는 경우

특별행정법관계의 발생 원인이 법률에 규정되어 있어서 그 원인사실이 발생하면 특별행정법관계가 성립하는 경우이다. 예컨대, 징병소집해당자의 입대(병역법 제16조), 전염병환자의 강제입원(감염병의예방및관리에관한법률 제42조), 죄수의 수감(형의집행및수용자의처우에관한법률 제16조) 등이 그것이다.

(2) 본인의 동의에 의하는 경우

1) 임의적 동의

임의적 동의는 상대방의 동의가 그의 완전한 자유로운 의사표시에 의하는 경우이다. 공무원의 임명, 국공립학교에의 입학, 국립도서관의 이용 등이 그 예이다.

2) 의무적 동의

의무적 동의는 상대방의 동의가 임의의 의사에 의하는 것이 아니라 법률에 의하여 의무가 지워진 경우이다. 학령아동의 초등학교 취학이 그 예이다.

2. 소 멸

목적달성(대학졸업), 임의탈퇴(공무원의 사임), 권력주체의 일방적 배제(학생의 퇴학처분) 등이 있다.

Ⅴ. 종 류

1. 공법상 근무관계

공법상의 근무관계는 특정인이 특별한 법률원인에 의거하여 국가 또는 공공단체를 위하여 포괄적으로 근무할 의무를 지는 것을 내용으로 하는 법률관계이다. 공무원의 근무관계, 군복무관계 등이 있다.

2. 공법상 영조물이용관계

공법상의 영조물이용관계란 특정인이 영조물을 이용하는 경우에 그 영조물의 관리자와 영조물이용자 사이의 법률관계를 말한다. 영조물은 공공복리를 위하여 관리·경영하는 시설로서, 윤리적·공공적 성격을 가진 이용관계와 교도소 등의 공권력에 복종하는 관계가 있다. 국공립학교와 학생간의 관계, 국공립병원과 환자관계. 교도소와 재소자 관계 등이 있다.

3. 공법상 특별감독관계

공법상의 특별감독관계는 국가 또는 공공단체와의 특별한 법률관계로 인해 그로부터 특별한 감독을 받는 관계이다. 공공조합·특허기업자·행정사무수임자·보호회사 등에 대한 국가·공공단체의 특별감독관계가 그 예이다.

4. 공법상 사단관계

공법상 사단관계는 공공조합과 그 조합원과의 관계인 바, 공공조합은 공법상의 조합권에 의하여 그 구성원인 조합원과의 관계를 규율하게 된다.

Ⅵ. 특별권력관계의 내용

1. 명령권

명령권은 특별권력관계의 주체가 그의 상대방에 대하여 특별행정법관계의 목적수행에 필요한 명령·강제를 할 수 있는 권력인 바, 그 발동형식은 일반적·추상적 명령(행정규칙)이나 개별적·구체적 처분의 형식으로 나타난다. 국공립대학

학칙·도서관규칙·훈령 등의 행정규칙이 전자의 예이고, 공무원에 대한 상사의 직무명령은 후자의 예이다.

2. 징계권

징계권이란 특별권력관계의 주체가 특별행정법관계의 내부질서유지를 위해 의무위반자에게 제재를 가할 수 있는 권력을 말한다. 징계권에는 소극적인 가택권적 기율권(시립운동장·국립도서관 등의 경우)과 적극적인 징계권(공무원·소년원생·학생 등의 경우)이 있다. 징계권은 임의적 동의에 의해 성립한 특별행정법관계의 배제 및 그 이익의 박탈에 그쳐야 하는 한계가 있다.

Ⅶ. 특별권력관계론에 관한 이론

1. 긍정설

(1) 절대적 구별설

특별권력관계와 일반권력관계는 그 지배권의 성질 및 성립의 계기 등에 있어서 본질적인 차이가 있다는 것인 바, 오늘날 지지하는 견해가 없다.

(2) 상대적 구별설

특별권력관계와 일반권력관계간의 본질적 차이를 부정하면서도, 특별권력관계에 있어서 국민은 일반권력관계에서 보다 복종이 강화된 특별한 지위에 서게 되고, 따라서 그 한도에서 법치주의가 완화되어 적용될 수 있음을 긍정하는 견해이다.

2. 부정설

(1) 일반적·형식적 부정설

실질적 법치주의를 따를 때, 모든 공권력의 행사에는 법률의 근거를 요한다. 따라서 특별권력관계에서도 법치주의가 전면적으로 적용된다는 견해이다.

(2) 개별적 · 실질적 부정설

종래 특별권력관계로 보아온 모든 법률관계가 모두 권력관계, 즉 공권력의 행사관계라는 것에 의문을 제기하고, 특별권력관계의 내용을 개별적 · 구체적으로 검토하여 그를 관리관계 내지 일반권력관계로 환원시킴으로서 특별권력관계를 실질적으로 부정하는 견해이다.

3. 수정설(C. H. Ule)

(1) 의 의

특별권력관계의 관념은 인정하나 법치주의 적용이 배제되는 범위를 좁히려는 입장으로 이 견해의 대표자인 C. H. Ule교수는 수형자사건 이전에 이미 종래의 특별권력관계를 기본관계(외부관계)와 경영(수행)관계(내부관계)로 구분하여 권리보호 문제를 다루었다.

(2) 내 용

1) 기본관계

특별권력관계를 성립 · 변경 · 소멸시키는 관계로 법치주의가 적용된다. 예컨대 기본권과 관련된 권리의 박탈 또는 획득과 관련된 것들, 즉 공무원의 파면, 군인의 입대, 죄수의 형집행, 국공립학교 학생의 퇴학 등이 그것이다.

2) 경영(수행)관계

경영수행관계란 특별권력관계의 설정목표를 실현하는데 필요한 법률관계로 내부에서 경영 · 수행질서와 관련하는 법치주의의 배제부분을 말한다. 예컨대 군인의 훈련, 학생의 수업, 수형자의 행형, 공무원의 직무명령 등이 그것이다.

Ⅷ. 특별권력의 한계

특별권력관계를 설정한 목적의 범위 내에서 법령에 위배되지 않고, 해당 특별권력관계의 설정목적에 비추어 객관적으로 필요하고 사회통념상 합리적이라고 인정되는 범위 내에서, 비례원칙에 적합하도록 행사해야한다.

IX. 현대의 특별권력관계와 법치주의

오늘날 실질적 법치주의 하에서는 전통적인 특별권력관계의 관념은 그 본래의 의의를 상실하였다고 하겠으나, 관계인을 특별한 행정목적에 종속시키는 특수한 법적 지위를 가지게 하는 법관계가 현실적으로 존재하고 있는 것도 부정할 수 없다. 따라서 이러한 행정법관계에는 그 목적·기능을 성취하도록 하기 위한 범위 내에서 법치주의의 적용의 강도를 완화할 필요가 있다.

1. 법률유보와 기본권 제한

특별권력관계도 원칙적으로 법률의 근거가 있어야 기본권을 제한 할 수 있다. 특별권력관계의 성립 및 특별권력관계에서의 기본권의 제한도 일반권력관계의 경우와 마찬가지로 법률의 근거를 요한다. 따라서 종래 기본권의 배제는 특별권력관계 내에 속한 것이었으나, 지금은 기본권의 배제를 따로 구별하고 있다고 볼 수 있다.

2. 사법심사

특별권력관계의 사법심사 가능성에 대해 부정론적 견해와 긍정론적 견해가 대립되나 제한적 긍정설이 다수설이며 판례의 입장이다. 특별권력관계에서의 행위도 행정쟁송법상의 쟁송대상이 되는 처분에 해당하면 사법심사의 대상이 되는 것이지, 특별권력관계상의 행위이기 때문에 쟁송의 대상이 아니라는 논리는 성립할 수 없다. 따라서 특별권력관계에서의 행위에 대한 사법심사는 형식적으로는 가능하지만 실질적으로는 불가능하다고 할 수 있다. 다만 특별권력관계 내에서는 어떠한 행위가 행정처분에 해당하는가의 판단은 용이하지 않으며, 설령 특정행위가 행정행위에 해당한다고 하여도, 특별권력관계에서의 행위는 일반권력관계에서의 행위에 비해 재량행위에 해당하는 경우가 많을 것이고, 이 범위 안에서 사법심사는 비교적 넓게 제한된다. 따라서 특별권력관계는 원칙적으로 사법심사의 대상이 되며, 예외적으로 내부질서에 관한 재량성을 인정하여 사법심사 대상에서 제외할 수 있다고 본다.

제6절 행정법의 해석

Ⅰ. 행정법의 해석

1. 의 의

행정법의 법원에 대하여 그 내용을 확정하는 것을 의미한다.

2. 행정법 해석의 주체

(1) 유권해석

국가기관이 하는 해석으로 입법해석(가장 확실한 해석), 행정해석(가장 효과적인 해석), 사법해석(최종적인 해석)이 있다.

(2) 무권해석

사인이 하는 해석으로 학문적인 입장에서 이루어진다.

Ⅱ. 행정법 해석의 방법 표준

1. 문리해석(文理解釋)

문구가 가지는 보통의 의미에 따라 이루어지는 해석을 말한다.

2. 논리해석(論理解釋)

문구해석을 기초로 하며, 그에 논리적 사유를 거쳐서 법의 진의를 밝히는 해석이다.

3. 유추해석(類推解釋)

어떠한 사항에 관하여 명문의 규정이 없는 경우에 그와 유사한 사항에 관한 다른 규정을 그 사항에 대하여도 적용하는 해석이다.

4. 확대해석(擴大解釋)

법문의 자구의 의미를 확대하여 해석하는 것이다.

5. 축소해석(縮小解釋)

법문의 자구의 의미를 축소하여 해석하는 것이다.

6. 반대해석(反對解釋)

법문이 규정하는 반대의 요건이 요건과 존재하는 경우에 법문의 규정과 반대의 판단을 추론하여 해석하는 것이다.

7. 물론해석(勿論解釋)

법문에 일정한 사항이 규정되어 있는 경우에 법문으로써 명기되어 있지 않은 사항이라 할지라도 사물의 성질상 또는 입법정신에 비추어 보아 이것은 당연히 그 규정에 포함된 것이라고 해석하는 방법이다.

8. 보정해석(補正解釋)

법문의 용어에 착오(錯誤)가 명백한 경우에 그 자구를 보정하여 해석 하는 것이다.

9. 연혁해석(沿革解釋)

법의 제안이유서나 의사록 등을 참작하여 해석하는 것이다.

10. 목적해석(目的解釋)

법을 제정한 목적을 고려하여 그에 합당하게 해석하는 것이다.

11. 비교해석(比較解釋)

외국의 입법례(立法例)와 비교하여 해석하는 것이다.

Ⅲ. 행정법의 해석과 헌법

행정법은 헌법과 일치하는 해석 또는 헌법상의 원칙이나 가치 결단에 최대한 합치되는 해석을 선택해야한다. 따라서 법률의 의미가 다의적이어서 위헌으로 보이는 법률이더라도 헌법과 일치하는 것으로 해석이 가능한 경우에는 그 법률은 위헌으로 선언되어서는 아니 되며, 가능하면 헌법합치적 해석을 해야 된다. 다만, 법 적용 시 문장이나 의미에 따라 일의적인 규범을 헌법합치적 해석을 통해 다른 의미로 해석을 하지 말아야 한다.

제7절 행정법상 법률요건과 법률사실 (행정상 법률관계의 원인)

I. 의의 및 종류

1. 행정법상 법률요건과 법률사실의 의의

행정법상 법률요건이란 행정법관계가 발생되고 소멸되고 변경되는 원인을 말하며, 행정법상 법률사실이란 법률요건을 이루는 개개의 사실들을 의미한다. 행정법상 법률요건은 1개의 법률사실로 이루어지는 경우도 있고(조세부과 처분), 여러 개의 법률사실로 이루어지는 경우도 있다(영업허가에서 신청과 허가).

2. 행정법상 법률사실의 종류

(1) 공법상 용태

공법상 용태란 사람의 정신작용을 요소로 하는 공법상 법률사실을 말하며, 내부적 용태와 외부적 용태가 있다.

1) 외부적 용태

외부적 용태란 사람의 정신작용의 발현인 거동으로 일정한 법률효과를 발생하는 것을 말한다. 외부적 용태에는 사법상 매매・증여로 인한 납세의무의 발생과 같은 사법행위도 있으나, 공법행위가 중심을 이루고 있다.

2) 내부적 용태

내부적 용태란 외부에 표시되지 않는 정신상태로 법률적 효과를 발생하는 것으로 고의(결과 발생의 인식과 용인)・과실(실수, 주의의무위반), 선의(어떤 사실을 알지 못하는 것)・악의(어떤 사정을 알고 있는 것) 등이 있다.

(2) 공법상 사건

공법상 사건이란 사람의 정신작용을 요소로 하지 않는 공법상 법률사실을 말하며, 자연적 사실과 사실행위가 있다. 자연적 사실에는 시간의 경과(기간, 시효, 제척기간), 사람의 생사(사망으로 인한 운전면허의 실효), 일정한 연령에의 도달(선거권 취득) 등이 있으며, 사실행위에는 일정지역에 거주(지방자치단체의 주민), 물건의 소유(가옥소유로 재산세 납부), 공법상 사무관리와 공법상 부당이득 등이 있다.

Ⅱ. 공법상 기간

1. 의 의

기간이란 한 시점에서 다른 시점까지의 시간적 간격을 말한다. 기간의 계산방법은 특별한 규정이 없는 한 민법의 기간계산에 관한 규정을 적용한다.

2. 기간의 기산점

(1) 기간을 일, 주, 월 또는 년으로 정한 때

1) 초일불산입의 원칙

초일은 산입하지 않고 다음날부터 기산한다(민법 제167조 본문).

2) 예 외

① 기간이 오전 0시로부터 시작한 때는 초일을 산입한다(민법 제167조 단서).

② 연령 계산 시 초일을 산입한다(민법 제158조).

③ 민원사무처리기간의 계산 시 초일을 산입한다(민원사무처리에관한법률 제6조).

④ 출생 · 사망 신고기간 계산 시 초일을 산입한다(가족관계의등록등에관한법률 제37조).

⑤ 국회회기 계산 시 초일을 산입한다(국회법 제165조).

⑥ 공소시효와 구속기간 계산 시 초일을 산입한다(형사소송법 제66조).

(2) 기간을 시, 분, 초로 정한 때

즉시로부터 기산한다(민법 제156조).

3. 기간의 만료

① 기간을 일, 주, 월, 년으로 정한 경우 기간말일의 종료로 기간이 만료한다(민법 제159조).

② 기간의 말일이 일요일 기타 공휴일일 때 그 익일(다음 날)에 만료한다(민법 제161조).

4. 역 산

기간을 거꾸로 계산하는 역산의 경우에도 위와 같이 초일불산입의 원칙이 적용된다. 선거일 20일 전이라고 규정한 경우, 초일인 선거일을 빼고 계산한다.

참고

기간 · 기한 · 기일

① 기 간
일정한 일시(시기)에서 다른 일시(종기)까지 계속된 시간적 간격으로 공법상 사건으로 자연적 사실이다.

② 기 한
계속하는 시간적 간격을 나타낼 때에 지시하는 시기 또는 종기이며 부관의 일종이다. 도래하는 일시가 확실한 '확정기한'과 도래하는 것은 확실하지만 그 일시가 불확실한 '불확정기한'이 있다.

③ 기 일
일정한 행위를 하도록 되어 있는 날(예 : 변론기일, 증거조사기일 등) 또는 일정한 법률상의 효과가 발생, 소멸하는 날이다(예 : 시행기일 등)

Ⅲ. 공법상 시효

1. 시효제도의 의의

일정한 사실관계가 일정기간 계속되는 경우 그 사실관계가 진정한 법률관계에 부합하는가를 묻지 않고 그 사실관계를 진실한 법률관계로 인정하는 제도로 법적 안정성을 추구하고 유지하며, 공법상 특별한 규정이 없는 한 민법규정이 준용된다.

2. 시효제도의 종류

(1) 소멸시효

소멸시효는 권리자가 권리를 행사할 수 있음에도 불구하고 권리를 행사하지 않는 사실상태가 일정기간 계속된 경우에 그 권리의 소멸을 인정하는 제도로 채권소멸시효제도와 같은 것이 있다.

(2) 취득시효

취득시효는 물건을 법률이 정한 시효기간 동안 점유하는 등의 요건을 갖춤으로써 물건에 대한 소유권을 취득하게 되는 제도를 말한다. 예를 들어 남의 땅을 자신의 땅으로 믿고 그 땅을 20년 이상의 기간 동안 이용한 경우에는 그 땅이 원래 남의 땅이기는 했지만, 지금부터는 자기의 땅으로 믿은 사람의 소유로 인정해주는 제도와 같은 것이 취득시효이다. 민법에서는 부동산은 20년(등기부취득시효는 10년), 동산은 10년간(선의·무과실의 경우는 5년) 소유의 의사로 평온·공연하게 점유를 계속하면 점유자는 그 소유물을 취득한다고 규정하고 있다.

3. 공법상 금전채권의 소멸시효

(1) 소멸시효의 기간

특별한 규정이 없는 한 공법상 시효기간은 사법상 시효기간보다 짧은 5년이다. 이는 공법관계의 공익성을 감안할 때 사안을 장기간 미확정상태로 방치할 수 없기 때문이다. 기산점은 권리를 행사할 수 있는 때로부터 진행한다.

(2) 시효의 중단과 정지

1) 시효의 중단

권리자 또는 의무자의 일정한 행위가 시효의 행위를 중단시키고 그 행위시부터 다시 소멸시효를 진행시키는 것을 말한다. 시효중단의 사유에는 권리자의 청구, 압류, 가압류, 가처분, 채무자의 승인 등이 있다.

2) 시효의 정지

권리자가 시효의 중단행위를 하는 것이 불가능하거나 또는 대단히 곤란한 사정이 있는 경우, 그 시효기간의 진행을 일시적으로 멈추게 하고, 그러한 사정이 없을 때에 다시 나머지 기간을 진행케 하는 것을 말한다.

(3) 시효완성의 효력

소멸시효기간이 경과하면 권리는 당사자의 원용[6] 없이 절대적으로 소멸한다는 견해가 다수설과 판례의 입장이며, 소멸시효는 그 기산일에 소급하여 효력이 생긴다(민법 제167조).

4. 공물의 취득시효

현행 국유재산법 제7조 제2항에 의하면 국유행정재산에 대한 취득시효를 부인하고 있으며, 판례도 공물인 행정재산이나 보존재산은 공용폐지가 없는 한 여전히 시효취득의 대상이 되지 않는다고 하고 있다(대판 2007. 6. 1, 2005도7523). 그러나 판례는 국유일반재산에 대하여는 시효취득을 인정하고 있다(헌재 1991. 5. 13, 89헌가97).

---

6) 어떤 사실을 다른 곳에서 인용하여 법률상 자기에게 유리하게 주장 또는 항변하는 일로, 시효의 원용이란 당사자가 시효의 완성(完成)을 자기에게 유리하게 주장 또는 항변하는 것으로서, 법원은 그러한 원용을 받아들여 비로소 시효에 의거하여 재판할 수 있다.

5. 소멸시효와 제척기간

(1) 소멸시효

소멸시효는 권리자의 권리불행사의 사실 상태를 근거로 권리자의 권리를 소멸케 하는 제도이다.

(2) 제척기간

법률이 미리 정하고 있는 일정한 권리의 존속기간으로 법률관계의 신속한 확정을 목적을 위하여 그 기간 내에 권리를 행사하지 않으면 그 권리가 소멸되는 제도이다. 소멸시효에 비해 비교적 단기(보통 1년 이내)이고 소급효 및 중단・정지가 인정되지 않는다. 제척기간에는 행정심판기간, 행정소송기간, 이의신청기간, 환매권 행사기간 등이 있다.

〈공법상 각종 권리의 시효 및 제척 기간〉

기 간	내 용
5년	국세・지방세・관세징수권 국세환급청구권, 지방세・관세과오납반환청구권 과태료부과 제척기간, 과태료징수의 소멸시효 공무원연금법상 장기급여청구권 징발보상청구권
3년	국가배상청구권 공무원연금법상 단기급여청구권 공무원의 보수청구권(판례 3년, 다수설 5년)
2년	공무원의 징계의결 요구권 (금품・향응 수수, 공금횡령・유용의 경우는 5년)

Ⅳ. 사실행위

1. 의 의

법률행위는 법률효과발생을 목적으로 한 데 반해 사실행위는 사실상의 결과만을 야기하는 행정주체의 행위형식을 말한다.

2. 분 류

(1) 행정주체의 사실행위

1) 내부적 사실행위

행정조직 내부에서의 행정사무의 처리에 관한 사실행위를 말한다. 문서작성, 금전처리, 행정결정을 위한 준비행위, 사무감사, 행정사무집행행위 등이 있다.

2) 외부적 사실행위

대외적으로 국민과의 관계에서 행정목적의 실현을 위한 구체적 행정활동과 관련하여 행하여지는 사실행위를 말한다. 금전출납, 재산압류, 쓰레기수거, 공공시설의 설치 및 관리행위 등이 있다.

(2) 정신적 사실행위와 물리적 사실행위

1) 정신적 사실행위

일정한 의식의 표시가 내포된 표시행위를 말한다. 행정지도, 고시, 학교수업, 보고, 축사, 표창 등이 있다.

2) 물리적 사실행위

순전히 사실상의 결과 발생만을 의도하는 물리적 행위를 말한다. 무허가건물의 철거, 재산압류 등 행정상의 강제집행행위 등이 있다.

(3) 집행적 사실행위와 독립적 사실행위

1) 집행적 사실행위

일정한 법령 또는 행정행위를 집행하기 위해 행하여지는 사실행위를 말한다. 무허가건물의 철거, 대집행의 실행 등 행정법상의 의무이행을 확보하기 위한 강제적 집행행위와 경찰관의 무기사용, 전염병환자의 강제격리 등 행정상의 장애를 제거하기위한 경찰행정상의 강제행위 등이 있다.

2) 독립적 사실행위

그 자체로서 독자적인 의미를 가지는 사실행위를 말한다. 행정지도, 학교수업, 환자치료, 도로의 보수공사, 관용차 운행 등이 있다.

(4) 권력적 사실행위와 비권력적 사실행위

1) 권력적 사실행위

일정한 법령 또는 행정행위를 집행하기 위한 공권력의 행사로서 하는 사실행위(집행적 사실행위)를 말한다.

2) 비권력적 사실행위

공권력의 행사와 관계없는 사실행위를 말한다. 금전출납・쓰레기 수거・경비 등 비권력적 집행행위와 행정기관에 의한 환경보호시설의 건설・육교 건설 등의 공익사업과 같은 단순한 사실행위, 고시・통지・환자치료・행정지도 등 의식표시행위가 있으며, 기타 공기업, 공물의 설치공사 및 유지관리 행위 등이 있다.

3. 사실행위에 대한 권리보호

법률유보의 원칙이 엄격히 적용되며, 비례의 원칙과 평등의 원칙 등이 적용된다. 행정상의 손해배상과 손실보상제도에 의한 손해전보가 가능하며, 행정쟁송에 있어서 소 이익의 확대화 경향에 따라 사실행위에 대한 권리구제의 폭이 넓어지고 있다.

4. 거 주(주소, 거소, 가주소)

(1) 법적 의의

권리주체의 장소적 개별성의 결정되고, 공법상 법률관계가 정립되는 장소적 기준을 말한다. 주소는 생활의 근거가 되는 곳으로 다른 법률에 특별한 규정이 없는 한 주민등록지를 공법상 관계에 있어서 주소로 본다. 공법상 주소의 수는 1

개이며, 공법상 법인의 주소에 관하여는 특별한 규정이 없는 한 민법규정이 적용된다.

(2) 거 소

거소・가주소에 관한 민법은 행정법관계에서도 원칙적으로 적용된다. 거소는 주소(住所)처럼 밀접한 관계를 가진 곳은 아니지만 얼마 동안 계속하여 임시로 거주하는 장소로 거소만 있는 사람이 있을 수 있고, 그 밖에 주소도 있는 사람이 있을 수 있다. 거소가 가지는 법률적 의의는 주소를 알 수 없을 때와, 국내에 주소가 없는 자에 대하여서는 각각 거소를 주소로 보며, 주소에 관하여 발생하는 법률적 효과가 거소에 관하여서도 발생하는 것으로 본다(민법 제19・20조). 거소의 개념은 부재자투표의 경우에 적용된다.

(3) 가주소

가주소는 어느 행위에 있어서, 주소 이외의 장소에 주소로서의 법률적 효과를 부여하기 위하여 당사자가 선정한 장소이다. 거래의 편의를 위하여 인정된 것으로, 어느 행위에 있어서 가주소가 설정되면 그 행위(거래)에 관한 가주소를 주소로 본다(민법 제21조). 따라서 주소에 관한 법률적 효과는 가주소에 관하여 발생한다. 어디를 가주소로 정하는지는 당사자의 자유이며, 실제생활과는 아무 관계없이 임의(任意)로 정할 수 있다.

V. 공법상의 사무관리와 부당이득

1. 공법상의 사무관리

(1) 의 의

법률상 의무 없이 타인을 위하여 사무를 관리하는 것으로 법령에 특별한 규정이 없으면 민법상의 사무관리에 관한 규정을(민법 제734조) 준용한다.

(2) 유 형

1) 국가에 의한 사인의 사무관리

① 강제관리

국가의 특별감독 하에 있는 사업에 대하여 강제적으로 관리하는 경우(예 : 재단에 문제가 있는 사립학교의 강제관리 등)와 압수물에 대한 국가의 환가처분 등이 있다.

② 보호관리

수난구호와 같이 재해 시 행하는 구호, 시·군에서 행하는 행려병자의 취급과 같이 보호를 위하여 관리하는 경우 등이 있다.

2) 사인에 의한 국가의 사무관리

교통·통신의 두절 등 비상재해 시 국가가 해야 할 조난사무를 사인이 대신하는 경우(역무제공) 등이 있다.

(3) 효 과

사무관리자는 본인에게 통지의무와 비용상환청구권이 있고, 과실 없이 받은 손해에 대한 배상청구권을 행사할 수 있다.

2. 공법상의 부당이득

(1) 의 의

공법분야에서 법률상 원인 없이 타인의 재산 또는 노무로 인해 이득을 얻고 이로 인해 타인에게 손해를 가한 자에 대하여 그 이득을 반환할 의무를 지우는 제도로 성질은 사건에 해당한다.

(2) 유 형

1) 행정주체의 부당이득

① 행정행위로 인한 경우

당해 행위가 당연무효이거나, 후에 실효 또는 권한 있는 기관에 의하여 취소된 경우에 부당이득의 문제가 생긴다. 그러나 행정행위에 하자가 있어도 그것이 단순취소사유에 그치는 것인 때에는 행정행위의 공정력으로 인하여 권한 있는 기관이 취소하기 전까지는 부당이득의 문제는 생기지 아니한다. 행정행위로 인한 부당이득의 예로는 조세의 과오납, 무효인 과세처분에 기한 조세납부 등이 있다.

② 행정행위 이외에 행정작용으로 인한 경우

행정주체가 정당한 권원 없이 타인의 토지를 도로에 편입하는 것과 같은 경우이다. 이 경우는 법령상 달리 규정되어 있지 아니한 한 법률상의 원인 없음을 이유로 부당이득반환청구를 할 수 있다. 행정행위 이외에 행정작용으로 인한 부당이득의 예로는 행정주체의 개인토지 무단점유, 시청의 착오에 의한 사유지 도로편입 등이 있다.

2) 사인의 부당이득

사인의 이득이 행정행위에 근거하였으나 그 행정행위가 무효 또는 취소된 경우 및 사인이 국유지를 무단 사용하는 경우와 봉급과액 수령, 무자격자의 연금수령 등이 있다.

(3) 부당이득반환청구권의 성질

1) 공권설

공법상의 부당이득반환청구권은 공법상의 원인행위에 의하여 발생한 결과를 조정하기 위한 것이므로 공권이라고 한다. 공권으로 보는 경우 그에 관한 소송은 당사자소송에 의하게 된다.

2) 사권설

부당이득의 발생원인은 권원으로서의 법률원인이 없는 것임을 전제로 하는 것이고, 부당이득제도는 다만 경제적 견지에서 인정되는 이해조정제도라는 관점에서 주장된다. 판례는 민사사건으로 취급하여 사권으로 보고 민법규정에 따른다.

(4) 효 과

부당이득의 요건을 갖추면 부당이득반환의무가 발생하며, 행정주체의 선의·악의를 판단할 수 없으므로 부당이득 전액을 반환해야한다. 국세기본법에 의한 조세과오납 반환의 경우는 이자를 붙여 반환해야한다. 부당이득 반환청구권의 소멸시효는 5년이다.

제8절 사인의 공법행위

Ⅰ. 의 의

공법관계에서 이루어지는 개인의 행위로 공법적 효과를 발생·변경·소멸시키는 일체의 행위를 말한다. 공법적 효과의 발생을 목적으로 하지만 공권력행사는 아니므로 행정행위가 갖는 특수한 효력인 공정력, 존속력, 집행력 등이 인정되지 않는다. 법적 안정성 및 법률관계의 명확성 등의 요청에 의해 그 내용과 형식에 있어서 공공성·획일성·정형성이 요구된다. 사인의 공법행위의 예로는 투표행위, 행정심판청구, 건축허가신청, 출생신고, 공무원의 임명에 대한 동의 및 사직의 의사표시 등이 있다.

Ⅱ. 종 류

1. 사인의 지위에 의한 분류

행정주체의 입장에서 하는 행위와 행정객체의 입장에서 하는 행위가 있으며, 전자에는 공무수탁사인의 행위나 투표행위가 있으며, 후자에는 각종 신고, 동의 등이 있다.

2. 의사표시의 수에 의한 분류

단순행위와 합성행위가 있으며, 전자에는 신고나 신청 같이 그 한 개의 의사가 하나의 공법행위가 되는 경우가 있으며, 후자에는 국민투표와 같이 다수의 의견이 결합하여 하나의 의사표시를 내는 경우가 있다.

3. 효과에 의한 분류

자체완성적 행위와 행정요건적 행위가 있으며, 전자에는 자체만으로 법률효과가 발생하는 출생신고, 혼인신고 등이 있으며, 후자에는 사인의 공법행위가 단순히 행정작용의 동기 혹은 요건이 되는 행정심판의 제기, 특허출원(신청) 등이 있다.

4. 구성요소에 의한 분류

의사표시행위와 통지행위가 있으며, 전자에는 국적이탈이나 혼인신고와 같이 의사표시를 요소로 하는 행위 등이 있으며, 후자에는 출생신고 및 세금신고와 같이 의사표시 이외에 정신적 표시행위를 요소로 하는 행위 등이 있다.

5. 성질에 의한 분류

단독행위와 쌍방행위가 있으며, 전자에는 허가신청 및 쟁송제기와 같은 일방적 의사표시에 의해 법률효과를 발생시키는 행위가 있으며, 후자에는 공법상 계약과 공법상 합동행위와 같이 2인 이상이 합하여 법률효과를 발생시키는 행위가 있다.

Ⅲ. 적용 법규

1. 개 설

민원사무처리에 관한 법률은 사인의 공법행위에 관한 몇몇 규정을 두고 있으나 일반법은 아니다. 따라서 사인의 공법행위를 규율하는 일반적 규정은 없고,

개별법령에서 단편적으로 규정하고 있을 뿐이어서 민법상 법률행위에 대한 규정이 유추되는 경우가 많다.

2. 의사능력 · 행위능력

(1) 의사능력

자기 행위의 의미나 결과를 판단할 수 있는 정상적인 정신능력으로 의사능력 유무의 판단은 "보통사람이 가지는 정상적인 판단능력"을 표준으로 한다. 민법에는 명확한 규정이 없어 구체적인 경우에 행위의 종류에 따라 행위자의 의사능력의 유무를 판단한다. 정신이상자 · 백치(白痴) · 어린아이 · 만취자(滿醉者) · 실신자(失神者) 등은 의사능력이 없는 것으로 보는 것이 학설 · 판례의 입장이다. 의사능력이 없는 자의 법률행위는 무효이다.

(2) 행위능력

행위능력이란 단독으로 확정적인 유효한 법률행위를 할 수 있는 능력을 말한다. 스스로 법률행위를 할 수 없는 자를 제한능력자라고 하며 민법은 미성년자, 피한정후견인, 피성년후견인를 무능력자로 규정하고 있다. 미성년자와 피한정후견인은 법정대리인의 동의가 있으면 법률행위를 스스로 할 수 있으나 피성년후견인은 혼자서 법률행위를 할 수 없다. 행위능력 없는 경우에는 특별한 규정이 있는 경우를 제외하고는 일반적으로 공법행위 중 재산관계행위에 있어서는 민법을 준용하여 취소할 수 있다.

3. 대 리

개인적 자격과 직접 관계가 없는 행위는 일반적으로 대리를 허용한다. 징병검사의 대리는 금지되나 행정심판청구의 대리는 가능하다.

4. 행위의 형식

반드시 요식행위는 아니지만 행위의 존재・내용을 명확히 하기 위하여 법령・내규에 의해 요식행위(서면주의)에 의하도록 하는 경우가 많다.

5. 효력발생시기

원칙적으로 도달주의에 따른다. 따라서 상대방에게 도달한 때에 그 효력이 생긴다.

6. 흠결(하자)있는 의사표시

사인의 공법행위에 있어서 그 의사표시에 흠결이 있거나 의사결정에 하자(瑕疵)가 있는 경우의 효력에 관해서 일반적 규정이 없는바, 특별한 규정이 없는 한 민법규정(제107조~제110조)[7)]이 준용되는지 여부에 대해 긍정설(다수설)과 부정설(판례)이 대립하고 있으며, 공법영역에서는 제3자의 이익, 공익상 이유로 말미암아 사인의 공법행위의 취소는 민법에서보다 많은 제약이 있다. 예를 들어 투표행위와 같은 합성행위는 집단성・형식성이 중시되므로 착오를 이유로 취소할 수 없다.

---

7) **제107조(진의 아닌 의사표시)**
① 의사표시는 표의자가 진의아님을 알고한 것이라도 그 효력이 있다. 그러나 상대방이 표의자의 진의아님을 알았거나 이를 알 수 있었을 경우에는 무효로 한다.
② 전항의 의사표시의 무효는 선의의 제삼자에게 대항하지 못한다.
제108조(통정한 허위의 의사표시)
① 상대방과 통정한 허위의 의사표시는 무효로 한다.
② 전항의 의사표시의 무효는 선의의 제삼자에게 대항하지 못한다.
제109조(착오로 인한 의사표시)
① 의사표시는 법률행위의 내용의 중요부분에 착오가 있는 때에는 취소할 수 있다. 그러나 그 착오가 표의자의 중대한 과실로 인한 때에는 취소하지 못한다.
② 전항의 의사표시의 취소는 선의의 제삼자에게 대항하지 못한다.
제110조(사기, 강박에 의한 의사표시)
① 사기나 강박에 의한 의사표시는 취소할 수 있다.
② 상대방있는 의사표시에 관하여 제삼자가 사기나 강박을 행한 경우에는 상대방이 그 사실을 알았거나 알 수 있었을 경우에 한하여 그 의사표시를 취소할 수 있다.
③ 전2항의 의사표시의 취소는 선의의 제삼자에게 대항하지 못한다.

대법원은 여군하사관 전역지원사건과 관련한 판례에서 비진의 의사표시에 관한 민법 제107조 제1항 단서 규정은 성질상 사인의 공법행위에 적용되지 않는다고 하였다.[8)]

7. 부 관

사인의 공법행위의 효과는 행정법관계의 변동을 가져오기 때문에 행정법관계의 명확성이나 신속한 확정이 필요하므로 원칙적으로 부관은 부정된다.

8. 철회 · 보정

사인의 공법행위에 근거하여 일정한 법적 효과가 발생되기 전까지는 철회 · 보정할 수 있다(퇴직명령서 교부 전까지 공무원 사직원의 철회). 그러나 철회 · 보정이 명문으로 제한되거나 (과세표준 수정신고기한의 제한), 행위의 성질상 불가능한 경우(투표)도 있다.

Ⅳ. 효 과

1. 실체적 효과

일률적으로 말할 수 없고, 그 행위의 내용과 각 해당법규의 규정에 따라 다르다.

---

8) **〈여군하사관전역조치사건〉**
여군하사관의 복무연장과 전역지원서 동시제출에 대한 면역처분취소사건과 관련하여, 군인사 정책상 필요에 의하여 복무연장지원서와 전역(여군의 경우 면역임)지원서를 동시에 제출하게 한 방침에 따라 위 양 지원서를 함께 제출한 이상, 그 취지는 복무연장지원의 의사표시를 우선으로 하되, 그것이 받아들여지지 아니하는 경우에 대비하여 원에 의하여 전역하겠다는 조건부 의사표시를 한 것이므로 그 전역지원의 의사표시도 유효한 것으로 보아야 한다. 위 전역지원의 의사표시가 진의 아닌 의사표시라 하더라도 그 무효에 관한 법리를 선언한 민법 제107조 제1항 단서의 규정은 그 성질상 사인의 공법행위에는 적용되지 않는다 할 것이므로 그 표시된 대로 유효한 것으로 보아야 한다(대판 1994. 1. 11, 93누10057).

2. 절차적 효과

행정주체의 수리와 처리의무가 발생한다. 형식적 심사권만이 있는 경우는 법정요건을 갖추었다고 판단되면 수동적으로 접수하여야 한다. 신고가 형식적 요건을 갖추었다 하더라도 그것이 실제와 부합하지 아니함이 명백한 경우에 신고행위는 효력을 발행할 수 없기 때문에, 행정청은 접수할 수 없다. 선거에 즈음하여 방이 두 개 밖에 없는 집에 120세대가 주민등록전입신고를 하는 경우가 그 예이다.

기간이 정하여져 있는 경우는 그 기간 안에 처리하여야 하고, 위법한 부작위에 대해서는 행정쟁송의 방법(의무이행심판・부작위위법확인소송)이 인정된다. 신청행위에 흠이 있는 경우 보완할 수 있는 기회를 행정객체에게 부여하여야 한다.

3. 내용적 구속력

허가의 경우는 신청내용을 수정하는 수익적 수정허가가 가능하며, 수익적 수정허가의 효과는 부동적 상태에 있다가 사후적으로 상대방이 동의함으로써 효력이 완성된다. 인가의 경우는 원칙적으로 수정인가가 허용되지 않지만, 당사자가 동의하거나 또는 법률에 특별규정이 있는 경우에 한하여 허용된다.

4. 형식적 구속력

거부처분을 받은 행정행위의 재신청은 일사부재리의 적용이 없기 때문에 사정변경 여부에 관계없이 가능하다.

제 2 편

행정작용법

제1장 행정입법과 행정행위

제1장 행정입법과 행정행위

제1절 행정입법

I. 행정입법 서설

1. 의 의

행정입법은 행정주체가 일반적 · 추상적 법규범을 정립하는 작용 또는 그에 의해서 정립된 규범을 의미한다. 일반적 · 추상적이란 수범자와 규제사항이 불특정 다수를 뜻하며, 규범은 법규적인 것과 비법규적인 것이 포함되는 바, 법규의 성질을 가진 것을 법규명령, 법규의 성질을 가지지 아니한 것을 행정규칙이라 한다. 법규명령은 행정과 국민의 관계를 규율하여 소위 외부효과를 갖기 때문에 '법률에 의한 행정'이 적용되고 법률의 수권을 필요로 한다. 이에 대하여 행정규칙은 소위 내부효과를 갖는데 불과하여 법률에 특별한 수권이 없이 행정기관이 자유롭게 정립할 수 있다. 광의의 행정입법에는 국가의 행정기관에 의한 입법과 지방자치단체의 자치입법이 포함된다.

2. 필요성

권력분립, 법률에 의한 행정 및 의회주의를 기본원칙으로 하는 근대법치국가에 있어서는 법규를 정립하는 작용은 입법부의 권한에 속한다. 그러나 현대 복리국가의 발전으로 인한 행정기능의 확대 · 강화 및 기술화는 입법부의 법률만으로는 실효성 있는 행정을 수행할 수 없게 되었다. 이와 같이 사회적 변화에 대응한 입법수요의 급증과 종래의 형식적 권력분립주의로는 현대사회에 대응할 수 없다는 기능적 권력분립론에 따라 오늘날 의회의 입법독점주의에서 입법중심주의로 전환하여 일정한 범위에서 행정입법을 허용하게 되었다.

그 구체적인 원인을 살펴보면, 행정의 복잡·다양성으로 인한 전문·기술적 사항에 대한 입법의 필요성, 국회 입법에 비해 임기응변이 요구되는 유동적 행정사항에 대처할 필요성, 세부사항은 행정권이 정립하는 것이 편리함, 법률의 일반규정으로는 지방적 특수사정을 규율하기 곤란함, 비상사태 발생과 국제적 긴장의 장기화로 인한 신속하고 신축성 있는 대처의 필요성 등을 들 수 있다.

3. 종 류

(1) 국가행정권에 의한 입법

행정권이 규정하는 일반·추상적 규범 중 법규성을 가지는 것으로 대외적 효력 즉, 대국민적 효력이 있는 법규명령과 행정권이 규정하는 일반·추상적 규범 중 법규성을 가지지 않는 것으로 대외적 효력 즉, 대국민적 효력이 없는 행정규칙이 있다.

(2) 지방자치단체에 의한 입법

지방자치단체가 법령의 범위 안에서 제정하는 일반·추상적 자치입법의 하나로, 지방의회의 의결에 의해 제정된 조례와 지방자치단체의 장이 법령 및 조례의 범위 안에서 그 권한에 속하는 사무에 관하여 제정하는 법규범인 자치규칙이 있다.

Ⅱ. 법규명령

1. 의 의

(1) 개 념

법규명령은 행정권이 정립하는 일반·추상적 규범으로서 법규성을 가지는 것을 말한다. 여기서 법규란 일반적·추상적 규정으로서 국민과 행정권을 구속하고 재판규범이 되는 법규범을 말한다. 즉, 법규란 불특정 다수인에 대해 불특정 사항을 규정한 것으로서 국민의 행동과 행정권의 행사를 구속하고 법원이 재판의 기준으로 삼아야 되는 법규범을 의미한다.

(2) 정 립

형식적으로는 행정권의 의사표시이고, 실질적으로는 입법행위의 성질을 갖는다. 즉, 형식적 의미의 행정이고, 실질적 의미의 입법이다.

(3) 행정규칙과의 차이

법규명령은 행정권에 의하여 정립되는 명령이라는 점에서는 행정규칙과 동일하나 대외적·일반적 구속력을 가지는 법규로서의 성질을 가진다는 의미에서 행정규칙과 차이가 있다. 따라서 법규명령에 위반한 행정청의 행위는 위법행위로서 무효 또는 취소사유가 되며, 그로인하여 권익을 침해받은 국민은 행정쟁송을 제기하거나 그 손해의 배상을 청구할 수 있다.

2. 종 류

(1) 비상명령

비상사태 수습을 위한 행정권이 발하는 헌법적 효력을 갖는 독립명령으로 일반적인 대통령령인 위임명령이나 집행명령과 달리, 법률의 위임에 의하거나 법률을 집행하기 위한 것이 아니고, 헌법의 직접위임에 의한 명령이다. 제4공화국의 긴급조치와 제5공화국의 비상조치가 있었으나, 현행 헌법은 인정하지 않는다.

(2) 법률대위명령

법률대위명령은 법률적 효력을 가지는 명령으로 헌법적 근거를 요한다. 즉, 법률의 위임에 의하거나 법률에 종속되는 것이 아니라 헌법에 의하여 인정된 독자적인 권한의 발동으로 제정되는 법규명령이다. 헌법의 수권에 의한 법률적 효력을 갖는 독립명령으로 헌법 제76조의 긴급명령, 긴급제정경제명령[1)]이 있다.

(3) 법률종속명령

법률보다 아래의 효력을 갖는 명령으로 법률의 범위 안에서만 효력을 갖는 명령으로 위임명령과 집행명령이 있다. 위임명령과 집행명령이 따로 제정되는 예는 드물며, 하나의 명령에 함께 제정되는 것이 보통이다.

1) 위임명령

법률에 의해 위임된 사항에 대하여 발하는 명령으로 위임의 범위 내에서 새로운 국민의 권리와 의무에 관한 사항(새로운 법규사항=새로운 입법사항)을 새로이 설정할 수 있다. 즉, 위임명령은 법률의 위임에 의해 행정기관이 국민의 권리・의무의 내용을 정한 것이다.

2) 집행명령

법률의 범위 내에서 세부적 집행에 관한 구체적・기술적 사항을 규율하기위하

---

1) 헌법 제76조 : ① 대통령은 내우・외환・천재・지변 또는 중대한 재정・경제상의 위기에 있어서 국가의 안전보장 또는 공공의 안녕질서를 유지하기 위하여 긴급한 조치가 필요하고 국회의 집회를 기다릴 여유가 없을 때에 한하여 최소한으로 필요한 재정・경제상의 처분을 하거나 이에 관하여 법률의 효력을 가지는 명령을 발할 수 있다.
② 대통령은 국가의 안위에 관계되는 중대한 교전상태에 있어서 국가를 보위하기 위하여 긴급한 조치가 필요하고 국회의 집회가 불가능한 때에 한하여 법률의 효력을 가지는 명령을 발할 수 있다.
③ 대통령은 제1항과 제2항의 처분 또는 명령을 한 때에는 지체 없이 국회에 보고하여 그 승인을 얻어야 한다.
④ 제3항의 승인을 얻지 못한 때에는 그 처분 또는 명령은 그때부터 효력을 상실한다. 이 경우 그 명령에 의하여 개정 또는 폐지되었던 법률은 그 명령이 승인을 얻지 못한 때부터 당연히 효력을 회복한다.
⑤ 대통령은 제3항과 제4항의 사유를 지체 없이 공포하여야 한다.

여 발하는 명령으로 법률의 명시적 규정이 없이도 발 할 수 있으나 새로운 국민의 권리와 의무에 관한 사항(새로운 법규사항=새로운 입법사항)은 불가하다. 즉, 집행명령은 국민의 권리·의무에 관한 절차를 정한 것이다.

3. 법형식

(1) 헌법에 근거한 법형식

1) 대통령이 제정권자인 경우

헌법 제76조에 근거한 긴급명령 또는 긴급재정경제명령과 헌법 제75조에 근거한 대통령령(일반적으로 시행령 이라함)이 있다.

2) 총리와 각부장관이 제정권자인 경우

총리령, 부령이 있다. 총리령과 부령은 헌법 제95조에 근거하여 국무총리와 행정각부장관이 자기의 소관사무에 관하여 상위법령의 위임 또는 직권으로 발하는 명령을 말하며, 보통 '시행규칙' 또는 '시행세칙'이라 한다. 총리령과 부령의 우열에 관하여 학설이 갈리나 총리령이 우월하다는 견해가 다수설이다.

3) 기 타

중앙선거관리위원회규칙(헌법 제114조 제6항), 대법원규칙(헌법 제108조), 헌법재판소규칙(헌법 제113조 제2항) 등이 있다.

(2) 법률에 근거한 법형식

감사원규칙(감사원법 제52조), 공정거래위원회규칙(독점규제 및 공정거래에 관한 법률 제46조 제2항), 중앙노동위원회규칙(노동위원회법 제25조) 등이 있다. 감사원규칙을 법규명령으로 보는 견해와 행정규칙으로 보는 견해로 나뉘나 법규명령으로 보는 견해가 다수설이다.

4. 근 거

(1) 개 요

법규명령은 헌법 또는 법률 기타 상위법령의 직·간접적 수권을 근거로 정립한다. 긴급재정경제명령과 긴급명령은 헌법 제76조에 정한 요건을 충족할 때 발할 수 있으며, 대통령령·총리령·부령은 헌법 제75조와 제95조에, 중앙선거관리위원회규칙은 헌법 제114조 제6항에서 규정하고 있다.

(2) 명령을 발할 수 있는 경우의 구체적 근거

1) 긴급명령, 긴급재정경제명령

헌법에 근거하여 헌법이 정하는 절차에 따라 발한다.

2) 위임명령

헌법상의 일반적 근거인 제75조와 제95조만으로는 재정할 수 없고 구체적으로 범위를 정하여 수권한 개별 법률에 근거하여야 발할 수 있다.

3) 집행명령

집행명령은 반드시 명시적인 수권법률이 없더라도 헌법 제75조와 제95조에 근거하여 직권으로 발할 수 있다.

5. 한 계

(1) 긴급명령, 긴급재정경제명령의 한계

헌법상의 한계로 긴급재정경제명령은 헌법 제76조 제1항에 긴급명령은 헌법 제76조 제2항에 규정되어 있다. 지체 없이 국회에 보고하여 승인을 얻어야 하며 그렇지 못하면 효력이 상실된다.

(2) 위임명령의 한계

1) 위임의 범위

전면적 · 포괄적 · 백지식 위임과 국회의 전속적 입법사항[2)]은 위임이 불가하다. 다만, 법률의 보충적 · 해석적 · 구체적 · 특례적 규정은 위임이 가능하다.

2) 위임명령의 재위임

① 전면적 재위임의 금지

수임된 입법권을 전면적으로 하위명령에 다시 위임하는 것은 수권법을 개정하는 것이 되므로 위임이 불가하다.

② 보충을 위한 재위임은 가능

일반적인 요강을 정한 다음 그의 세부적인 사항의 보충을 하위명령에 재위임하는 것은 가능하다.

3) 처벌법규의 위임

죄형법정주의의 원칙상 처벌규정을 법규명령에 위임하는 것은 원칙적으로 불가하다. 그러나 범죄구성요건은 모법에서 구체적인 기준을 설정하여 위임하면 위임이 가능하다. 형량은 모법에서 처벌의 구체적 내용을 정하면 위임이 가능하다.

(3) 집행명령의 한계

상위법령의 범위에서 법률 또는 상위명령을 집행하기 위하여 필요한 구체적인 절차와 형식 등을 규정할 수 있을 뿐 새로운 법규사항은 규정하지 못한다.

---

2) 헌법에서 일정한 사항을 법률로 정하도록 명문으로 규정되어 있는 사항으로 국적취득요건(제2조 제1항), 죄형법정주의(제12조), 정당사항(제8조), 국회의원의 선거방식과 정수(제41조), 대통령의 선거절차(제67조), 법관의 자격(제101조 제3항), 지방자치단체의 종류(제117조 제2항) 등이 있다.

6. 요건, 하자, 소멸

(1) 성립요건

1) 주 체

법규명령은 대통령·국무총리·행정각부장관 등 정당한 권한을 가진 기관이 제정한 명령이여야 한다.

2) 내 용

상위 법에 근거가 있고, 위임의 한계 내이어야 하며, 규정내용이 실현가능하고, 객관적으로 명확해야한다.

3) 절 차

사전입법예고, 청문, 의결기관의 심의·의결, 공고 등을 거쳐야 하고, 경우에 따라서는 법제처의 심의와 국무회의의 심의도 거쳐야한다. 즉, 대통령령은 법제처와 국무회의의 심의를 거쳐 대통령이 제정하며, 총리령과 부령은 법제처의 심사를 거쳐 국무총리 및 행정각부의 장관이 제정한다.

4) 형 식

법규명령은 조문형식에 의하고, 법령등공포에관한법률이 정한 요건을 갖추어야 한다. 대통령령에는 국무회의의 심의를 거친 뜻을 명기하고 대통령이 서명한 후 대통령인을 찍고 그 번호와 일자를 명기하여 국무총리 및 관계국무위원이 부서한 전문을 붙여야 한다(동법 제7조). 또 총리령과 부령에는 그 일자를 명기하고 각각 서명·날인한다(동법 제9조).

(2) 발효요건

법규명령은 그 내용을 외부에 표시함으로써 유효하게 성립한다. 따라서 법령등공포에관한법률 제11조 제1항에 의해 대외적 표시절차인 공포를 요하며, 특별한 규정이 없는 한 공포일로부터 20일 경과함으로써 효력을 발생한다.

(3) 하 자

법규명령이 성립・발효요건을 갖추지 못하였거나 위임의 범위와 한계를 벗어난 때에는 하자 있는 명령이 된다. 이와 같이 하자 있는 명령의 효력에 관해서는 견해가 나뉘는 바, 법규명령은 취소소송의 대상이 되지 않고 공정력이 인정되지 않는 등 행정행위와 다르다는 점에서 하자있는 법규명령은 무효라는 입장(무효설)과 해당 사건에서 적용이 거부될 뿐 법질서 보호를 위해 폐지되거나 취소되기 전에는 효력을 유지한다는 견해(유효설)가 있으며, 통설과 판례는 무효설을 취하고 있다.

(4) 소 멸

1) 폐 지

법규명령은 장래에 향하여 그 효력을 소멸시키려는 직접적이거나 간접적인 의사표시에 의하여 소멸된다. 법규명령의 폐지는 폐지하려는 법규명령과 동위 또는 상위의 법령에 의하여야 한다.

2) 실 효

종기의 도래, 해제 조건의 성취, 상위근거법령의 소멸, 대통령의 긴급명령은 국회의 승인 거부 등에 의해 소멸 내지는 효력을 상실한다.

Ⅲ. 행정규칙

1. 의 의

행정규칙이란 행정기관이 행정조직내부 또는 특별행정법관계 내부에서의 조직이나 활동을 규율하기 위하여 법률의 수권 없이 발하는 일반적・추상적 규정을 말하며, 행정명령이라고도 한다. 행정규칙은 내부적 효력을 갖는데 불과하여 법률의 특별한 수권 없이도 행정기관이 자유롭게 정립할 수 있다는 점에서, 대외적 효력으로 인해 법률의 수권과 헌법이 정한 법형식에 의해야 하는 법규명령과 구별된다.

2. 법적 성질

행정규칙에 법규성이 있는가의 문제로, 행정규칙이 대외적으로 국민이나 법원을 구속하는 힘이 있는지, 이에 위반하면 재판규범으로 원용할 수 있는지, 위반한 행정처분이 위법한지가 주요 쟁점이다.

(1) 법규설

행정규칙이 직접 대외적 효력을 갖는다는 견해로 현대국가의 법규개념의 확대, 특별권력관계의 부인, 행정규칙의 현실적 기능, 행정규칙도 행정권이 규율하는 일반적·추상적 규범으로 법규성을 지닌다는 법 이론적 측면 등을 그 논거로 든다.

(2) 비법규설

행정주체와 객체간의 외부적 관계에서 일반적 효력을 가지는 법규성을 부정하는 견해로 조직 내에서만 효력이 있고, 법규성이 결여되어 대국민적 효력이 발생하지 않는다고 한다. 따라서 행정규칙 위반 시 처분은 유효하고, 징계책임의 대상이 될 뿐 행정소송의 제기는 불가능하다.

(3) 준법규설

행정규칙이 직접 대외적 효력을 갖는 것은 아니고, 헌법상 평등의 원칙 또는 자기구속의 법리를 매개로 하여 간접적으로 대외적 효력을 갖는다는 견해로 다수설이다. 헌법재판소와 대법원도 준법규설을 취하고 있다.[3)]

3. 근거와 한계

법령의 개별적·구체적 수권 없이 직무권한의 범위 내에서 재량이 인정된 경우 제정할 수 있다. 그러나 법령과 상급기관의 행정규칙에 위배되지 아니하는 한

3) 대법원은 종전에 행정규칙의 법규성을 인정하지 않았으나, 최근 헌법재판소와 마찬가지로 '평등의 원칙 또는 신뢰보호의 원칙'을 매개로 하여 자기구속의 법리를 명시적으로 인정하고 있다(대판 2009. 12. 24, 2009두7967).

도 내에서 제정해야 하며, 특정의 행정목적 달성을 위하여 필요한 한도 내에서 제정해야 한다. 또한 행정규칙으로는 법령에서 규정하지 아니한 국민의 권리·의무에 관한 사항을 새로이 규정할 수 없다.

4. 요건·소멸

(1) 성립요건

주체, 내용, 절차, 형식상의 법정요건을 갖추어야 한다. 대부분 문서의 형식으로 이루어지지만 구술의 형식도 가능하며, 법정의 제정절차는 없으나, 국무총리 훈령은 법제처의 사전심사를 거치고 중앙행정기관의 훈령과 예규는 법제처의 사후평가를 받는다.

(2) 효력요건

적당한 방법으로 통보되고 도달하면 효력이 발생하고, 공포는 필요 없다.

(3) 하 자

적법요건에 흠이 있으면 위법한 행정규칙이 되어 무효가 되며, 취소가능성은 존재하지 않는다.

(4) 소 멸

행정규칙의 폐지(명시적·묵시적 폐지), 종기의 도래, 해제조건의 성취 등으로 효력이 소멸한다.

5. 행정규칙의 종류

(1) 내용에 따른 행정규칙

1) 조직규칙

행정기관의 설치, 내부적 권한분배 등에 관한 사항을 정하는 규칙을 의미한다.

2) 근무규칙

상급기관이 하급기관 및 그 구성원의 근무에 관해 규율하는 행정규칙을 의미한다.

3) 법령해석규칙

하급행정기관의 법해석·적용의 통일을 위한 규칙을 의미한다.

4) 재량준칙

재량권행사의 일반적인 기준을 제시하는 것으로 경우에 따라서는 평등의 원칙을 매개로 간접적으로 법적 효력을 갖게 되어 준법규성을 갖는다.

5) 법률대위규칙

법률이 필요한 영역에 관계법령이 없거나 불충분한 경우 이를 대신하여 발하는 규칙을 의미한다.

6) 법률보충규칙

법령의 규정이 불충분한 경우에 법령을 보충하고 구체화하는 행정규칙을 의미한다.

7) 영조물규칙

영조물의 조직·관리·사용을 규율하기 위해 제정하는 규칙으로 국·공립대학교 학칙, 국·공립도서관 규칙 등이 이에 해당한다.

(2) 형식에 의한 분류

1) 일반적 행정규칙

① 훈 령

상급관청의 하급관청에 대한 일반적 지휘감독을 위한 명령을 의미한다.

② 예 규

상급행정관청이 하급행정관청에 대하여 행정사무의 통일을 기하기 위한 기준으로 발하는 행정규칙을 의미한다.

③ 고 시

행정청이 결정한 사항 기타 일정한 사항을 일반인에게 알리는 통지행위의 성질을 가지는 것을 의미한다. 고시는 형식은 행정규칙이나 일반인에게 공표가 된다는 점에서 일반적인 행정규칙과 다르다. 또한 상위법령에 근거하여 재정되는 경우가 빈번하므로 그 법적 성질에 대한 논의가 요구된다. 고시는 행정기관의 대외적인 의사표시의 한 방식이므로 그 내용에 따라 법규명령, 행정규칙, 일반처분, 물적 행위 등 개별적으로 판단하는 입장인 복수성질설이 다수설과 판례의 입장이다. 따라서 일반적・추상적 규율의 성질을 갖는 것은 법규명령이나 행정규칙에 해당하고, 일반적・구체적 규율의 성질을 갖는 것은 일반처분에 해당한다. 물건의 상태 또는 성질을 규율하는 것은 물적 행정행위에 해당하며, 상위법령과 결합하여 법령을 보충하는 것(법령보충적 행정규칙)은 법규명령에 해당한다.

2) 개별・구체적 행정규칙

① 지 시

상급관청이 하급관청에 대하여 직권으로 또는 신청・문의에 의하여 개별・구체적으로 발하는 명령을 의미한다.

② 일일명령

일일업무(당직・특근・출장・휴가 등)에 관한 명령을 의미한다.

〈 법규명령과 행정규칙의 차이 〉

구분	법규명령	행정규칙
권력적 기초	일반권력(일반통치권)	특별권력
성질	법규성 인정	법규성 부정
근거	・위임명령–상위법령의 수권 필요 ・집행명령–상위법령의 수권 불필요	행정권의 당연한 권능에 근거한 자율적 행정입법으로 수권 불필요
구속력	원칙적으로 대외적・양면적 구속	원칙적으로 대내적・일면적 구속

구분	법규명령	행정규칙
수범자	행정기관과 국민 양자	행정조직 내부
한계	법률유보·법률우위의 원칙 적용	법률우위의 원칙만 적용
형식	·조문형식의 문서 ·대통령령, 총리령, 부령, 중앙선거관리위원회규칙, 대법원규칙, 헌법재판소규칙, 감사원규칙	·반드시 문서일 필요 없이 구두로도 가능 ·고시, 훈령, 지시, 예규, 일일명령 등
저정절차	·대통령령–법제처의 사전심사와 국무회의 심의 ·총리령·부령–법제처의 사전심사 ·행정절차법이 아니라 법제업무운영규정(대통령령)에 규정	특별한 절차규정 없음
공포	효력발생요건으로 공포를 요하고 공포 후 일정기간 경과 후 효력발생	공포를 요하지 않고 수명기관 도달 시 효력발생
재판규범성	인정	부정
위반한 행정행위의 효과	무효 또는 취소의 행정소송 제기 가능	행정소송 제기를 못하며, 위반행위의 효력에 영향 없으나 징계사유는 가능

Ⅳ. 행정입법의 규율형식과 내용의 불일치 및 통제

1. 행정입법의 규율형식과 내용의 불일치

(1) 문제의 제기

실구에서 실질적으로 행정규칙에 해당하는 것이 법규명령의 형식으로 제정되거나 그와 반대로 법규명령에 해당하는 것이 행정규칙의 형식으로 제정되는 경우가 있다. 따라서 학설과 판례는 이들의 법적인 성격에 관하여 논란이 있다.

(2) 법규명령 형식의 행정규칙

1) 의 의

행정규칙으로 정해질 내용이 법규명령의 형식으로 정립되는 경우 그것을 법규명령으로 볼 것인지 행정규칙으로 볼 것인지 여부가 문제된다. 그 예로는 사무관리

규정과 공무원복무규정(대통령령 형식), 공무원비상근무규칙(총리령 형식) 등이 있다.

2) 학 설

법규명령설(형식설)과 행정규칙설(실질설)의 대립이 있으며, 법률의 수권 존재여부에 따라 구분하려는 수권여부기준설이 있으나 형식을 중요시하여 법규성을 인정하는 법규명령설이 다수설이다.

3) 판 례

원칙적으로 부령형식의 행정규칙은 법규성을 부정하며,[4] 대통령령 형식의 행정규칙은 법규성을 인정한다.

(3) 행정규칙형식의 법규명령(법령보충적 행정규칙=법령보충규칙)

1) 의 의

상위법령의 위임에 의하여 상위법령의 내용을 보충하는 법규사항을 정한 행정규칙으로 행정규칙의 형식으로 제정되었으나, 내용적으로는 법률의 보충적 성질을 가지는 법규명령성을 지니는 경우를 의미한다. 그 예로는 물가안정에 관한 법률 제2조에 의하여 주무부 장관이 긴요물품 등의 최고가를 고시하는 경우, 대외무역법 제18조에 근거한 물품수출입공고 등이 있다.

2) 학 설

법규명령설(실질설)과 행정규칙설(형식설)의 대립이 있으며, 수권여부기준설이 있으나 법규성을 인정하는 법규명령설이 다수설이다.

3) 판 례

원칙적으로 법규성을 인정한다. 다만 예외적으로 법령의 위임이 있어도 행정적 편의를 도모하기 위한 절차적 규정인 경우나 법령보충적 행정규칙의 내용이 법령의 위임을 벗어난 경우에는 법규성이 부정된다.

---

4) 예외적으로 부령형식의 행정규칙이라도 법률의 위임에 따라 법률의 내용을 구체적으로 규정한 것일 때에는 법규성을 인정한다(대판 2006년 6월 27일, 2003두4355).

2. 행정입법에 대한 통제(법규명령 중심)

(1) 국회에 의한 통제

1) 직접적 통제

① 외국의 입법례

독일의 경우 의회에 동의권 또는 승인권이 유보되어 있다. 법규명령의 효력발생 전에 의회의 동의 또는 승인을 받도록 하거나 일단 성립되어 효력을 갖고 있는 법규명령의 효력을 사후적으로 소멸시키는 권한을 의회에 유보시키는 법규명령의 통제방식이다.

영국은 의회에 제출해야 한다. 행정입법의 수권범위 일탈 및 법률위반을 감시・통제하기 위하여 행정입법을 의회에 제출토록 하는 제도이다.

② 우리나라의 입법례

i) 법률대위명령(의회의 사후승인)

헌법 제76조 제3항과 제4항에서 대통령이 긴급명령, 긴급재정 경제명령을 발한 때에는 지체 없이 국회에 보고하여 승인을 얻어야 하며 그렇지 못하면 효력이 상실된다. 영국의 의회제출 또는 독일의 동의권유보에 해당한다.

ii) 법률종속명령(의회 송부)

국회법 제98조의2는 대통령령 등에 대한 통제수단으로 법규명령 등이 제정・개정・폐지된 경우 국회상임위원회에 10일 이내에 제출하고, 상임위원회는 당해 대통령령 등을 검토하여 법률의 취지에 합치되지 아니한다고 판단되는 경우에는 소관중앙행정기관의장에게 그 내용을 통보할 수 있으며, 이 경우 중앙행정기관의 장은 통보받은 내용에 대한 처리 내용과 결과를 지체 없이 소관 상임위원회에 보고해야한다고 규정하고 있다.

이를 직접적 통제수단이라는 학설과 간접적 통제수단이라는 학설의 대립이 있으며, 후자가 다수설이다. 또한 의회에의 제출대상은 법규명령과 행정규칙을 포함하지만, 행정청에 대한 통보대상은 법규명령에 국한되고 행정규칙은 제외된다.

2) 간접적 통제

의회에 의한 간접적 통제수단으로 국정조사·감사, 국무총리 등에 대한 질문, 국무총리·국무위원의 해임건의, 대통령 등에 대한 탄핵소추, 법률에 의한 수권의 철회·제한 및 행정입법의 폐지 등이 있다.

(2) 법원에 의한 통제(구체적 규범 통제)

행정입법에 대한 일반법원의 통제는 추상적인 규범통제와 구체적인 규범통제의 방법이 있다. 추상적 규범통제는 행정입법의 위헌 또는 위법을 구체적 법적 분쟁을 전제로 하지 않고 공익적 견지에서 직접 다투도록 하는 통제방법이고, 구체적 규범통제란 행정입법의 위헌 또는 위법 여부가 구체적 법적 분쟁에 관한 소송에서 다투어지는 경우에 이를 심사하도록 통제하는 방법으로 우리나라는 후자를 인정되고 있다. 따라서 명령이나 규칙이 헌법이나 법률에 위반되는 여부가 재판의 전제가 된 경우에는 대법원은 이를 최종적으로 심사할 권한을 가진다(헌법 제107조 제2항).

(3) 행정부에 의한 통제

행정부는 상급기관의 지휘·감독권, 입법예고와 같은 행정절차, 법제처 및 국무회의의 심사, 행정심판 등을 통하여 행정입법을 통제할 수 있다.[5)]

(4) 헌법재판소에 의한 통제(헌법소원)

법규명령에 의하여 기본권을 침해받은 경우에 헌법소원을 제기하여 법규명령에 대한 통제가 인정될 수 있는가가 문제될 수 있다. 이는 특히 헌법이 명령이나 규칙에 대한 위헌·위법심사권을 법원에 부여하고 있는 제107조 제2항과 관련하여 문제가 제기된다.

---

5) 행정심판법 제59조(불합리한 법령 등의 개선) : ① 중앙행정심판위원회는 심판청구를 심리·재결할 때에 처분 또는 부작위의 근거가 되는 명령 등(대통령령·총리령·부령·훈령·예규·고시·조례·규칙 등을 말한다. 이하 같다)이 법령에 근거가 없거나 상위 법령에 위배되거나 국민에게 과도한 부담을 주는 등 크게 불합리하면 관계 행정기관에 그 명령 등의 개정·폐지 등 적절한 시정조치를 요청할 수 있다.
② 제1항에 따른 요청을 받은 관계 행정기관은 정당한 사유가 없으면 이에 따라야 한다.

1) 인정설

헌법소원을 인정하는 입장은 헌법 제107조 제2항은 재판의 전제가 된 경우에 한하여 명령과 규칙에 대한 법원의 심사권을 규정하는 것이므로, 재판의 전제가 되지 아니하고 기본권침해가 존재하는 경우에는 헌법소원이 인정된다는 점, 헌법소원의 대상은 법원의 재판을 제외한 공권력의 행사 또는 불행사이므로 이러한 대상에 명령과 규칙도 포함된다는 점 등을 논거로 제시하고 있다. 헌법재판소와 다수설의 입장이다.

2) 부정설

이에 반해 헌법소원을 부정하는 입장은 헌법 제107조 제2항이 법원에 명령과 규칙에 대한 최종적인 심사권을 인정하고 있는 이상, 그 대상이 명령과 규칙인 때에는 헌법소원은 인정될 수 없다고 한다. 대법원의 입장이다.

제2절 행정행위

I. 행정행위의 개념

행정행위의 개념은 실정법상의 용어가 아니라 학문상의 개념으로서, 행정주체가 법아래서 구체적 사실에 관한 법집행으로서 행하는 권력적 단독 행위인 공법행위를 의미한다. 우리나라는 여러 가지 행정활동 중에서도 행정행위에 대해서만 관할법원, 제소기간 및 제소절차 등에 특례가 인정되는 항고소송의 대상으로 하고 있을 뿐만 아니라, 다른 행정작용의 경우와는 달리 공정력, 존속력 및 자력집행력 등 여러 특수성이 인정되고 있다. 또한 사법행위에 있어서는 표의자 스스로를 구속하고, 그에 의해 직접 타인을 구속할 수 없는 데 대하여, 행정행위에 있어서는 행정주체는 그에 의해 상대방인 국민을 구속하고 법령의 내용을 일방적으로 구현시킬 수 있다.

이와 같이 행정행위는 다른 행정작용이나 사법행위와는 성질·적용법규 및 쟁송절차를 달리하기 때문에 학문상 독립적으로 그 개념을 정립할 실익이 있다. 행정처분과 같은 개념으로 보는 입장이 통설과 판례의 입장이다.

1. 최광의의 행정행위

행정주체가 행하는 '모든 행위'로 사실행위·통치행위·입법행위·사법행위를 포함하는 개념이다. 이러한 의미에서는 행정행위의 법적 특색을 인정할 아무런 실익이 없다.

2. 광의의 행정행위

행정주체가 행하는 '공법행위'로 통치행위·입법행위·권력행위·비권력행위를 그 내용으로 한다. 최광의 개념에서 사실행위와 사법행위를 제외한 개념이다. 이것은 행정행위의 법집행기능적 성격을 무시한 것이다.

3. 협의의 행정행위

행정주체가 법아래서 구체적 사실에 관한 법집행으로서 행하는 공법행위로 권력행위와 관리행위(공법상 계약, 공법상 합동행위[6] 포함)를 그 내용으로 한다. 최광의 개념에서 사실행위와 사법행위, 행정입법을 제외한 개념이다. 이는 행정행위의 단독행위성을 뚜렷이 하지 못한다.

---

6) 공법상 합동행위의 대표가 공공조합 설립행위이다. 공공조합은 농지개량조합·산림조합 등과 같은 공법상의 사단법인을 말한다. 공공조합은 공공단체의 일종이다. 공공조합은 일정한 조합원의 결합에 의해 조직된다는 점에서는 사법(私法)상의 사단법인과 같으나, 그 목적이 국가로부터 부여되고, 국가적 목적을 위해 존재하며, 국가적 임무를 담당하는 점에서, 그리고 국가적 권력이 부여됨으로써 조합원의 의사 여하에 불구하고 조합이 정한 바를 강행할 수 있다는 점 등에서 사법상의 사단법인과 다르다. 따라서 공법상 계약과 공법상합동행위를 이해하기 위해서는 사법상 법률행위에 대한 이해가 전재된다.

4. 최협의의 행정행위

행정주체가 법 아래서 구체적 사실에 관한 법집행으로서 행하는 '권력적 단독행위'로 공권력 발동행위로서의 단독행위를 의미한다. 최광의 개념에서 사실행위, 사법행위, 행정입법, 공법상계약, 공법상합동행위를 제외한 개념이다. 이런 의미의 행정행위를 특히 행정처분이라고도 한다.

참고

법률행위

법률행위는 일정한 법률효과의 발생을 목적으로 하는 하나 또는 수개의 의사표시를 (필수)불가결의 요소로 하는 법률요건이며 법이 그 의사표시의 내용에 따라서 사법상의 효과를 발생시킨다. 법률행위의 요소인 의사표시의 모습에 의해 단독행위, 계약, 합동행위로 나뉜다.

1. 단독행위

한 개의 의사표시로 성립하는 법률행위이며 일방행위라고도 일컫는다. 상대방 존재 여부에 따라 다음과 같이 구분된다.

(1) 상대방 있는 단독행위

단독행위가 효력을 발생하려면 의사표시가 상대방에게 도달하여야 하는 것을 말한다.

예) 동의, 채무면제, 상계, 추인, 취소, 해제, 해지, 등

(2) 상대방 없는 단독행위

단독행위의 의사표시를 받을 자가 특정되어 있지 않고 그 의사표시가 있으면 그 효력을 발생하는 것으로 상대방 있는 단독행위보다는 훨씬 드물고 또한 그 의사표시의 진실성·명백성 등을 확보하기 위하여 대부분이 요식행위로 되어 있다. 법률행위 자유의 원칙상 단독행위의 자유도 인정되어야 한다. 그러나 단독행위의 자유가 인정되는 범위는 계약이나 합동행위보다 훨씬 좁다. 원칙적으로 법률의 규정에 의하여 인정되는 경우에만 단독행위는 그 효력을 발생한다. 그 이유는 행위자 이외의 타인이 그의 의사와는 관계없이 의무를 부담하고 불이익을 받게 될 염려가 있기 때문이다.

예) 유언, 재단법인의 설립행위, 권리의 포기 등

2. 계약

넓은 의미에 있어서의 계약은 2인 이상의 당사자가 청약과 승낙이라는 서로 대립하는 의사표시를 하고 그 합치로 성립하는 법률행위이다. 반드시 복수의 의사표시를 필요로하는 점에서 단독행위와 다르고 또한 그 복수의 의사표시의 방향이 평행적 구심적이 아니라 대립적 교환적인 점에서 다음에서 설명하는 합동행위와도 구별된다. 이 광의 즉 넓은 의미에 있어서의 계약이 목적으로 하는 것은 널리 법률관계의 변동이며 채권계약에 한하지 않는다. 그러나 협의 즉 좁은 의미에 있어서의 계약은 채권관계의 발생을 목적으로 하는 것 즉 채권계약을 가리킨다. 우리의 일상생활에서 가장 빈번히 이용된다.

3. 합동 행위
평행적・구심적으로 방향을 같이하는 두 개 이상의 의사표시가 합치하여 성립하는 법률행위로 다수의 당사자의 의사표시가 있어야 하는 점에서 단독행위와 다르고 그 다수의 당사자의 의사표시가 방향을 같이하며 각 당사자에게 동일한 의의를 가지고 또한 같은 법률효과를 가져오는 점에서 계약과 구별된다. 예컨대 매매라는 계약에서는 계약당사자는 매도인과 매수인으로서 서로 대립하여 채권(매도인은 대금 청구권 그리고 매수인은 목적재산권 이전청구권) 채무(매도인은 재산권이전채무, 매수인은 대금지급채무)를 얻고 부담하게 된다. 그러나 합동행위인 사단법인 설립행위에서는 다수의 당사자가 하나가 되어서 법인설립이라는 목적에 협력하며 그 결과 사단법인이 설립되고 각 당사자는 모두 똑같게 사원권을 취득하게 된다.
예) 사단법인 설립행위

Ⅱ. 행정행위의 종류

1. 구성요소와 법률효과 발생 원인을 표준으로 한 분류

(1) 법률행위적 행정행위

법률행위적 행정행위는 법집행을 위한 의사표시를 구성요소로 하고 그 효과의사의 내용에 따라 법률효과가 발생하는 행위를 의미한다. 이는 하명, 허가, 면제 등의 명령적 행정행위와 특허, 인가, 대리 등의 형성적 행정행위로 나뉜다.

(2) 준법률행위적 행정행위

준법률행위적 행정행위는 효과의사 이외의 정신작용(판단・인식・관념 등)의 표시를 요소로 하고 그 법률효과는 당사자의 의사여하를 묻지 않고 직접법규가 정하는 데에 따라 발생하는 행위를 의미한다. 준법률행위적 행정행위에는 확인, 공증, 통지, 수리 등이 있다.

2. 행정주체에게 재량이 있느냐의 여부에 따른 분류

(1) 개 설

1) 행정의 자유와 구속

행정행위는 법률에 의하여 행해져야 하나 행정행위를 함에 있어 모든 요건을 일의적·확정적으로 법규로 정한다는 것은 사회현상이 복잡다기하고 가변적이기 때문에 현실적으로 어렵다. 이러한 이유에서 행정청에 재량의 여지를 인정하지 않을 수 없다.

2) 개 념

① 기속행위

행정청이 어떤 행정행위를 할 수도 안할 수도 있는 선택의 자유가 인정되는 것이 아니라, 법규상 행정행위의 요건과 효과가 일의적으로 규정되어 있어 요건이 충족되면 행정청은 그 효과로서 일정한 행정행위를 반드시 행하도록 되어있는 경우이다(예 : 허가).

② 재량행위

복수행위 간에 선택의 자유가 인정되는 경우로 할 수도 있고 안 할 수도 있는 '결정재량'과 다수의 행정행위 중 어느 것을 해도 괜찮은 '선택재량'이 있다. 전자는 주로 위해방지를 목적으로 하는 경찰권 발동 여부에 대한 재량에 존재하고, 후자는 매우 다양한 영역, 예컨대 공무원에 대한 징계유형의 선택이나 행정법적 의무위반에 대한 다양한 제재의 행사영역에 존재한다(예 : 특허).

3) 기속재량·자유재량 이분론

① 내용

이 학설은 재량행위를 기속재량행위와 자유재량행위로 나누어, 실제적 의미의 재량행위는 자유재량만으로 한정하여 파악하였다. 여기서 기속재량 행위란 무엇이 법인가의 재량으로서 그 재량에 위반하는 행위는 기속행위의 위반과 같이 위법행위가 되고, 사법심사의 대상이 된다. 이에 반하여 자유재량 행위란 무엇이 행정상 편의성이 있는가 또는 합목적성이 있는가의 재량을 의미하는 것으로 그 재량에 위반하는 행위는 부당행위에 불과한 것이 된다.

② 기속재량 · 자유재량 이분론의 불합리성

위와 같은 이분론은 재량행위 중에서, 재판통제가 전적으로 배제되는 것은 자유재량(무엇이 합목적적인가의 재량)에 한정시키고, 기속재량(무엇이 법인가 판단하는 재량) 행위는 기속행위와 마찬가지로 재판통제의 범위에 포함시키려는 의도에서 주장되었던 것이다. 즉, 엄격한 의미의 재량행위를 축소함으로써 재판통제의 범위를 확대하기 위한 것이 그 본질적 의도이다.

그러나 현재 상황 하에서 이 이론은 그 타당성이 많이 퇴색하였다. 우선 오늘날에는 재량행위도 그 일탈 · 남용의 경우에는 모든 재량행위가 사법통제의 대상이 되고 있기 때문에, 과거에 제한적이나마 사법통제에 포함시키기 위하여 기속재량이라는 개념을 둔 취지는 그 의의를 상실했고, 또한 기속재량 행위를 위에 상술한 바와 같은 개념으로 파악한다면, 이는 본질적으로 기속행위와 다를 바가 없기 때문이다. 다수설도 양자의 구별을 부정한다.

(2) 구별실익

1) 행정쟁송과의 관계

기속행위는 사법심사의 대상이나 재량행위는 일정한 한계 내의 행사에 있어서 당 · 부당의 문제로 보아 사법심사의 대상에서는 제외되고 행정심판의 대상성만 인정된다. 그러나 재량행위도 일탈 · 남용 시 행정(취소)소송의 대상(행정소송법 제27조)이 된다는 점에서 양자를 구별하는 견해가 다수설이다.

과거에는 재량행위에 대해 취소소송이 제기되면 소를 각하하였으나, 현재는 재량행위에 대하여 취소소송이 제기된 경우 대상적격을 부정하여 각하하지 않고 재량의 일탈 · 남용 여부를 심사한 후, 즉 본안심리 후 기각판결을 내린다.

2) 부관가능여부

종래 학설과 판례는 재량행위에만 부관을 붙일 수 있고 기속행위에는 부관을 붙일 수 없다고 하였으나, 현재는 재량행위에도 부관을 붙일 수 없는 경우가 있고(예 귀화허가), 기속행위에도 법령에 근거가 있으면 부관을 붙일 수 있다는 게 다수설이다.

3) 불가변력과의 관계

기속행위는 당연히 불가변력이 발생하더라도 재량행위라하여 그 취소·변경이 자유로운 것은 아닌 점에서 이를 구별실익으로 보지 않는 것이 일반적이다.

4) 공권성립과의 관계

일반적으로 기속행위에 대해서는 상대방이 실체적인 청구권을 행사할 수 있으나, 재량행위에 대해서는 원칙적으로 상대방에게 이러한 청구권이 인정될 수 없다. 그러나 재량행위의 경우에도 예외적으로 무하자재량행사청구권이라는 공권이 인정된다고 할 수 있다.

(3) 구별기준

1) 요건재량설

재량이 행정행위의 요건인 사실인정에 대한 판단에 존재한다는 것으로 요건이 공백규정이거나 종국목적(공익)만을 규정하고 있는 경우는 자유재량에 속하고, 중간목적(안전, 위생 등)을 규정하고 있는 경우에는 기속행위라고 한다.

이 견해에 대해서는 법규정에 지나치게 편중함으로써 결과적으로 재량행위를 확대시켰으며, 종국목적과 중간목적의 구별이 애매하고, 법률효과실현 자체가 재량의 대상임을 간과하며, 법규정형식에서 공백규정 또는 종국목적만을 규정하는 것은 법치행정이 무색하게 될 수 있으며, 재량과 판단여지를 구별하는 입장에서 법률문제인 요건인정을 사실문제인 재량으로 오인하고 있다는 비판이 가해지고 있다.

2) 효과재량설

재량이 법률효과의 영역에 존재한다는 견해로 행위의 성질에 중점을 두어 개인에게 권리·이익을 부여하는 행위인가 그것을 제한·박탈하는 행위인가에 따라 구별한다. 따라서 침익적 행위는 기속행위이고, 수익적 행위와 국민의 권리·

의무와 관련 없는 행위는 재량 행위로 본다.

이 견해에 대해서는 법률요건에 재량을 부인하여 법률요건에 불확정개념을 사용하고 있는 경우, 이를 기속재량으로 판단하므로써 행정청의 재량개념을 축소하여 재량행위의 통제를 확대한 점이 그 기여한 바 있다. 그러나 오늘날 침해행정의 영역에서도 재량이 인정되는 예가 많아지고 있으며, 복리행정작용의 발달에 수반하여 수익적 행정의 영역에서도 행정이 기속을 받는 경향이 증가되고 있는 점에 비추어 볼 때 반드시 타당한 것은 아니다. 또한 요건재량을 전적으로 부인하고 불확정개념을 모두 기속재량으로 보는 것도 타당하지 않다는 등의 비판이 가해지고 있다.

3) 판단여지설

재량행위와 판단여지의 구별긍정설이지 기속행위와 재량행위의 구별 학설은 아니다. 판단여지이론은 법률의 구성요건부분의 구체화과정에서 행한 행정주체의 결정에 대해 예외적으로 사법심사가 제한되는 경우, 이를 재량개념 하에서 평가할 것인가 또는 불확정개념과 재량개념을 구별하는 입장에서 불확정개념에 관련되는 판단여지를 인정할 것인가와 관련하여 논의되는 이론이다.

따라서 이 이론의 중점은 판단여지라는 독자적인 개념을 인정할 수 있는가에 관련되고 있으므로, 이를 기속행위와 재량행위의 구별기준으로 논의하는 것은 체계적 이해에 비추어 전혀 잘못된 것이다.

판단여지라는 독자적인 개념을 인정할 경우 행위의 요건에 불확정개념이 사용될 때 어떤 사실이 그 요건에 해당하는지는 일의적으로 판단하기 어려우며 따라서 행정청의 전문적·기술적 판단이 종국적인 것으로서 존중되며 그 한도에서 행정청의 판단에 대한 법원의 심사가 제약받게 된다. 쉽게 구별하자면 판단여지는 사법부가 행정행위에 대해 법적으로 판단할 수 있지만 고도의 전문적, 기술적, 가치평가적 요소 때문에 판단을 자제하는 것이다.[7)]

---

7) 예를 들어 감정평가사 2차시험 채점행위와 관련된 사건이 있으면 이에 관해서는 사법부가 당해 채점행위를 한 사람의 전문적 권위를 존중해서 심사를 하지 않다. 원칙적으로 사법부는 감정평가사 2차시험 채점행위와 관련해서 심사 할 수 있지만, 법관도 이 영역에 있어서는 전문가가 아니므로 심사를 자제하는 것이다. 그리고 재량행위는 재량권이 0으로 수축하여 기속행위로 전환되든가, 재량의 일탈·남용 사법심사의 대상이 되는 경우를 제외하고는 원칙적으로 사법부의 판단대상이 되지 않는다. 따라서 판단여지는 사법심사 할 수 있는데 자제하는 것이

4) 법문언기준설

기속행위와 재량행위의 구별은 법치행정의 원리에 따라 법규정에서 찾아야 한다는 견해로 통설이다.

① 법규정이 명확한 경우(1차 기준 – 법령의 문언, 입법취지 · 목적)

일반적으로 법령의 문언이 “~해야한다. ~해서는 아니된다. ~할 수 없다.”라고 표현된 경우 기속행위로 보고, “~할 수 있다. ~하지 아니할 수 있다.”라고 표현한 경우는 재량행위로 본다. 절대적 기준은 아니고 입법취지, 입법목적에 따라 법률이 ‘할 수 있다.’고 규정하고 있음에도 불구하고 기속행위로 해석하는 경우가 있다(행정기관의 정보공개 허가 여부는 문언에도 불구하고 기속행위로 봄).

② 법규정이 불명확한 경우(2차 기준–행위성질, 기본권 및 공익 관련성 종합 검토)

예컨대 법령이 “영업을 하고자 하는 자는 …… 도지사의 허가를 받아야 한다(식품위생법 제22조).”라는 식으로 행정청의 권한에 관하여 간접적으로 규정하고 있는 경우에는 법령의 취지, 목적, 행위의 성질, 기본권 관련성 등을 종합적으로 고려하여 기속행위인지 재량행위인지 판단한다. ‘허가’와 같이 기본권회복의 의미를 갖는 경우에는 당사자의 기본권과 관련 하여 강한 구속을 받게 되는 기속행위로 보고, ‘특허’와 같이 새로운 권리를 설정하거나 예외적 승인에는 공익적 측면에서 검트할 가능성이 주어지므로 재량행위로 본다.

일반적으로 침익적 행위는 대체적으로 기속행위로 보고, 수익적 행위는 대체적으로 재량행위로 볼 수 있다.

5) 판 례

판례는 해당 처분의 근거가 된 규정의 형식 · 체제 · 문언과 주된 목적 및 해당 행위의 성질 등을 모두 고려하여 개별적으로 판단하여야 한다고 한다.

고, 재량행위는 원칙적으로 사법심사의 대상이 아니므로 못하는 것이다.
이렇게 우리나라의 통설은 판단여지와 재량을 구별하고 있기 때문에 독일의 판단여지설은 기속행위와 재량행위의 구별기준이 될 수 없다. 그리고 판례의 입장은 판단여지와 재량을 용어상 구별하고 있지 않다.

(4) 재량권의 한계

1) 의 의

재량행위는 행정이 일정한 범위를 전제로 해서 이루어지고 원칙을 지켜줄 것을 전재로 한다. 따라서 행정청의 재량권행사는 그 목적과 한계를 벗어나지 않아야 한다. 그러나 행정청이 재량권을 행사함에 있어 그 목적과 한계를 벗어나 일탈·남용하거나 불행사한 경우에는 재량하자의 문제로서 사법심사의 대상이 된다.

2) 일 탈(유월)

행정청이 법이 허용하는 재량의 범위(외적 한계)를 넘는 재량권을 행사하는 경우이다. 예를 들어 법규에 "행정청이 법규를 위반한 자에게 법이 6개월의 영업정지처분을 할 수 있다."고 규정하고 있는데 행정청이 위법한 행위를 한 영업자에게 허가취소를 했다고 가정한다면, 법규 위반자에게 최고 6개월 이내의 영업정지만 하라고 하고 있는데 행정청은 그 규정을 넘어선 처분인 허가취소를 했으니 성문법의 한계를 넘어선 처분으로 재량의 일탈(유월)이 된다.

3) 남 용

재량권의 내적 한계를 넘은 경우토 행정청이 재량권을 수권한 법률상의 목적 위반, 동기의 부정,[8] 평등의 원칙·비례의 원칙·부당결부금지의 원칙 등 행정법의 일반원칙을 위반하여 재량권을 행사한 경우이다.

예를 들어 법규에 "시장·군수·구청장은 영업자 등이 이 법 또는 이 법에 의한 명령에 위반한 때에는 그 영업허가의 취소 또는 폐쇄명령을 하거나 6월 이내의 기간을 정하여 영업 또는 제조업의 정지를 명할 수 있다."라는 규정이 있다고 가정하면, 위법한 영업자의 영업소에 대한 처분은 행정청의 재량이다. 즉, 위의 규정에 나오는 처분들 영업허가의 취소, 폐쇄명령, 6개월 이내의 영업정지, 또는 아무런 처분을 하지 않는 것 중에서 어떠한 처분을 내리든 그건 행정청이 판단해

---

8) 법규의 목적과 다른 목적으로 재량권을 행사하는 경우에도 위법이 된다. 예를 들어 소방법은 화재 예방과 진압을 목적으로 하는데, 소방법에 근거한 가택출입검사를 범죄예방목적으로 수행해서는 안 되는 것이다. 부정한 동기나 자의적·보복적 목적으로 재량권을 행사하는 것도 목적위반에 해당한다.

서 하라는 규정이다.

그런데 만약 처분청이 "3개월의 영업정지를 명할 수 있는 경미한 법규위반에 대하여 허가취소를 하였다."면 영업정지를 하는 것도 행정청의 정당한 처분이니 법의 한계를 넘지는 않는다. 하지만 3개월만 정지해도 되는 위법행위에 대해 허가취소를 하는 것은 도를 넘는 지나친 처분이다. 그래서 이런 경우에는 법의 한계를 넘지는 않았지만 행정법의 일반원칙 중 비례의 원칙의 한계를 넘어선 경우이므로 재량권의 남용이 되는 것이다.

이처럼 성문법의 규정에 어긋나지 않지만 행정법의 일반원칙에 어긋나면 남용이고, 성문법의 규정에 어긋나면 법의 일탈이 된다.

4) 해 태(불행사)

허용된 재량권의 행사를 행정청이 태만히 하거나 또는 착오로 전혀 행사하지 않는 경우, 행정권 발동 여부에 대하여 심사 자체를 하지 않는 경우이다. 행정청에게 재량이 인정된 경우에도 그 처분시기의 선택을 결코 자의에 맡긴 것은 아니다. 따라서 행정권의 발동여부가 행정청의 재량에 속하는 경우에도 당해 행정청은 구체적 사안에 있어 행정권의 발동여부를 심사할 의무가 있다고 할 것이기 때문에, 정당한 이유 없이 구체적 사안에 대하여 행정권의 발동여부를 심사하지 아니하거나 부당하게 지연시킨 때에는 재량권의 불행사 또는 해태로서 재량하자의 원인이 된다.

(5) 재량행위에 대한 통제

1) 입법적 통제

① 법규적 통제

법치주의의 확립의 요청은 급부행정을 포함한 모든 행정영역에 대한 법적 통제의 확대를 요구하게 되는 바, 의회는 법률을 정립함에 있어서 법률유보영역의 확대라든가, 재량권을 부여함에 있어서의 목적 및 고려사항의 구체적 제시로써 재량행위에 대한 통제를 할 수 있다.

② 정치적 통제

국회가 행정부에 대하여 국정통제권을 발동하여 재량권행사를 통제할 수 있다. 즉, 국정감사, 출석요구 및 질문권, 국무총리・국무위원 해임건의권 행사 등을 행사하여 재량의 여지를 통재할 수 있다.

2) 행정적 통제

① 감독권에 의한 통제

감사원의 감사 또는 상급감독청에 의한 직무감독은 재량권의 자의적 행사에 대한 예방적 및 교정적 기능을 가질 수 있다. 이러한 직무감독은 행정의 자율적 통제에 맡겨진 이른바 공익재량행위에 대하여 원칙적으로 종국적인 시정기능을 가지게 된다.

② 행정절차에 의한 통제

재량권의 행사에 대해서는 고지・청문과 같은 사전절차가 사후절차보다 실효성이 있고 민주적이다. 재량권 행사과정 속에 이해관계인 등의 참여의 기회를 확보하고, 재량적 결정에 대하여 이유를 부기함으로써 재량행위의 적정화를 도모하는 것이다.

③ 행정심판

행정기관 스스로의 자율적 통제수단인 행정심판제도를 통하여 위법한 경우뿐만 아니라 부당한 경우까지 통제할 수 있다.

3) 사법적 통제

① 법원에 의한 통제

행정청의 재량에 속하는 처분이라도 재량권의 한계를 넘거나 그 남용이 있는 때에는 법원은 이를 취소할 수 있다(행정소송법 제27조). 따라서 재량권의 일탈・남용에 의하여 권익을 침해당한 자는 취소소송 또는 부작위위법확인소송을 통해 권리구제가 가능하다.

② 헌법재판소에 의한 통제

행정권력의 행사 또는 불행사로 헌법상 보장된 기본권이 침해되었을 때 경우에 따라 헌법소원에 의한 통제가 가능하다(헌법재판소법 제68조 제1항).

3. 법률효과의 성질에 따른 분류

(1) 수익적 행정행위

1) 개 념

수익적 행정행위란 권리·이익을 부여하거나 의무를 해제하는 등 상대방에 대하여 유리한 효과를 발생시키는 행정행위를 말한다. 허가·특허·인가·면제 및 부담적 행정행위의 취소·철회 등이 그 예이다.

2) 법적 성질

상대방의 신청을 요하는 쌍방적 행정행위가 일반적이고, 법률에 특별한 규정이 없으면 재량행위이다. 원칙적으로 부관을 붙일 수 있으며, 취소·철회가 제한되고, 무효요건이 엄격하다.

3) 수익적 행정행위와 법률유보 문제

오늘날 국민생활에서 행정에 의존도를 고려하면, 당해 행위에 대한 국민의 권리내용 및 범위의 구체화, 당해 처분에 있어서의 평등성의 보장 등의 견지에서, 수익적 행정행위에 있어서도 원칙적으로 법률의 근거를 요한다.

4) 수익적 행정행위의 거부 또는 부작위에 대한 효과

행정청의 거부가 불합리할 때 취소심판 또는 취소소송을 제기할 수 있으며, 부작위라 판단되면 의무이행심판 내지 부작위 위법확인소송을 제기할 수 있다.

(2) 침익적(부담적) 행정행위

1) 의 의

침익적(부담적) 행정행위란 권리를 제한하거나 의무를 부과하는 등 상대방에게 불리한 효과를 발생시키는 행정행위를 말한다. 명령·금지·권리박탈행위 및 수익적 행정행위의 취소·철회 등이 그 예이다.

2) 법적 성질

일반적으로 단독적·직권적·일방적 행정행위이고, 법률에 특별한 규정이 없으면 기속행위(상대방에게 불리한 효과를 발생하므로)이다. 법률유보의 원칙이 적용되며, 절차적 규제가 엄격하다. 또한 취소·철회가 자유롭고 무효요건이 완화되어 있으며, 강제성이 용인된다. 원칙적으로 부관을 붙일 수 없다.

3) 절차적 통제

침익적 행정행위로 인한 부당한 권리침해 방지를 위해 그 처분 전에 일정한 절차(사전통지, 의견청취, 청문, 공청회 등)를 거칠 것이 요청된다.

(3) 복효적 행정행위(이중효과적 행정행위, 제3자효 행정행위)

1) 의 의

복효적 행정행위란 하나의 행정행위이면서도 두 사람 이상의 당사자를 가지고 그 가운데 적어도 한 사람이 이익을 부여받고, 동시에 다른 한 사람 이상이 불이익을 받는 경우의 행정행위를 말한다. 즉, 하나의 행위가 수익과 침익이라는 복수의 효과를 발생한다. 따라서 이중의 효과가 동일인에게 발생하는 경우인 혼합효 행정행위(예 : 부담부 행정행위)와는 구별된다.

복효적 행정행위에는 위법한 공장건축허가, 공매처분, 합격자 결정, 토지수용의 재결, 경원허가[9], 당선자 결정, 붕괴위험 있는 불법건축물에 대한 철거명령 등이 있다.

예컨대 상대방에게 연탄공장허가를 해주었더니 인근주민들이 공장으로 인해

9) 경원관계(競願關係) : 수익적 행정처분을 신청한 수인이 서로 경쟁관계에 있어서 일방에 대한 허가 등의 처분이 타방(他方)에 대한 불허가 등으로 귀결될 수밖에 없는 경우를 말하며, 서로 양립 불가능한 허가나 특허를 신청한 사람을 경원자라한다. 즉 특허나 허가가 1인에게만 내려지는 경우에 이를 신청한 여러 사람간의 관계를 말한다. 특허나 허가가 여러 사람에게 내려질 수 있는 것이라면 그 여러 사람 간에는 별다른 이해관계가 없겠지만 그 사람들 중 단 1인에게만 내려진다면 허가를 신청한 그 여러 사람은 서로 경원자 관계에 있게 된다.

환경피해를 입게 되는 경우 등 행정행위의 직접상대방에게는 수익적 행정이지만 그와 관련된 제3자에게는 침익적 행정이 되거나 또는 행정행위의 직접상대방에게는 침익적 행정이지만 그와 관련된 제3자에게는 수익적 행정을 미치는 경우를 말한다. 이러한 제3자효 있는 행정행위의 발령・변경・폐지 시는 사익과 공익의 비교형량뿐만 아니라 사익과 사익의 비교형량도 중요한 현안으로 떠오르게 된다. 또한 행정행위의 직접 상대방이 아닌 제3자의 권리구제방안도 문제된다.

2) 등장배경

취소소송에 있어서 소익의 확대화 경향에 따라 원고적격이 부정되었던 제3자 또는 주민에게 소익이 널리 인정되게 되었기 때문이다. 반사적 이익에 지나지 아니한 것으로 보았던 제3자 또는 주민의 이익에 대하여 권리내지는 법률상 보호이익으로 보아 제3자가 권리주체로서 등장하였다. 복효적 행정행위의 논의영역은 주로 환경법, 건축법, 영업허가법, 소비자보호법, 사법관계형성법 분야에서 문제가 된다.

3) 복효적 행정행위의 특색

복수의 당사자(행정청, 이익자, 불이익자라고 하는 3자관계가 성립)가 존재하며, 당사자 간에 이해가 상반된다. 예를 들어 건축허가는 건축주에게는 적법하게 건축물을 건축할 수 있는 이익을 부여하는 것이나, 동시에 인접주민에게는 일조권침해 등의 불이익이 발생한다. 또한 개인 간 법익의 대립이 있어 관련 개인법익 간에 형량을 하여야 한다.

4) 법적 성질

재량권의 행사가 제한되고, 법률유보의 원칙이 적용되며, 제3자의 원고적격이 인정된다.

5) 복효적 행정행위의 논점

○ **행정개입청구권**

공해기업에 대한 개선명령으로 인근주민이 이익을 받고, 불량품제조업자에 대한 규제조치로 소비자가 이익을 받는 경우 제3자는 다른 자에 대한 규제행위를 행정청에 대하여 청구할 수 있는가 하는 문제가 발생하는 바, 이에 대한 권리가 행정개입청구권이다.

행정개입청구권을 인정할 것인지의 문제는 종래 주로 경찰권의 발동과 관련하여 제기되었으나 최근에는 환경규제 · 독점규제 · 소비자보호 등 규제행정의 영역에서도 논의된다.

② 복효적 행정행위에 있어 제3자의 행정절차 참가

복효적 행정행위의 경우는 불이익을 받는 제3자에게 사전통지 · 의견제출권 · 청문신청권 등을 인정해야 할 필요성이 한층 강하다고 할 수 있다.

③ 복효적 행정행위의 철회

행정행위의 존속이 상대방에게는 수익적 행위라도 제3자에게 불이익이 되는 경우에는 이익형량을 거쳐 철회가 허용되는 경우도 있다. 예를 들어 기업활동으로 인한 심각한 환경오염으로 인근주민의 건강이 침해되는 경우 기업허가를 철회하여야 하는 경우가 발생한다.

행정행위의 존속이 상대방에게 이익이 되거나 불이익이 되더라도 제3자에게 이익이 되는 경우에는 철회가 제한될 수 있으며 대신에 과징금제도가 활용되고 있다. 예를 들어 자동차운수사업의 경우 그 면허 철회사유가 있더라도 일반국민에 대한 불편을 이유로 과징금제도 등으로 의무이행을 확보하며, 그 철회가 제한되는 경우가 있다.

④ 위법한 복효적 행정행위의 직권취소

복효적 행정행위의 상대방은 부담을 받는 제3자의 취소심판이나 취소소송을 예견하고 있기 때문에 그러한 한도에서 신뢰보호의 제약을 받으므로 불가쟁력 발생 전에 직권취소 인정여부는 행정청의 재량에 속한다. 하지만, 불가쟁력 발생 후에는 수익적 효과를 향수하는 자의 신뢰보호를 위하여 직권취소가 제한된다.

⑤ 복효적 행정행위에 대한 쟁송법상 논의 점

i) 제3자의 처분고지청구권 인정

행정심판법 제42조 제2항은 행정청은 이해관계인으로부터 당해 처분이 행정심판의 대상이 되는 처분인지의 여부와 행정심판의 대상이 되는 경우에 재결청 및 청구기간에 관하여 알려줄 것을 요구받은 때에는 지체 없이 이를 알려야 한다고 규정하고 있으며, 여기서 이해관계인에는 제3자효행정행위의 제3자를 포함한다.

ii) 제3자의 쟁송제기기간[10)]

제3자는 특별한 사정이 없는 한 행정행위가 있음을 알 수 없기 때문에 처분이 있은 날로부터 180일 이내에 행정심판을 제기 할 수 있으며, 이 기간이 경과된 경우도 그 기간 내에 심판청구가 가능하였다는 특별한 사정이 없는 한 정당한 사유가 있는 경우에 해당되어 심판청구가 가능하다. 판례는 제3자의 경우 정당한 사유를 넓게 인정한다.

iii) 제3자의 예외적 행정심판전치주의

취소소송과 부작위위법확인소송의 경우 예외적으로 행정심판전치주의가 적용된다.[11)] 예외적 행정심판전치주의는 제3자가 제기하는 행정쟁송의 경우에도 적

---

10) **행정심판법 제27조(심판청구의 기간)** : ① 행정심판은 처분이 있음을 알게 된 날부터 90일 이내에 청구하여야 한다.
③ 행정심판은 처분이 있었던 날부터 180일이 지나면 청구하지 못한다. 다만, 정당한 사유가 있는 경우에는 그러하지 아니하다.
행정소송법제20조(제소기간) : ① 취소소송은 처분 등이 있음을 안 날부터 90일이 내에 제기하여야 한다.
③ 취소소송은 처분 등이 있은 날부터 1년(제1항 단서의 경우는 재결이 있은 날부터 1년)을 경과하면 이를 제기하지 못한다. 다만, 정당한 사유가 있는 때에는 그러하지 아니하다.

11) **제18조(행정심판과의 관계)** : ① 취소소송은 법령의 규정에 의하여 당해 처분에 대한 행정심판을 제기할 수 있는 경우에도 이를 거치지 아니하고 제기할 수 있다. 다만, 다른 법률에 당해 처분에 대한 행정심판의 재결을 거치지 아니하면 취소소송을 제기할 수 없다는 규정이 있는 때에는 그러하지 아니하다.
② 제1항 단서의 경우에도 다음 각호의 1에 해당하는 사유가 있는 때에는 행정심판의 재결을 거치지 아니하고 취소소송을 제기할 수 있다.
1. 행정심판청구가 있은 날로부터 60일이 지나도 재결이 없는 때
2. 처분의 집행 또는 절차의 속행으로 생길 중대한 손해를 예방하여야 할 긴급한 필요가 있는 때
3. 법령의 규정에 의한 행정심판기관이 의결 또는 재결을 하지 못할 사유가 있는 때
4. 그 밖의 정당한 사유가 있는 때
③ 제1항 단서의 경우에 다음 각호의 1에 해당하는 사유가 있는 때에는 행정심판을 제기함이 없이 취소소송을 제기할 수 있다.
1. 동종사건에 관하여 이미 행정심판의 기각재결이 있은 때
2. 서로 내용상 관련되는 처분 또는 같은 목적을 위하여 단계적으로 진행되는 처분중 어느 하나가 이미 행정심판의 재결을 거친 때
3. 행정청이 사실심의 변론종결후 소송의 대상인 처분을 변경하여 당해 변경된 처분에 관하여 소를 제기하는 때
4. 처분을 행한 행정청이 행정심판을 거칠 필요가 없다고 잘못 알린 때

용된다고 보는 것이 판례의 태도이다.

iv) **참가인적격**

행정심판이나 행정소송의 결과에 대하여 이해관계가 있는 제3자는 심판참가·소송참가·재심청구를 할 수 있다.

v) **청구인적격 및 원고적격**

오늘날 소익의 확대화 경향에 따라 제3자에게도 청구인적격 및 원고적격이 널리 인정되고 있다.

vi) **가구제(집행정지[12])**

가구제(집행정지)에 대하여 소송법상 명문의 규정이 없고 인정한 판례도 없으나, 학설의 다수는 이를 인정한다. 다만 제3자는 원고의 지위에서 집행정지를 신청할 수 있을 뿐, 참가인의 지위에서 집행정지를 신청할 수는 없다.

4. 일반처분

(1) 의 의

일반처분이란 특정도로의 통행금지 표시와 같이 구체적 사안과 관련하여 불특정 다수인을 대상으로 처분을 발령하는 것을 말한다. 이는 행정행위의 징표인 개별성, 구체성과 관련해 그 중 구체성은 유지하였으나 개별성이 없다는 점에서 통상의 행정행위와는 다른 성질의 것이다.

---

④ 제2항 및 제3항의 규정에 의한 사유는 이를 소명하여야 한다.

제38조(준용규정)

② 제18조의 규정은 부작위위법확인소송의 경우에 준용한다

12) **제23조(집행정지) :** ① 취소소송의 제기는 처분 등의 효력이나 그 집행 또는 절차의 속행에 영향을 주지 아니한다.

② 취소소송이 제기된 경우에 처분 등이나 그 집행 또는 절차의 속행으로 인하여 생길 회복하기 어려운 손해를 예방하기 위하여 긴급한 필요가 있다고 인정할 때에는 본안이 계속되고 있는 법원은 당사자의 신청 또는 직권에 의하여 처분 등의 효력이나 그 집행 또는 절차의 속행의 전부 또는 일부의 정지(이하 "집행정지"라 한다)를 결정할 수 있다. 다만, 처분의 효력정지는 처분 등의 집행 또는 절차의 속행을 정지함으로써 목적을 달성할 수 있는 경우에는 허용되지 아니한다.

③ 집행정지는 공공복리에 중대한 영향을 미칠 우려가 있을 때에는 허용되지 아니한다.

(2) 법적 성질

1) 문제점

일반처분을 행정행위로 보아서 쟁송법상의 처분에 해당하여 항고소송을 제기할 수 있을지가 문제 된다.

2) 학 설

① 입법행위설

일반적인 불특정 다수인을 대상으로 하므로 이를 일종의 법규명령으로 보아 입법행위에 해당한다고 보는 견해이다.

② 행정행위설

일반적인 불특정 다수인이라 하여도 수명자들은 그에 의해 권리・의무에 영향을 받았으므로 이는 행정행위에 해당하고 따라서 처분성이 인정되어 항고소송의 대상이 된다고 보는 견해로 다수설이다.

③ 중간영역설

일반성과 구체성을 특징으로 하는 일반처분은 일반성과 추상성을 특징으로 하는 입법행위와 개별성과 구체성을 특징으로 하는 행정행위의 중간적 영역에 해당한다고 보는 견해이다.

④ 판 례

대법원은 일반처분에 대해 처분성을 인정하고 있어 행정행위설을 취하고 있다.[13]

---

13) "도로교통법 제10조 제1항은 지방경찰청장은 도로를 횡단하는 보행자의 안전을 위하여 행정자치부령이 정하는 기준에 의하여 횡단보도를 설치할 수 있다고 규정하고, 제10조 제2항은 보행자는 지하도・육교 그 밖의 횡단시설이나 횡단보도가 설치되어 있는 도로에서는 그 곳으로 횡단하여야 한다고 규정하며, 제24조 제1항은 모든 차의 운전자는 보행자가 횡단보도를 통행하고 있는 때에는 그 횡단보도 앞에서 일시 정지하여 보행자의 횡단을 방해하거나 위험을 주어서는 아니된다고・・・ 규정하는 도로교통법의 취지에 비추어 볼 때, 지방경찰청장이 횡단보도를 설치하여 보행자의 통행방법 등을 규제하는 것은 행정청이 특정사항에 대하여 의무의 부담을 명하는 행위이고 이는 국민의 권리의무에 직접 관계가 있는 행위로서 행정처분이라고 보아야 할 것이다."(대판 2000. 10. 27. 98두8964)

⑤ **소 결**

행정소송법 제2조 제1항 제1호의 처분의 개념과 관련해 구체적 사실에 관한 법집행으로서 수범자의 개별적 특정성을 요구하지는 않고 있으므로 행정행위로 보는 것이 타당하다.

(3) 종 류(처분의 대상 기준)

1) 인적 일반처분

일반적인 징표를 근거로 하여 특정되어 질 수 있는 불특정다수인을 상대로 일반처분을 발령하는 것이다. 어떤 시민단체의 구성원들이 특정지역에서 시위를 하는 것에 대해 시위해산명령을 내리는 경우가 그 예이다.

2) 물적 일반처분

물건을 대상으로 물건의 공법적 상태를 직접적으로 규율하고 물건의 이용관계 등 개인의 권리·의무를 간접적으로 규율하는 처분이다. 도로의 공용개시행위, 도로에 설치된 일방통행표지판, 교통신호, 개별공시지가결정 등이 그 예이다. 대법원도 개별공시지가에 대해 처분성을 인정하고 있다.[14)]

3) 이용규율로서의 일반처분

국공립도서관 등과 같은 영조물 기타 공공시설 이용규율을 일반처분으로 보는 것이다. 그러나 우리나라의 경우 행정규칙으로 파악하므로 일반처분으로 보기 어렵다.

(4) 권리구제

1) 항고소송

① **처분성의 인정**

일반처분이 위법한 경우 이에 대해 수명자는 항고소송을 제기하여 그 위법성

14) "시장·군수 또는 구청장의 개별토지가격결정은 관계법령에 의한 토지초과이득세, 택지초과소유부담금 또는 개발부담금 산정의 기준이 되어 국민의 권리나 의무 또는 법률상 이익에 직접적으로 관계되는 것으로서 행정소송법 제2조 제1항 제1호 소정의 행정청이 행하는 구체적 사실에 관한 법집행으로서의 공권력행사이므로 항고소송의 대상이 되는 행정처분에 해당한다."(대판 1994. 2. 8. 93누111)

을 다툴 수 있다. 이 경우 쟁송법상의 처분성이 인정됨은 앞서 본 바와 같다.

② 일반처분에 대한 취소판결의 대세효 여부

이 경우 취소소송에서 인용판결을 받은 경우 당해 소송을 제기한 원고 이외에 소송을 제기하지 않은 제3자도 취소소송의 승소판결을 자신을 위해 원용할 수 있는지가 문제이다. 이른바 일반처분에 대한 취소판결의 대세효 인정 여부이다.

i) 절대적 효력설

일반처분이 불특정 다수인을 상대로 하는 처분이고, 공법관계의 통일적·획일적 적용이 강하게 요청된다는 점에서 절대적 효력을 갖는다는 견해이다.

ii) 상대적 효력설

취소소송이 주관적 권리구제를 위한 소송인 점 등을 이유로 당해소송을 제기한 원고에게만 효력이 미친다고 보는 견해이다.

iii) 소 결

일반처분 전체 수명자의 이익에 기여하고, 공법관계의 획일적 규율이 요청된다는 점을 생각할 때 절대적 효력설이 타당하다.

2) 손해전보

일반처분으로 인하여 처분의 당사자에게 손해가 발생한 경우 국가배상과 손실보상청구도 가능하다.

5. 상대방의 협력여부를 기준으로 하는 경우

(1) 독립적 행정행위(일방적 행정행위, 협의의 단독행위, 직권행위)

상대방의 협력을 요건으로 하지 않고 직권으로 하는 행정행위로 조세부과·경찰하명·허가취소·공무원의 징계 등이 있다.

(2) 쌍방적 행정행위

상대방의 신청·동의·출원 기타 행정청의 협력 등이 유효요건 또는 적법요건이 되는 행정행위로 특허·허가 등이 그러하다.

6. 수령여부에 따른 분류

(1) 수령을 요하는 행정행위

수령을 요하는 행정행위는 의사표시가 상대방에게 도달되어야 효력이 발생한다.

(2) 수령을 요하지 않는 행정행위

수령을 요하지 않는 행정행위 공시·공고함으로서 효력이 발생한다.

7. 형식에 의한 분류

(1) 요식행위

일정한 형식이 행위의 유효 또는 적법요건인 행정행위를 말한다.

(2) 불요식행위

특정한 형식을 요하지 않는 행정행위를 말한다.

8. 법률상태의 변동여부를 기준으로 한 분류

(1) 적극적 행정행위

하명·허가·특허 등과 같이 현재의 법률 상태에 변동을 가져오는 내용의 행정행위를 말한다.

(2) 소극적 행정행위

신청의 거부처분이나 행위의무가 지워진 경우의 부작위 등과 같이 현재의 법률 상태를 그대로 존속시키는 내용의 행정행위를 말한다.

9. 행정행위의 대상에 따른 분류

(1) 대인적(對人的) 행정행위

행정행위의 대상이 특정인으로 순전히 사람의 학식·기술·경험과 같은 주관적 사정에 착안하여 행하여진 행정행위로 의사면허, 운전면허, 인간문화재지정 등이 그 예로 이전이 불가하다.

(2) 대물적(對物的) 행정행위

행정행위의 대상이 특정물건 또는 시설로서 오직 그 물건 또는 시설의 객관적 사정에 착안하여 행하여지는 행정행위로 건축물준공검사, 자동차검사증 교부 등이 그 예로 이전이 가능하다.

(3) 혼합적(混合的) 행정행위

대인적 요소와 대물적 요소를 함께 가진 행정행위로 석유사업허가, 종합병원설립허가 등이 그 예로 이전성이 제한된다.

10. 단계적 행정결정

(1) 의 의

최종적 행정행위를 하기까지 여러 단계를 통해 연계적으로 이뤄지는 행정결정을 의미한다. 복잡하고 장시간이 소요되는 결정과정(예 : 원자력발전소, 공항건설, 고속전철사업 등 대규모사업에 대한 허가절차)에 예견가능성과 유연성을 확보하기 위하여 발전된 제도로 다단계 행정결정, 단계화된 행정절차 등의 용어로 쓰인다.

최종적 행정행위에 대한 사전 표시제도인 확약 및 가행정행위가 있고, 여러 단계를 거치면서 부분적으로 행정행위를 하고 그것들이 모여 나중에 하나의 최종적인 행정행위로 완성되는 예비결정 및 부분허가로 나뉜다.

(2) 예비결정(예비허가, 사전결정)

1) 의 의

종국적인 행정행위(최종적 결정)를 하기 전에 사전 단계로 종국적 행정행위에 요구되는 여러 요건 중 개별적인 몇몇 요건에 대한 종국적 판단으로 미리 내려지는 결정을 의미한다. 예비결정의 예로는 건축법 제7조의 사전결정, 폐기물관리법 제25조의 적합·부적합 통보, 원자력법 제11조 제3항의 사전승인 등을 들 수 있다. 예비결정은 그 자체가 종국적 최종 판단이라는 점에서 잠정적 결정에 불과한 가행정행위와 종국적 행위에 대한 약속에 불과한 확약과 구별되고, 시설 일부에 대한 사용승인과 같은 어떠한 부분적 종국행위를 허용하는 부분허가와 구별된다.

2) 법적 성질 및 근거

예비결정도 행정행위의 개념적 징표를 모두 갖추고 있으므로 처분성이 인정되는 독립된 행정행위이다. 대법원도 같은 입장이다.[15] 법령의 근거가 없어도 본처분권에 내재적으로 포함되어 있어서 최종적 행정행위에 대한 근거만 있다면 발할 수 있다고 보는 것이 일반적인 견해이다.

3) 효 과

① 예비결정의 구속력

비록 중간단계의 결정이지만 그 자체로 최종 행정행위의 요건 중 일부에 대한 최종결정이라는 점에서 특별한 사정이 없는 한 예비결정된 사안은 그대로 인정된다. 대법원도 예비결정의 구속력을 인정한다.[16]

---

15) "폐기물관리법 관계 법령의 규정에 의하면 폐기물처리업의 허가를 받기 위하여 먼저 사업계획서를 제출하여 허가권자로부터 사업계획에 대한 적정통보를 받아야 하고, 그 적정통보를 받은 자만이 일정기간 내에 시설, 장비, 기술능력, 자본금을 갖추어 허가신청을 할 수 있으므로, 결국 부적합 통보는 허가신청 자체를 제한하는 등 개인의 권리 내지 법률상의 이익을 개별적이고 구체적으로 규제하고 있어 행정처분에 해당한다."(대판 1998. 4. 28, 97누21086)

16) "폐기물관리법 제26조 제1항, 제2항 및 같은 법 시행규칙 제17조 제1항 내지 제5항의 규정에 비추어 보면 폐기물처리업의 허가에 앞서 사업계획서에 대한 적정·부적합 통보 제도를 두고 있는 것은 폐기물처리업을 하고자 하는 자가 스스로 시설 등을 설치하여 허가신청을 하였다가 허가단계에서 그 사업계획이 부적정하다고 판명되어 불허가되면 허가신청인이 막대한 경제적·시간적 손실을 입게 되므로, 이를 방지하는 동시에 허가관청으로 하여금 미리 사업계획서를 심사하여 그 적정·부적합 통보 처분을 하도록 하고, 나중에 허가단계에서는 나

② 위법한 예비결정 또는 사정변경의 경우

예비결정 자체가 위법하거나 예비결정과 최종행정행위 사이에 법령 또는 사실관계의 변동이 생긴 경우 최종행정행위 결정시 예비결정과 다른 결정도 가능하다. 이 경우에는 협의의 비례의 원칙에 따라 그와 같이 사정변경이 생긴 공익과 사인의 예비결정에 대한 신뢰와의 사익을 비교형량하여 최종행정행위를 결정해야 한다.[17)]

4) 권리구제

예비결정도 행정쟁송법상 처분에 해당하므로 위법한 경우 행정소송의 대상이 된다.

① 예비결정의 발령단계

예비결정의 발령단계에서 사인이 예비결정 신청을 하였으나 정당한 이유 없이 신청을 불허 또는 부작위하는 경우 거부처분취소소송 또는 부작위위법확인소송을 제기할 수 있다. 한편, 예비결정으로 인해 피해를 입게 된 제3자효 행정행위의 제3자는 예비결정에 대해 취소소송을 제기할 수도 있다.

② 최종결정의 발령단계

예비결정 후 최종결정을 발하지 않고 있는 경우에 예비결정을 받은 사인은 신뢰보호의 원칙을 근거로 최종결정을 발할 것을 신청하고 그에 대해 부작위하면 부작위위법확인소송을, 거부하면 거부처분취소소송을 제기할 수 있고, 예비결정과 반대되는 최종결정을 내린 경우에는 취소소송을 제기할 수 있다.

거지 허가요건만을 심사하여 신속하게 허가업무를 처리하는데 그 취지가 있다."(대판 1998. 4. 28. 97누21086)

17) "폐기물처리업에 대하여 사전에 관할 관청으로부터 적정통보를 받고 막대한 비용을 들여 허가요건을 갖춘 다음 허가신청을 하였음에도 다수 청소업자의 난립으로 안정적이고 효율적인 청소업무의 수행에 지장이 있다는 이유로 한 불허가처분이 신뢰보호의 원칙 및 비례의 원칙에 반하는 것으로서 재량권을 남용한 위법한 처분이다."(대판 1998. 5. 8. 98두4061)

(3) 부분허가(부분승인)

1) 의 의

단계화된 행정절차에서 큰 시설물 전체 중 일부에 대해서 사전에 특정 행위를 할 수 있는 허가(승인)를 받는 것을 의미한다.

원자력 발전소의 설립·운영과 같이 비교적 장기간의 시간을 필요로 하고 일부 공사에 관련된 행위 등을 미리 할 필요가 있는 경우에 최종적 결정을 유보하면서 부분적으로 허가해 주는 것으로 그 유용성이 인정된다. 부분인가, 부분인허가, 부분승인, 일부결정, 부분행정행위 등으로 표현되며, 현행법상 원자력법 제11조 제3항, 제4항, 주택법 제29조 제1항 단서, 제4항 등이 이에 해당한다.

부분허가는 그 자체가 종국적 행위라는 점에서는 예비결정과 유사하나, 종국적 행정행위 중 일부에 대하여 특정 행위를 할 수 있다는 점에서 종국적 행정행위의 요건 중 일부에 대해 미리 종국적 결정을 받는 것에 불과한 예비결정과 구별되고, 그 자체 종국적 행위라는 점에서 잠정적 결정에 불과한 가행정행위와 종국적 행위에 대한 약속에 불과한 확약과도 구별된다.

2) 법적 성질 및 근거

전체 행정행위 중 일부이지만 종국적 행정행위에 해당하여 행정행위성(처분성)이 인정되어 행정심판 및 항고소송의 대상이 되며, 판례도 이를 인정한다.[18] 부분허가 처분권은 최종행정행위에 포함되므로 비록 명문의 규정이 없어도 부분허가가 가능하다.

---

18) "원자력법 제11조 제3항 소정의 부지사전승인제도는 원자로 및 관계시설을 건설하고자 하는 자가 그 계획 중인 건설부지가 원자력법에 의하여 원자로 및 관계시설의 부지로 적법한지 여부 및 굴착공사 등 일정한 범위의 공사(이하 '사전공사'라 한다)를 할 수 있는지 여부에 대하여 건설허가 전에 미리 승인을 받는 제도로서, 원자로 및 관계시설의 건설에는 장기간의 준비·공사가 필요하기 때문에 필요한 모든 준비를 갖추어 건설허가신청을 하였다가 부지의 부적법성을 이유로 불허가될 경우 그 불이익이 매우 크고 또한 원자로 및 관계시설 건설의 이와 같은 특성상 미리 사전공사를 할 필요가 있을 수도 있어 건설허가 전에 미리 그 부지의 적법성 및 사전공사의 허용 여부에 대한 승인을 받을 수 있게 함으로써 그의 경제적·시간적 부담을 덜어 주고 유효·적절한 건설공사를 행할 수 있도록 배려하려는 데 그 취지가 있다고 할 것이므로, 원자로 및 관계시설의 부지 사전승인처분은 그 자체로서 건설 부지를 확정하고 사전공사를 허용하는 법률효과를 지닌 독립한 행정처분이다."(대판 1998. 9. 4. 97누19588)

3) 부분허가의 구속력

부분허가를 받은 부분은 행정청의 종국적 판단이므로 행정청은 최종행정행위를 함에 있어서 부분허가가 난 부분과 상충되는 결정이 불가능하다. 그러나 사정변경이 생긴 경우 공익과 사익을 비교형량하여 부분허가를 취소 또는 철회하고 그와 다른 최종판단이 가능하다.

4) 권리구제

부분허가도 행정쟁송법상 처분개념에 해당하므로 위법한 경우 행정소송의 대상이다.

① 부분허가의 발령 단계

i) 내용

부분허가의 발령단계에서 사인이 부분허가 신청을 하였으나 행정청이 정당한 이유 없이 신청을 불허 또는 부작위하는 경우 거부처분취소소송 또는 부작위위법확인소송을 제기할 수 있다.

ii) 부분허가에 대한 취소소송 계속 중 종국허가가 나온 경우의 협의의 소의 이익

부분허가에 대해 제3자효 행정행위의 제3자가 이에 대해 취소소송으로 다투는 도중 최종적인 허가가 나온 경우 기존의 부분허가에 대한 소의 이익이 소멸되는지가 문제된다.

가) 긍정설

이 경우 선행행위는 후행행위에 흡수되고 따라서 종국처분에 부분허가는 흡수되어 협의의 소의 이익을 상실한다는 견해로 판례도 긍정설을 취하고 있다.[19]

나) 부정설

부분허가에 대한 위법성을 종국허가에서 다투는 것은 부분허가의 구속력에 반

---

19) "원자로 및 관계시설의 부지사전승인처분은 그 자체로서 건설부지를 확정하고 사전공사를 허용하는 법률효과를 지닌 독립한 행정처분이기는 하지만, 건설허가 전에 신청자의 편의를 위하여 미리 그 건설허가의 일부 요건을 심사하여 행하는 사전적 부분 건설허가처분의 성격을 갖고 있는 것이어서 나중에 건설허가처분이 있게 되면 그 건설허가처분에 흡수되어 독립된 존재가치를 상실함으로써 그 건설허가처분만이 쟁송의 대상이 되는 것이므로, 부지사전승인처분의 취소를 구하는 소는 소의 이익을 잃게 되고, 따라서 부지사전승인처분의 위법성은 나중에 내려진 건설허가처분의 취소를 구하는 소송에서 이를 다투면 된다."(대판 1998. 9. 4. 97누19588)

하여 허용되지 않고, 부분허가에 대한 취소소송을 통해 원고승소판결을 받아 소급적으로 효력을 상실하면 그에 기초한 최종 행정행위도 법적 원인을 상실하여 무효가 되므로 부분허가에 대한 취소소송의 독자적 이익이 있으며, 다툴 수 있는 기회를 일찍 주어야만 사업자는 더 이상 투자를 하지 않아 재산상의 손실도 방지하고 침해를 받고 있는 제3자도 그만큼 유리하게 된다는 이유로 이를 부정하는 견해이다.

② 최종행정행위의 발령단계

부분허가 후 최종행정행위의 발령단계에서 최종결정을 발령하지 않고 있는 경우에는 그에 대한 발령신청을 한 후 그에 대해 부작위하면 부작위위법확인소송을, 거부하면 거부처분취소소송을 제기할 수 있고, 반면 부분허가와 반대되는 최종결정을 내린 경우에는 신뢰보호의 원칙을 이유로 취소소송을 제기할 수 있다.

(4) 가행정행위

1) 의 의

종국적 행정행위가 있기 전에 행정법관계를 잠정적으로 규율하는 행정행위를 의미한다. 사실관계와 법률관계의 심사를 유보한 상태에서 당해 행정법관계의 권리와 의무의 일부 또는 전부를 잠정적으로 확정하는 행위를 말한다. 가행정행위는 행정법관계가 확정적으로 정해지기 전이라도 당사자의 이익 또는 행정목적의 달성을 위해서 필요한 경우에 행해지는 것으로 그 정당성이 인정된다.

가행정행위는 잠정적인 판단에 불과하다는 점에서 그 자체 종국적인 판단에 해당하는 예비결정, 부분허가와 구별되고, 가행정행위는 본행정행위와 동일한 효력이 발생한다는 점에서 특정 행정행위의 발령・불발령에 대한 약속에 불과하고 행정행위의 효력이 발생하지 않는 확약과도 구분된다.

2) 인정 영역

일반적으로 급부행정에서 보조금 지급과 관련해 수령자의 이익을 위해 가급적 빠른 시일 내에 제공하기 위해 인정한다. 한편, 침해행정인 조세행정과 관련해 최종적인 세액을 확정하기 전에 잠정세액(중간예납세액)을 정해 이를 과세하여 국가의 재정을 확보하고 사후의 확정적인 세액결정을 통해 추가징수 또는 환급 등을 해주는 경우에도 인정된다(소득세법 제65조 등). 징계의결 요구 중인 자에 대한 직위해제, 국민기초생활보장법상 수급신청자에 대한 자력조사 전의 수급품지급 등이 그 예이다.

3) 법적 성질 및 근거

① 법적 성질

가행정행위의 행정행위성(처분성) 인정여부에 대하여 긍정설(일반적 행정행위설)과 부정설(특수한 행정행위설)이 대립하며 전자가 다수설이다.

② 법적 근거

법률유보 원칙의 적용여부에 대하여 본행정행위 발령권에 가행정행위의 발령권도 포함되어 있다고 보아 법적 근거가 필요 없다고 보는 적용 부정설이 다수설이다.

4) 가행정행위의 특성

사실관계와 법률관계의 미확정성, 잠정적 규율성, 종국적 결정에 의한 대체성이 있다. 따라서 불가변력이 발생하지 않는다.

5) 가행정행위의 효력(구속력 인정 여부)

잠정적 결정에 불과하기 때문에 본행정행위를 구속하지 않는다. 따라서 사인이 가행정행위를 신뢰하여도 이는 잠정적 효과만 가지므로 신뢰보호의 원칙을 주장할 수 없다.

6) 권리구제

가행정형위도 행정쟁송법상 처분개념에 해당하므로 위법한 경우 행정소송의 대상이 된다.

① 가행정행위 발령 단계

ⅰ) 내용

가행정행위의 발령단계에서 사인이 발령 신청을 하였으나 행정청이 정당한 이유

없이 신청을 불허 또는 부작위하는 경우 거부처분취소소송 또는 부작위위법확인소송을 제기할 수 있다. 한편, 가행정행위로 인해 피해를 입게 된 경우에는 가행정행위 자체에 처분성이 인정되므로 그에 대해 취소소송을 제기할 수도 있다.

ii) 가행정행위의 취소소송 중 본행정행위가 나온 경우 협의의 소의 이익

학설은 가행정행위는 본행정행위가 있게 되면 본행정행위에 의해 대체되기 때문에 이 경우 협의의 소의 이익이 없게 된다고 보는 견해도 있다.

② 최종행정행위의 발령단계

가행정행위 후 본행정행위의 발령단계에서 최종결정을 발령하지 않고 있는 경우에는 그에 대한 발령신청을 한 후 그에 대해 부작위하면 부작위위법확인소송을, 거부하면 거부처분취소소송을 제기할 수 있다. 다만, 구속력이 인정되지 않으므로 가행정행위와 다른 본행정행위를 하더라도 이에 대해 취소소송을 제기하면 다른 사정이 없는 한 패소할 것이다.

(5) 확 약

1) 의 의

확약이란 행정청이 국민에 대해 특정 행정행위를 하거나 하지 않을 것을 미리 약속하는 자기구속적 의사표시를 말한다. 예컨대, 실무상 본 인·허가의 발령 전에 미리 인·허가 발급을 약속하는 경우(내인가, 내허가)가 그 예에 해당하며, 공무원의 임용내정, 무허가건물의 자진철거자에 대한 아파트입주권약속, 주민에 대한 개발사업 약속 등이 있다. 확약은 종국적·최종적 판단이 아니라는 점에서 예비결정, 부분허가와 구분되고, 단순한 행정행위의 약속에 불과하고 행정행위의 효력이 발생하는 것이 아니라는 점에서 본행정행위와 동일한 효력이 발생하는 가행정행위와도 구별된다.

2) 법적 근거

현행법상 확약에 관한 일반법은 없고 개별법만 존재하는 바, 확약에 관한 근거규정이 있으면 당연히 허용되나 법적 근거가 없는 경우가 문제된다.

① 부정설

확약의 권한과 본행정권한의 발령권한은 별개라는 전제에서 명문 규정이 없으면 확약의 발령권한도 인정할 수 없다는 견해이다.

② 긍정설(본처분권한포함설)

확약의 발령권한은 본처분권에 당연히 포함되므로 법적 근거가 불요하다고 보는 견해로 다수설의 입장이다.

3) 법적 성질 – 행정행위성(처분성)인정여부

① 부정설

확약단계에서는 아직까지는 종국적 규율성이 결여되어 있다고 보아 행정행위성(처분성)을 부인하고 독자적인 행위형식으로 보는 견해로 판례도 부정설을 취하고 있다.[20]

② 긍정설

확약은 행정청에 대해 장래에 이행·불이행을 의무지우는 효과가 있어 구속성이 있으므로 행정행위성(처분성)을 인정하는 견해로 다수설이다.

4) 확약의 요건

본처분에 대해 정당한 권한을 가진 행정청이 그 권한의 범위 내에서 가능하고, 그 내용이 적법, 가능, 명확해야 한다. 형식(문서여부)에 대해서는 견해가 대립하나 문서로 하는 것이 증명적 효력이 있어 바람직하며, 개별규정에 일정 절차가 규정되어 있는 경우 그 절차를 거쳐야만 적법하다.

20) "어업권면허에 선행하는 우선순위결정은 행정청이 우선권자로 결정된 자의 신청이 있으면 어업권면허처분을 하겠다는 것을 약속하는 행위로서 강학상 확약에 불과하고 행정처분은 아니므로, 우선순위결정에 공정력이나 불가쟁력과 같은 효력은 인정되지 아니하며, 따라서 우선순위결정이 잘못되었다는 이유로 종전의 어업권면허처분이 취소되면 행정청은 종전의 우선순위결정을 무시하고 다시 우선순위를 결정한 다음 새로운 우선순위결정에 기하여 새로운 어업권면허를 할 수 있다."(대판 1995. 1. 20. 94누6529)

5) 내용상 요건의 특수문제

① 기속행위의 확약 가능성

재량행위의 경우에는 이설이 없으나, 기속행위의 경우에도 확약이 가능한지가 문제된다. 기속행위는 본처분이 반드시 발해져야 되므로 확약이 의미 없다는 이유로 부정하는 견해가 있고(부정설), 기속행위와 재량행위와의 구별이 애매한 경우가 많고, 기속행위의 경우에도 상대방에게 예지이익 및 대처이익이 주어질 수 있다는 이유로 이를 긍정하는 견해가 있다(긍정설). 긍정설이 다수설이다.

② 요건사실 완성 후의 확약의 가능성

본행정행위의 요건사실이 완성된 경우에도 확약을 할 수 있는지가 문제된다. 본처분의 요건사실이 완성되면 확약이 아니라 본처분을 해야 한다는 이유로 부정하는 견해가 있고(부정설), 본처분의 요건사실이 완성되어도 아직 발령이 안된 상태에서 확약이 주어지면 상대방에게 예지이익 및 대처이익이 생기므로 이를 긍정하는 견해가 있다(긍정설). 긍정설이 다수설이다.

6) 확약의 효과

① 확약의 구속력

확약이 있으면 행정청은 신뢰보호의 원칙에 따라 확약대로 본행정행위를 해야 할 구속력이 발생하고, 상대방은 그에 대한 이행청구권이 발생한다.

② 위법한 확약 또는 사정변경의 경우(확약의 취소, 철회, 실효의 문제)

학설은 확약 자체에 위법성이 인정되거나 확약 후 본행정행위 사이에 법령 또는 사실관계에 변경이 생기면 확약의 취소·철회·실효가 가능하다고 본다. 이 경우 행정행위의 취소·철회의 일반원리에 따라 수익적 행정행위의 취소·철회의 경우 협의의 비례 원칙에 따라 법률적합성의 원칙이라는 공익 또는 사정변경이라는 공익과 상대방의 확약대로 이루어질 것으로 믿는 신뢰라는 사익을 비교형량하여 구속력의 제한 또는 배제를 결정해야 할 것으로 보는 것이 학설의 일반적인 견해이다.

판례는 사정변경의 경우 행정청의 별다른 의사표시 없이 바로 실효된다고 본다.[21]

---

21) "행정청이 상대방에게 장차 어떤 처분을 하겠다고 확약 또는 공적인 의사표명을 하였다고 하

7) 권리구제

① **행정쟁송**

확약은 처분성이 인정되어 확약과 다른 처분이 행하여지거나 확약된 처분이 행하여지지 않는 경우 의무이행심판, 거부처분취소소송, 부작위위법확인소송 등에 의한 구제가 가능하나, 판례에 따르면 확약의 처분성을 부정하여 소송의 대상성이 부정된다.

② **손해전보**

확약의 불이행 또는 위법한 확약으로 인해 손해를 입은 경우 국가배상청구가 가능하다. 적법한 확약이 공익을 이유로 변경되어 특별희생이 발생하면 손실보상청구도 가능하다.

Ⅲ. 행정행위의 내용

1. 법률행위적 행정행위

의사표시를 구성요소로 하고 그 효과의사의 내용에 따라서 법률적 효과를 발생하는 행정행위를 법률행위적 행정행위라 한다.

(1) 명령적 행정행위

명령적 행정행위란 행정행위의 상대방에 대하여 일정한 의무를 과하거나 이미 과하여진 의무를 해제함을 내용으로 하는 행정행위를 말한다. 그 내용에 따라 하명, 허가, 면제로 나눌 수 있다.

더라도, 그 자체에서 상대방으로 하여금 언제까지 처분의 발령을 신청을 하도록 유효기간을 두었는데도 그 기간 내에 상대방의 신청이 없었다거나 확약 또는 공적인 의사표명이 있은 후에 사실적·법률적 상태가 변경되었다면, 그와 같은 확약 또는 공적인 의사표명은 행정청의 별다른 의사표시를 기다리지 않고 실효된다."(대판 1996. 8. 20. 95누10877)

1) 하명(下命)

① 의 의

일반통치권에 기하여 국민의 자유를 제한하고 의무를 부과하는 행정행위를 말하며, 작위·부작위·급부·수인을 명하는 행정행위가 있다. 부작위의 의무를 과하는 하명을 특히 금지라고도 하고, 이에 대하여 작위·급부·수인의 의무를 과하는 것만을 가리켜 명령이라고도 한다.

② 성 질

하명은 개인의 자유를 제한하거나 새로운 의무를 과하는 것을 내용으로 하는 소위 부담적 행정행위에 속하기 때문에 법령의 근거를 필요로 함은 물론, 기속행위인 것이 원칙이다. 따라서 법령에서는 하명의 요건과 효과 등을 구체적이고 엄격하게 규정하여 행정청의 재량의 여지를 남기지 않는 것이 보통이다.

③ 종 류

ⅰ) 의무의 내용에 따른 분류

가) 작 위

일정한 행위를 할 것을 명하는 하명으로 청소, 철거명령, 소방협력, 예방접종 의무부과, 공해방지시설 개선명령 등이 그 예이다.

나) 부작위

일정한 행위를 하지 말 것을 명하는 하명으로 통행금지, 주차금지, 무기 매매금지, 주택의 일정기간 전매금지 등이 그 예이다.

다) 급 부

금전 기타 재화의 급부의무를 명하는 하명으로 조세부과처분 등이 그 예이다.

라) 수 인

행정기관의 실력행위에 대해 수인해야 할 하명으로 대집행, 즉시강제에 대한 수인의무부과 등이 그 예이다.

ⅱ) 목적 따른 분류

하명을 목적에 따라 분류하면 경찰하명, 군정하명, 재정하명, 규제하명, 조직하명 등으로 구분된다.

iii) 상대에 따른 분류

가) 개별하명

특정인에 대한 개별적 처분으로 통지가 그 예이다.

나) 일반하명

불특정다수인에 대한 일반적 처분으로 공고가 그 예이다.

iv) 대상에 따른 분류

허가를 대상에 따라 분류하면 사람을 대상으로 하는 대인적인 하명(이전 불가능), 물건을 대상으로 하는 물적인 하명(이전 가능), 양자 모두를 요구하는 혼합적인 하명(이전 가능 또는 이전 불가능)이 있다.

④ 대 상

교통장애물의 제거, 불법광고물이나 건물철거 등과 같이 주로 사실행위를 대상으로 하고 간혹 무기매매금지, 고시가격 초과판매 금지 등과 같은 법률행위도 대상이 된다.

⑤ 효 과

공법상 의무(작위, 부작위, 수인, 급부 의무)가 발생한다. 하명위반행위의 법률상 효과는 사법상 효과에는 영향이 없으며, 단지 강제집행(의무불이행자에 대해 의무이행을 강제)과 행정벌(의무불이행자에 대해 벌칙을 적용하여 처벌)의 대상이 될 뿐이다.

2. 허 가

① 의 의

일반적, 예방적, 상대적 금지를 특정한 경우에 해제하여 자연적 자유를 회복함으로 인해 적법하게 일정한 행위를 할 수 있게 하는 행정행위를 말한다. 허가는 실정법상 허가라는 용어 이외에 면허, 인가, 승인, 등록 등의 각종용어로 사용된다.

② 성 질

i) 명령적 행위 · 형성적 행위 여부

가) 명령적 행위설

허가는 질서유지 차원에서 일반적 · 예방적으로 자유권을 금지시킨 뒤(부작위하명) 일정한 요건이 되면 이를 해제시켜 주는 것으로 이는 부작위하명에 상응하는 것이므로 이 역시 명령적 행위로 보는 견해로 종래의 통설이다.

나) 형성적 행위설

허가는 단순히 자연적 자유를 회복시켜 주는 것이 아니라 적법하게 일정한 행위를 할 수 있도록 해주는 것으로 이는 국민의 법률관계를 새롭게 형성시켜주는 형성행위로 보는 견해이다.

다) 양면성설

허가는 명령적 행위와 형성적 행위의 성격을 모두 가지고 있는 혼합적 행위로 보고 있는 견해로 다수설이다. 예컨대 단란주점영업허가의 경우 금지의 해제라는 소극적 관점에서 보면 명령적 성질이고, 단란주점을 경영할 수 있다는 적극적 관점에서 보면 형성적 성질도 있다.

라) 판 례

대법원은 명령적 행위설을 취하고 있다.[22)]

명령적 행정행위와 형성적 행정행위의 구분

참고

① 명령적 행위[命令的 行爲]

국민에 대해 "**자연적으로 가지는**" 자유를 제한하고, 의무를 명하며, 또한 특정한 경우에 이런 의무를 면제하는 행정행위이다. 이러한 점에서, 제3자에 대항할 수 있는 법률상의 힘을 부여하고 또는 이것을 부정하는 것을 목적으로 국민에게 특정한 권리, 권리능력, 행위능력, 법률관계 등을 설정・변경・소멸시키는 행위인 형성적 행위와 구분된다. 명령적 행위에는 하명・허가・면제 등이 포함된다.

② 형성적 행위[形成的 行爲]

국민에게 "**자연적으로는 갖지 않는**" 특정한 권리, 권리능력, 행위능력, 법률관계 등을 설정・변경・소멸시키는 행정행위이다. 형성적 행위는 제3자에 대항할 수 있는 법률상의 힘을 부여하고 또는 이것을 부정하는 것을 목적으로 하는 점에서, 국민의 자연적인 자유의 제한 또는 해제를 목적으로 하는 명령적 행위와 구분된다. 형성적 행위에는 특허・대리・인가 등이 포함된다.

---

22) "한의사 면허는 경찰금지를 해제하는 명령적 행위(강학상 허가)에 해당한다."(대판 1998. 3. 10. 97누4289)

ii) 기속행위 · 재량행위 여부

본래 허용된 행위의 예방적 금지를 일정한 요건 하에 이를 해제하는 것이므로 요건 충취 시 이를 해제하지 않으면 특별한 이유 없이 기본권을 제한하는 것이므로 원칙적으로 기속행위이다. 다만, 공익상 또는 안전상의 이유 등으로 인해 예외적으로 재량행위인 경우가 있다(건축법 제8조 5항 등).[23]

iii) 행위의 적법요건

허가는 행위의 유효요건이 아니라 적법요건이다. 따라서 허가 없이 한 행위는 효력에는 문제가 없으나 위법이여서 벌칙이 적용된다.

참고

적법요건과 효력(유효)요건

① 의 의

적법요건은 위반해도 효력에는 문제가 없으나 위법이여서 벌칙이 적용되는 것이고 효력요건은 위반 시 효력자체가 발생하지 않아서 무효가 되는 것이다.

② 적법요건의 예

음식점 영업허가는 적법요건으로 허가를 받지 않으면 이는 위법인 행위이고 허가를 받으면 이는 적법한 행위가 된다. 여기서 주의할 점은 허가라는 적법요건을 갖추지 않으면 위법임이 확실하여 처벌이라는 행정적 제재가 가해지지만 그렇다고 효력이 발생하지 않는다는 것은 아니다. 즉 영업허가 없는 음식점의 음식물 매매행위는 음식점 업주와 소비자 간에 그대로 유효한 것이다. 즉, 적법요건은 어떤 행위를 적법하게 하는 요건으로 위반 시 위법이 되지만 효력은 그대로 발생한다.

③ 효력요건의 예

사립학교 총장취임은 교육과학기술부장관의 승인(학문적으로는 인가에 해당)을 받아야 한다. 그런데 총장후보자가 이사회의 선임은 받았지만 교육부장관의 승인을 받지 않았다면 이는 총장으로서의 효력이 전혀 발생하지 않는다. 따라서 이후 총장이 하는 행위는 무효이며, 총장명의로 수여하는 학위증도 무효가 된다. 즉, 효력(유효)요건은 말 그대로 지키면 그 행위가 효력을 발생하지만(유효하지만) 지키지 않으면 효력 자체가 발생하지 않는다.

---

23 판례는 건축허가라 하여도 그에 따라 의제되는 인 · 허가 등이 재량행위인 경우에는 건축허가도 재량행위라고 판시한 바 있다.(대판 2005. 7. 14. 2004두6181 등)

③ 허가의 종류

ⅰ) 대상에 따른 분류

가) 대인적 허가

주관적 사정으로 이전이 불가능하며, 의사면허, 운전면허 등이 그 예이다.

나) 대물적 허가

물질·객관적 사정으로 이전이 가능하며, 주유소·음식점 영업허가, 채석허가 등이 그 예이다.

다) 혼합적 허가

사람과 물건 양자에 걸쳐있는 허가로 대인부분은 이전불가하고, 대물부분은 이전가능하며, 종합병원·약국 영업허가 등이 있다.

ⅱ) 목적에 따른 분류

조직법상 허가, 경찰허가(질서행정상 허가), 급부행정상 허가, 규제행정상 허가, 재정허가, 군정허가, 특별권력관계상 허가 등이 있다.

④ 허가의 대상

건축허가처럼 주로 사실행위를 대상으로 하고, 예외적으로 무기양도허가와 같이 법률행위를 대상으로 한다.

⑤ 허가의 내용

수정허가는 가능하나, 상대방의 동의 시 효력이 완성된다. 허가 시 그 기준으로 경찰목적상 공공질서·위험방지를 위해 안전성(자동차운행허가는 자동차의 안전성확보, 주유소설치허가는 화재로부터 안정성확보)·신뢰성(전과자에게 대한 각종 허가제한)·전문성(의사·약사 면허 시 일정한 교육과정과 국가시험 합격을 요건으로 하고, 자동차운전면허에 일정한 필기와 실기시험을 요함)이 요구된다. 신청(출원)이 원칙이나, 예외적으로 직권허가(예 : 통행금지해제)가 인정된다.

⑥ 허가의 효과

ⅰ) 금지의 해제로 인한 자유권의 회복

허가로 인해 사인은 본래 허용되었던 행위가 예방적 차원에서 금지되어 있었으나 이것이 해제되어 자유권을 회복하게 되어 일정한 행위를 할 수 있게 된다.

이러한 효과는 헌법이 보장하는 이익의 회복으로 법률상 이익에 해당하므로 침해 시 행정소송의 대상이 된다.

ii) 경업상 이익(반사적 이익)

허가로 인해 사인은 영업을 영위함으로써 경영상의 이익을 향유하게 된다. 그러나 이러한 경영상의 이익은 통상 반사적 이익으로 보고 있다. 허가와 관련된 근거법령은 허가로 인해 어떠한 행위를 할 수 있게끔 허용할 뿐이지 그로 인해 영위하는 이익까지 보장하는 것은 아니기 때문이다. 따라서 동종업종이 허가를 받아 그로 인해 사인의 영업상 이익이 감소하게 되었다 하더라도 사인은 그에 대해 법률상 이익의 침해로 항고소송을 제기할 수 없다고 본다. 한편, 이러한 논리는 예외를 불허하는 것은 아니다. 즉, 허가로 인해 누리는 영업상 이익이라 하여도 관계규정의 법해석을 통해 공익과 함께 기존업자의 이익도 보호하고 있다고 해석될 경우(거리제한규정, 영업구역제한규정) 경영상 이익은 법률상 이익이 될 수도 있다.

iii) 타법상의 제한

특정행위에 대한 법규상의 해제일 뿐 해당 금지 이외의 법적 제한까지의 해제는 불가능하다. 예컨대, 공무원의 음식점 영업허가는 가능하나, 공무원법상 영리행위의 금지까지 해제되는 것은 아니므로 영업행위는 불가능하다.

iv) 지역적 효과

허가 행정청의 관할 구역에만 미치는 것이 원칙이나, 법령의 규정이나 허가의 성질상 그렇지 않은 경우도 있다(예 : 운전면허).

v) 무허가 행위의 효과

위법하나 유효하다. 그 이유는 허가가 행위의 적법요건이지 효력요건은 아니기 때문이다. 허가를 요하는 영업임에도 불구하고 무허가로 영업하는 것은 위법한 행위로 통상 관련 법률에서 행정벌과 같은 처벌규정이나 또는 대집행, 행정상 직접강제 등을 규정한다. 한편, 무허가라 하여도 당해 무허가 행위의 사법상의 효력까지 부인하게 되는 것은 아니다. 판례도 이와 같은 견해이다.

⑦ 허가의 갱신 · 철회 · 소멸

허가의 갱신은 종전 허가의 효력을 지속시키는 기간연장에 불과하므로 갱신전의 위법사유가 갱신 후에 치유되지 않는다. 허가의 철회는 철회권유보부 허가와 같이 철회사유 발생 시 철회할 수 있다. 허가의 소멸에 대하여 대인적 허가는 허가받은 자의 사망 시에 효력이 상실하고, 대물적 허가는 허가대상이 멸실함으로서 효력이 상실한다.

3) 면 제

① 의 의

법령 또는 법령에 의거한 행정행위에 의하여 일반적으로 과하여진 작위의무·급부의무 또는 수인의무를 특정한 경우에 해제하는 행정행위를 말한다. 그 예로는 징집면제, 조세면제 등이 있다.

② 성 질

면제도 의무를 해제하는 행위인 점에서는 허가와 같으나 그 해제하는 의무가 부작위가 아니라 작위·급부·수인의 의무라는 점에서 허가와 다르다.

③ 효 과

면제는 의무의 법률적 효과를 상실케 하므로 수령자는 의무불이행에 대한 어떠한 제재도 받지 않는다.

(2) 형성적 행정행위

형성적 행정행위란 국민에게 자연적으로는 갖지 않는 특정한 권리, 권리 능력, 행위 능력, 법률관계 등을 설정·변경·소멸시키는 행정행위를 말한다. 형성적 행위는 제3자에 대항할 수 있는 법률상의 힘을 부여하고 또는 이것을 부정하는 것을 목적으로 하는 점에서, 국민의 자연적인 자유의 제한 또는 해제를 목적으로 하는 명령적 행위와 구분된다. 형성적 행위에는 특허·대리·인가 등이 포함된다.

1) 특 허

① 의 의

광의의 개념은 특정인에게 새로운 권리를 설정하거나(예 : 도로점용허가, 공유수면매립면허, 광업허가, 공기업특허), **능력을 설정하고**(예 : 공법인[24]의 설립행위), **포괄적 법률관계, 즉 법적 지위를 설정하는**(예 : 공무원임명, 귀화허가) 행정행위인 설권행위를 말한다. 협의의 개념은 광의의 특허 중 새로운 권리 설정행위만을 특허로 본다.

② 성 질

형성적 행정행위로 출원(신청)이 필수 요건인 **쌍방적 행위**이다. 상대방에게 새로운 권리 등을 설정하는 행위라는 점에서 행정청은 공익적 요소를 고려하게 되고, 따라서 원칙적으로 재량행위로 해석하는 것이 다수설이다.[25]

③ 형식과 효과

'처분'의 형식이 일반적이나 예외적으로 공법인 설립 같은 법규의 형식(예 : 한국도로공사법에 의한 한국도로공사의 설립)도 인정된다. 특허에 의해 설정되는 권리는 공권이 보통이나 사권(광업권 · 어업권)인 경우도 있다.

---

24) 사법인(私法人)에 대응하는 용어로 공법인도 독립된 권리주체라는 점에서 사법인과 동일하나, 사법인이 사적 목적을 위하여 설립된 법인인 데 대하여 공법인은 특정의 공공목적을 위하여 설립된 법인이다. 그 결과 공법인은 사법인과는 달리 보통 그 목적이 법률로써 정해져 있고, 목적 달성에 필요한 한도에서 행정권이 부여되고(예 : 공공조합 · 공사단), 공과금(公課金)의 면제 등의 여러 특혜가 인정되며, 또한 국가의 특별한 감독을 받고 있다는 것이 그 특색이다.
넓은 의미로는 국가와 공공단체를 모두 포함한 의미로 사용된다. 좁은 의미로는 공공단체(지방자치단체 · 공공조합 · 영조물법인)와 같은 의미로 사용되고, 가장 좁은 의미로는 공공단체 중에서 지방자치단체 이외의 것을 가리키는 의미로 사용된다.
공공조합에는 농지개량조합, 산림조합중앙회, 상공회의소, 한국자유총연맹, 의료보험조합, 변호사회, 농업협동조합, 수산업협동조합, 수출조합, 재향군인회, 건설공제조합, 한국해운조합, 엽연초생산조합, 중소기업협동조합, 원호대상자단체 등이 있으며, 영조물법인으로는 한국조폐공사 · 한국은행 · 한국산업은행 · 대한석탄공사 · 대한주택공사 · 대한해운공사 · 한국도로공사 · 한국방송공사 등이 있다.

25) 판례도 (구)자동차운수사업법에 의한 자동차운송사업면허, (구)자동차운송사업법에 의한 마을버스운송사업면허, (구)토지수용법상 사업인정, (구)공유수면매립법상 공유수면매립면허, 토석채취허가 등은 형성적 행위인 특허로서 재량행위라고 판시한 바 있다.

※ 허가와 특허의 비교

차 이	허 가	특 허
기본적 차이	· 명령적 행위, 일반적 금지의 해제로 인한 자연적 자유의 회복, 처분형식	· 형성적 행위, 특정인을 위한 권리 설정 행위, 특허처분 또는 법규의 형식
성 질	· 명령적 행위 · 기속행위 · 행위의 적법요건 · 허가 거부 – 기속행위	· 형성적 행위, 원칙적으로 재량행위 · 행위의 유효요건 · 특허거부 – 자유재량 · 특허취소 – 기속재량
내 용	· 수정허가 – 가능 · 허가기준 – 공공질서, 장해배제 · 신청여부 – 원칙 : 신청 예외 : 직권허가(통금해제)	· 수정특허 – 불가 · 결정기준 – 국민복리 증진 · 신청여부 – 항상 신청요구
효 과	· 금지해제, 개인적 · 영리적 사업 · 단순한 허용, 반사적 이익 · 공법적 의무(금지) 해제	· 권리설정, 공익사업, 대항력 발생 · 공권 혹은 사권(어업권) 발생 · 출원 필요적 요건 · 특정인에 한함
공통점	· 행정청의 효과의사의 표시에 의하여 성립하는 '법률행위적 행정행위' · 상대방에게 이익을 주는 행위이므로 '수익적 행정행위'	

2) 제3자를 위한 행위

① 인 가(認可)

i) 의 의

인가는 제3자의 행위에 동의를 부여하여, 그 행위의 효력을 보충함으로써 법률적 행위의 효력을 완성시켜 주는 행정주체의 행위이다. 행정주체가 직접 자기와 관계없는 다른 법률관계에 있어서의 당사자의 법률행위를 보충하여 그 법률상 효력을 완성시켜 주는 타자를 위한 행위로서 보충행위라고 한다. 이러한 행정주체의 보충행위는 보호 또는 감독을 위한 공익적 견지에 의한 것이다.

ii) 대 상

인가의 대상은 성질상 항상 법률적 행위에 한하고 사실행위에는 제외된다. 법률적 행위 중에는 일반국민의 행위인 경우도 있고 공공단체 · 특허기업자 등 국가의 특별한 감독 하에 있는 자의 행위인 경우도 있으며, 또한 공법상 행위인 경우도 있고(예 : 공공조합 설립인가) 사법행위인 경우도 있다(예 : 특허기업의 사업양도인가).

iii) 성 질

인가는 다른 법률관계의 당사자의 법률적 행위를 완전히 유효하게 완성시켜 주는 행정주체의 동의행위이며, 그 동의는 곧 법률적 행위의 효력요건이다. 따라서 무인가행위는 원칙적으로 무효가 되지만, 처벌의 대상은 되지 아니한다.

iv) 인가의 예(인가라는 표현은 쓰지 않지만 인가에 해당하는 경우)

가) 승인이라는 표현을 쓰는 경우

학교법인 임원에 대한 감독청의 승인, 주택건설사업계획승인, 공공조합 정관승인, 사립대총장 취임승인, 전기용품 형식승인 등이 있다.

나) 허가라는 표현을 쓰는 경우

토지거래허가, 재단법인 정관설립허가, 농지이전허가, 특허사업 양도허가 등이 있다.

v) 인가의 효과

인가는 행정객체가 제3자와의 사이에서 하는 법률적 행위의 효력을 완전히 발생시키는 효과를 가져 온다. 인가의 효과는 법률적 행위에 한하여 발생하며 타인에게 이전되지 아니하는 것이 원칙이다.

※ 허가와 인가의 대비

구 분	허 가	인 가
의 의	· 일반적 금지의 해제로 자연적 자유의 회복	· 법률행위에 동의하여 그 효력을 완성시켜는 행위
출 원	· 신청을 요하는 행위 · 일반허가에게는 신청 불요	· 신청을 요하는 행위 · 수정인가는 인정되지 않음이 원칙
본 질	· 금지 해제	· 타자의 법률행위의 보충행위
대 상	· 사실행위 혹은 법률행위	· 언제나 법률행위(사실행위는 제외)
성 질	· 행위의 적법요건	· 행위의 효력발생 요건
이전성	· 대물적 허가는 이전 가능	· 이전성 없음이 원칙
위반시	· 유효(강제집행 또는 행정벌의 대상)	· 무효

② 대 리

i) 의 의

행정주체가 타 법률관계의 당사자를 대신하여 행하는 행위로서 그 행위의 법률적 효과가 당해 제3자에 귀속하는 것을 말한다. 대리는 주로 보호감독자로서 행정주체의 공권력에 의거한 행위라는 점에서 공법적이다.

ii) 성 질

대리권은 당사자의 수권에 의한 것이 아니라 법률의 규정에 의거한 것이므로 법정대리에 해당한다. 법정대리는 피대리자의 의사에 따라 인정되는 임의대리에 대립하는 개념으로 법정대리를 하는 대리인을 법정대리인이라고 한다. 법정대리인이 대리를 할 수 있는 법정대리권의 발생, 범위와 소멸은 법률의 규정에 의하여 정해진다.

iii) 종 류

행정주체가 감독적 견지에서 행하는 경우로 공공단체의 임원 임명 · 공법인의 정관 작성, 당사자사이에 협의불성립의 경우에 조정적 견지에서 행하는 경우로 토지수용위원회의 재결, 행정주체가 타인을 보호하기 위하여 행하는 경우로 행려병자 · 사자의 유류품 처분, 행정주체가 자신의 행정목적을 달성하기 위하여 행하는 경우로 조세체납처분절차에서 행하는 압류재산의 공매처분 등이 있다.

iv) 효 과

본인 스스로 행한 것과 같은 법적 효과가 발생한다. 즉, 행위의 효과가 타자에 귀속한다는 점에서 대리행위이다.

2. 준법률행위적 행정행위

(1) 의 의

효과의사 이외의 정신작용(판단 · 인식 · 관념)의 표시를 요소로 하고, 그 법률적 효과는 행위자의 의사여하를 불문하고 직접 법규가 정하는 바에 따라 발생하는 행위를 말한다.

(2) 준법률행위적 행정행위의 종류

1) 확 인

① 의 의

법률사실 또는 법률관계에 의문이 있거나 다툼이 있는 경우 행정청의 공적 권위를 가지고 판단, 확정하는 행정행위이다.

② 성 질

확인은 기존의 사실 또는 법률관계에서 존부나 정부를 의문의 여지가 없도록 확정・선언하는 행위인 까닭에 법선언적 행위이며 준사법적 행위라 할 수 있다. 법선언행위이며 판단작용으로 성질상 판단된 이상 확인하지 않을 수 없으므로 기속행위 내지 기속재량행위이다.

③ 형 식

확인은 항상 구체적인 처분의 형식으로 행하여지며, 법령에 의한 경우는 없다. 확인은 판단이라는 정신작용을 필요로 하기 때문이다. 일반적으로 요식행위이다.

④ 효 과

확인은 일반적으로 특정한 법률사실 또는 법률관계의 존재나 정당성을 공권적으로 확정하는 효과를 발생한다. 따라서 불가변력이 발생하며, 이외에 각 확인에 따르는 특수한 효력을 가지는 경우가 많다.

⑤ 종 류

확인은 분야별로, 조직법상 확인(예 : 당선자결정・합격자결정), 복리행정법상 확인(예 : 도로구역결정, 하천구역설정, 하천구간지정, 교과서검정, 발명특허, 공물의 경계사정), 재정법상 확인(예 : 소득금액 결정), 토지행정법상 확인(예 : 도시계획상의 지역・지구・구역 지정), 군정법상 확인 등이 있고, 쟁송절차를 거치느냐의 여부에 따라 직권확인과 쟁송확인(예 : 행정심판의 재결) 등이 있다.

2) 공 증

① 의 의

다툼이 없는 사실 또는 확인된 사실에 대하여 법률관계의 존부를 공적으로 증명하는 행위이다.

② 성 질

확인이 판단의 표시인 데 대하여 공증은 인식의 표시이며, 확인은 사실 또는 법률관계에 대한 다툼이나 의문을 전제로 하나, 공증은 다툼이나 의문이 없는 사실 또는 법률관계의 존부에 대하여 형식적으로 증명하여 공적 증거력을 부여하는 행위이다. 공증의 처분성을 부인하는 견해도 있고 판례도 있으나 일반적으로 처분성이 인정된다. 또한 공증은 인식작용으로 성질상 인식된 이상 공증하지 않을 수 없으므로 기속행위 내지 기속재량행위이다.

③ 형 식

공증은 문서 및 일정한 서식이 요구되는 구체적 처분형식의 요식행위이다.

④ 효 과

공정력이 부인된다. 즉, 반증이 있으면 공증의 취소가 없더라도 번복 가능하다.

⑤ 종 류

등록(외국인 등록, 광업권 등록), 등재(토지대장 등재), 기재(의사록, 회의록 기재), 각종 증명서 발급・교부(합격증, 당선증, 여권, 운전면허증, 인감증명, 재직증명 등), 검인・증인들의 날인 등이 있다.

⑥ 공증의 처분성 인정 여부

i) 긍정설

공증행위가 공적 증거력을 발생시키고 준법률행위적 행정행위로서 실질적으로 당사자의 이해관계에 매우 밀접한 관계를 가지므로 처분성을 인정하는 견해로 다수설이다.

ii) 부정설

공증의 공적 증거력은 사실상의 추정력에 불과하고 권리・의무관계가 규율되는 것이 아니며, 반증에 의해서도 번복이 가능하므로 처분성을 부정하는 견해이다.

iii) 절충설

공적 장부에 공신력이 인정되지 않고, 담당공무원들의 실질적 심사권이 인정되지 않으므로 공증행위자체에 처분성을 부정하나, 여권이나 인감증명 발급행위, 국가시험의 합격증서 발급행위와 같이 특정사실이나 법률관계의 존부를 공적으로 증명하는 경우처럼 확인행위와 유사한 경우 처분성을 긍정하는 견해이다.

iv) 판례의 입장

가) 처분성을 부정하는 입장

종전 대법원은 각종 장부에의 기재행위와 그 기재 내용의 수정요구를 거부하는 것 등은 단지 행정사무의 편의나 사실증명의 자료를 얻기 위한 기재행위에 불과하다고 하여, 처분성을 부정해 왔다.

나) 처분성을 인정하는 입장

대법원은 지적공부에의 기재거부라 하더라도 토지분할신청의 거부행위에 대하여 처분성을 인정한 바 있고, 더욱이 최근 토지대장상 지목변경신청과 관련한 판례에서는 판례변경을 통해 지목변경행위가 토지소유자의 실체적 권리 관계에 밀접한 관련이 있다고 하여 지목변경 신청 반려의 처분성을 긍정하였다(구 지적법 제20조 제38조 제2항에 의하면 소유자에게 지목변경신청권과 지목정정신청권이 인정되었다).

v) 소 결

생각건대, 준법률행위적 행정행위라는 이름으로 일률적으로 처분성을 긍정하기는 곤란한 점, 공증의 처분성을 전적으로 부정하기도 어렵다는 점, 또한 공증과 확인의 성질이 다르다는 점을 고려해 보건대 대법원의 최근 판례와 같이 개별적·구체적 사건에서 국민의 권리관계에 직접적인 영향을 미치는 공증행위에 대해서는 처분성을 긍정하는 것이 '처분'의 개념에 비추어 타당하다.

3) 통 지

① 의 의

특정인 또는 불특정다수의 상대방에 대하여 특정한 사실을 알리는 행위로 문서에 의함이 원칙이고, 일반인에게는 공고·고시 등에 의한 독립된 행정행위이다. 따라서 이미 성립된 행정행위의 효력발생요건으로서의 통지(예 : 법령 및 조약의 공포·재결고지)나 법령에 의한 법률효과가 인정되지 아니하는 단순한 사실행위로서의 통지(예 : 문서의 교부·송달)와 다르다.

② 성 질

준법률행위적 행정행위인 독립된 행정행위로 직접 법령에 의한 관념의 통지로서 기속재량행위이다.

③ 종 류

i) 관념의 통지

관념의 통지는 단순히 어떤 사실이 있다는 것을 알리는 행위로 토지수용에 있어서의 사업인정의 고시, 특허출원의 공고, 예비군훈련의 공고, 의회소집의 공고 등이 있다.

ii) 의사의 통지

의사의 통지는 어떤 행위를 하겠다는 것을 알리는 행위로 대집행의 계고, 조세체납자에 대한 독촉, 분묘이장 공고, 신청서에 대한 보정명령(하명이 아닌 통지로 보는 것이 다수설) 등이 있다.

④ 효 과

통지의 효과는 직접 법령에 의하여 발생하므로, 그 내용은 각 법령의 규정에 따라 다르다.

4) 수 리

① 의 의

수리란 타인의 행정청에 대한 행위를 유효한 행위로서 받아들이는 행위이다. 수리는 수동적 의사행위로서 타인의 행위를 유효한 행위라는 판단 아래 수령하는 인식의 표시행위인 점에서 단순한 사실인 도달이나 접수와 다르다.

② 성 질

수동적 행정행위의 표시행위로 법령에 의한 기속재량행위이다.

③ 효 과

혼인신고의 수리는 사법상의 법률효과를 발생시키고, 입후보등록의 수리는 공법상의 법률효과를 발생시킨다. 이의신청 · 행정심판 등의 수리는 결정 · 재결 등을 행할 의무를 발생시킨다.

④ 수리거절

유효요건을 구비하지 못한 행위에 대하여 하는 수리거절은 불수리의 의사표시로서 소극적인 법률행위적 행정행위로 이에 대한 행정쟁송이 가능하다.

Ⅳ. 행정행위의 부관

1. 의 의

(1) 개 념

부관이란 행정행위의 일반적인 효과를 특히 제한하거나 요건을 보충하기 위하여 그 행위의 요소인 주된 의사표시(행정행위)에 부가되는 종된 의사표시(규율)를 말한다.

(2) 법정부관과의 구별

법정부관은 법령이 직접 특정한 행정행위의 효과를 제한하기 위하여 부가한 것으로 행정청의 재량으로 붙이는 부관과 다르므로 부관에 해당하지 않으며, 예컨대, '어업면허의 유효기간은 10년으로 한다.'는 규정이 이에 해당한다.

2. 부관의 기능

(1) 순기능(주로 부담의 기능과 관련)

1) 행정의 신축성부여

일률적으로 허가 · 불허가를 결정하지 않고 다양한 형태의 부담을 달아서 행정목적을 달성할 수 있다.

2) 절차적 경제성 도모

부담의 내용에 관하여 행정청과 상대방이 협의할 수 있으므로 후일 분쟁의 발생을 방지할 수 있다.

3) 공익 및 제3자 보호

특히 건축허가 등의 수익적 행정행위의 경우 인근주민의 동의를 받을 것을 조건으로 발하는 경우 공익과 제3자를 보호할 수 있다.

4) 의무이행 확보

부관이 행정행위의 상대방에 대한 의무이행의 담보수단으로 활용될 수도 있다.

(2) 역기능

1) 행정편의주의 및 국민권익침해

행정목적과 무관한 부관으로 인하여 행정편의주의를 초래하고 국민의 권익을 침해할 수 있다.

2) 중대한 불이익 초래

해제부관의 경우 상대방에게 중대한 불이익을 초래할 위험이 있다.

3) 사인에게 공재정의 부담 우려

건축허가 시 주차장 설립이나 시영주차장 기부 등을 부담으로 달 경우 행정목적달성에 재정상 도움이 될 수 있으나, 사인에게 공재정의 부담을 전가시킬 위험이 있다.

3. 부관의 종류

(1) 조 건

1) 의 의

행정행위 효력의 발생·소멸을 불확실한 장래의 사실에 매이게 하는 행정청의 의사표시를 말한다. 조건이 붙여지면 조건인 사실의 성취여부가 미정인 동안은 행정행위의 효력은 불안정한 상태에 놓이게 되는 바, 행정법관계를 오랫동안 불확정상태에 두는 것은 공익을 해칠 우려가 있으므로 조건부행정행위의 예는 비교적 적다.

2) 종 류

① 정지조건

행정행위 효력의 발생을 불확실한 장래의 사실의 성부에 의존케 하는 조건을 의미하며, '정지조건'이란 표현은 조건성취 시까지 효력발생이 정지된다는 것에서 온 말이다. 도로공사 완공 조건의 자동차 운수사업면허가 그 예이다.

② 해제조건

행정행위 효력의 소멸을 불확실한 장래의 사실의 성부에 의존케 하는 조건을 의미하며, '해제조건'이란 표현은 발생된 효력이 조건성취 시에 해제(소멸)된다는 것에서 온 말이다. 일정기간 내 공사착수조건의 공유수면매립면허가 그 예이다.

3) 조건부 행정행위의 효력

정지조건부 행정행위는 조건이 성취되면 행정행위의 법률효과가 발생하고, 해제조건부 행정행위는 조건이 성취되면 행정행위의 법률효과가 해제(소멸)된다.

(2) 기 한

1) 의 의

기한이란 행정행위의 효력의 발생 또는 소멸을 장래 도래할 것이 확실한 사실에 매이게 하는 부관을 말한다.

2) (효과 발생의)시기와 (효과 소멸의)종기

행정행위의 효력이 발생하는 때를 시기(始期)라 하고, 법률효과가 소멸하는 때를 종기(終期)라고 한다. 행정행위에는 시기부 행정행위와 종기부 행정행위가 있다. 판례와 다수설은 종기가 특히 부당하게 짧은 경우에는 그 종기의 도래로 당연히 행정행위의 효력이 소멸하지 않고 일정기간 경신을 위한 기간으로 보아 그 효력을 지속시키는 태도를 취하고 있다.

3) 확정기한과 불확정기한

'00년 0월 0일까지 영업허가'와 같은 예가 '확정기한'이고, '사망 시 까지 연금지급 결정'과 같은 예가 '불확정기한'이다.

(3) 부 담

1) 의 의

행정행위의 주된 의사표시에 덧붙여서 그 효과를 받는 상대방에게 특별한 의무(작위・부작위・급부・수인의무)를 명하는 행정청의 의사표시를 말하며, 부담 그 자체로서 행정강제・행정소송의 대상이 된다. 비례의 원칙이 적용되며, 수익적 행정행위에 부가된다.

2) 성 격

부담은 주된 행정행위에 부가된 하명으로 그 자체가 독립된 행정행위의 성격을 지닌다. 따라서 부담 자체만 강제될 수 있고, 단독으로 취소쟁송의 대상이 될 수 있다. 그러나 부담의 존속은 오로지 주된 행정행위에 의한다.

3) 부담유보(행정행위의 사후변경 유보)

부담유보란 행정행위를 발령하면서 사후에 부담을 추가・변경・보충할 수 있는 권한을 행정청에 유보하는 부관을 말한다. 이 부관은 행정행위의 효력이 장기간 지속되는 경우에 사회적 경제적 환경의 변화나 기술진보에 대응하여 행정청이 부담을 추가・변경・보충할 수 있도록 해 주는 부관이다. 부담유보의 경우 행정행위의 사후변경이 있다고 하더라도 상대방은 신뢰보호를 주장할 수 없다. 부담유보는 상대방의 신뢰보호원칙의 주장을 배제시키는 기능을 한다.

4) 수정부담

행정행위의 상대방이 신청한 것과는 다르게 행정행위의 내용을 정하는 부관으로 상대방이 수정된 내용을 받아들임으로써 완전한 효력이 발생한다. 부관이 아니라 새로운 행정행위라고 보는 견해가 일반적이다.

(4) 철회권의 유보

1) 의 의

행정행위의 주된 내용에 부가되어 있는 특정의 사유가 발생하는 경우에 행정행위를 철회할 수 있는 권한을 유보하는 부관을 한다. 건축허가를 내어 주면서 행정청의 정당한 명령에 불응하거나 건축법규에 저촉되는 행위를 하는 경우 행정청이 동 건축허가를 철회할 수 있다는 의사표시가 그 예이다.

2) 철회권의 유보가 설정되는 경우

행정청이 행정행위를 거부 또는 행정행위를 지속적으로 유지시키는 것이 공익상 불안스러운 경우 철회권의 유보를 설정할 수 있다.

3) 해제조건과 구별

철회권의 유보 시 행정행위의 효력을 소멸시키기 위하여 별도로 행정청의 의사표시(철회)를 요하나 해제조건의 경우에는 조건상취로 당연히 효력이 소멸한다.

4) 조리상 한계

철회권의 유보가 있더라도 실제 철회 시 철회권의 제한의 법리에 따라야 하며, 철회를 하여야만 할 공익상 필요와 행정행위 목적에 비추어 합리적 이유가 있다고 인정되는 경우에만 철회권을 유보할 수 있고 철회사유는 구체적이어야 한다.

(5) 법률효과의 일부배제

1) 의 의

행정행위의 주된 의사표시에 부가하여 법령에서 일반적으로 그 행위에 부여한 법률효과 중 일부를 배제하는 행정청의 의사표시를 말한다.

2) 법률효과의 일부배제가 인정되는 경우

법적 근거가 있을 때에만 법률효과의 일부배제가 인정된다. 버스노선의 지정, 격일제운행 조건의 택시사업면허, 야간만의 도로점용허가, 관광객수송용에 국한된 조건부면세수입차, 오후 12시 이후 영업을 금지할 것을 조건으로 한 노래연습장영업허가가 그 예이다.

※ 부관이 아닌 것 : 법정부관, 기간, 수정부담

4. 부관의 한계

(1) 부관의 가능성(부관을 붙일 수 있는 경우)

1) 수익적 행정행위

법률에 명문의 규정 없이도 수익적 행정행위에 부관을 붙일 수 있으며, 행정행위의 부관에 관한 통칙적인 규정은 없고, 개별법에서 부관에 관한 규정을 두고 있다.

2) 법률행위적 행정행위와 준법률행위적 행정행위

과거의 통설은 법률행위적 행정행위에만 부관이 가능하다고 보았으나, 현재는 획일적으로 부관의 가능성을 논할 수 없고, 경우에 따라서 준법률행위적 행정행위에도 부관이 가능하다고 보는 것이 다수설이다.

종래 통설적 견지에서 부관을 '주된 의사표시'에 붙여진 '종된 의사표시'라 하여 부관은 법률행위적 행정행위에만 가능하고, 준법률행위적 행정행위는 의사표시를 구성요소로 하지 아니하고 효과도 법률에 의하여 부여되므로 성질상 붙일 수 없다고 한다. 그러나 법률행위적 행정행위 중에도 부관을 붙일 수 없는 경우가 있고(귀화허가, 공무원임명, 입학허가 등 신분설정행위), 준법률행위적 행정행위도 부관으로서 기한을 붙일 수 있는 경우(여권 · 인감증명 · 자동차검사증의 유효기간, 조건부수리 등)가 있으므로, 획일적으로 부관의 가능성을 논함은 무의미하므로 개별적으로 검토해야 한다는 견해가 최근의 다수설이다.

3) 재량행위와 기속행위

재량행위에만 부관이 가능하고 기속행위에는 불가능하다는 것이 종래의 통설이었으나, 현재는 획일적으로 부관의 가능성을 논할 수 없으며, 부관을 붙일 수 있다는 명문의 규정이 있으면 기속행위라도 부관을 붙일 수 있고, 명시적으로 부관을 금지하는 경우에는 재량행위도 부관을 붙일 수 없는 것이 다수설이다. 과거에는 부관이 행정행위의 효과를 제한하는 것으로만 보았으나, 현재에는 효과를 제한하는 기능뿐만 아니라 행정행위의 효과를 보충하는 것으로 이해하여 경우에 따라서는 기속행위에도 부관이 가능하다고 본다.

(2) 부관의 일반적 한계

부관의 한계성은 행정행위에 부관을 붙일 수 있는 경우에도 어느 정도까지 붙일 수 있는지의 문제이다. 이는 각 행정행위의 성질과 내용 등에 따라 구체적·개별적으로 판단할 문제이나, 일반적으로 보면 다음과 같은 한계가 있다. 즉, 부관은 법령에 위배되지 않아야 하는바(적법한계), 그 판단은 처분 당시의 법령을 기준으로 한다. 또한 그 행정행위가 추구하는 목적의 범위를 일탈하여서는 아니 되고(목적한계), 당해 행정목적달성에 필요한 최소한도로 그리고 평등하게 부가해야 한다(비례·평등한계). 또한 주된 행정행위와 실질적 관련성이 있어야 하고(부당결부금지의 원칙), 이행가능하며 명확해야 하고 기타 신뢰보호의 원칙 등 행정법의 일반원칙에 부합해야 한다.

(3) 부관의 시간적 한계(사후부관의 문제)

행정행위를 발한 후 새로이 부담을 추가하는 부관을 붙일 수 있는가의 문제이다.

1) 부정설

부정설은 부관은 본체인 행정행위에 부수된 종된 것이므로 그의 독자적 존재를 인정할 수 없고, 따라서 법령에 특별한 규정이 없는 한 사후부관은 허용되지 아니한다는 설이다.

2) 제한적 긍정설

원칙적으로 사후부관을 부정하지만, 법규나 행정행위 자체가 사후부관을 허용하거나 유보한 경우와 상대편의 동의가 있는 경우에 한해서 예외적으로 부관을 붙일 수 있다는 견해로 다수설이다.

5. 부관의 흠과 행정행위의 효력

(1) 무효인 부관과 행정행위의 효력

부관의 흠이 중대하고 명백하여 무효인 경우에 그것이 본체인 행정행위의 효력에 어떠한 영향을 미칠 것인가에 대하여는 학설이 갈려 있다. 즉, 그 부관만이 무효가 될 뿐 행정행위의 본체에는 영향을 미치지 않는다는 설(부관만 무효설), 행정행위 전체를 무효로 한다는 설(전부무효설), 원칙적으로 부관만이 무효로 되나, 그 부관이 해당 행정행위를 행함에 있어 중대한 요소인 경우에는 행정행위 그 자체까지 무효가 된다는 설(절충설)이 있는 바, 절충설이 통설이다.

(2) 취소할 수 있는 부관과 행정행위의 효력

부관이 위법으로 취소할 수 있음에도 불구하고 취소되기 전까지는 유효한 부관부 행정행위이고, 취소가 있을 때에는 그것이 행정행위의 효력에 미치는 영향은 위 부관이 무효인 경우에 준한다.

6. 위법한 부관에 대한 행정쟁송

부담의 경우 주된 행정행위와는 별개로 독립된 쟁송이 가능하다는 것이 다수설과 판례의 태도이다. 부담 이외의 부관의 경우 부관부 행정행위를 전체로 하나의 행정행위로 취소소송을 제기하되 부관에 대해서만 불복이 있으면, 행정행위의 일부취소소송의 형식을 취하고, 부관의 내용이 행정행위의 본질적 요소인 경우에는 전부취소소송의 형식을 취한다.

제3자효 있는 행정행위의 부관은 제3자 보호에 위반하거나 미흡한 부관이 있는 경우 이해관계 있는 제3자는 쟁송을 통해 자기의 권리를 주장할 수 있다.

V. 행정행위의 성립과 효력

1. 행정행위의 성립요건

행정행위는 성립요건과 효력요건을 갖추는 경우에만 적법·유효한 행위로서 완전한 효력을 발생한다. 행정행위가 성립하기 위해서는 법령이 정한 요건을 충족하여 외부에 표시하여야 하는 바, 그것은 내부적 성립요건과 외부적 성립요건으로 나눌 수 있다.

(1) 내부적 성립요건

1) 주 체

정당한 권한을 가진 자의 권한 내의 행위여야 하며 정상적인 의사에 기한 행위여야 한다.

2) 내 용

행정행위의 내용은 법률상·사실상으로 실현가능하고 명확해야 하며, 법과 공익에 적합하여야 한다. 법이란 헌법을 포함한 관계법규정 및 일반적 법원칙을 말하며, 법률유보원칙이 지배하는 영역에서는 수권규범이 필요하다. 행정재량이 인정되는 경우에도 재량권의 한계를 준수해야 한다.

3) 절 차

행정행위는 일련의 법정절차를 거쳐야 한다. 이들 절차에는 당사자 사이의 이해의 조정·이해관계인의 권익보호 및 행정의 신중·공정을 도모하기 위한 경우가 있다. 이러한 절차들은 그 중요도에 따라 행정행위의 효력에 미치는 영향에 있어 강약의 차이가 있을 수 있다. 특히 행정절차법은 불이익처분에 대해 변명의 기회 또는 청문을 거치도록 규정하고 있다(동법 제21·22조).

4) 형 식

행정행위는 명문의 규정이 없는 한 원칙적으로 문서로 하여야 하며, 전자문서로 하는 경우에는 당사자의 동의가 있어야 한다. 그 문서에는 그 처분행정청 및 담당자의 소속 · 성명과 연락처를 기재하여야 한다(행정절차법 제24조). 또한 법이 정한 제외사유 외에는 당사자에게 그 근거와 이유를 제시하여야 한다(이유제시의 원칙)(동법 제23조).

(2) 외부적 성립요건

행정행위는 행정결정의 외부에 대한 표시행위이므로 행정내부의 결정이 있는 것만으로는 아직 행정행위가 성립하였다고 할 수 없고, 그것이 외부에 표시되어야 비로소 성립한다. 행정행위는 일단 성립하면 그것이 상대방에 도달되지 아니한 경우에도 행정청은 이유 없이 이를 취소 · 변경할 수 없게 되는 구속을 받는다.

2. 효력발생 요건

행정행위는 법규 또는 부관에 의한 특별한 제한이 있는 경우를 제외하고는 성립과 동시에 그 효력이 발생하는 것이 보통이다. 그러나 수령을 요하는 행정행위에 있어서는 상대방에게 통지와 도달(공고)이 있어야 효력이 발생한다(도달주의).[26] 통지방법은 송달이나 공고의 방법에 의하고, 공고가 있은 후 14일 경과 후 효력이 발생하며, 격지자간에는 등기우편과 같은 방식으로 상대편에의 도달을 입증해야 한다.

3. 행정행위의 효력

행정행위가 성립요건 · 효력발생요건을 갖추면 완전한 효력을 발생하나, 행정행위가 성립 및 효력발생요건을 갖추지 못하면 하자 있는 행정행위가 되며, 하자의 정도에 따라 부존재 및 무효나 취소사유가 된다.

---

26) 상대방 있는 의사표시는 상대방에게 도달한 때에 그 효력이 생긴다는 주의이다. 도달이란 상대방의 지배권 내에 들어가 사회통념상 일반적으로 요지할 수 있는 상태가 생겼다고 인정되는 것을 말한다. 우편이 수신함에 투입된 때, 동거하는 친족 · 가족이나 고용인이 수령한 때에는 비록 상대방이 직접 받지 않았더라도 도달한 것으로 그 효력이 생긴다. 이러한 도달주의의 결과, 표의자는 발신 후라도 도달하기 전에는 그 의사표시를 철회할 수 있다. 그러나 철회의 의사표시는 늦어도 먼저 발신한 의사표시와 동시에 도달하여야 한다. 의사표시가 도달해 버리면 비록 상대방이 요지하기 전이라도 표의자가 이를 철회하지 못한다. 의사표시(意思表示)가 상대방에게 발신된 때에 그 효력이 발생한다는 발신주의의 반대개념이다.

Ⅵ. 행정행위의 하자(일반론)

1. 개 설

(1) 의 의

성립당시부터 적법요건(성립요건 · 효력요건)을 갖추지 못해 완전한 효력을 발생하지 못하는 행정행위로 위법한 행위(법정요건을 결여한 행위)와 부당한 행위(재량을 그르친 행위)를 포함하는 개념이다.

(2) 하자 있는 행정행위의 유형

1) 무효인 행정행위

행정행위로서의 외형은 갖추고 있으나, 그 하자가 중대하고 명백하여 처음부터 행정행위로서의 효력이 전혀 발생하지 않는 행정행위이다.

2) 취소할 수 있는 행정행위

행정행위의 성립에 하자가 있음에도 불구하고 권한 있는 기관에 의하여 취소되기까지는 그 효력을 지속하는 행정행위이다. 취소되는 경우에는 행정행위 발급시로 소급하여 그 효력이 발생하지 않는다.

3) 항정행위의 부존재

① 개 념

행정행위가 성립요건의 중요한 요소를 결함으로써 행정행위라고 볼 수 있는 외형상의 존재 자체가 없는 경우를 말한다.

② 유 형

행정행위 부존재의 유형에는 행정기관이 아닌 사인의 행위(사인이 행정기관을 사칭하여 행한 행위), 행정권 발동이 아닌 행위(권유, 주의, 호의적 알선, 희망의 표시), 행정기관의 내부결정만 있고 외부에 표시되지 아니한 경우, 행정행위가 실효된 경우(해제조건의 성취, 기한의 도래, 취소, 철회) 등이 있다.

③ 무효인 행정행위와의 구별

i) 부정설

법적 효력 면에서 양자는 차이가 없고, 행정쟁송상 무효등확인소송(심판)이 무효와 부존재인 경우 모두 인정 하므로 양자는 구별실익이 없다는 견해이다.

ii) 긍정설

개념상 부존재는 행위의 외형자체가 없는 점에서 무효와 구별되고 행정소송법상 무효등확인소송은 엄밀히는 무효확인소송과 부존재확인소송으로 나뉘므로 양자의 구별실익이 있다는 견해로 다수설이다.

2. 행정행위의 무효와 취소의 구별

(1) 개 념

1) 무효인 행정행위

행정행위의 외형은 갖추었으나 하자가 중대하고 명백하여 권한 있는 행정청이나 법원의 취소가 없더라도 당연히 처음부터 법률효과가 발생하지 않는 행정행위를 의미한다.

2) 취소할 수 있는 행정행위

성립에 하자가 있음에도 불구하고 권한 있는 기관에 의해 취소되기 전까지 일응 유효한 행정행위로 취소 전까지는 공정력에 의해 효력인 부정되지 않는다.

(2) 구별의 기준

1) 학 설

① 중대설

하자의 중대성을 기준으로 하자는 견해로 행정행위에 중대한 하자만 있으면 명백하지 않더라도 무효인 행위로 보는 견해이다. 하자의 중대성의 기준과 관련해 법규를 효력(능력)규정과 단속(명령)규정, 강행규정과 비강행규정으로 나누고 효력규정・강행규정 위반 시에는 하자가 중대하여 무효가 되고, 단속규정・비강행규정 위반 시에는 하자가 중대하지 않으므로 취소로 본다. 이 견해는 무효의 사유를 가장 넓게 보는 견해이다.

② 명백성보충요건설(원칙적 중대설, 예외적 중대명백설)

원칙적으로 하자의 중대성만으로 무효사유를 판별, 다만 제3자의 보호나 공공의 신뢰를 보호할 필요가 있는 경우에 예외적으로 명백성 요건까지 심사한다. 예외적인 경우에만 명백성을 심사하므로 무효의 사유가 중대명백설보다는 넓다.

③ 중대명백설

행정행위에 '(내용상)중대하고 (외견상)명백한 하자'가 있는 경우에는 무효이고, 그에 이르지 않는 단순위법은 취소라는 견해로 통설의 입장이다. 즉, 행정쟁송절차를 거칠 것도 없이 무효확인소송 또는 민사상의 선결문제로 그 효력을 부정하거나 사인의 독자적인 판단으로 그 효력을 부정할 수 있는 정도로 행정행위의 하자가 중대하고 명백한 경우에는 무효이고, 그 외에 통상의 행정쟁송절차에 의하여 다투어야 할 정도의 하자의 경우에는 취소할 수 있는 행정행위라는 것이다.

④ 조사의무설(객관적 명백설)

기본적으로 중대명백설을 취하고, 하자의 명백성을 완화하여 일반 국민뿐만 아니라, 관계 공무원이 조사해 보았더라도 명백한 경우도 명백한 것으로 보아 무효사유를 넓히려는 견해이다.

⑤ 구체적 가치형량설

다양한 이해관계를 갖는 행정법관계에서 무효사유와 취소사유를 획일적 기준으로 판단하는 것에 대해 의문을 제기하며 구체적 사안마다 권리구제의 요청과 법적 안정성 및 공공의 신뢰보호 등을 비교형량하여 무효와 취소를 구별해야 한다는 견해이다.

2) 판 례

대법원은 기본적으로 중대명백설에 입각하고 있으며, 소수의견은 명백성보충요건설에 의한다. 헌법재판소는 원칙적으로는 중대명백설이지만, 예외적으로 법적 안정성은 크지 않고 권리구제의 요청이 큰 경우 중대성만으로 무효사유를 판단한다.

3) 무효와 취소의 구별의 상대화

① 중대성과 명백성의 판단

통설과 판례의 견해인 중대명백설에 따라 무효와 취소를 구별할 수 있다고 할 때, 하자가 중대하다는 것은 당해 행정행위의 적법요건의 면에서 하자가 중대하다는 것이고, 하자가 명백하다는 것은 통상인의 관점에서 일견 보았을 때 명백한 하자를 말한다. 판례는 행정처분의 중대명백성을 판단할 때 목적론적 고찰과 함께 구체적 상황까지도 고려하여 판단한다.[27)]

② 무효와 취소의 구별의 어려움

이와 같이 중대명백설에 따라 판단한다 하여도 실제 법원에서 최종적으로 선고가 있기 전까지는 행정행위의 하자가 무효인지 취소사유인지 통상인의 관점에서는 알 수가 없다. 즉, 통상인의 관점으로는 하자의 중대성과 명백성, 부당성을 명백하게 구분하는 것은 극히 어려운 일이다. 이에 판례는 무효사유인 경우에도 불구하고 취소소송을 제기한 경우에는 무효선언을 의미하는 취소판결을 하기도 하고, 취소사유임에도 불구하고 무효확인소송을 제기한 경우 취소소송으로 소변경하도록 석명권을 행사하는 등 당사자의 권리구제에 지장이 없도록 노력하고 있다. 이와 같은 구별의 어려움으로 인해 통상의 경우 무효확인소송을 주위적 청구로 하고, 취소소송을 예비적 청구로 하여 소를 병합해서 제기하는 것이 일반적이다.

27) "행정처분이 당연무효라고 하기 위해서는 처분에 위법사유가 있다는 것만으로는 부족하고 하자가 법규의 중요한 부분을 위반한 중대한 것으로서 객관적으로(외형상으로) 명백한 것이어야 하며, 하자의 중대・명백 여부를 판별함에 있어서는 법규의 목적, 의미, 기능 등을 목적론적으로 고찰함과 동시에 구체적 사안 자체의 특수성에 관하여도 합리적으로 고찰함을 요한다."(대판 1993. 12. 7. 93누11432)

(3) 구별실익

구 분	무 효	취 소
쟁송제기	행정심판전치주의 적용의 예외	행정심판전치주의 적용
불가쟁력	불가쟁력 부적용	불가쟁력 적용
쟁송형태	무효확인, 무효행위를 구하는 취소소송	취소소송
사정재결	사정재결, 사정판결 부적용	사정재결, 사정판결 적용
흠의 치유	무효행위의 전환	취소행위의 치유
흠의 승계	무효의 선행행위→후행행위에 승계	취소의 선행행위→후행행위에 승계 또는 불승계
복 종	무효행위는 불복종	취소행위는 일단 복종해야 함
선결문제	민·형사사건 수소법원의 위법성 심사와 무효확인(효력부정) 가능	위법성판단은 가능하나 공정력에 의해 효력 부인은 불가능
공 정 력	공정력 불발생	공정력 발생

Ⅶ. 행정행위의 무효

1. 의 의

행정행위가 외관상으로 존재하나 행정행위의 성립에 하자가 중대하고 명백하여 권한 있는 행정청이나 법원의 취소가 없더라도 당연히 처음부터 법률효과가 발생하지 않는 행정행위를 의미한다. 따라서 외형은 존재한다는 점에서 외형도 존재하지 아니하는 부존재와 구별되며, 처음부터 아무런 효력이 발생하지 아니한다는 점에서 권한있는 기관에 의하여 취소되기까지는 효력을 갖는 취소할 수 있는 행정행위와 구별된다.

2. 행정행위의 무효원인

(1) 주체에 관한 무효원인

1) 정당한 권한을 가진 행정기관이 아닌 자의 행위

① 공무원 아닌 자의 행위

적법하게 선임되지 않은 자(임용결격자), 행위 당시 신분을 상실한 자(정년퇴직,

당연퇴직, 면직)의 행위 등은 무효이다. 다만, 사실상 공무원의 행위는 유효하다. 공무원 아닌 것이 명백한 사인이 공무원자격을 사칭하여 한 행위는 무효가 아니라 부존재이다.

② 정당한 대리권 없는 자 또는 권한을 위임 받지 않은 자의 행위

정당한 대리권자라고 믿을만한 상당한 이유가 있으면 표현대리[28]의 법리에 따라 유효하다.

위임의 근거가 없는 경우는 무효사유이나, 적법한 위임이 없는 경우는 취소사유이다.

③ 적법하게 구성되지 않은 합의제 행정기관의 행위

합의제 행정기관이 적법한 소집절차를 따르지 않은 경우, 의사 또는 의결 정족수를 결한 경우, 결격자를 참가시킨 경우 등은 무효이다.

④ 법령상 필요한 타 기관의 협력을 받지 않고 행한 행위

징계위원회의 의결을 거치지 않은 징계처분, 다른 기관의 필요적 협력을 결한 경우 등은 무효이다. 다만, 타기관의 필요한 자문을 결한 경우는 취소사유이다.

2) 행정기관의 권한 외의 행위(무권한의 행위)

서울시장의 집회 허가(경찰서장의 권한-현행 신고제로 바뀜), 경찰서장의 음식점 영업허가(시장, 군수, 구청장의 권한), 음주운전을 단속한 경찰관 명의의 운전면허

---

28) 광의의 무권대리에는 협의의 무권대리와 표현대리가 있다. 전자는 본인(대리권을 수여한 사람)을 위하여 법률행위를 할 권한이 없는 사람이 대리행위를 하였을 경우에 성립하는 것으로 이 경우 그 대리행위의 효과는 본인에게 귀속하지 않는다. 그러나 표현대리는 대리인에게 대리권이 없는 것은 위의 경우와 같으나, 그 외관상 대리권이 있을만한 개연성이 높아 상대방을 보호하기 위해 그 법률효과가 본인에게 미치는 것이다.
민법 제125조의 표현대리 : 이것은 대리인에게 외관상 대리권이 있을만한 경우에 성립하는 표현대리로, 대리인에게 본인의 인장(훔친 경우가 아님)등이 있을 경우 그와 거래한 상대방은 그 법률행위의 효력을 본인에게 주장할 수 있다.
민법 제126조의 표현대리: 이것은 권한을 넘은 대리행위의 경우에 적용되는 것으로, 은행에 가서 저당권을 설정하여 대출할 것을 위임했는데 대리인이 그 목적물을 매도한 경우이다.
민법 제129조 표현대리: 대리권한이 그 소멸사유로 인해 소멸한 후 대리인이 대리행위를 한 경우에 적용된다.
표현대리는 본인에게도 과실이 있는 경우이므로 본인의 보호 보다는 상대방 즉 거래의 안전을 보호하기위해 성질상 무권대리이나, 그 효과가 본인에게 미치게 하는 것이다.

정지처븐(경찰서장의 권한), 국세부과 제척기간 경과 후의 과세처분 등은 무권한의 행위로 무효이다. 행정기관의 권한을 초과한 행위는 취소사유이다.

3) 행정기관의 의사에 흠이 있는 행위

① 의사능력 없는 자의 행위

공무원의 심신상실 중의 행위와 같은 의사무능력자의 행위, 저항할 수 없을 정도의 강박에 의한 행위는 무효이다.

② 행위능력 없는 자의 행위

피한정후견인(구 한정치산자), 피성년후견인(구 금치산자)의 행위는 공무원 결격사유자의 행의이므로 원칙적으로 무효이다. 그러나 미성년자도 공무원이 될 수 있으므르 미성년자인 공무원의 행위는 적법·유효하다.

③ 착오로 인한 행위

착오에 의한 행위 자체에 위법이 있을 때 그 하자의 중대·명백 정도에 따라 무효인 경우와 취소인 경우로 나뉜다.

④ 사기·강박·증수뢰에 의한 행위

사기·강박·증수뢰에 의한 행위는 취소 사유이나, 저항할 수 없을 정도의 강박에 의한 행위는 무효이다.

(2) 내용에 관한 무효원인

1) 내용이 실현불능인 행위

사실상 불능으로 물리적으로 불능뿐만 아니라 사회통념상 그 실현이 불능한 경우는 무효이다. 법률상 불능으로 사망자에 대한 영업허가, 여성에 대한 징집영장 발부(사람에 대한 불능), 부존재하는 토지에 대한 수용재결, 적법한 건물에 대한 대집행(물건에 대한 불능), 인신매매업 허가 처분(법률관계에 대한 불능) 등은 무효이다.

2) 내용이 불명확한 행위

행정행위의 내용이 사회통념상 인식할 수 없을 정도로 불명확・불확정한 경우로 경계를 명확히 하지 않은 도로구역결정이 그 예이다.

(3) 법령에서 요구하는 절차에 관한 무효원인

1) 일반적 기준

하자의 중대・명백 정도에 따라 무효인 경우와 취소인 경우로 나뉜다. 일반적으로 법정 절차가 당사자 이해관계의 조정이나 이해관계인의 권익보호를 위한 경우에 대한 하자는 무효이나, 법정 절차가 행정의 적정・원활한 운영 등에 목적이 있는 경우 등에 대한 하자는 취소사유이다.

2) 무효로 인정되는 경우

상대의 필수적 신청・동의를 결한 행위로 출원 없는 광업허가・동의 없는 공무원임명, 필요한 통고・공고를 결여한 행위로 수용대상의 공고・통지 없이 한 토지수용 재결, 필요한 이해관계인의 참여・협의를 결여한 행위로 체납자의 참여 없이 한 압류, 필요한 공청・변명의 기회를 주지 아니한 행위로 변명의 기회 없는 파면이 그 예이다.

(4) 법령에서 요구하는 형식에 관한 무효원인

문서에 의하지 아니한 행위로 독촉장에 의하지 않은 납세독촉, 서명 또는 날인을 빠뜨린 행위로 선거관리위원의 날인 없는 선거록, 필요적 기재(이유・일자)가 없는 행위로 이유를 붙이지 않은 행정심판의 재결이 그 예이다. 다수설에 의하면 법령 등이 이유 등을 필요적으로 기재하도록 규정한 경우 이를 결한 행위는 무효사유이나, 이유부기가 불비한 정도이면 취소사유로 본다. 판례에 의하면 납부고지서에 납부금액 및 산출근거, 납부기한과 납부장소의 기재가 누락된 개발부담금부과처분은 취소사유로 보았다.

3. 무효의 효과와 그 주장방법

무효의 효과는 처음부터 아무런 효력이 발생하지 않으며, 무효의 주장은 행정쟁송(무효확인심판과 무효확인소송, 무효선언을 구하는 의미의 취소소송)으로 가능하다.

무효된 행위는 그와 관련된 다른 행위에 관한 소송에서 선결문제로 다툴 수 있으며, 다수설은 행정행위 무효여부가 공법상 당사자소송, 민사소송, 형사소송의 선결문제로 된 경우 수소법원은 그 행정행위의 효력을 확인할 수 있다.

참고 **무효선언을 구하는 의미의 취소소송**

행정행위의 하자가 무효사유인지 취소사유인지 여부를 중대명백설에 따라 판단한다 하여도 실제 법원에서 최종적으로 선고가 있기 전까지는 알 수가 없다. 따라서 무효확인소송을 제기하는 경우 무효사유일 경우에만 인용판결을 받고 취소사유일 경우 기각 판결을 받는다. 반면 무효선언을 구하는 의미의 취소소송을 인정할 경우 무효사유인 경우에도 불구하고 취소소송을 제기한 경우에 무효선언을 의미하는 취소 판결할 수 있어 무효사유든 취소사유든 인용판결을 받을 수 있게 된다. 따라서 권리구제를 위해 판례와 다수설이 인정하고 있다.

Ⅷ. 행정행위의 취소

1. 의 의

일단 유효하게 성립된 행정행위를 그 성립에 하자가 있음을 이유로 권한 있는 기관이 그 법률상의 효력을 행위 시에 소급하여 무효화 시키는 행위를 말한다. 행정행위의 취소의 개념은 최협의(직권취소), 협의(직권취소와 쟁송취소) 및 광의(협의의 취소 외에 무효선언과 철회 포함)로 나누어 볼 수 있는 바, 종래에는 협의의 취소를 본래의 의미의 취소로 보았다. 그러나 오늘날에 행정행위의 취소는 직권취소만을 의미하는 것으로 보는 경향이 있다.

2. 취소의 종류

(1) 법원에 의한 취소와 행정청에 의한 취소

이는 행정행위를 취소할 수 있는 권한을 가진 기관에 따른 분류로, 법원에 의한 취소는 소송제기를 전제로 소송절차에 따라 행하여지며, 행정청에 의한 취소는 직권에 의한 경우와 쟁송제기에 의한 경우가 있다.

(2) 직권취소와 쟁송취소

1) 직권취소

취소권을 가진 행정청이 직권으로 행하는 취소로 행정작용의 일종이다. 1차적으로 행정의 적법성보장, 2차적으로 국민의 권익구제 기능을 한다. 수익적 행정행위와 부담적 행정행위 모두 대상이나 수익적 행정행위가 주 대상이다.

2) 쟁송취소

이해관계인의 불복신청이나 소송 제기에 의해 행정청 또는 법원이 행하는 취소이다. 1차적으로 국민의 권익구제, 2차적으로 적법성 보장 기능을 한다. 부담적 행정행위가 주 대상이고, 복효적 행정행위도 제3자의 쟁송제기에 의해 가능하다.

(3) 수익적 행정행위의 취소와 부담적 행정행위의 취소

이는 취소의 행정행위의 종류에 따른 분류이다. 수익적 행정행위의 취소는 그 상대방에게 손해를 주는 것으로서 신뢰보호 등의 견지에서 취소권이 제한을 받는다. 이에 대하여 부담적 행정행위의 취소는 그 상대방이 원하는 바로서 대개의 경우 쟁송에 의한 취소의 대상이 된다.

3. 취소권자

(1) 직권취소의 경우

하자있는 행정행위를 취소할 수 있는 정당한 권한을 가진 자를 행정행위의 취소권자라 하는 바, 직권취소의 취소권자는 해당 행정행위를 한 '처분청'으로 명문의 근거 없이도 직권취소가 가능하다. 그러나 감독청은 명문의 근거가 있으면 당연히 인정되나 그렇지 않은 경우에는 견해가 대립된다.

(2) 쟁송취소의 경우

쟁송취소의 취소권자는 행정청(처분청 및 감독청)과 법원(행정법원, 고등법원 및 대법원)이나, 예외적으로 법률이 제3기관(예 : 공무원 소청심사위원회 · 조세심판원)을 재결청으로 규정할 때가 있다.

4. 취소의 사유와 제한

(1) 취소사유

주체에 관한 경우 필요적 자문을 결여한 행위, 권한초과의 경우, 사기 · 강박에 의한 경우, 착오의 결과 위법 · 부당하게 된 경우, 증수뢰 · 부정신고 · 기타 부정행위에 의한 행위 등이 취소사유이다. 내용에 관한 경우 단순위법, 공익위반, 선량한 풍속, 기타 사회질서 위반 등이 취소사유이다. 절차에 관한 경우 행정의 능률 · 원할 · 참고 등을 위한 편의 절차 위반 등이 취소사유이다. 형식에 관한 경우 경미한 절차나 형식을 위반한 경우가 취소사유이다.

(2) 취소권의 제한

1) 쟁송취소

원칙적으로 제한이 없다. 그러나 예외적으로 공공복리, 제3자의 지위보장, 출소기간에 의한 제한(불가쟁력에 의한 제한)이 가능하다.

2) 직권취소

① 제한되는 경우

직권취소가 제한되는 경우는 하자가 치유된 경우, 수익적 행정행위, 복효적 행정행위(일방의 당사자에게 수익적 효과가 있으므로), 상대방이 행정행위를 이용하고 있는 경우(건축허가를 받고 건축에 착수), 불가변력있는 행정행위(행정심판의 재결, 합격자 결정), 경제적 효과의 형량(위법한 행정처분이지만 많은 사람들의 생계가 달린 경우), 포괄적 신분관계 설정(국적부여, 공무원 임용), 사인의 법률행위의 효과를 완성시켜 이를 기초로 여러 거래가 성립하는 행위(인가), 실권의 법리적용(시간의 경과로 취소권 상실) 등이 있다.

② 제한되지 않는 경우

직권취소가 제한되지 않는 경우는 부담적 행정행위(부담적 행정행위의 취소는 수익적 결과를 초래하므로), 수익자의 주관적 책임에 의한 신뢰보호요건 결여 시, 수익자의 객관적 책임 (수익자의 고용인·대리인 등 부정 또는 부실신고), 중대한 공익상 필요나 위험방지를 위한 경우 등이 있다.

5. 취소의 절차·형식·효과

(1) 취소의 절차

직권취소의 경우 일반절차규정은 없으나 개별입법에서 공청, 자문기관의 자문, 관계자의 의견청취 등의 요구가 있을 수 있다. 쟁송취소는 행정심판법과 행정소송법이 정하는 행정쟁송절차에 의한다.

(2) 취소의 형식

직권취소의 경우 특별히 규정하고 있지 않는 한 취소의 뜻을 객관적으로 하면 된다. 쟁송취소의 경우 행정심판은 재결, 행정소송은 판결의 형식에 의한다.

(3) 취소의 효과

직권취소의 경우 소급하는 것이 원칙이나, 예외적으로 하자의 발생에 상대방이 귀책사유가 없고, 법적 안정성, 신뢰보호의 관점에서 장래에 향해서만 효과가 발생한다. 쟁송취소는 원칙적으로 소급효를 인정한다.

6. 취소의 취소

행정행위의 취소에 하자가 있는 경우에 이를 다시 취소하여 원래의 행정행위의 효력을 회복시킬 수 있느냐가 문제된다. 이는 주로 직권취소에서의 문제이며, 쟁송취소의 경우에는 기판력의 발생으로 문제되지 아니한다.

(1) 취소에 무효사유인 하자가 있는 경우

중대하고 명백한 하자로 절대무효일 때에는 처음부터 당연히 취소의 효과가 발생하지 아니하고 원행정행위가 그대로 존속할 것이며, 이 경우 무효선언으로서의 취소 또는 무효확인은 가능할 것이다.

(2) 취소에 단순한 취소사유인 하자가 있는 경우

1) 부정설

명문의 규정이 없으면 취소처분에 의하여 소멸된 행위의 소생이 불가능하다. 따라서 원행정행위와 동일한 내용의 새로운 행정행위를 할 수밖에 없다.

2) 긍정설

취소처분도 행정행위의 일종이므로 그에 하자가 있으면 직권취소가 가능하다. 따라서 취소처분을 직권취소하는 경우 다시 원행정행위는 부활한다. 통설의 입장이다.

3) 절충설

수익적 행정행위의 취소처분의 직권취소는 이해관계 있는 제3자가 없는 한 이를 긍정하고, 침익적 행정행위의 취소처분의 직권취소는 상대방의 이익을 보호하기 위해 원칙적으로 부정한다. 판례의 입장이다.

IX. 하자의 승계 및 하자 있는 행정행위의 전환 및 치유

1. 하자의 승계

(1) 의 의

둘 이상의 행정행위가 일련의 절차를 이루고 있는 경우, 선행처분에 하자가 있으나 그에 대해 불가쟁력이 발생했을 때 후행처분 자체는 적법함에도 불구하고 후행처분 자체를 대상으로 하여 그에 대해 선행처분의 하자를 이유로 다툴 수 있는가의 문제이다. 즉, 선행처분의 하자에 대해 후행처분의 단계에서 이를 다툴 수 있는 것을 하자의 승계라 한다.

(2) 하자의 승계론의 전제조건

1) 일반론

선행행위와 후행행위가 모두 항고소송의 대상이 되는 처분이어야 하고, 선행처분은 당연무효가 아닌 취소사유에 해당해야 한다. 선행처분에 불가쟁력이 발생하여 더 이상 이를 다툴 수 없어야 하며, 후행처분 그 자체는 어떠한 하자도 없어야 한다.

2) 선행처분이 무효인 경우

선행행위가 무효인 경우 그 무효인 처분에 뒤따르는 모든 일련의 처분은 그에 관한 법적 원인을 상실하기 때문에 아울러 무효가 되어 당연히 선행행위의 무효는 후행행위에 승계되므로 하자의 승계를 논의할 의미가 없으며, 대법원도 이와 같은 견해이다.[29)]

---

29) "행정기관의 권한에는 사무의 성질 및 내용에 따르는 제약이 있고, 지역적·대인적으로 한계가 있으므로 이러한 권한의 범위를 넘어서는 권한유월의 행위는 무권한 행위로서 원칙적으로 무효이고, 선행행위가 부존재하거나 무효인 경우에는 그 하자는 당연히 후행행위에 승계되어 후행행위도 무효로 된다. 그런데 주택건설촉진법 제38조 제2항은 공동주택 및 부대시설·복리시설의 소유자·입주자·사용자 등은 부대시설 등에 대하여 도지사의 허가를 받지 않고 사업계획에 따른 용도 이외의 용도에 사용하는 행위 등을 금지하고(정부조직법 제5조 제1항, 행정권한의위임및위탁에관한규정 제4조에 따른 인천광역시사무위임규칙에 의하여 위 허가권이 구청장에게 재위임 되었다), 그 위반행위에 대하여 위 주택건설촉진법 제52조의2 제1호에

(3) 하자의 승계 여부

1) 학 설

통설은 선행처분과 후행처분 사이에 동일한 법률효과를 목적으로 하는 경우에는 선행처분의 하자는 후행처분에 승계되어 후행처분에서 이를 다툴 수 있으나, 서로 다른 법률효과를 목적으로 하는 경우에는 그 하자는 승계되지 않는다고 한다.

2) 대법원 판례

통설과 같은 견해이다. 다만, 서로 다른 법률효과에 해당한다고 하여도 하자의 승계를 부인하는 것이 당사자에게 수인한도를 넘는 경우 하자의 승계를 긍정한다. 공시지가와 관련한 하자의 승계 관련 판례를 정리하면 다음과 같다.

① 개별공시지가와 양도소득세부과처분 사이

판례에 따르면 개별공시지가와 조세부과처분 사이에 하자의 승계가 인정되는 경우는 수인가능성 또는 기대가능성이 없을 때의 경우이고, 후행처분에 대한 그러한 수인가능성 또는 기대가능성이 인정될 경우 양자는 별개의 법률효과를 목적으로 하므로 하자의 승계가 인정된다.

ⅰ) 하자의 승계를 긍정한 판례

"개별공시지가결정은 이를 기초로 한 과세처분 등과는 별개의 독립된 처분으로서 서로 독립하여 별개의 법률효과를 목적으로 하는 것이나, 개별공시지가는 이를 토지소유자나 이해관계인에게 개별적으로 고지하도록 되어 있는 것이 아니어서 토지소유자 등이 개별공시지가결정 내용을 알고 있었다고 전제하기도 곤란할 뿐만 아니라 결정된 개별공시지가가 자신에게 유리하게 작용될 것인지 또는 불이익하게 작용될 것인지 여부를 쉽사리 예견할 수 있는 것도 아니며, 더욱이 장차 어떠한 과세처분 등 구체적인 불이익이 현실적으로 나타나게 되었을 경우에 비로소 권리구제의 길을 찾는 것이 우리 국민의 권리의식임을 감안하여 볼 때

서 1천만 원 이하의 벌금에 처하도록 하는 벌칙규정만을 두고 있을 뿐, 건축법 제69조등과 같은 부작위의무 위반행위에 대하여 대체적 작위의무로 전환하는 규정을 두고 있지 아니하므로 위 금지규정으로부터 그 위반결과의 시정을 명하는 원상복구명령을 할 수 있는 권한이 도출되는 것은 아니다. 결국 행정청의 원고에 대한 원상복구명령은 권한 없는 자의 처분으로 무효라고 할 것이고, 위 원상복구명령이 당연무효인 이상 후행처분인 계고처분의 효력에 당연히 영향을 미쳐 그 계고처분 역시 무효로 된다."(대판 1996. 6. 28. 96누4374)

토지소유자 등으로 하여금 결정된 개별공시지가를 기초로 하여 장차 과세처분 등이 이루어질 것에 대비하여 항상 토지의 가격을 주시하고 개별공시지가결정이 잘못된 경우 정해진 시정절차를 통하여 이를 시정하도록 요구하는 것은 부당하게 높은 주의의무를 지우는 것이라고 아니할 수 없고, 위법한 개별공시지가결정에 대하여 그 정해진 시정절차를 통하여 시정하도록 요구하지 아니하였다는 이유로 위법한 개별공시지가를 기초로 한 과세처분 등 후행 행정처분에서 개별공시지가결정의 위법을 주장할 수 없도록 하는 것은 수인한도를 넘는 불이익을 강요하는 것으로서 국민의 재산권과 재판받을 권리를 보장한 헌법의 이념에도 부합하는 것이 아니라고 할 것이므로, 개별공시지가결정에 위법이 있는 경우에는 그 자체를 행정소송의 대상이 되는 행정처분으로 보아 그 위법 여부를 다툴 수 있음은 물론 이를 기초로 한 과세처분 등 행정처분의 취소를 구하는 행정소송에서도 선행처분인 개별공시지가결정의 위법을 독립된 위법사유로 주장할 수 있다고 해석함이 타당하다."(대판 1994. 1. 25. 93누8542)

ii) 하자의 승계를 부정한 판례

"개별토지가격 결정에 대한 재조사 청구에 따른 감액조정에 대하여 더 이상 불복하지 아니한 경우, 이를 기초로 한 양도소득세 부과처분 취소소송에서 다시 개별토지가격 결정의 위법을 당해 과세처분의 위법사유로 주장할 수 없다."(대판 1998. 3. 13. 96누6059)

② 표준지공시지가와 토지초과이득세부과처분 사이

i) 판시 내용

대법원은 표준지공시지가의 하자는 토지초과이득세부과처분에 승계되지 않는다고 판시하였다. "개별토지가격에 대한 불복방법과는 달리 표준지의 공시지가에 대한 불복방법을 지가공시및토지의평가등에관한법률 제8조 제1항 소정의 절차를 거쳐 처분청을 상대로 다툴 수 있을 뿐 그러한 절차를 밟지 아니한 채 조세소송에서 그 공시지가결정의 위법성을 다툴 수 없도록 제한하고 있는 것은 표준지의 공시지가와 개별토지가격은 그 목적·대상·결정기관·결정절차·금액 등 여러 가지 면에서 서로 다른 성질의 것이라는 점을 고려한 것이므로, 이러한 차이점에 근거하여 표준지의 공시지가에 대한 불복방법을 개별토지가격에 대한 불복방법과 달리 인정한다고 하여 그것이 헌법상 평등의 원칙, 재판권 보장의 원칙에 위반된다고 볼 수는 없다. 토지초과이득세법상 표준지인 토지의 가액을 그 공시지가로 보고 그 가액에 의하여 과세표준을 산정하여 한 토지초과이득세 부과처분을 원심이 적법하다고 판단한 것은 토지초과이득세법의 개정 여부에 관계없이 정당하고, 거기에 법리오해의 위법이나 조세법령 엄격해석의 원칙 또는 소급과세금지 원칙에 위반되는 위법이 없다."(대판 1997. 9. 26. 96누7649)

ii) 비판

이러한 판례의 태도에 대해 개별공시지가와 후행처분 사이에서 하자의 승계를 인정하면서(위 93누8542판례 참조) 개별공시지가보다 더 예측가능성이나 수인가능성이 없는 표준지공시지가와 후행처분 사이에서 하자의 승계를 인정하지 않는 것은 타당하지 않다는 것이 학계의 일반적인 비판이다.

③ 표준지공시지가와 개별공시지가 사이

대법원은 표준지공시지가와 개별공시지가 사이에 하자의 승계를 부정하였다. "표준지로 선정된 토지의 공시지가에 대하여 불복하기 위하여는 지가공시및토지등의평가에관한법률 제8조 제1항 소정의 이의절차를 거쳐 처분청을 상대로 그 공시지가결정의 취소를 구하는 행정소송을 제기하여야 하는 것이지, 그러한 절차를 밟지 아니한 채 개별토지가격결정을 다투는 소송에서 그 개별토지가격 산정의 기초가 된 표준지 공시지가의 위법성을 다툴 수는 없다."(대판 1995. 3. 28. 94누12920)

(4) 판례상 하자의 승계 인정 여부

구분	긍 정	부 정
기준	동일한 법적 효과를 목적으로 함	별개의 법적 효과를 목적으로 함
대집행	· 계고 · 통지 · 실행 · 비용징수 사이 · 암매장분묘개장명령과 계고처분	· 건물철거명령과 대집행계고처분
조세	· 독촉 · 압류 · 공매 · 청산 사이 · 독촉과 가산금 · 중가산금 징수처분	· 과세처분과 체납처분 · 토지등급설정과 과세처분 · 농지전용부담금 부과처분과 압류처분 · 지방의회 의결결과 지방세 부과처분

구분	긍 정	부 정
공시지가	· 개별공시지가결정과 과세처분 (별개의 법적 효과를 목적으로 하지만 하자의 승계 인정)	· 표준공시지가결정과 개별공시지가 결정 · 표준공시지가결정과 조세부과처분
수용	· 기준지가고시처분과 토지수용처분 · 표준공시지가결정과 수용재결(보상금산정) (별개의 법적 효과를 목적으로 하지만 하자의 승계 인정)	· 택지개발계획승인(사업승인)과 수용재결처분 · 택지개발예정지구지정과 택지개발계획승인처분 · 도시관리계획결정과 수용재결처분 · 도시계획시설변경과 사업계획승인처분 · 재개발사업시행인가처분과 수용재결처분
기타	· 귀속재산 임대처분과 매각처분 · 한의사 시험자격인정과 면허처분 · 안경사시험합격취소처분과 안경사면허취소처분	· 직위해제처분과 면직처분 · 수강거부처분과 수료처분 · 변상판정과 변상처분 · 보충역편입처분과 공익근무요원소집처분 · 액화석유가스판매업허가와 사업개시신고 반려처분 · 국제항공노선면허 거부처분과 노선면허처분

2. 무효인 행정행위의 전환

(1) 의의와 인정근거

1) 의 의

행정행위가 원래 행정청이 의도했던 행정행위로서는 무효이나 다른 행정행위로서는 성립요건을 갖추고 있는 경우, 행정청의 의도에 반하지 않는 한 다른 행정행위로서 효력을 인정하는 것이다.

2) 인정근거

행정법에 명문의 규정은 존재하지 않으나, 이론적 근거로 법적 안정성의 도모, 행정행위의 무용한 반복의 회피에 따른 경제적 고려 등을 들 수 있다. 전환의 장점은 무엇보다 행위의 중복을 회피한다는 것이다. 예컨대, 소득세를 과오납으로 초과징수 했다면 법치주의에 따른 정식절차는 이를 납세자에게 환급해야 하나, 어차피 후에 종합토지세 등 다른 세금이 부과될 예정이라면 이 과오납세금의 환급이라는 번거로운 절차의 필요 없이 종토세 등의 세금에 자동충당된 것으로 '전환'시키는 것이 현명한 방법이다.

(2) 전환의 대상과 무효행위의 전환 요건

1) 전환의 대상

무효인 행정행위에 한하여 인정하자는 것이 통설이나, 취소할 수 있는 행위에 대하여도 전환을 인정하자는 견해도 있다.

2) 무효행위의 전환의 요건

무효인 행정행위가 존재해야하며, 양 행위 사이에 요건・목적・효과에 있어서 실질적 공통성이 있어야 하고, 다른 행위의 성립요건을 갖추어야 한다. 또한 흠 있는 행위를 한 행정청의 의사에 반하지 않아야 하며, 당사자가 전환을 의욕 한 것으로 인정되어야 하고, 제3자의 이익을 침해하지 않아야 한다.

(3) 성질 및 효과

전환 그 자체가 독립적 성질을 갖기 때문에 전환행위는 행정소송의 대상이 되고, 전환에 의한 새로운 행정행위는 종전행위의 발령 당시로 소급하여 효력 발생한다.

3. 취소인 행정행위의 치유

(1) 의의와 인정이유

성립 당시 하자 있는 행정행위가 후에 하자의 원인인 법정요건을 충족하였거나 하자가 경미한 경우 하자가 있음에도 불구하고 유효한 것으로 취급하는 것을 말한다. 상대방의 신뢰보호, 행정법관계의 안정성, 행위의 불필요한 반복 배제 등을 이유로 인정한다.

(2) 인정범위와 치유사유

1) 인정범위

하자의 치유는 원칙적으로 취소할 수 있는 행위에만 인정하는 견해가 통설과 판례의 태도이나 무효인 행위에도 인정하자는 견해도 있다.

2) 치유사유

① 흠결된 요건의 사후보완

무권대리행위의 추인, 허가요건 · 등록요건의 사후충족, 요식행위의 형식보완 등이 있다.

② 장기간의 방치로 인한 취소권의 실권과 공공복리상 필요

통설은 흠결된 요건의 사후보완을 치유사유로 보나, 장기간의 방치로 인한 취소권의 실권과 공공복리상 필요는 취소의 제한사유로 본다.

(3) 치유의 대상 및 효과, 가능시기

치유는 주로 절차와 형식에 관한 하자의 경우 치유를 인정하고, 내용상 하자의 치유는 부정하는 것이 다수설과 판례의 입장이다. 하자가 치유되면 처분 시로 소급하여 적법한 행정행위로 효력이 발생한다. 치유 가능시기는 행정쟁송제기 이전까지 가능하다고 보는 것이 통설과 판례의 입장이다.

X. 행정행위의 철회

1. 철회의 의의와 철회권자

(1) 의 의

행정행위가 하자 없이 완전하고 유효하게 성립하였으나 후에 공익상 그 효력을 존속시킬 수 없는 사유가 발생한 경우 처분청이 '장래에 향하여' 직권으로 그 효력의 전부 또는 일부를 소멸시키는 독립된 행정행위를 말한다. 음주운전으로 인한 면허취소가 그 예이다.

(2) 철회권자

처분청이 철회권을 갖는 것이 원칙이며 예외적으로 법률에 근거가 있는 경우에 한하여 감독청에게도 철회권이 인정된다.

2. 철회사유

(1) 법률에 규정된 철회사유발생

행정청은 법에서 정한 사유가 발생하는 경우에는 부담적 행정행위뿐만 아니라 수익적 행정행위도 철회할 수 있다.

(2) 철회권의 유보

일정한 사실이 발생하게 되면 동 행정행위를 철회하겠다고 부관을 붙인 경우에 처분청은 유보된 사실이 발생하면 철회를 할 수 있다. 이 경우에도 항상 철회를 할 수 있는 것이 아니며 철회권의 유보가 적법하고 철회권의 행사가 합리적인 사유에 의하여 정당화되어야 한다.

(3) 상대방의 의무위반

음주운전으로 인한 운전면허 효력상실, 부패한 음식물 판매자에 대한 영업허가의 취소 등이 있다.

(4) 부담의무의 불이행

일정한 작위, 부작위, 수인, 급부의무를 부과하는 부담을 붙인 경우에 이러한 부담을 주어진 기간 내에 이행하지 않거나 전혀 이행하지 않은 경우에 철회권이 행사될 수 있다.

(5) 근거법령의 개폐

수익적 행정행위의 근거가 되는 법령이 개정되어 행정행위가 변경된 법령에 더 이상 적합하지 않아 철회를 하지 않으면 공익이 침해되는 경우가 이에 해당된다.

(6) 사실관계의 변경

수익적 행정행위의 발급의 근거가 되는 사실관계가 사후에 변경되고 행정행위를 철회하지 않으면 공익이 침해될 경우가 이에 해당된다.

(7) 중대한 공익상의 필요

궁극적으로 철회는 공공복리에 대한 중대한 손해를 방지하거나 제거하기 위하여 행사될 수 있다. 이러한 사유는 상술한 어떠한 사유가 존재하지 않는 경우에 보충적인 철회사유에 해당되는 바, 이를 엄격하게 해석하여 아주 제한된 경우에 적용되어야 한다.

3. 철회권의 제한

(1) 부담적 행정행위의 제한

국민의 불이익을 제거하므로 원칙적으로 자유롭다. 다만, 예외적으로 행정행위를 존속시켜야하는 중대한 공익이 존재하는 경우나 행정행위의 철회 후 다시 동일한 내용의 행정행위를 발해야하는 경우에는 제한된다.

(2) 수익적 행정행위(복효적 행정행위)의 제한

1) 비례의 원칙에 의한 제한

개인의 영업활동에서 위법사실이 발생하는 경우, 시정명령 및 개선명령으로 행정목적을 달성할 수 있다면 철회권의 행사 대신 이를 우선하여야 한다.

2) 신뢰보호의 원칙에 의한 제한

새로운 사실의 발생, 법령의 개정, 기타 중대한 공익의 필요성 등의 사유로 철회권이 행사는 경우, 상대방이 수익적 행정행위의 존속을 신뢰하고 그 신뢰가 보호가치가 있는 경우에는 보상이 주어져야 한다.

3) 실권의 법리에 의한 제한

철회사유가 발생한 경우에도 행정청이 일정기간 철회권을 행사하지 않는 경우에, 실권의 법리에 따라 행정청은 그 행정행위를 더 이상 철회할 수 없을 것이다.

4) 불가변력이 있는 행정행위의 제한

합의제 행정기관에 의하여 발하여지는 행정행위에 대하여는 불가변력이 발생된다는 이유로 철회가 제한된다는 것이 종래의 다수설의 견해였다. 그러나 이러한 견해에 대하여 철회는 행정행위가 발하여진 이후에 발생된 후발적인 사정과 관련하여 행하여지고, 내용적으로는 새로운 행정행위에 해당한다는 이유에서 비판이 가하여지고 있다.

5) 귀화허가나 공무원임명과 같은 포괄적 신분관계설정행위의 제한

귀화허가를 해준 외국인에게 이를 철회한다면 당해 외국인은 무국적자가 될 수 있다. 공무원임명도 마찬가지로 이를 철회하면 법률상 복잡한 문제가 발생한다.

4. 법적 근거

(1) 부담적 행정행위

철회는 상대방에게 수익적 효과를 주기 때문에 법적 근거가 불필요하다는 것이 일반적인 견해이다.

(2) 수익적 행정행위

법적 근거가 필요한지 여부에 대하여는 학설에서 다툼이 있다. 전통적 다수설과 판례의 입장은 근거불요설을 취하고 있으나, 현재는 근거필요설이 다수설로 유력하게 주장되고 있다.

1) 근거불요설

법률의 근거를 요하지 않는다는 입장으로 행정은 공익에 적합하고 변화에 적응하여야 한다는 점, 철회원인의 발생 시에 본래의 행정행위를 하였다면 그것은 흠 있는 행정행위가 되었을 것이라는 점, 철회에 대하여도 쟁송이 가능하다는 점, 원행정행위의 수권규정은 철회의 수권규정으로 볼 수 있다는 점, 모든 행정

행위의 철회는 법적 근거를 요한다고 하는 것은 입법자를 만능 시 한다는 점 등을 근거로 한다.

2) 근거필요설

법률의 근거를 요하는 입장으로 부담적 행정행위를 법률의 근거 없이 단순한 공익상의 이유로 발급할 수 없는 것과 같이 새로운 행정행위의 발급에 해당하는 철회 역시 법적 근거 없이 행할 수 없다고 한다. 특히 허가, 인가, 특허 등의 수익적 행정행위는 직업의 자유 및 재산권 등 헌법에서 보장하고 있는 기본권을 구체화하는 작용인바, 기왕에 발급된 이들의 철회는 개인의 기본권을 침해하기 때문에 법적인 근거가 필요하다.

5. 철회의 효과

(1) 장래효

장래에 대해 발생하는 것이 원칙이나 소급효를 인정하지 않을 경우에는 철회의 목적을 달성할 수 없는 경우에는 예외적으로 소급효를 인정할 수가 있다.

(2) 반환청구권(원상회복) 및 손실보상

철회의 부수적 효과로서 원상회복의 의무가 생기며, 철회되는 행정행위와 관련된 문서나 물건의 반환도 요구할 수 있다. 당사자 귀책사유 없는 수익적 행정행위의 철회로 인한 손실은 보상을 해야 한다.

(3) 하자있는 철회의 효력

행정행위의 철회는 하나의 독립된 행정행위이기 때문에 행정행위의 적법요건을 갖추어야 하며, 만일 이를 충족시키지 못할 경우에는 하자의 일반원칙에 따라 철회행위가 무효이거나 취소할 수 있는 행위가 된다.

XI. 행정행위의 실효

1. 의 의

(1) 개 념

하자 없이 성립·발효한 행정행위가 이후 일정한 사정의 발생으로 인하여 별도의 의사표시 없이 당연히 그 효력이 소멸되는 것을 말한다.

(2) 구별개념

행정행위의 무효는 처음부터 효력이 발생하지 않으나, 실효는 적법·유효한 행정행위가 이후 일정한 사유의 발생으로 그 효력이 소멸되는 것을 말한다. 효력의 소멸원인이 후발적인 점에서, 취소에 의한 소멸과 구별된다. 행정행위의 취소 및 철회는 행정청의 의사표시인 행정행위이나, 실효는 일정사유의 발생 시 별도의 의사표시 없이 당연히 효력이 소멸한다.

2. 실효사유

실효의 사유에는 대상의 소멸(목적물의 소멸, 상대방의 사망, 허가영업의 자진폐업), 행정행위의 목적 달성(철거명령에 따른 대상물의 철거 시 철거명령의 효력상실), 행정행위의 부관(해제조건의 성취 또는 종기의 도래) 등이 있다.

3. 실효의 효과

실효사유 발생 시 행정청의 별도의 의사표시 없이 그때부터 장래에 향해 당연히 효력이 상실한다.

제2장 그 밖의 행정의 행위형식

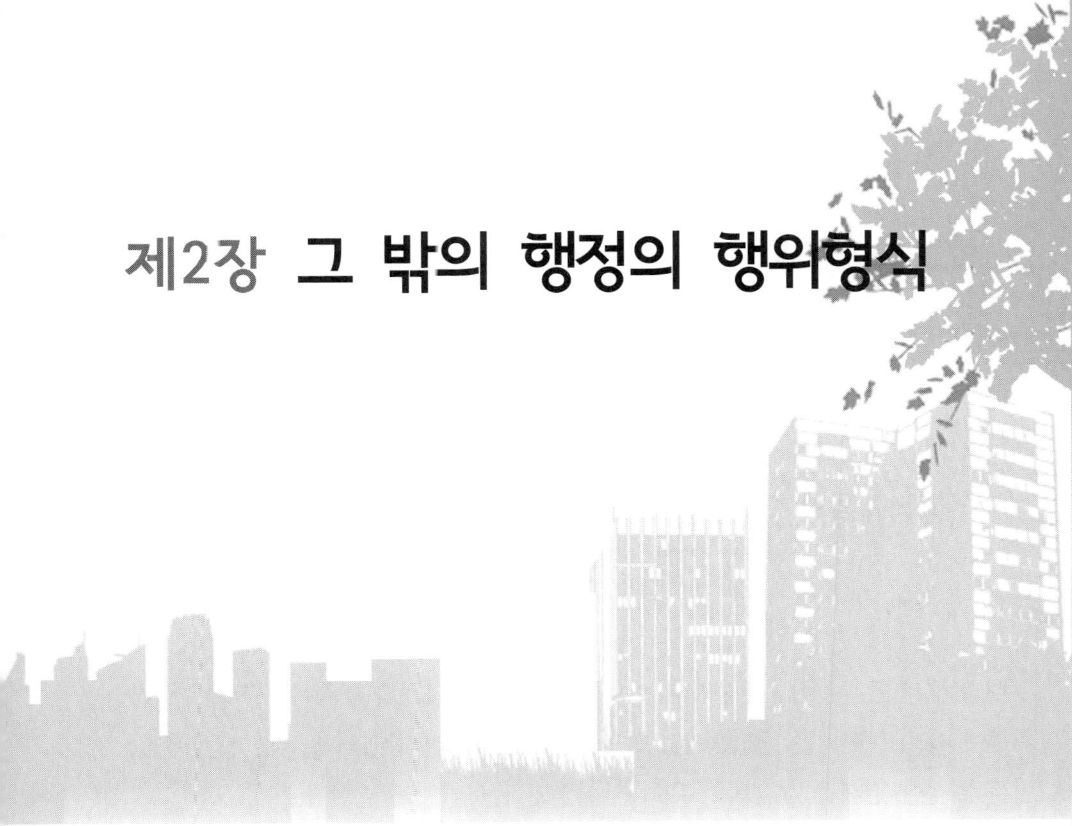

제2장 그 밖의 행정의 행위형식

제1절 행정계획

Ⅰ. 행정계획의 의의

1. 개 념

행정에 관한 전문적 · 기술적 판단을 기초로 하여 특정한 행정목표를 달성하기 위하여 서로 관련되는 행정수단을 종합 · 조정함으로써 장래의 일정한 시점에 있어서 일정한 질서를 형성하기 위하여 설정된 활동기준을 말한다.

2. 필요성

국가기능의 적극적 변화, 다양한 행정수요에 대한 효율적 대응, 현대행정의 광역화 · 복잡화, 계획책정을 위한 전제조건(미래예측기술)의 향상 등에서 행정계획의 필요성을 찾을 수 있다.

Ⅱ. 행정계획의 기능과 문제점

1. 행정계획의 기능

행정계획은 다양한 행정수단들을 종합화 · 체계화하는 기능, 행정목표와 그 실현수단 등을 미리 알려주어 국민에게 예측가능성을 부여하는 기능, 행정과 국민간의 매개적 기능, 국민의 장래활동에 대한 지침적 · 유도적 기능, 행정의 목표설정기능 등을 수행한다.

2. 행정계획의 문제점

(1) 법치주의의 형해화에 따른 사법적 통제의 곤란

법적 근거를 두는 것이 일반적이나 계획의 구체적 내용을 행정기관에 전적으로 위임할 수 없는 바, 구체적 내용을 법률에 직접 담기가 입법기술상 불가능하다. 따라서 행정기관의 재량의 여지가 많다.

(2) 손실보상의 인정문제

행정계획으로 인한 손실의 경우 사회적 제약과 특별희생의 구분이 쉽지 않고, 특별희생을 긍정하더라도 보상규정이 없는 경우가 대부분이므로 보상규정 없는 경우 손실보상의 법리에 따라 해결되어야 하는 어려움이 있다.

(3) 계획보장의 인정문제

행정계획을 신뢰하고 일정한 행위를 한 자가 행정계획의 변경에 대하여 계획보장청구권을 갖는가의 문제로 부정적 견해가 지배적이다.

Ⅲ. 행정계획의 법적 성질(처분성 또는 항고소송 대상성 인정여부)

1. 학 설

(1) 입법행위설(법규명령설)

행정계획은 불특정 다수인(일반적)을 대상으로 하는 추상적인 규율이므로 법규명령의 성질을 갖는다고 보는 견해이다. 따라서 처분성이 없어 항고소송의 대상이 될 수 없다.

(2) 행정행위설

행정계획은 개인의 권리에 개별적·구체적으로 영향을 미치게 되므로 행정행위의 일종이라고 보는 견해이다. 따라서 처분성이 인정되어 항고소송의 대상이 된다.

(3) 혼합행위설

행정계획에는 법규명령적인 것도 있고 행정행위적인 것도 있으므로 개별적으로 검토해야 한다는 견해이다.

(4) 독자성설

행정계획은 법규범도 아니고 행정행위도 아닌 독자적인 법적 성질을 갖지만, 구속력이 인정된다는 점에서 행정행위에 준하여 취급해야 한다는 견해이다. 따라서 처분성이 인정되므로 항고소송의 대상이 된다.

(5) 개별적 검토설(복수성질설)

행정계획은 여러 가지 형태로 정립되고 또한 다양한 내용을 포함하고 있어서, 그 법적 성질을 추상화하여 일률적으로 말할 수 없으므로 각각의 계획마다 개별적으로 검토하여 항고소송대상의 여부를 판단해야 한다는 견해로 통설의 입장이다.

2. 판 례

고시된 도시계획결정은 처분성이 있으므로 항고소송의 대상이 된다고 판시한 바 있다.[1] 그러나 구 도시계획법상 도시기본계획(대판 2002. 10. 11, 2000두8226), 토지구획정리사업법상 환지계획(대판 1999. 8. 20, 97누6889), 구 농어촌도로정비

1) (구)도시계획법 제12조 소정의 도시계획결정이 고시되면 도시계획구역 안의 토지나 건물소유자의 토지형질변경, 건축물의 신축, 개축 또는 증축 등 권리행사가 일정한 제한을 받게 되는 바, 이런 점에서 볼 때 고시된 도시계획결정은 특정 개인의 권리 내지 법률상의 이익을 개별적이고 구체적으로 규제하는 효과를 가져 오게 하는 행정청의 처분이라 할 것이고, 이는 행정소송의 대상이 된다(대판 1982. 3. 9, 80누105).

법상 농어촌도로기본계획(대판 2000. 9. 5, 99두974) 등은 처분성이 없다고 판시하였다.

정리 **행정계획의 처분성(행정소송의 대상성) 인정여부**

▶판례

① 처분성 인정 : 도시계획결정, 택지개발예정지구지정

② 처분성 부정 : 도시기본계획, 환지계획(일반적 방향만 제시하므로 처분성이 부정되나, 구체성을 띠는 환지처분이나 지정은 처분성 인정된다.)

▶다수설

행정계획 중 '도시계획결정'은 그것이 공고나 고시되면 법률규정과 결합하여 각종의 권리제한 효과를 가져 오므로, 특정개인의 권리를 개별, 구체적으로 규제하게 되어 행정처분이라는 견해가 다수설이다.

Ⅳ. 행정계획의 법적 근거 및 절차

1. 행정계획의 법적 근거

(1) 비구속적 행정계획

국민이나 행정기관 모두에 대하여 구속적 효력이 없고 단순히 행정의 지침에 불과하므로 작용법적 근거는 필요 없고, 다만 조직법적 근거만 있으면 가능하다고 보는 것이 일반적이다.

(2) 구속적 행정계획

구속적 행정계획은 행정기관이나 국민에 대하여 구속력을 가지므로 조직법적 근거뿐만 아니라 작용법적 근거도 필요하다는 데에 견해가 일치한다.

2. 행정계획의 절차

현행 행정절차법상 행정계획의 절차상 통제, 즉 행정계획의 수립절차에 관한 일반규정은 없다. 다만 국토의 계획 및 이용에 관한 법률 등과 같은 개별법령에서 행정계획의 수립절차를 규정하고 있을 뿐이다.

V. 계획재량

1. 개 념

계획재량이란 행정계획의 수립과정에서 행정주체가 가지게 되는 계획상의 형성의 자유를 말한다. 계획은 미래지향성을 가지며 그 대상도 변천하고 있으므로 계획에는 복수의 선택가능성이 있을 뿐만 아니라, 계획의 결정에는 모든 중요사정과 관계이익의 조정·형량이 요청된다. 따라서 행정계획은 광범한 자기창조적 형성의 자유가 요청된다. 그에 따라 법률은 원칙적으로 계획이 추구해야 할 목적과 그에 의하여 촉진 또는 보호되어야 할 이익만을 규정하는데 그치며 계획의 요건·효과에 관해서는 규정하지 아니하고 공백규정으로 두고 있는 것이 보통이다.

2. 계획재량과 일반재량행위(행정재량)와의 구별(법적 성질)

(1) 양자를 구별하는 견해의 논거

일반 재량행위의 수권규범은 요건과 효과 부분으로 구성되나, 계획재량의 수권규범은 목적과 수단규정의 형식을 취하는 점과 계획재량에는 형량명령이라는 특유한 하자통제이론이 존재한다는 점을 그 논거로 한다. 다수설의 견해이다.

(2) 양자의 구별을 부정하는 견해의 논거

양자가 서로 질적인 면에서는 차이가 없고 양적인 면에서만 차이를 가질 뿐으로 수권규범의 구조상의 특성은 중요한 것이 아닌 점과 계획재량에 특유한 하자통제이론으로 주장되어지는 형량명령은 그 실질적 내용이 비례원칙과 같은 것이라는 점을 그 논거로 한다.

3. 형량(衡量)명령(계획재량의 사법적 통제)

(1) 개 념

행정계획을 수립함에 있어서 관련된 이익(공익 상호간, 사익 상호간, 공익과 사익 상호간)을 정당하게 형량하여야 한다는 원칙으로 계획재량의 통제를 위하여 형성된 이론이다.

(2) 형량의 하자

형량명령의 원칙에 의하면 다음과 같은 형량명령의 내용에 반하는 경우에 형량의 하자가 있는 것이 되어 당해 행정계획은 위법하다.

1) 형량의 해태

이익형량을 전혀 하지 않은 하자를 말한다.

2) 형량의 흠결

이익형량을 하기는 하였으나 고려하여야 할 중요한 사항을 누락하는 것을 말한다.

3) 오형량(형량불비례)

이익형량을 하기는 하였으나 객관성·정당성·비례성을 결한 것을 말한다.

4) 형량조사의 하자

이익형량을 하기위한 조사의무를 이행하지 않은 하자를 말한다.

5) 평가의 과오

이익형량을 하기위한 관련 공익 또는 사익의 가치를 잘못 평가하는 것을 말한다.

(3) 판례의 태도

행정주체가 행정계획을 입안·결정함에 있어서 이익형량을 전혀 행하지 아니하거나 이익형량의 고려 대상에 마땅히 포함시켜야 할 사항을 누락한 경우 또는 이익형량을 하였으나 정당성과 객관성이 결여된 경우에는 그 행정계획결정은 형량에 하자가 있어 위법하게 된다.[2)]

Ⅵ. 계획보장청구권(행정계획과 신뢰보호)

1. 쟁 점

계획보장청구권이론은 행정계획의 변경가능성과 상대방의 신뢰보호가 상호 충돌하는 바, 이를 해결하기 위해서 제기된 이론으로 "계획주체와 계획의 수범자간의 위험의 분배에 관한 것" 또는 "행정계획의 변경가능성을 중시하느냐 아니면 상대방의 신뢰보호(법적 안정성)를 중시하느냐"하는 선택의 문제가 발생한다.

2. 의 의

(1) 개 념

계획보장청구권이란 행정계획에 대한 상대방의 신뢰를 보호하기 위하여 상대방에게 인정된 행정주체에 대한 권리를 총칭하는 개념이다.

(2) 내 용

계획보장청구권은 단일한 내용의 청구권이 아니라 계획존속청구권, 계획이행청구권, 계획변경청구권, 경과조치청구권, 손해전보청구권 등을 포함하는 개념이다.

---

2) 관계 법령에는 추상적인 행정목표와 절차만이 규정되어 있을 뿐 행정계획의 내용에 관하여는 별다른 규정을 두고 있지 아니하므로 행정주체는 구체적인 행정계획을 입안·결정함에 있어서 비교적 광범위한 형성의 자유를 가지는 것이지만, 행정주체가 가지는 이와 같은 형성의 자유는 무제한적인 것이 아니라 그 행정계획에 관련되는 자들의 이익을 공익과 사익 사이에서는 물론이고 공익 상호간과 사익 상호간에도 정당하게 비교교량하여야 한다는 제한이 있으므로, 행정주체가 행정계획을 입안·결정함에 있어서 이익형량을 전혀 행하지 아니하거나 이익형량의 고려 대상에 마땅히 포함시켜야 할 사항을 누락한 경우 또는 이익형량을 하였으나 정당성과 객관성이 결여된 경우에는 그 행정계획결정은 형량에 하자가 있어 위법하게 된다(대법원 2007. 4. 12. 선고 2005두1893 판결).

(3) 인정여부

일반적인 계획보장청구권은 인정되지 않는다. 다만, 계획변경청구권의 경우 원칙적으로 인정하지 아니하나 예외적으로 인정한 판례가 있다.[3)]

Ⅶ. 행정계획과 권리구제

1. 행정쟁송

위법・부당한 행정계획으로 법률상 이익을 침해받은 경우 행정쟁송의 제기가 가능하다. 그러나 소송요건 단계에서 행정계획의 처분성 인정여부가 문제되고, 본안판단에서는 행정청에게 인정되는 광범위한 계획재량으로 인해 위법성을 인정하기도 쉽지 않다는 문제점이 있다.

2. 손해배상

위법한 행정계획의 수립・변경・폐지 등으로 손해를 입은 경우 국가배상청구가 가능하다. 그러나 공무원의 고의, 과실을 입증하기가 쉽지 않고, 행정계획의 위법성 등의 요건을 충족하기가 어려워 실효적인 권리구제 수단이 될 수 없다.

3. 손실보상

적법한 행정계획으로 국민의 재산권이 제한된 경우에 당해 손실이 특별한 희

---

3) "구 폐기물관리법(1999. 2. 8. 법률 제5865호로 개정되기 전의 것, 이하 '폐기물관리법'이라 한다) 제26조, 같은 법 시행규칙(1999. 1. 5. 환경부령 제56호로 개정되기 전의 것) 제17조 등에 의하면 폐기물처리사업계획의 적정통보를 받은 자는 장래 일정한 기간 내에 관계 법령이 규정하는 시설 등을 갖추어 폐기물처리업허가신청을 할 수 있는 법률상 지위에 있다고 할 것인바, 피고로부터 폐기물처리사업계획의 적정통보를 받은 원고가 폐기물처리업허가를 받기 위하여는 이 사건 부동산에 대한 용도지역을 '농림지역 또는 준농림지역'에서 '준도시지역(시설용지지구)'으로 변경하는 국토이용계획변경이 선행되어야 하고, 원고의 위 계획변경신청을 피고가 거부한다면 이는 실질적으로 원고에 대한 폐기물처리업허가신청을 불허하는 결과가 되므로, 원고는 위 국토이용계획변경의 입안 및 결정권자인 피고에 대하여 그 계획변경을 신청할 법규상 또는 조리상 권리를 가진다고 할 것이다."(대판 2003. 9. 23, 2001두10936)

생으로 인정된다면 손실보상 청구가 가능하다. 행정계획으로 인한 손실의 경우 사회적 제약과 특별한 희생을 구분하기가 쉽지 않고, 특별한 희생을 긍정하더라도 보상규정이 없는 경우가 대부분이므로 보상규정 없는 경우의 손실보상의 법리에 따라 해결되어야 하는 어려움이 있다.

4. 사전구제 및 헌법소원

행정계획에 대한 사후적 구제에는 한계가 있으므로 사후적 구제방법으로 특히 행정절차에 의한 통제가 중요하다. 또한 행정계획도 헌법소원의 대상이 되는 공권력 행사에 해당된다.

제2절 공법상 계약

Ⅰ. 의 의

1. 개 념

공법적 효과의 발생을 목적으로 하는 복수당사자 사이의 서로 반대되는 의사표시의 합치에 의하여 성립하는 공법상의 법률행위를 말한다. 행정계약이라고도 하며, 개별적·구체적 사정에 적응하여 탄력적으로 행정을 처리할 수 있고, 사실관계나 법률관계가 명확하지 않을 때 용이하게 하고 법의 흠결을 보충하여 주는 기능을 한다.

2. 구별개념

(1) 사법상 계약과의 구별

공법상 계약은 공법상의 법적 효과를 발생시키는, 즉 공법상 법률관계의 변경을 가져오는 것을 목적으로 한다는 점에서 사법적 효과발생을 목적으로 하는 사법상 계약과 구별된다.

(2) 행정행위와의 구별

행정행위는 행정청의 일방적 의사에 의한 권력적 단독행위라는 점에서 복수당사자 사이의 의사의 합치로 이루어지는 공법상 계약과는 구별된다.

(3) 공법상 합동행위와의 구별

공법상 계약과 공법상 합동행위는 복수당사자의 의사의 합치에 의하여 성립한다는 점에서는 공통점이 있다. 그러나 공법상 합동행위는 같은 방향의 의사의 합치이고, 그 법적 효과도 당사자 간에 같은 의무를 가진다는 점에서, 반대방향의 의사의 합치에 의해 그 법적 효과도 각각 반대의 의미를 갖는 공법상 계약과는 구별된다. 농지개량조합 · 산림조합 등과 같은 공공조합 설립행가 공법상 합동행위의 예이다.

(4) 행정계약론

최근 일부 견해에 의하면 '공법상 계약'과 행정주체가 당사자로 된 '사법상 계약'을 포괄하는 개념으로 '행정계약'이라는 개념을 사용하고 있다. 이러한 관점을 행정계약론이라고 하는데, 양자를 따로 논해야 한다고 보는 견해가 다수설이다.

Ⅱ. 각 국의 공법상 계약의 유형

1. 독일의 '공법상 계약'

과거 공권력작용을 중심으로 하는 독일에서는 공법상 계약이 의붓자식 취급을 받았다고 일컬어진다. 국가는 원칙적으로 공법상 계약의 당사자가 될 수 없다는 오트 마이어(Otto Mayer)의 말이 이를 잘 뒷받침해 준다. 그러나 이후 연방행정절차법에 법규에 반하지 않는 한 공법상 계약을 허용한다는 명문의 규정을 둠으로써 널리 공법상 계약을 허용하고 있다. 우리가 보통 말하는 공법상 계약은 독일법상 관념이다.

2. 프랑스의 '행정계약'

프랑스의 행정계약의 관념은 독립된 행정재판소(국참사원)의 판례를 중심으로 일찍부터 체계화되었다. 프랑스에서 행정계약은 그 범위가 넓게 인정되고 있다는 점에 특징이 있다. 즉, 공법상의 보상계약·토지수용계약뿐만 아니라, 독일에서는 행정행위로 보는 공기업특허, 공물사용특허와 사법행위로 보는 물품계약까지도 모두 행정계약으로 보고 있다.

3. 영·미의 '정부계약'

국가도 사인과 똑같이 보통법의 지배를 받는다는 전통으로 인해 공·사법의 구별이 인정되지 않았기 때문에 공법상 계약이라는 관념이 성립되지 않았다. 그러나 19세기 후반 자본주의의 발달과 복지국가의 요청에 부응하기 위한 행정권의 기능 확대에 힘입어 '정부계약'이라는 이름으로 행정주체와 사인간의 계약에 표준조항을 도입하여 전통적인 사법관계에 대한 특칙들을 인정하게 되었다.

Ⅲ. 공법상 계약의 성립가능성과 자유성

1. 성립가능성

과거에는 권력관계를 기초로 하는 행정법영역에서는 공법상 계약이 인정될 수 없다는 것이 지배적 견해였다. 그러나 복지국가의 요청에 따른 급부행정의 증대 등 비권력적 행정행위의 범위가 확대되면서 행정행위의 유연성 및 탄력성을 요구하고 있고, 그 실현수단으로서 공법상 계약의 중요성이 더해 가고 있다. 따라서 오늘날에는 공법상 계약이 가능하다는 데에 이론이 없다.

2. 자유성(법적 근거)

법령에 명시적인 근거가 없더라도 행정청은 자유롭게 공법상 계약을 체결할 수 있다는 법적 근거 불요설(자유성 긍정설)이 다수의 견해이다.

Ⅳ. 공법상 계약의 종류

1. 성질에 따른 구분

(1) 대등계약

대등계약은 행정주체 상호간, 사인 상호간에 성립하는 계약으로 행정행위로는 규율할 수 없는 법률관계를 그 대상으로 하는 공법상 계약이다.

(2) 종속계약

종속계약은 행정주체와 사인간에 성립하는 계약으로 행정행위 대신에 체결될 수 있는 경우나 행정행위와 아무런 직접적 관계를 갖지 않는 경우를 그 대상으로 한다.

2. 주체에 따른 구분

(1) 행정주체 상호간의 공법상 계약

국가와 공공단체 또는 공공단체 상호간에 성립하는 계약으로 지방교육 자치에 관한 법률에 의한 교육사무위탁 등이 그 예이다.

(2) 행정주체와 사인간의 공법상 계약

행정주체와 사인간의 공법상 계약의 유형과 그 예는 다음과 같다. 공법상 특별행정법관계의 설정합의(예 : 자원입대, 학령아동의 취학, 공물·영조물이용관계설정 등), 임의적 공용부담계약(예 : 사유지를 도로·학교·공원 등의 부지로 제공하는 계약 등),

행정사무의 위탁계약(예 : 별정우체국 지정 등), 공법상 보조금지급계약(예 : 수출보조금교부계약 등), 전문직 공무원채용계약(예 : 계약직 공무원 임용계약 등), 국가와 공공단체가 사업시행자인 경우의 토지수용의 협의, 지방자치단체와 사인간의 수도공급계약, 지방자치단체와 사기업간의 공해방지 및 환경보전을 위한 환경보전협정, 정부와 원자력사업자 간의 원자력손해배상보상계약 등이다.

(3) 사인 상호간의 공법상 계약

공익사업을 위한 토지 등의 취득 및 보상에 관한 법률상 사업시행자와 토지소유자 및 관계인 사이의 협의를 사인 상호간의 공법상 계약으로 볼 수 있으나, 판례는 사법상 계약으로 본다.[4]

정리 공법상계약이 아닌 것

① 국·공유재산에 대한 매각계약, 지하철의 승차, 관용자동차의 폐차불하계약, 국영기차 내의 광고물부착(사법상계약)
② 국유일반재산의 매각(국고작용)
③ 각종 조합의 설립행위(합동행위 – 예 : 산림조합설립행위, 산림조합연합회 설립행위, 시·군조합설립행위 등)
④ 행려병자의 보호(공법상 사무관리)
⑤ 공사도급계약(사법상계약 – 예 : 도청청사건축계약, 도로건설도급계약 등)
⑥ 토지수용의 재결(행정행위)
⑦ 공용부담(권력작용) ＊주의 : 임의적 공용부담은 공법상 계약
⑧ 지방의회의 의결(합성행위)
⑨ (구)공공용지의취득및손실보상에관한특례법상 사업시행자와 토지소유자간의 매매계약(사법상 계약–판례)

---

4) 판례는 공공용지의취득및손실보상에관한특례법에 의하여 공공용지를 협의취득한 사업시행자가 그 양도인과 사이에 체결한 매매계약은 공공기관이 사경제주체로서 행한 사법상 계약으로 본다(대법원 1999. 11. 26. 선고 98다47245 판결).

V. 공법상 계약의 특수성과 장단점

1. 특수성

(1) 실체법적 특수성

1) 부합계약성[5] · 계약강제성

행정주체가 일방적으로 내용을 정하고 상대방이 포괄적으로 승인할 수밖에 없는 부합계약의 경우가 많고, 경우에 따라서는 계약이 강제될 수도 있다.

2) 절차 및 형식

공법상 계약의 체결에 관한 통칙적 규정, 즉 일반법은 없다. 그러나 공법상 계약의 공익적 성격 때문에 관계행정청의 인가 또는 확인을 받도록 하는 경우가 있다(토지취득보상법 제29조 등). 공법상 계약은 특별한 규정이 없는 한 원칙적으로 문서의 형식에 의한다. 판례는 공법상 계약에 행정절차법은 적용되지 않는다고 본다.[6]

3) 해제와 변경

공법상계약에 대하여는 민법상의 계약해제에 관한 규정은 적용되지 아니하는 것으로서, 계약의 일방 당사자인 행정주체는 공익상의 사유가 있는 경우에는 일방적으로 계약을 해제 또는 변경할 수 있고, 그 경우 그 상대방에는 손실보상청구권이 인정된다고 본다. 그러나 일상생활에 필요불가결한 물자나 서비스의 급부의 경우 국민의 생존권 보장을 위해 계속적 · 안정적으로 행하여야 하기 때문

---

5) 계약당사자의 일방이 결정한 정형적 약관에 대하여 사실상 상대방이 포괄적으로 승인할 수 밖에 없는 계약을 말한다. 오늘날 일반인이 대기업과 체결하는 운송, 보험, 전기 · 가스 · 수도의 공급, 근로자 고용 등의 계약은 부합계약으로 대량적으로 행하여지고 있다.

6) "계약직공무원에 관한 현행 법령의 규정에 비추어 볼 때, 계약직공무원 채용계약해지의 의사표시는 일반공무원에 대한 징계처분과는 달라서 항고소송의 대상이 되는 처분 등의 성격을 가진 것으로 인정되지 아니하고, 일정한 사유가 있을 때에 국가 또는 지방자치단체가 채용계약 관계의 한쪽 당사자로서 대등한 지위에서 행하는 의사표시로 취급되는 것으로 이해되므로, 이를 징계해고 등에서와 같이 그 징계사유에 한하여 효력 유무를 판단하여야 하거나, 행정처분과 같이 행정절차법에 의하여 근거와 이유를 제시하여야 하는 것은 아니다."(대법원 2002. 11. 26. 선고 2002두5948 판결)

에 급부계약은 행정주체 측에서도 법정사유가 있는 경우를 제외하고는 해제할 수 없다고 보는 것이 일반적이다.

4) 계약의 하자

공법상 계약은 행정행위가 아니어서 공정력이 인정되지 않으므로 취소는 존재할 수 없고 무효만이 있을 수 있다는 견해가 다수설이다.

(2) 절차법상의 특수성

1) 강제집행(자력집행)

공법상 계약의 당사자로서 행정주체에게는 자력집행력이 인정되지 않는 것이 원칙이다. 왜냐하면 공법상 계약의 당사자로서의 행정주체는 그 상대방과 대등한 지위에 있기 때문이다. 따라서 행정주체라도 상대방의 채무불이행 시에 법원에 강제집행을 청구할 수밖에 없다. 그러나 예외적으로 법령에 근거가 있는 경우에는 자력강제가 인정되는 경우도 있다.

2) 쟁송절차

공법상 계약에 문제가 발생하면 공법상 당사자소송과[7] 손해배상청구소송이 가능하다. 공법상 계약으로 인한 권리의무관계에 다툼이 있는 경우 공법상의 법률관계에 관한 소송으로서 행정소송인 당사자소송으로 다루어져야 한다. 판례도 시립무용단원의 위촉은 공법상의 계약이며 이에 대한 쟁송은 당사자소송에 의함을 인정하고 있다. 그러나 소송실무상 당사자소송은 거의 활용되지 못하고 대부분 문제되는 사안이 민사소송을 통하여 해결되고 있으므로 양자를 구별하는 것은 실익이 없다는 지적도 있다.

공법상 계약에 의한 의무의 불이행으로 인한 손해배상청구 및 공법상 계약의 체결상 및 집행상의 불법행위로 인한 손해배상청구도 공법상 당사자소송에 의하

7) **〈판례가 공법상 계약에 관한 소송을 당사자소송으로 처리한 사례〉**
① 광주광역시립합창단원 재위촉거부
② 서울특별시립무용단 단원의 위촉과 해촉
③ (지방)전문직공무원(서울 대공 전술연구소 연구원) 채용계약의 의사표시
④ 공중보건의사전문직공무원 채용계약의 해지

도록 하는 것이 이론상 타당하다. 다만, 실무상으로는 이를 민사소송으로 보고 있다.

2. 장단점

(1) 장 점(순기능)

행정을 개별적 · 구체적 사정에 따라 탄력적으로 처리할 수 있으며, 상대방의 반대급부가 확보된 경우에는 행정목적을 신속히 달성할 수 있고, 사실관계 · 법률관계가 불명확한 경우 해결을 용이하게 하여 행정경제에 도움이 된다. 또한 쟁송을 최소한으로 줄일 수 있고, 법률지식이 없는 자에게도 교섭을 통하여 계약의 내용을 이해시킬 수 있다.

(2) 단 점(역기능)

행정의 공익성을 망각하고 국가행정의 상업화를 초래할 수 있으며, 계약의 자유라는 이름하에 법치행정의 원칙이 위협을 받을 수 있다. 또한 당사자의 대등한 지위를 전제로 하는 것이 아닌 행정청의 우월한 지위, 즉 공권력에 기초한 형식의 계약이 체결되는 경우 국민에게 부당한 구속 또는 부담을 줄 수 있고, 행정기능의 약화 내지 신속성을 저해할 우려가 있다.

제3절 행정지도

Ⅰ. 의 의

행정주체가 일정한 행정목적의 실현을 위하여 상대방의 임의적 협력(동의)하에 일정한 행정질서의 형성을 유도하는 비권력적 사실행위이다. 행정절차법 제2조 제3항은 행정지도를 "행정기관이 그 소관사무의 범위 안에서 일정한 행정목적을 실현하기 위하여 특정인에게 일정한 행위를 하거나 하지 아니하도록 지도 · 권고 · 조언 등을 하는 행정작용"으로 정의하고 있다.

행정지도는 원래 일본에서 생성 · 발전된 제도이나 여러 나라에서 행정의 행위형식으로 사용하고 있다. 우리나라도 이미 오래전부터 실무상 또는 학문상 행정지도의 용어가 사용되었으며, 1996년의 행정절차법의 제정을 통하여 법률용어가 되었다. 따라서 행정지도는 실정법상의 용어이면서 학문상의 용어이다

Ⅱ. 성 질

행정지도는 국민의 임의적인 협력을 전제로 하는 비권력적 사실행위이다.

정리

권력적 사실행위

① 행정대집행의 실행
② 직접강제 : 실력에 의한 예방접종, 집회군중에 대한 강제해산, 불법체류외국인에 대한 강제출국조치, 무허가영업소의 강제폐쇄행위
③ 압류행위
④ 즉시강제 : 전염병환자의 강제격리, 불량식품 또는 청소년에 유해약물 등의 강제수거 · 폐기행위
⑤ 권력적 행정조사(강제조사)

비권력적 사실행위

도로청소, 관용차의 운전, 행정지도, 공표 등

Ⅲ. 특 징

행정지도는 사실행위인 점에서 법적 행위인 '행정행위'와 구별되며(사실행위성), 비권력적 행위인 점에서 권력적인 '행정강제' 등과 구별된다(비권력행위성). 또한 행정지도는 상대방의 임의적 · 자발적 협력을 필요로 한다는 점에서 도로공사나

통계작성 등 행정청 스스로의 힘으로 완결하는 '단독적 사실행위'와 구별되고(상대방의 협력성), 국민을 상대방으로 하는 점에서 행정조직 내부에서 행하는 상급행정청의 하급행정청에 대한 '지도'와 구별된다(행정객체에 대한 행위성).

Ⅳ. 행정지도의 유용성과 문제점

1. 행정지도의 유용성(순기능)

행정지도는 법령의 불비를 보완하는 기능, 분쟁회피기능, 지식・정보・기술의 제공 기능 등의 순기능을 한다.

2. 행정지도의 문제점(역기능)

행정지도는 법치주의의 공동화, 사실상의 강제성, 기준(한계)의 불명확성, 잘못된 지식・정보 등의 제공, 행정구제수단의 불완전성 등의 역기능을 한다.

Ⅴ. 행정지도의 종류(기능에 의한 분류)

1. 조성적 행정지도

일정한 질서의 형성을 도모하기 위하여 또는 국민이나 기업의 활동을 발전적으로 유도하기 위하여 지식・기술・정보 등을 제공하는 행정지도를 말한다. 영농지도, 중소기업에 대한 경영지도, 생활개선지도, 기술・지식의 제공 등이 그 예이다.

2. 조정적 행정지도

사인 또는 기업 간의 이해대립 또는 과다경쟁을 조정하기 위한 행정지도를 말한다. 노사분쟁의 조정, 중복투자의 조정, 구조조정을 위한 지도 등이 그 예이다.

3. 규제적 행정지도

질서유지나 공공복리를 위하여 사적 활동에 대한 억제 또는 제한의 효과를 갖는 행정지도를 말한다. 물가의 억제를 위한 행정지도, 환경위생불량업소의 시정권고, 공해방지를 위한 규제조치, 토지거래중지권고 등이 그 예이다.

Ⅵ. 행정지도의 법적 근거와 한계

1. 법적 근거(법률유보)

행정지도는 비권력적 사실행위이며, 행정지도에 따를 것인지의 여부는 상대방의 임의적 결정에 달려 있으므로 법적 근거가 필요하지 않다고 보는 것이 일반적 견해이다.

2. 한 계(법률우위)

(1) 조직법상의 한계

행정지도는 행정기관의 권한의 범위 내에서만 이루어져야 한다. 이를 위반하면 위법한 행정작용이 된다.

(2) 법규상의 한계

행정지도에도 법률우위의 원칙이 당연히 적용된다. 따라서 행정지도는 성문법에 위반되어서는 안된다. 즉, 법령이 행정지도의 기준, 절차, 형식을 규정하고 있으면 이에 따라야 한다.

(3) 행정법의 일반원칙상 한계(조리상 한계)

행정지도도 행정작용의 일종인 이상 행정법의 일반원칙, 즉 비례의 원칙, 평등의 원칙, 신뢰보호의 원칙, 부당결부금지의 원칙 등의 구속을 받는다.

Ⅶ. 행정지도의 원칙과 방식

1. 행정지도의 원칙

행정절차법은 과잉금지의 원칙(행정절차법 제48조 제1항 전단), 임의성의 원칙(동법 제48조 제1항 후단), 불이익조치금지의 원칙(동법 제48조 제2항)[8] 등 행정지도의 원칙을 명문으로 규정하고 있다.[9]

2. 행정지도의 방식

행정절차법은 행정지도실명제(행정절차법 제49조 제1항), 서면교부청구권(동법 제49조 제2항), 의견제출(동법 제50조), 다수인에 대한 행정지도의 공통사항의 공표(동법 제51조) 등 행정지도의 방식에 관하여 규정하고 있다.[10]

---

8) 행정절차법 제48조 제2항에서 불이익조치금지의 원칙을 규정하고 있는 것은 불이익조치가 결과적으로 행정지도에 강제성을 부여하는 것이 되는바, 이것은 행정지도의 임의성의 원칙에 반하는 것이 되기 때문이다

9) 행정절차법
제48조(행정지도의 원칙) ① 행정지도는 그 목적달성에 필요한 최소한도에 그쳐야 하며, 행정지도의 상대방의 의사에 반하여 부당하게 강요하여서는 아니 된다.
② 행정기관은 행정지도의 상대방이 행정지도에 따르지 아니하였다는 것을 이유로 불이익한 조치를 하여서는 아니 된다.

10) 행정절차법
제49조(행정지도의 방식) ① 행정지도를 행하는 자는 그 상대방에게 당해 행정지도의 취지·내용 및 신분을 밝혀야 한다.
② 행정지도가 구술로 이루어지는 경우에 상대방이 제1항의 사항을 기재한 서면의 교부를 요구하는 때에는 당해 행정지도를 행하는 자는 직무수행에 특별한 지장이 없는 한 이를 교부하여야 한다.
제50조(의견제출) 행정지도의 상대방은 당해 행정지도의 방식·내용 등에 관하여 행정기관에 의견제출을 할 수 있다.
제51조(다수인을 대상으로 하는 행정지도) 행정기관이 같은 행정목적을 실현하기 위하여 많은 상대방에게 행정지도를 하고자 하는 때에는 특별한 사정이 없는 한 행정지도에 공통적인 내용이 되는 사항을 공표하여야 한다.

Ⅷ. 행정지도와 권리구제

1. 위법지도와 위법성조각[11)]

위법한 행정지도에 따른 사인의 행위의 위법 여부가 문제된다. 판례는 행정지도는 강제가 아니라 상대방의 임의적인 협력을 기대하는 것이므로, 행정지도에 따른 행위는 상대방의 자의에 의한 행위이고, 위법한 행정지도에 따라 행한 사인의 행위는 위법성이 조각되지 않는다고 본다.[12)]

2. 행정쟁송과 손해전보

처분성이 없으므로 행정쟁송의 대상이 되지 않는다. 따라서 원칙적으로 손해전보의 대상이 되지 않으나 예외적으로는 인정될 수 있다.

3. 헌법소원

행정지도는 경우에 따라 헌법소원의 대상이 될 수 있다.[13)]

---

11) 위법성조각(違法性 阻却)이란, 구성요건(형법에 나와 있는 범죄)에 해당되는 경우라도 일정한 경우 위법성을 배제하여 범죄를 성립하지 않는다는 의미이다. 정당행위, 정당방위, 긴급피난, 자구행위, 피해자의 승낙 등의 경우에 위법성이 조각된다.

12) 행정관청이 토지거래계약신고에 관하여 공시된 기준지가를 기준으로 매매가격을 신고하도록 행정지도를 하여 왔고 그 기준가격 이상으로 매매가격을 신고한 경우에는 거래신고서를 접수하지 않고 반려하는 것이 관행화되어 있다 하더라도 이는 법에 어긋나는 관행이라 할 것이므로 그와 같은 위법한 관행에 따라 허위신고행위에 이르렀다고 하여 그 범법행위가 사회상규에 위배되지 않는 정당한 행위라고는 볼 수 없다(대법원 1992. 4. 24. 선고 91도1609 판결).

13) 교육인적자원부장관의 대학총장들에 대한 이 사건 학칙시정요구는 고고등교육법 제6조 제2항, 동법시행령 제4조 제3항에 따른 것으로서 그 법적 성격은 대학총장의 임의적인 협력을 통하여 사실상의 효과를 발생시키는 행정지도의 일종이지만, 그에 따르지 않을 경우 일정한 불이익조치를 예정하고 있어 사실상 상대방에게 그에 따를 의무를 부과하는 것과 다를 바 없으므로 단순한 행정지도로서의 한계를 넘어 규제적・구속적 성격을 상당히 강하게 갖는 것으로서 헌법소원의 대상이 되는 공권력의 행사라고 볼 수 있다(헌재 2003. 6. 26, 2002헌마337).

IX. 관련판례

1. 주식매각의 종용이 정당한 법률적 근거 없이 자의적으로 주주에게 제재를 가하는 것이라면 이 점에서 벌써 행정지도의 영역을 벗어난 것이라고 보아야 할 것이고 만일 이러한 행위도 행정지도에 해당된다고 한다면 이는 행정지도라는 미명하에 법치주의의 원칙을 파괴하는 것이라고 하지 않을 수 없으며, 더구나 그 주주가 주식매각의 종용을 거부한다는 의사를 명백하게 표시하였음에도 불구하고, 집요하게 위협적인 언동을 함으로써 그 매각을 강요하였다면 이는 위법한 강박행위에 해당한다고 하지 않을 수 없다 하여, 정부의 재무부 이재국장 등이 국제그룹 정리방안에 따라 신한투자금융주식회사의 주식을 주식회사 제일은행에게 매각하도록 종용한 행위가 행정지도에 해당되어 위법성이 조각되지 않는다(대법원 1994. 12. 13. 선고 93다49482 판결).

2. 도지사의 자동차등록번호표와 검사증 반납요구는 관념의 통지라 할 것이요 권고에 지나지 않으므로 이를 법적 효과를 내는 행정처분이라고 일컬을 수 없음으로써 행정소송의 대상으로 삼을 수 없다(대법원 1978. 9. 26. 선고 78누265 판결).

3. 세무당국이 소외 회사에 대하여 원고와의 주류거래를 일정기간 중지하여 줄 것을 요청한 행위는 권고 내지 협조를 요청하는 권고적 성격의 행위로서 소외 회사나 원고의 법률상의 지위에 직접적인 법률상의 변동을 가져오는 행정처분이라고 볼 수 없는 것이므로 항고소송의 대상이 될 수 없다(대법원 1980. 10. 27. 선고 80누395 판결).

4. 구청장이 도시재개발구역내의 건물소유자 갑에게 건물의 자진철거를 요청하는 내용의 공문을 보냈다고 하더라도 그 공문의 제목이 지장물철거촉구로 되어 있어서 철거명령이 아님이 분명하고, 행위의 주체 면에서 구청장은 재개발구역내 지장물의 철거를 요구할 아무런 법적 근거가 없으며, 공문의 내용도 갑에게 재개발사업에의 협조를 요청함과 아울러 자발적으로 협조하지 아니하여 법에 따른 강제집행이 행하여짐으로써 갑이 입을지도 모를 불이익에 대한 안내로 되어

있고 구청장이 위 공문을 발송한 후 갑으로부터 취소요청을 받고 위 공문이 도시재개발법 제36조의 지장물이전요구나 동 제35조 제2항에 따른 행정대집행법상의 강제철거지시가 아니고 자진철거의 협조를 요청한 것이라고 회신한 바 있다면 이러한 회신내용과 법치행정의 현실 및 일반적인 법의식수준에 비추어 볼 때 외형상 행정처분으로 오인될 염려가 있는 행정청의 행위가 존재함으로써 상대방이 입게 될 불이익 내지 법적 불안도 존재하지 않는다고 볼 것이므로 이를 행정소송의 대상이 되는 처분이라고 볼 수 없다(대법원 1989. 9. 12. 선고 88누8883 판결).

5. 수도사업자가 급수공사 신청자에 대하여 급수공사비 내역과 이를 지정기일 내에 선납하라는 취지로 한 납부통지는 수도사업자가 급수공사를 승인하면서 급수공사비를 계산하여 급수공사 신청자에게 이를 알려 주고 위 신청자가 이에 따라 공사비를 납부하면 급수공사를 하여 주겠다는 취지의 강제성이 없는 의사 또는 사실상의 통지행위라고 풀이함이 상당하고, 이를 가리켜 항고소송의 대상이 되는 행정처분이라고 볼 수 없다(대법원 1993. 10. 26. 선고 93누6331 판결).

6. 무단 용도변경을 이유로 단전조치된 건물의 소유자로부터 새로이 전기공급 신청을 받은 한국전력공사가 관할 구청장에게 전기공급의 적법 여부를 조회한데 대하여, 관할 구청장이 한국전력공사에 대하여 건축법 제69조 제2항, 제3항의 규정에 의하여 위 건물에 대한 전기공급이 불가하다는 내용의 회신을 하였다면, 그 회신은 권고적 성격의 행위에 불과한 것으로서 한국전력공사나 특정인의 법률상 지위에 직접적인 변동을 가져오는 것은 아니므로 항고소송의 대상이 되는 행정처분이라고 볼 수 없다(대법원 1995. 11. 21. 선고 95누9099 판결).

7. 건축법 제69조 제2항, 제3항의 규정에 비추어 보면, 행정청이 위법 건축물에 대한 시정명령을 하고 나서 위반자가 이를 이행하지 아니하여 전기・전화의 공급자에게 그 위법 건축물에 대한 전기・전화공급을 하지 말아 줄 것을 요청한 행위는 권고적 성격의 행위에 불과한 것으로서 전기・전화공급자나 특정인의 법률상 지위에 직접적인 변동을 가져오는 것은 아니므로 이를 항고소송의 대상이 되는 행정처분이라고 볼 수 없다(대법원 1996. 3. 22. 선고 96누433 판결).

제4절 행정상 사실행위

Ⅰ. 서 설

1. 개 념

(1) 의 의

행정상 사실행위란 행정기관의 행위 가운데 법적 효과를 목적으로 하는 것이 아니라 직접적으로 오로지 사실상의 효과 발생만을 목적으로 하는 행위형식을 말한다. 교량의 건설, 도로의 청소, 대집행의 실행, 행정지도, 행정조사 등이 그 예이다.

(2) 행정상 사실행위와 행정행위의 차이

행정행위는 특정한 법적 효과의 발생을 목적으로 하지만, 행정상 사실행위는 사실상의 효과발생만을 목적으로 한다.

2. 사실행위의 성질(처분성 여부)

(1) 권력적 사실행위

사실행위에 불과하나 그의 국민에 대해 미치는 영향을 고려하여 권력적 사실행위가 장기간 계속되어 소의 이익이 있는 경우 처분성을 긍정하는 것이 통설이다. 판례도 단수조치(대판 1979. 12. 28, 79누218)[14]와 교도소이송조치(대판 1992. 8. 7, 92두30) 등의 처분성을 인정한 바 있다.

(2) 비권력적 사실행위

통설은 비권력적 사실행위의 처분성을 부정하며, 판례도 단순한 사실행위의 처분성을 부정한다(대판 1989. 1. 24, 88누3116).

---

14) 처분성을 인정하였으나 권력적 사실행위라고 명시하지는 않았다.

Ⅱ. 종 류

1. 내부적 사실행위와 외부적 사실행위

(1) 내부적 사실행위

문서작성, 금전처리와 같이 행정조직 내부영역에서 이루어지는 사실행위이다.

(2) 외부적 사실행위

금전출납, 재산압류, 쓰레기수거와 같이 대외적으로 행정주체와 국민이나 주민과의 관계에서 행정목적의 실현을 위한 구체적 행정활동과 관련하여 행하여지는 사실행위이다.

2. 정신적 사실행위와 물리적 사실행위

(1) 정신적 사실행위

행정지도와 같이 일정한 의식의 표시가 내포된 지식표시행위이다.

(2) 물리적 사실행위

영조물의 설치·관리와 같이 인간의 육체적 행동을 수반하는 순수하게 사실상의 결과발생만을 의도하는 물리적 행위이다.

3. 권력적 사실행위와 비권력적 사실행위

(1) 권력적 사실행위

강제집행, 즉시강제, 무기사용 등과 같이 명령적·강제적 공권력행사로서의 사실행위가 권력적 사실행위이다.

(2) 비권력적 사실행위

공기업 또는 공물의 설치공사 및 유지관리행위, 행정지도, 축사, 표창 등과 같이 명령적·강제적 공권력 행사와 직접 관련이 없는 사실행위가 비권력적 사실행위이다.

(3) 구분이유

양자의 구분은 사실행위가 공권력의 행사인 실력행사인지의 여부를 따른 구분이다. 권력적 사실행위는 해석상 행정쟁송의 대상인 처분개념에 해당하므로 이에 대하여서는 행정쟁송이 가능하나, 비권력적 사실행위는 그렇지 아니하다.

4. 독립적 사실행위와 집행적 사실행위

(1) 독립적 사실행위

행정지도, 관용차운전과 같이 그 자체로서 독립적 의미를 가지는 사실행위이다.

(2) 집행적 사실행위

대집행의 실행, 경찰관 무기사용과 같이 법령이나 행정행위를 집행하기위해 행하여지는 사실행위이다.

Ⅱ. 근거와 한계

1. 근 거

법률유보의 원칙에 따라 해결하며(다수설인 중요사항유보설에 의함), 침해행정 영역에서 행해지는 권력적 사실행위는 법적 근거가 필요하나 수익적 행정영역에서 행해지는 비권력적 사실행위는 법적 근거가 불필요함이 일반적 견해이다. 정당한 권한을 가진 행정청에 의하여 이루어져야 하고, 올바른 절차와 형식을 통해서 이루어져야 한다.

2. 한 계

조직법상 주어진 권한 내에서 이루어져야 하고, 근거법령에 따라서 목적의 범위 내에서 이루어져야 하며, 행정법의 일반원칙에 따라 행해져야 한다.

Ⅳ. 행정상 사실행위와 권리보호

1. 손해전보

공법적 사실행위로서 국가배상법에 의한 행정상 손해배상이 가능하고, 특별한 희생의 발생이 있는 경우 손실보상이 가능하다.

2. 행정소송

사실행위의 성격상 취소와 같은 법적 효과의 제거문제는 발생하지 않는다. 위법한 사실행위가 오랫동안 계속되어 개인의 권익이 침해되는 경우에 행정쟁송 대상이 된다는 견해는 행정소송법상 소송대상의 해석에 사실행위도 포함한다.

3. 결과제거청구권

공법상 사실행위가 위법하고 그 위법상태가 계속되어 기본권을 침해하는 경우 적법한 상태로의 원상회복을 요구하는 결과제거청구권이 발생한다.

제3장 행정과정의 법적 규제

제3장 행정과정의 법적 규제

제1절 행정절차

I. 행정절차의 의의와 발전

1. 행정절차의 의의

(1) 개 념

행정기관이 행정권을 행사하는 과정에서 거쳐야 하는 사전절차로 광의의 개념이 있고, 협의의 개념이 있다.

1) 광 의

행정과정에서 행정청이 거쳐야 할 일체의 절차를 말하며, 행정입법 · 행정처분 · 행정계획확정 · 행정강제 · 행정벌 · 행정심판 절차 등을 모두 포함한다.

2) 협 의

행정청이 공권력을 발동하여 행정에 관한 제1차적 결정을 함에 앞서 거쳐야 하는 일련의 외부와의 교섭과정을 말하며, 행정입법 · 행정처분 · 행정계획확정 절차 등이 해당한다. 이것이 통설의 견해이다.

(2) 행정절차의 필요성

과거에는 행정의 능률성과 탄력성의 확보를 중시하여 행정에 대한 절차적 규제의 문제는 소홀하게 보았다. 그러나 기본권 보장을 이념으로 하는 실질적 법치국가에 와서는 행정의 공정성과 적정성의 보장이 요청되고, 행정에 대한 국민의 능동적 참여를 통한 민주적 통제를 필요하게 되었다. 이에 따라 절차적 규제로서의 행정절차의 필요성이 가중되고 있다.

1) 행정의 민주화

행정절차는 행정작용을 민주화하기 위하여 필요하다. 전통적으로는 국민을 단순한 행정의 객체로 파악하였으나, 민주국가에서는 '국민에 의한 통치'를 기본으로 하고 있기 때문에 국민의 행정절차에의 참여는 필요한 요소라고 하겠다. 복잡한 이해관계의 행정입법 및 행정재량 등이 현저한 현대행정에 있어서 이해관계인의 의사가 반영되도록 주민참여의 기회를 마련함으로써 행정의 민주화를 기할 수 있다.

2) 행정의 적정화

행정절차는 행정의 적정성을 보장하는 실효적 수단이다. 행정행위를 함에 있어서 이해관계인에게 통지하여 의견 및 참고자료 등을 제출할 수 있는 기회를 부여함으로써 행정청의 사실인정 및 법령의 해석·적용을 적정화하기 때문에 행정행위의 적법·타당성을 확보하는 바가 된다.

3) 사전적 권리구제

사후적 권리구제는 이미 침해된 권익의 완전한 회복을 기대하기는 어려울 뿐만 아니라 많은 시간과 비용을 필요로 하는 것이 보통이다. 그러나 행정절차를 통하여 행정과정에서 이해관계인의 참여를 인정하여 행정의 적법·타당성을 확보함으로써 행정작용으로 인한 권익침해를 미연에 방지할 수 있다. 이렇게 함으로써 사후적인 사법적 구제제도의 결함을 보충하고 법치행정을 실질적으로 보장할 수 있게 된다.

4) 행정의 능률화

행정절차는 행정능률과 양립되지 아니한 개념으로 볼 수도 있으나, 복잡·다양한 행정작용에 관한 절차를 표준화한다는 것은 오히려 행정작용을 간이하고 원활하게 수행하는 데에 도움이 되는 것이며, 결국 행정의 능률화에 이바지하게 된다.

2. 행정절차의 발전

(1) 영미법계

1) 영 국

영국에서의 행정절차는 보통법(Common Law)상의 자연적 정의의 원칙에 따라 절차적 규제가 불문법적으로는 일찍부터 발달하여 왔다. 자연적 정의는 "누구든지 자기의 사건에 대한 심판관이 될 수 없다." 및 "누구든지 청문 없이 비난당하지 아니한다."라는 두 가지 의미를 내포하고 있다. 이러한 절차적 원칙은 1958년 「행정심판소 및 심사에 관한 법률」(The Tribunals and Inquiries Act)이 제정됨으로써 재결절차의 공정성·통일성에 대한 제도적 보장으로 확립되었다.

2) 미 국

미국에서의 행정절차는 영국법의 자연적 정의의 미국형이라 할 수 있는 미국 헌법상의 적법절차조항(due prosess clauses)의 해석과 운용을 통하여 발전되어 왔던 것인데, 1946년 행정절차법(Administrative Procedure Act)의 제정으로 행정절차의 적정화가 제도화되게 되었다. 이 행정절차법은 전문 12조로 규칙제정, 재결절차, 사법심사에 관한 규정을 두고 있다. 행정절차에는 정식절차로서 통지·청문 및 결정의 3단계가 있으나, 약식절차도 광범하게 인정하고 있다.

(2) 대륙법계

1) 독 일

1977년 1월 1일부터 연방행정절차법이 시행되어 행정행위와 공법상 계약에만 적용되고 있다. 독일 연방행정절차법은 행정의 사전 통제절차 정비(행정의 결정과정을 사법절차화), 실체법적 규정(행정행위의 개념, 효력, 취소, 철회 등)과 신뢰보호의 원칙을 명문화, 행정운영의 기계적 처리, 계획확정절차, 대량절차에 관한 특별규정 등을 그 특징으로 하고 있다. 행정절차의 종류는 정식절차와 비정식절차가 있으며, 독일의 행정절차는 비정식절차가 원칙이다.

2) 프랑스

프랑스의 경우는 별도의 행정절차법은 없으나 관계이익단체의 지명 하에 구성되는 이익대표제 심의회가 행정절차의 특징을 이루고 있다. 행정청이 심의회에 부의하는 사항은 행정입법, 일반처분, 각종계획, 개별처분 등인데, 이들 결정에 앞서서 심의회의 자문을 거치는 것이 의무로 되어 있는 경우가 많다.

Ⅱ. 행정절차의 주요 내용

1. 사전통지

(1) 의의 및 성격

행정결정을 하기 전 상대방 또는 이해관계인에게 행정결정의 내용이나 청문 등의 일시 및 장소 등을 알리는 행위를 말하며, 준법률행위적 행정행위이다.

(2) 목 적

청문 시 상대방 또는 이해관계인이 의견진술, 권리주장, 자료제출 등을 미리 준비할 기회를 제공하기 위해 인정된다.

(3) 사전통지 사항 및 예외

미리 통지할 사항은 처분의 제목, 당사자의 성명 또는 명칭과 주소, 처분하려는 원인이 되는 사실과 처분의 내용 및 법적 근거, 의견제출 가능여부와 의견을 제출하지 아니하는 경우의 처리방법, 의견제출기관의 명칭과 주소, 의견제출기한 및 그 밖에 필요한 사항 등이다(행정절차법 제21조 제1항). 다만, 공공의 안전 또는 복리를 위하여 긴급히 처분을 할 필요가 있는 경우, 법령 등에서 요구된 자격이 없거나 없어지게 되면 반드시 일정한 처분을 하여야 하는 경우에 그 자격이 없거나 없어지게 된 사실이 법원의 재판 등에 의하여 객관적으로 증명된 경우, 해당 처분의 성질상 의견청취가 현저히 곤란하거나 명백히 불필요하다고 인정될 만한 상당한 이유가 있는 경우 등에는 통지를 아니 할 수 있다(행정절차법 제21조 제4항).

2. 청 문

(1) 의 의

행정기관이 규칙제정이나 행정처분 또는 재결 등을 행하는데 그 필요성·타당성을 판단하기 위하여 상대방 기타 이해관계인에게 자기에게 유리한 진술을 하고 유리한 증거를 제출하게 하는 사실조사를 하는 행정절차를 의미한다.

(2) 기능 및 성질

행정운영에 있어 적법·타당성을 확보하고 부당한 정치적 영향에서 행정의 독자성을 유지하여, 재량통제의 실효를 거둘 수 있을 뿐만 아니라, 이해가 얽히는 현대행정에서 주민참여를 통하여 행정의 민주화를 기할 수 있다. 또한 현대사회의 사회·경제적 난제들의 간이·신속하고도 전문적인 해결과 사전적 권리보호를 통하여 사법적 구제제도의 결함을 보완하고, 행정구제제도의 합리화에 이바지한다. 개인적 공권으로서, 권리방어자의 이익을 옹호할 기회를 제공하고, 포기가 가능하다.

(3) 종 류

독일의 행정절차법은 청문을 크게 비정식절차와 정식절차로 구분하여 규정하고 있는 가운데, 전자를 원칙으로 하고 있다.

미국에 있어서는 사실심형청문과 진술형청문으로 구분하고 있는데, 전자는 당사자가 상대방이 제출한 근거 및 변론을 알고, 이를 반박할 기회가 부여되는 청문을 의미하며, 후자는 당사자에게 다만 자기에게 유리한 의견의 진술이나 증거 또는 참고자료를 제출할 수 있는 기회가 주어지는 청문을 의미한다.

기타 공개여부와 관련하여 청문과정을 일반 공중에 공개하는 공개청문(객관성 · 공정성 담보)과 청문과정을 일반 공중에 비공개하는 비공개청문(간이신속성 · 비밀성 담보)이 있다.

(4) 요 건

청문대상을 사전에 통지해야 하고, 청문방식을 관계자에게 알려 주어야 하며, 의사표시를 위한 충분한 준비시간을 주어야 한다. 또한 이해관계자가 직접 청문할 수 있도록 보장해야 하고, 행정청에 의해 직접 이루어져야 하며, 기본적으로 공개해야 한다.

(5) 공청회와 비교

국가 또는 지방자치단체의 기관이 일정한 사항을 결정함에 있어서 공개적으로 의견을 듣는 형식을 공청회라고 한다. 공청회는 국가나 지방자치단체의 의사결정과정에 국민을 참여시킴으로써 민주주의의 요청에 부응하는 제도이다. 공청회는 청문과 유사하면서도 주로 국민의 여론이나 전문가의 의견을 듣기 위한 제도라는 점에서 청문이 주로 불이익처분의 상대방의 의견을 듣는 제도인 것과 다르다.

3. 행정상 입법예고절차

(1) 의 의

행정상 입법예고는 행정청으로 하여금 법령 등을 제정 또는 개정하고자 할 때 이를 국민에게 미리 알려 국민의 의견제출의 기회를 보장하려는 것이다.

(2) 예고의 대상 및 예외

법령 등을 제정 · 개정 또는 폐지하고자 하려는 경우에는 해당 입법안을 마련한 행정청은 이를 예고하여야 한다. 다만, 신속한 국민의 권리 보호 또는 예측 곤란한 특별한 사정의 발생 등으로 입법의 긴급을 요하는 경우, 상위 법령 등의 단순한 집행을 위한 경우, 입법내용이 국민의 권리 · 의무 또는 일상생활과 관련이 없는 경우, 단순한 표현·자구를 변경하는 경우 등 입법내용의 성질상 예고의 필요가 없거나 곤란하다고 판단되는 경우, 예고함이 공공의 안전 또는 복리를 현저히 해칠 우려가 있는 경우 등에는 입법예고를 아니할 수 있다(행정절차법 제41조 제1항).

(3) 예고방법 및 기간

행정청은 입법안의 취지, 주요 내용 또는 전문을 관보·공보나 인터넷·신문·방송 등의 방법으로 널리 공고하여야 하며, 대통령령의 입법예고 시에는 국회 소관 상임위원회에 제출하여야 하고, 행정청은 예고된 입법안의 전문에 대하여 열람 또는 복사의 요청을 받았을 때에는 특별한 사유가 없으면 그 요청에 따라야 한다(행정절차법 제42조 제1·2·5항). 입법예고기간은 예고할 때 정하되, 특별한 사정이 없으면 40일(자치법규는 20일) 이상으로 한다(행정절차법 제43조).

Ⅲ. 행정절차하자의 효과와 치유

1. 행정절차하자의 효과

행정절차의 하자란 행정절차로서의 유효요건을 결여한 행정절차를 말한다. 행정절차법에서는 행정절차를 이행하지 않았거나 불충분하게 하는 등 절차규정에 위반한 처분의 법적 효과에 관하여 아무런 명문규정을 두고 있지 않다.

(1) 절차하자의 독자적 위법성 여부

행정행위에 절차적 하자가 있는 경우 그 절차상의 하자가 해당 행정행위의 독자적 위법사유로 되는가에 대하여 견해가 나뉘고 있다.

1) 학 설

① 소극설

소극설은 처분에 실체적 하자가 존재하지 아니하는 한 절차적 하자의 존재만으로 해당 처분이 위법하게 되는 것은 아니라는 견해이다. 행정행위의 절차규정은 실체법적으로 적정한 행정처분을 확보하기 위한 수단이며, 실체법상으로 적법함이 명백한 이상 절차만의 흠을 이유로 쟁송에 의해 해당 행정행위가 취소된다고 하더라도 행정청은 다시 적법한 절차를 거쳐서 동일한 행위를 반복할 것이므로 공연한 시간·노력·비용을 낭비하여 소송경제상 바람직하지 않다고 한다.

② **적극설**

적극설은 처분에 절차적 하자가 존재하는 경우에는 실체적 하자가 존재하지 아니하는 경우에도 처분이 위법하게 된다는 견해이다. 이는 적정한 결정은 적정한 절차가 전제되어야 하며, 절차적 하자에도 불구하고 해당 행정행위가 유효하다면 절차요건을 규정한 법령이 무의미하게 되며, 다시 처분을 하더라도 반드시 동일한 결론에 도달한다고 단정할 수 없다는 점 등을 논거로 들고 있다.

③ **개별적 검토설**

이는 구체적 사안의 상황, 절차하자의 정도, 적법한 절차로 한다면 다른 결정이 가능한지의 여부(행정행위 내용의 선택가능성의 유무), 해당 행정행위의 성질·유형 및 절차하자와 해당 행정행위와의 사이의 인과관계 등에 의해 그 절차하자의 효과를 개별적으로 검토하여야 한다는 입장이다.

2) 판 례

판례는 사전통지·의견제출 기회·청문 등의 결여 등 절차하자에 대하여 위법이라고 하여 적극설의 입장을 취하고 있다.

(2) 절차하자의 위법성 정도

절차하자가 있는 행정행위는 위법하다고 하더라도 그 위법의 정도가 무효인지 아니면 취소할 수 있는데 그치는지 견해가 나뉘고 있다.

1) 학 설

① **무효설**

법치행정의 원리와 절차적 정의를 중시하여 원칙적으로 무효원인으로 보아야 한다는 입장이다.

② 취소설

행정절차는 실체법상의 목적을 합리적으로 달성하고자 하는 수단에 불과한 점에서 중대·명백한 절차하자 이외에는 원칙적으로 취소원인에 불과하다는 입장으로 다수설이다.

2) 판 례

판례는 취소설을 취하고 있다. 다만, 최근 통지방법위반을 무효로 본 판례가 있다.[1)]

2. 행정절차하자의 치유

행정절차의 하자의 치유에는 결여된 절차요건을 사후에 충족한다든가 보충 또는 정정하는 하자의 추완(追完) 및 하자의 보충 등을 포함한다. 그런데 행정절차법에 절차하자의 치유에 대한 명문규정이 없기 때문에 그 가능여부에 대해 견해가 나뉘고 있다.

(1) 부정설

이는 행정절차를 행정의 자의를 억제하여 사인의 권리구제를 조기에 보장하기 위한 것으로 보아 절차하자의 치유를 인정하지 않는 입장이다.

---

1) 소방시설설치유지 및 안전관리에 관한 법률 제9조에 의한 소방시설 등의 설치 또는 유지·관리에 대한 명령을 정당한 사유 없이 위반한 자는 같은 법 제48조의2 제1호에 의하여 행정형벌에 처해지는데 위 명령이 행정처분으로서 하자가 있어 무효인 경우에는 위 명령에 따른 의무위반이 생기지 아니하므로 행정형벌을 부과할 수 없다. 한편, 행정절차법 제24조는 행정청이 처분을 하는 때에는 다른 법령 등에 특별한 규정이 있는 경우를 제외하고는 문서로 하여야 하고, 전자문서로 하는 경우에는 당사자 등의 동의가 있어야 하며, 다만 신속을 요하거나 사안이 경미한 경우에는 구술 기타 방법으로 할 수 있다고 규정하고 있는바, 이는 행정의 공정성·투명성 및 신뢰성을 확보하고 국민의 권익을 보호하기 위한 것이므로 위 규정에 위반하여 행하여진 행정청의 처분은 그 하자가 중대하고 명백하여 원칙적으로 무효이다(대판2011. 11. 10. 2011도11109).

(2) 긍정설

이는 행정처분의 무용한 반복을 피하고 당사자의 법적 생활안정을 기한다는 입장에서 국민의 권리이익을 침해하지 않는 범위에서 구체적 사정에 따라 합목적적으로 인정함이 타당하다는 견해로 판례도 같은 입장이다.

(3) 제한적 긍정설

이는 하자의 치유를 인정하되 해당 처분의 형식 또는 절차의 본질적 의의를 손상하지 아니하는 범위에서 제한적으로 인정하는 입장이다.

정리 행정절차법에 규정되어 있지 않은 사항

확약, 행정계획수립절차, 공법상 계약, 행정입법확정절차(행정상 입법예고절차는 존재), 선례구속의 원칙, 행정개입청구권, 행정강제, 부당결부금지, 행정조사, 제3자효 행정행위에 있어서 제3자에 대한 통지제도, 절차상 하자있는 행정행위의 일반적 효력

제2절 행정정보공개와 개인정보보호제도

I. 행정정보공개제도

1. 의 의

행정정보공개제도란 국민이 국가나 지방자치단체 등 공공기관이 보유하고 있는 정보에 대하여 공개를 청구할 수 있는 권리를 보장하는 한편, 정부 등 공공기관에 대하여 보유하고 있는 정보를 국민에게 공개할 의무를 부여하는 제도를 뜻한다.

2. 유 형

정보공개의 유형은 국민의 청구 여부와는 상관없이 정부가 스스로 보유하고 있는 정보를 공개하는 정보제공과 국민이 정보공개를 요청하여 공개하는 청구공개로 나눌 수 있다.

3. 필요성

(1) 알권리 보장

정보공개제도는 국민의 기본권의 하나로서 알권리를 실현하는 제도적 장치로 공공기관이 가지고 있는 방대한 정보를 방해 없이 국민에게 제공하여 자유롭게 이용하게 함으로써 국민의 알권리를 보장한다.

(2) 행정참여 유도 및 민주주의 실현

정보공개제도는 국민의 행정참여를 확대하게 만든다. 행정에 대한 충분한 정보를 자유롭게 얻을 수 있어 올바른 여론형성과 정치적 의사결정을 하도록 함으로써 국민이 행정과정에 적극적으로 참여할 수 있고, 민주주의 실현에 기여한다.

(3) 행정책임성 제고 및 투명성 확보

정보공개는 행정과정을 보다 투명하게 함으로써 행정을 수행하는 공무원의 책임성을 제고시킨다. 따라서 행정정보의 공개는 국정운영의 투명성을 확보할 뿐 아니라 공정한 국정운영을 구현함으로써 국정에 대한 책임성과 신뢰성을 확보하여 행정통제효과를 유발한다.

(4) 국민의 권리와 이익보호

정보공개는 국민의 권리와 이익을 보호하기 위해서도 필요하다. 현대의 국민생활은 환경·공해·소비자·교통·도시문제 등 갖가지 복잡한 문제로 시달리고 있다. 국민들은 자신들의 권리나 생명·건강·심신의 안전·생활을 보호하기 위해서 수시로 관련 정보를 획득하여 공공기관에 대하여 생활이익의 침해원인에 대한 해명과 적절한 방지책 및 구제책을 강구하여 주도록 요구할 수 있는 권리가 보장되어야 한다.

(5) 기 타

정보공개는 정책결정의 정당성 확보, 부정부패 및 비리방지효과, 지식과 학문의 발전 및 진리발견, 국가 정보의 균등한 배분 등을 위해서도 필요하다.

4. 법적 근거

정보공개제도는 실정법인 공공기관의 정보공개에 관한 법률에 정보공개청구권의 주체, 청구권의 기본적 내용과 한계, 권리행사의 절차와 방법, 권리가 침해된 경우의 구제방법 등을 구체적으로 규정함으로써 헌법 제21조 제1항의 권리인 표현의 자유(알 권리)를 사법적 구제의 대상이 되는 실정법적 권리가 되게 하는 제도이다.

5. 공공기관의 정보공개에 관한 법률의 내용

(1) 정보공개의 청구권자

모든 국민은 정보의 공개를 청구할 권리를 가진다(동법 제5조 제1항). 학설과 판례에 따르면 자연인은 물론 법인, 권리능력 없는 사단·재단도 포함한다.[2)]

(2) 정보공개의 대상

1) 공개대상 정보

공공기관이 보유·관리하는 정보를 공개대상 정보로 한다.

---

2) 공공기관의정보공개에관한법률 제6조 제1항은 '모든 국민은 정보의 공개를 청구할 권리를 가진다.'고 규정하고 있는데, 여기에서 말하는 국민에는 자연인은 물론 법인, 권리능력 없는 사단·재단도 포함되고, 법인, 권리능력 없는 사단·재단 등의 경우에는 설립목적을 불문하며, 한편 정보공개청구권은 법률상 보호되는 구체적인 권리이므로 청구인이 공공기관에 대하여 정보공개를 청구하였다가 거부처분을 받은 것 자체가 법률상 이익의 침해에 해당한다.(대판 2003. 12. 12. 2003두8050)

① 공공기관의 의미

국가기관, 지방자치단체, 정부투자기관관리기본법 제2조의 규정에 의한 정부투자기관 그 밖에 대통령령이 정하는 기관(동법 제2조 제3호)[3]이다. 언론기관은 공공기관이 아니다.

② 정보의 의미

공공기관이 직무상 작성 또는 취득하여 관리하고 있는 문서(전자문서를 포함)·도면·사진·필름·테이프·슬라이드 및 그 밖에 이에 준하는 매체 등에 기록된 사항(동법 제2조 제1호)을 말하며, 판례에 따르면 정보공개의 대상이 되는 문서가 반드시 원본일 필요도 없다고 한다 (대판 2006. 5. 25. 2006두3049). 보유하고 있는 정보일 것을 요하므로 과거에 보존하였으나 대상 정보의 폐기 또는 타 기관에의 이첩 등으로 현재 보유·관리하고 있지 않은 경우에는 공개대상이 아니다.

2) 비공개대상 정보

다른 법률 또는 법률이 위임한 명령(국회규칙·대법원규칙·헌법재판소규칙·중앙선거관리위원회규칙·대통령령 및 조례에 한한다)에 의하여 비밀 또는 비공개 사항으로 규정된 정보, 국가안전보장·국방·통일·외교관계 등에 관한 사항으로서 공개될 경우 국가의 중대한 이익을 현저히 해할 우려가 있다고 인정되는 정보, 공개될 경우 국민의 생명·신체 및 재산의 보호에 현저한 지장을 초래할 우려가 있다고 인정되는 정보, 진행 중인 재판에 관련된 정보와 범죄의 예방·수사·공소의 제기 및 유지·형의 집행·교정·보안처분에 관한 사항으로서 공개될 경우 그 직무수행을 현저히 곤란하게 하거나 형사피고인의 공정한 재판을 받을 권리를 침해한다고 인정할 만한 상당한 이유가 있는 정보, 감사·감독·검사·시험·규제·입찰계약·기술개발·인사관리·의사결정과정 또는 내부검토과정에 있는 사항 등으로서 공개될 경우 업무의 공정한 수행이나 연구·개발에 현저한 지장을

3) 여기서 대통령령이 정하는 기관이라 함은 다음 각호의 기관을 말한다.
'1. 초·중등교육법 및 고등교육법 그 밖에 다른 법률에 의하여 설치된 각급 학교, 2. 지방공기업법에 의한 지방공사 및 지방공단, 3. 정부산하기관관리기본법의 적용을 받는 정부산하기관, 4. 특별법에 의하여 설립된 특수법인, 5. 사회복지사업법 제42조제1항의 규정에 의하여 국가 또는 지방자치단체로부터 보조금을 받는 사회복지법인과 사회복지사업을 하는 비영리법인'(동시행령 제2조)

초래한다고 인정할 만한 상당한 이유가 있는 정보, 당해 정보에 포함되어 있는 이름·주민등록번호 등 개인에 관한 사항으로서 공개될 경우 개인의 사생활의 비밀 또는 자유를 침해할 우려가 있다고 인정되는 정보,[4] 법인·단체 또는 개인의 경영·영업상 비밀에 관한 사항으로서 공개될 경우 법인 등의 정당한 이익을 현저히 해할 우려가 있다고 인정되는 정보,[5] 공개될 경우 부동산 투기·매점매석 등으로 특정인에게 이익 또는 불이익을 줄 우려가 있다고 인정되는 정보는 비공개 대상이다(동법 제9조 제1항 제1호 내지 제8호).

(3) 정보공개청구의 절차

1) 정보공개의 청구

정보의 공개를 청구하는 자는 당해 정보를 보유하거나 관리하고 있는 공공기관에 대하여 정보공개청구서를 제출하거나 구술로써 정보의 공개를 청구할 수 있다.[6]

2) 공개 여부의 결정

공공기관은 공공기관의 정보공개에 관한 법률 제10조의 규정에 의하여 정보공개의 청구가 있는 때에는 청구를 받은 날부터 10일 이내에 공개여부를 결정하여야 한다.

공공기관은 부득이한 사유로 제1항에 규정된 기간 이내에 공개여부를 결정할

---

4) 다만, 다음에 열거한 개인에 관한 정보는 제외한다.
  가. 법령이 정하는 바에 따라 열람할 수 있는 정보,
  나. 공공기관이 공표를 목적으로 작성하거나 취득한 정보로서 개인의 사생활의 비밀과 자유를 부당하게 침해하지 않는 정보,
  다. 공공기관이 작성하거나 취득한 정보로서 공개하는 것이 공익 또는 개인의 권리구제를 위하여 필요하다고 인정되는 정보,
  라. 직무를 수행한 공무원의 성명·직위,
  마. 공개하는 것이 공익을 위하여 필요한 경우로써 법령에 의하여 국가 또는 지방자치단체가 업무의 일부를 위탁 또는 위촉한 개인의 성명·직업

5) 다만, 다음에 열거한 정보를 제외한다.
  가. 사업활동에 의하여 발생하는 위해로부터 사람의 생명·신체 또는 건강을 보호하기 위하여 공개할 필요가 있는 정보,
  나. 위법·부당한 사업활동으로부터 국민의 재산 또는 생활을 보호하기 위하여 공개할 필요가 있는 정보

6) 다음 각호의 사항을 기재한 정보공개청구서를 제출하거나 구술로써 정보의 공개를 청구할 수 있다.
  1. 청구인의 이름·주민등록번호·주소 및 연락처(전화번호·전자우편주소 등을 말한다),
  2. 공개를 청구하는 정보의 내용 및 공개방법

수 없는 때에는 그 기간의 만료일 다음 날부터 기산하여 10일 이내의 범위에서 공개여부 결정기간을 연장할 수 있다. 이 경우 공공기관은 연장된 사실과 연장사유를 청구인에게 지체 없이 문서로 통지하여야 한다.

공공기관은 공개 청구된 공개대상정보의 전부 또는 일부가 제3자와 관련이 있다고 인정되는 때에는 그 사실을 제3자에게 지체 없이 통지하여야 하며, 필요한 경우에는 그의 의견을 청취할 수 있다.

공공기관은 다른 공공기관이 보유·관리하는 정보의 공개청구를 받은 때에는 지체 없이 이를 소관기관으로 이송하여야 하며, 이송을 한 공공기관은 지체 없이 소관기관 및 이송사유 등을 명시하여 청구인에게 문서로 통지하여야 한다.

정보공개를 청구한 날부터 20일 이내에 공공기관이 공개여부를 결정하지 아니한 때에는 비공개의 결정이 있는 것으로 본다(동법 제11조 제1항 내지 제5항).

3) 공개 여부 결정 통지

공공기관은 공공기관의 정보공개에 관한 법률 제11조의 규정에 의하여 정보의 공개를 결정한 때에는 공개일시·공개장소 등을 명시하여 청구인에게 통지하여야 한다.

공공기관은 공개대상정보의 양이 과다하여 정상적인 업무수행에 현저한 지장을 초래할 우려가 있는 경우에는 정보의 사본·복제물을 일정 기간별로 나누어 교부하거나 열람과 병행하여 교부할 수 있다.

공공기관은 제1항의 규정에 의하여 정보를 공개함에 있어 당해 정보의 원본이 오손 또는 파손될 우려가 있거나 그 밖에 상당한 이유가 있다고 인정될 때에는 당해 정보의 사본·복제물을 공개할 수 있다.

공공기관은 제11조의 규정에 의하여 정보의 비공개결정을 한 때에는 그 사실을 청구인에게 지체 없이 문서로 통지하여야 한다. 이 경우 비공개이유·불복방법 및 불복절차를 구체적으로 명시하여야 한다(동법 제13조 제1항 내지 제4항).

(4) 권리구제

1) 정보공개청구권자의 권리구제

① 이의신청

청구인이 정보공개와 관련한 공공기관의 비공개 또는 부분공개의 결정에 대하여 불복이 있는 때에는 공공기관으로부터 정보공개여부의 결정통지를 받은 날 또는 제11조 제5항의 규정에 의한 비공개의 결정이 있는 것으로 보는 날부터 30일 이내에 당해 공공기관에 문서로 이의신청을 할 수 있다(동법 제18조 제1항).

② 행정심판

청구인이 정보공개와 관련한 공공기관의 결정에 대하여 불복이 있는 때에는 행정심판법이 정하는 바에 따라 행정심판을 청구할 수 있다. 이 경우 국가기관 및 지방자치단체외의 공공기관의 결정에 대한 재결청은 관계 중앙행정기관의 장 또는 지방자치단체의 장으로 한다.

청구인은 제18조의 규정에 의한 이의신청절차를 거치지 아니하고 행정심판을 청구할 수 있다(동법 제19조 제1 · 2항). 이 경우 행정심판은 의무이행심판청구를 제기할 것이다.

③ 행정소송

청구인이 정보공개와 관련한 공공기관의 결정에 대하여 불복이 있는 때에는 행정소송법이 정하는 바에 따라 행정소송을 제기할 수 있다(동법 제20조).[7)]

2) 제3자의 권리

① 제3자에의 통보 및 의견 청취제도

공공기관은 공개 청구된 공개대상정보의 전부 또는 일부가 제3자와 관련이 있다고 인정되는 때에는 그 사실을 제3자에게 지체 없이 통지하여야 하며, 필요한 경우에는 그의 의견을 청취할 수 있다(동법 제11조 제3항).

---

7) "정보공개청구권은 법률상 보호되는 구체적인 권리이므로 청구인이 공공기관에 대하여 정보공개를 청구하였다가 거부처분을 받은 것 자체가 법률상 이익의 침해에 해당한다."(대판 2003. 12. 12. 2003두8050)

② 제3자의 비공개 요청

공공기관의 정보공개에 관한 법률 제11조 제3항의 규정에 의하여 공개 청구된 사실을 통지받은 제3자는 통지받은 날부터 3일 이내에 당해 공공기관에 대하여 자신과 관련된 정보를 공개하지 아니할 것을 요청할 수 있다(동법 제21조 제1항).

③ 이의신청, 행정심판, 행정소송의 제기

비공개요청에도 불구하고 공공기관이 공개결정을 하는 때에는 공개결정이유와 공개 실시일을 명시하여 지체 없이 문서로 통지하여야 하며, 제3자는 당해 공공기관에 문서로 이의신청을 하거나 행정심판 또는 행정소송을 제기할 수 있다. 이 경우 이의신청은 통지를 받은 날부터 7일 이내에 하여야 한다(동법 제21조 2항). 공공기관은 제2항의 규정에 의한 공개결정일과 공개실시일의 사이에 최소한 30일의 간격을 두어야 한다(동법 제21조 제3항).

Ⅱ. 개인정보보호제도

1. 의 의

개인정보의 보호란 개인은 자기의 정보를 스스로 통제할 수 있는 정보적 자기결정권을 가지며, 국가는 이러한 정보적 자기결정권을 국민의 기본권의 하나로 보호하는 것을 의미한다.

2. 법적 근거

개인정보보호는 사생활의 비밀과 자유의 한 부분이다. 따라서 개인정보보호에 대한 헌법적 근거로 사생활의 비밀을 보장하는 헌법 제17조를 들 수 있다.

공공기관의 컴퓨터에 의하여 처리되는 개인정보의 보호를 위한 일반법으로 공공기관의 개인정보보호에 관한 법률이 있었으나, 최근 개인정보보호의 주체를 민간에 까지 확대 시키는 '개인정보보호법'으로 대체 되었다.

3. 개인정보보호법의 주요 내용

(1) 목 적

개인정보의 수집 · 유출 · 오용 · 남용으로부터 사생활의 비밀 등을 보호함으로써 국민의 권리와 이익을 증진하고, 나아가 개인의 존엄과 가치를 구현하기 위하여 개인정보 처리에 관한 사항을 규정함을 목적으로 한다.

(2) 개인정보의 개념

살아 있는 개인에 관한 정보로서 성명, 주민등록번호 및 영상 등을 통하여 개인을 알아볼 수 있는 정보[해당 정보만으로는 특정 개인을 알아볼 수 없더라도 다른 정보와 쉽게 결합하여 알아볼 수 있는 것(예 : 주소 + 성명 / 성명 + 이메일주소)을 포함한다.]를 말한다.

개인정보의 주체는 자연인 이어야하며, 법인 또는 단체의 정보는 해당되지 않는다. 사망하였거나 실종신고 등 관계법령에 의하여 사망한 것으로 간주되는 자에 관한 정보는 개인정보로 볼 수 없다. 사자(死者)의 정보가 유족과 관련이 있는 경우는 제외된다.

(3) 법적 지위

개인정보호법은 개인정보의 보호에 관하여 일반법적 지위를 점하고 있다. 따라서 개인정보 보호에 관하여 다른 법률에 특별한 규정이 있는 경우를 제외하고는 이 법에서 정하는 바에 따른다.

(4) 개인정보처리자의 개인정보보호의 원칙

개인정보처리자는 개인정보의 처리 목적을 명확하게 하여야 하고 그 목적에 필요한 범위에서 최소한의 개인정보만을 적법하고 정당하게 수집하여야 하고, 개인정보의 처리 목적에 필요한 범위에서 적합하게 개인정보를 처리하여야 하며, 그 목적 외의 용도로 활용하여서는 아니 된다(동법 제3조 제1 · 2항).

(5) 적용대상(개인정보처리자) 및 보호범위

업무를 목적으로 개인정보를 처리하는 공공기관, 법인, 단체 및 개인 등이 동법의 적용대상이다. 컴퓨터 등에 의해 처리되는 정보 이외에 수기문서도 포함한다.

(6) 개인정보 보호위원회의 설치

개인정보 보호에 관한 사항을 심의·의결하기 위하여 대통령 소속으로 개인정보 보호위원회(위원장 1명, 상임위원 1명을 포함한 15명 이내의 위원으로 구성)를 둔다. 보호위원회는 그 권한에 속하는 업무를 독립하여 수행한다.

(7) 개인정보의 수집, 이용, 제공 등 단계별 보호기준 마련

개인정보처리자는 개인정보를 수집·이용 및 제3자에게 제공할 경우 정보주체의 동의 등을 얻도록 의무화 하고 있다. 개인정보처리자는 개인정보가 불필요하게 된 때는 지체없이 개인정보를 파기하도록 의무화하고 있다.

(8) 고유식별정보의 처리 제한

개인정보처리자는 주민등록번호 등 법령에 따라 개인을 고유하게 구별하기 위해 부여된 고유식별정보는 법령에 의하거나 동의를 받은 경우를 제외하고는 원칙적으로 처리가 금지되고, 정보주체가 인터넷 홈페이지를 통하여 회원으로 가입할 경우 주민등록번호를 사용하지 아니하고도 회원으로 가입할 수 있는 방법을 제공하여야 하며, 개인정보처리자가 고유식별정보를 처리하는 경우에는 그 고유식별정보가 분실·도난·유출·변조 또는 훼손되지 아니하도록 암호화 등 안전성 확보에 필요한 조치를 하여야 한다.

(9) CCTV 등 영상정보처리기기의 설치·운영 제한

공개된 장소에서는 영상정보처리기기 설치·운영을 원칙적으로 금지하나, 법령에서 구체적으로 허용하고 있는 경우, 범죄의 예방 및 수사를 위하여 필요한 경우, 시설안전 및 화재 예방을 위하여 필요한 경우, 교통단속을 위하여 필요한 경우, 교통정보의 수집·분석 및 제공을 위하여 필요한 경우 등은 예외로 한다.

목욕실, 화장실, 발한실(發汗室), 탈의실 등 개인의 사생활을 현저히 침해할 우려가 있는 장소에 영상정보처리기기를 설치·운영이 금지된다. 교도소, 정신보건시설 등 법령에 근거하여 사람을 구금하거나 보호하는 시설로 대통령령으로 정하는 시설은 예외적으로 허용된다.

(10) 개인정보 영향평가제도 도입

공공기관의 장은 대통령령으로 정하는 기준에 해당하는 일정이상 대규모 개인정보파일의 운용으로 인하여 정보주체의 개인정보 침해가 크다고 우려되는 경우에는 그 위험요인의 분석과 개선 사항 도출을 위한 평가를 하고 그 결과를 행정안전부장관에게 제출하여야 한다.

(11) 개인정보 유출 통지

개인정보처리자는 개인정보가 유출되었음을 알게 되었을 때에는 지체 없이 해당 정보주체에게 유출된 개인정보의 항목, 유출된 시점과 그 경위, 유출로 인하여 발생할 수 있는 피해를 최소화하기 위하여 정보주체가 할 수 있는 방법 등에 관한 정보, 개인정보처리자의 대응조치 및 피해 구제절차, 정보주체에게 피해가 발생한 경우 신고 등을 접수할 수 있는 담당부서 및 연락처 등을 알려야 한다.

(12) 정보주체의 권리보호 강화

정보주체에게 개인정보열람청구권, 정정·삭제청구권, 처리정지요구권 등을 부여하고, 권리행사방법 등을 규정하고 있다.

(13) 개인정보 분쟁조정위원회 설치·운영

개인정보에 관한 분쟁조정업무를 신속하고 공정하게 처리하기 위하여 개인정보 분쟁조정위원회를설치·운영한다.

(14) 개인정보 단체소송

개인정보처리자가 집단분쟁조정을 거부하거나 집단분쟁조정의 결과를 수락하지 아니한 경우 일정요건을 갖춘 소비자단체와 비영리단체가 다수 정보주체의 권리보호를 위해 법원에 권리침해 행위의 금지·중지를 구하는 단체소송을 제기할 수 있다.

4. 정보공개제도와 프라이버시의 충돌

행정정보공개와 개인의 사생활보호가 충돌하는 경우에는 형량원리를 도입하여 공개 여부를 결정하여야 한다.

제4장 행정의 실효성 확보수단

제4장 행정의 실효성 확보수단

제1절 서 설

Ⅰ. 행정의 실효성 확보수단의 의의

행정행위란 행정청의 권력적인 법집행적 단독행위로서 유효한 요건을 충족하여 성립하게 되면 그 실효성이 문제된다. 이러한 행정행위는 행정객체와 행정청 및 기타 관계인을 구속하고 있으나, 그에 대한 위반행위가 발생하기 때문에 행정행위가 추구하는 대로 효력이 발생하지 못하는 경우가 있다. 따라서 행정행위에 의한 행정목적을 제대로 달성하기 위해서는 실효성이 확보되어야 하는 바, 그 한 방법으로 주로 행정주체에 의해서 실현되는 것이 행정강제와 행정벌이며, 행정객체의 측면에서 주장되는 것이 바로 권리구제법의 영역인 손해전보와 행정쟁송이다. 그러나 좁은 의미에서 말하는 행정의 실효성의 확보란 행정강제와 행정벌로 제한할 수 있을 것이다.

Ⅱ. 행정행위의 실효성을 확보하기 위한 수단

행정행위의 실효성을 확보하기 위한 수단으로서는 크게 행정강제와 행정벌을 들 수 있다. 먼저 전자의 행정강제는 권력적 사실행위의 성질을 갖고 있는 것으로 여기에는 행정상 강제집행, 즉시강제, 행정조사가 논의될 수 있는 바, 행정조사의 행정강제성 여부에 대하여는 이론이 있으며, 본서에서는 장을 달리하여 논의하기로 한다. 그리고 후자인 행정벌은 실질적인 의미에서는 사법적 성질을 갖는 것으로 행정형벌, 행정질서벌이 논의될 수 있다. 최근에는 위와 같은 전통적인 방법에 의하지 않고, 공급거부·명단공표·관허사업제한 등 상대방이 스스로 행정이 요구하는 대로 나아오도록 간접적인 강제형식에 의하여 실효성을 확보하려는 새로운 수단도 등장하고 있다.

제2절 행정강제

I. 서 설

1. 의 의

행정목적을 달성하기 위하여 행정권이 사람의 신체·재산에 실력을 가하여 행정상 필요한 상태를 실현하는 작용이다. 행정강제는 실력을 행사하는 사실행위로서 법률효과를 수반하지 않는다. 이 점에서 법적 행위인 행정행위와 구별된다. 또한 행정강제는 행정목적의 실현을 추구하는 점에서 행정벌과 구별된다.

2. 행정강제의 성질

권력적 작용으로서 실력행사로서의 사실행위이고, 장래에 의무내용을 실현시키기 위한 강제수단이며, 행정권의 자력에 의한 강제수단이다. 행정목적의 실현확보를 목적으로 하며 행정법상 의무이행 확보수단, 행정법규의 실효성 확보 수단이다. 상대방의 수인의무로 저항을 배제한다.

3. 행정강제의 근거 및 종류

(1) 근 거

대집행에 대한 근거법으로 행정대집행법이 있고, 즉시강제의 근거법으로 경찰관 직무집행법이 있으며, 강제징수에 대한 근거법으로 국세징수법 등이 있다.

(2) 종 류

행정상 강제집행(대집행, 집행벌, 직접강제, 강제징수)과 행정상 즉시강제가 있다. 학자에 따라서는 행정조사를 포함시키기도 한다.

Ⅱ. 행정상 강제집행

1. 의 의

행정상 강제집행은 법령 또는 이에 의거한 행정처분에 의하여 발생한 행정법상의 의무자 스스로 의무를 이행하지 않을 경우에 행정청이 의무자의 신체 또는 재산에 실력을 가하여 장래에 향하여 그것을 이행하게 하거나 이행한 것과 동일한 상태를 실현하는 작용이다.

2. 행정상 강제집행의 종류와 대상 · 근거

종 류	대 상	근 거
대집행	대체적 작위의무	행정대집행법
집행벌	부작위의무 + 비대체적 작위 의무	일반법 : 無, 개별법 : 有
직접강제	대체적 작위의무 + 비대체적 작위의무 부작위의무 + 수인의무	일반법 – 無 개별법 – 有
강제징수	금전급부의무	국세징수법

3. 행정상 강제집행의 근거

행정상 강제집행은 국민의 신체, 재산에 실력을 가하여 행정상 의무이행을 확보하는 수단으로서 그에 의하여 국민의 자유가 침해되는 것이라는 점에서 법적 근거가 필요하다. 우리나라의 행정상 강제집행에 관한 근거법으로는 일반법으로서 대집행의 근거가 되는 행정대집행법과 강제징수의 근거가 되는 국세징수법이 있으며[1] 그 밖에 단행법으로 토지수용법, 출입국관리법, 방어해면법, 군사시설보호법 등이 있다.

4. 행정상 강제집행의 수단

(1) 대집행

1) 의 의

행정법상의 대체적 작위의무 불이행의 경우에 당해 행정청이 의무자가 행할 작위를 스스로 행하거나 또는 제3자로 하여금 이를 행하게 하고 그에 관한 비용을 의무자로부터 징수하는 것을 말한다.

2) 대집행의 주체 및 대상의무

대집행을 행할 수 있는 권한은 의무를 부과한 처분청 또는 관할 행정청에 있다. 대집행의 대상의무는 대체적 작위의무이다.

3) 대집행의 요건

대체적 작위의무의 불이행이 있어야 하고, 다른 수단으로써 그 이행을 확보하기 곤란해야 한다. 또한 불이행을 방치함이 심히 공익을 해할 것으로 인정되어야 하며, 요건에 대한 입증 및 주장책임은 당해 행정청에 있다.

4) 대집행의 절차

① 대집행의 계고

행정청이 행정객체에 대하여 행정대집행에 앞서 의무의 이행을 최고하는 행위로 일정한 기간 안에 행정상의 의무를 이행하지 않을 경우에, 강제집행을 한다는 내용을 문서로 알리는 일로 일종의 경고조치라고 할 수 있는 계고는 의무를 이행해야 하는 의무자가 의무를 불이행했을 경우, 일정기간을 정하고 그 기간 동안

---

1) 국세기본법이 아니다. 국세기본법은 고액체납자 명단공표의 법적 근거가 된다.

의무를 이행하지 않으면 대집행에 들어갈 것을 알려주는 준법률행위적 행정행위로서 통지행위(의사의 통지)에 해당한다. 문서에 의하여야 하는 요식행위이고, 대집행요건은 계고 시 이미 충족되어야 한다.

계고는 원칙적으로 생략할 수 없으나, 예외적으로 법률에 다른 규정이 있거나, 계고를 할 여유가 없는 비상시의 경우에는 계고를 생략할 수 있다.

② 대집행영장에 의한 통지

준법률행위적 행정행위로서 통지행위(의사의 통지)에 해당하며, 대집행 영장에 의하여야 하는 요식행위이며, 통지내용에는 집행책임자의 성명, 대집행에 요하는 비용의 계산에 의한 견적액 등이 포함되어야 한다.

통지는 원칙적으로 생략할 수 없으나, 예외적으로 법률에 다른 규정이 있거나, 통지를 할 여유가 없는 비상시의 경우에는 통지를 생략할 수 있다.

③ 대집행의 실행

대집행영장에 기재된 내용대로 행정청이 하거나 제3자로 하여금 대행시키는 권력적 사실행위로, 대집행책임자는 그가 집행책임자라는 것을 표시한 증표를 휴대하고 대집행 시 이해관계인에게 제시하여야 한다. 의무자가 대집행을 방해하거나 저항할 때 행정청은 실력으로 강행할 수 있다.

④ 비용징수

대집행에 소요된 모든 비용은 의무자로부터 징수하는 바, 비용납부명령서에 의해 납부를 명하여야 한다. 납부하지 않을 경우 국세징수법의 예에 의해 강제징수한다.

5) 대집행에 대한 구제

위법 또는 부당한 대집행으로 인하여 권리침해를 받은 자에게는 구제의 길이 있다. 즉, 대집행에 관하여 불복이 있는 자는 행정심판 및 행정소송을 제기 할 수 있다.

(2) 집행벌(이행강제금)

1) 의 의

비대체적 작위의무 또는 부작위의무를 이행치 아니하는 경우에 그 의무자에게 심리적 압박을 가하여 의무의 이행을 간접적으로 강제하기 위하여 과하는 금전적 부담이다.

2) 근 거

일반적 규정은 없다. 다만 건축법 제83조의 이행강제금 및 국세징수법 제22조의 중가산금제는 집행벌의 성질을 갖는 것이라 할 수 있다.

3) 집행벌의 특징

대집행과 직접강제가 직접적·물리적 강제인데 대하여 이것은 간접적·심리적 강제이다. 행정상 강제집행의 일종인 점과 과거의 의무위반에 대한 제재가 아닌 점에서 행정벌과 차이가 있으며(집행벌은 장래에 향한 의무이행을 확보하려는 수단이다.), 행정벌과 성질·목적을 달리하므로 병과가 가능하다(일사부재리의 원칙에 반하지 않는다.). 또한 집행벌은 의무위반에 대한 벌금형이 아니고, 행정벌과 달리 집행벌은 고의·과실이 필요하지 않다

(3) 직접강제

1) 의 의

의무자가 의무를 이행하지 아니하는 경우에 직접적으로 의무자의 신체 또는 재산에 실력을 가함으로써 의무의 이행이 있었던 것과 같은 상태를 실현하는 행정상의 강제집행을 말한다.

2) 대 상

대체적 작위의무·비대체적 작위의무·부작위의무·수인의무 등에 대하여 그 이행을강제할 수 있다.

3) 직접강제의 근거법

직접강제의 근거로 일반법은 없고, 개별법으로는 공중위생법, 도로교통법, 식품법, 출입국관리법, 재난및안전관리기본법, 군사시설보호법, 먹는물관리법 등이 있다.

4) 직접강제의 내용

직접강제는 강제퇴거(출입국관리법, 방어해면법, 군사시설보호법 등), 강제대피(재난및안전관리기본법), 폐쇄조치(공연법, 직업안정법, 식품위생법, 먹는물관리법 등) 등이 있다.

5) 직접강제의 성질

직접강제는 행정상의 의무 불이행을 전제로 하는 점에서 의무의 존재와 그 의무의 불이행을 전제로 하지 않고 즉시에 실력을 행사하는 행정상 즉시강제와 구별된다. 또한 직접강제는 의무자의 신체·재산에 실력을 가하여 직접 의무이행의 상태를 실현하는 것이라는 점 및 모든 행정법상 의무의 불이행에 대하여 그 의무이행의 상태를 실현하는 점에서 대체적 작위의무의 강제수단인 대집행과도 구별되며, 행정법규 위반 상태를 띠고 있는 재산 그 자체를 배제하는 점에서 금전급무의무의 강제수단인 재산의 압류·공매 등과도 구별된다.

(4) 행정상 강제징수

1) 의 의

금전급부의무의 불이행의 경우(국세징수법) 행정기관이 의무자의 재산에 실력을 가하여 의무가 이행된 것과 같은 상태를 실현하는 것이다.

2) 절 차

① 독촉

의무이행을 최고하고 불이행 시 체납처분을 예고하는 것으로 준법률행위적 행정행위로서 통지행위(의사의 통지)에 해당한다.

② **체납처분(압류 · 매각 · 청산)**

i) **재산압류**

재산압류란 국세납부의무자의 재산의 사실상 및 법률상 처분을 금지하여 그것을 확보하는 강제행위이다.

ii) **압류재산의 매각**

압류재산은 통화를 제외하고 공매에 의하여 매각하며, 공매는 보통 입찰 또는 경매의 방법에 의하나 수의계약에 의하는 경우도 있다.

iii) **청산**

세무서장은 압류재산의 매각대금과 기타 금전을 국세와 그 가산금, 체납처분비 기타의 채권 등에 배분한다. 배분 후 잔여금이 있으면 체납자에게 지급하고 부족하면 법령에 따라 배분순위와 금액을 정한다. 배분에 있어서는 국세관계채권은 다른 공과금 기타 채권에 우선한다.

3) 행정상 강제징수에 대한 불복

행정상 강제징수에 대한 불복에 대해서는 국세기본법에 특별한 절차를 규정하고 있다. 즉, 독촉 또는 체납처분절차의 행정심판에 대해서는 행정심판에 관한 일반법인 행정심판법은 일부규정을 제외하고는 원칙적으로 적용이 배제된다. 국세에 불복하는 경우 임의적으로 이의신청을 할 수 있다. 행정심판에 해당하는 심사청구(국세청장에게 한다.) 또는 심판청구(조세심판원에 한다.)는 필요적 절차이나, 둘 중 하나만 거처도 행정소송이 가능하며, 동일 처분에 대하여 심사청구와 심판청구를 중복제기 할 수 없다. 마지막으로 심사청구나 심판청구에 대하여 불복하는 경우 행정소송이 가능하다.

Ⅲ. 행정상 즉시강제

1. 행정상 즉시강제의 의의와 성질

목전의 급박한 행정상 장애를 제거해야 할 필요가 있는 경우에 미리 의무를 명할 시간적 여유가 없거나, 또는 그 성질상 의무를 명해 가지고는 그 목적을 달성하기 곤란한 때 즉시 국민의 신체 또는 재산에 실력을 가하여 행정상 필요한 상태를 실현하는 작용을 행정상 즉시강제라 한다. 행정상 즉시강제는 권력적 사실행위로 행정쟁송의 대상인 처분성이 인정된다.

2. 행정상 즉시강제의 근거와 한계

(1) 행정상 즉시강제의 근거

엄격한 법적 근거를 요하며, 일반법으로 경찰관 직무집행법이 있고, 단행법으로 마약법, 전염병예방법, 검역법, 방공법, 소방법, 식품위생법 등이 있다.

(2) 행정상 즉시강제의 조리상 한계

1) 급박성

행정상 즉시강제를 발동하기 위해서는 행정적 장애가 목전에 급박하여야 한다.

2) 소극성

공공의 안녕질서를 유지하기 위한 것으로 적극적 행정목적 달성을 위해서 행사되어서는 아니 된다.

3) 보충성

구체적 정황상 다른 수단으로는 그 목적을 달성할 수 없어야 한다.

4) 비례성

발동은 필요한 최소한의 범위 내에 그쳐야 한다(비례의 원칙).

5) 기 타

이외에 합목적성의 원리, 불가피성의 원리 등이 준수되어야 한다.

3. 행정상 즉시강제의 수단

(1) 대인적 즉시강제

1) 일반법(경찰관직무집행법)상의 수단

경찰관직무집행법상의 대인적 강제는 보호조치(정신착란 · 미아 · 주취자 등 24시간 이내), 위험발생방지조치(경고 · 억류 · 피난 등), 범죄의 예방 및 제지, 경찰장비사용, 경찰장구사용, 분사기 등의 사용 및 무기사용 등이 있다.

2) 각 개별법상의 수단

감염병의예방및관리에관한법률상 강제건강진단 · 강제격리 · 강제수용이 있고, 도로교통법상 교통차단, 마약류관리에관한법률상 강제수용, 소방기본법상 원조강제 등이 있다.

(2) 대물적 즉시강제

1) 일반법인 경찰관직무집행법상 수단

경찰관직무집행법상의 대물적 강제에는 무기 등 물건의 임시영치 및 위험발생방지조치가 있다.

2) 각 개별법상의 수단

식품위생법상 물건의 수거 · 폐기와 도로교통법상 도로의 장애물제거 · 불법주차차량견인, 옥외광고물등관리법상 물건의 파괴 등이 있다.

(3) 대가택적 즉시강제

점유자, 소유자의 의사와 무관하게 가택 · 창고 · 영업소 등에 출입하여 행정상 필요한 상태를 실현하는 작용으로 경찰관 직무집행법에 의한 위험방지를 위한 가택출입이 이에 해당한다. 경찰관 직무집행법에 의한 위험방지를 위한 가택출입을 제외하고는 행정조사의 범주에 속하는 것으로 보는 경향이 우력하다.

4. 행정상 즉시강제에 대한 구제

(1) 적법한 침해

행정상 즉시강제가 적법한 경우에도 그로 말미암아 귀책사유 없이 수인의 정도를 넘은 특별한 희생을 입은 자에게는 헌법과 각 단행법의 규정에 의하여 행정상 손실보상청구가 인정된다.

(2) 위법한 침해

위법한 침해에 대하여 행정상 쟁송, 행정상 손해배상, 자력구제[2], 공무원의 형사책임, 공무원의 징계책임, 기타 구제 수단으로 청원 · 여론 · 진정 등이 가능하며, 행정기관 스스로의 직권에 의한 취소 · 정지도 가능하다.

제3절 행정조사

I. 행정조사의 개념

1. 의 의

종래의 행정상 즉시강제 중에서 준비적 · 보조적 수단으로서의 성질을 가지는 것을 (예 : 질문 · 검사 · 가택출입 등 자료수집활동) 즉시강제와 분리하여 행정조사로 부르는 것이 일반적 경향이다.

---

2) 법률상의 절차에 의하지 않고, 자기의 힘으로 권리 내용을 실현하는 일로 원칙적으로 금지되는 것이지만, 예외적으로 사법제도로써도 구제가 불능한 특별한 사정이 있는 경우가 있으므로, 그러한 경우 인정하고 있다.

2. 행정조사와 행정상 즉시강제의 구별 기준

행정상 즉시강제는 행정목적을 구체적・직접적・종국적으로 실현시키는 것을 목적으로 하는데 반하여 행정조사는 그 자체가 목적이 아니라 일정한 행정목적을 실현시키기 위한 자료 및 정보를 수집하는 준비적・보조적 수단으로서의 성질을 갖는다. 또한 행정상 즉시강제는 직접적인 실력행사를 통하여 스스로 일정한 상태를 실현시키는데 대하여 행정조사는 영장에 의하는 경우 외에는 직접적인 실력행사가 아니라 행정벌 또는 불이익처분에 의하여 행정조사를 수인시키는 것이다. 마지막으로 행정상의 즉시강제는 행위의 급박성이 그 개념의 요소가 되는데 반하여 행정조사에 있어서는 급박성이 그 개념의 요소가 되지 않는다.

Ⅱ. 행정조사의 근거와 한계

1. 근 거

법률에 의한 수권의 필요 여부에 따라 권력적 행정조사와 비권력적 행정조사로 나뉘는 바, 권력적 행정조사는 반드시 법률에 근거가 있어야 하나, 비권력적 행정조사는 법률의 수권이 없이도 가능하다.

2. 한 계

(1) 실체법상 한계

목적에 필요한 범위 내에서만 가능하고, 권력적 조사의 경우에는 법적 근거를 요한다. 또한 기본권 보장, 보충성의 원칙, 비례의 원칙 등 행정법의 일반원칙에 따라 실시되어야 한다.

(2) 절차법상 한계

1) 행정조사와 영장주의

임의조사는 상대방의 임의적인 협력을 전제로 조사하는 것이므로 영장주의의 문제가 발생하지 않는다. 그러나 강제조사의 경우 영장주의 관련하여 영장이 필요하다는 설과 불필요하다는 설 및 절충설이 있으나 절충설이 다수설이다. 따라서 행정조사가 상대방의 신체나 재산에 직접적으로 행사되는 경우 및 행정조사의 결과가 형사책임의 추궁과 관련성을 갖는 경우 영장이 필요하다.

2) 행정조사의 일반적 절차

행정조사를 행하는 공무원은 그 권한을 증명하는 증표를 휴대하고 제시해야 한다. 또한 조사의 목적, 일시, 장소, 범위 등의 사전통지와 조사이유를 고지해야 하며, 조사는 합리적 시간대에 이루어 져야한다.

Ⅲ. 행정조사의 종류

1. 대상에 의한 분류

(1) 대인조사

사람의 신체에 실력을 가하여 하는 행정조사로 불심검문 · 질문 · 신체수색 · 강제건강진단 · 임의동행 등이 있다.

(2) 대물조사

조사 대상이 물건인 경우로 장부 · 서류의 열람 · 시설검사 · 물품의 검사 등이 있다.

(3) 대가택조사

개인의 주거 · 창고 · 영업소 등에 대한 출입 · 검사 등을 말하며 대물적 조사와 병행되는 경우가 많다.

2. 방법에 의한 분류

(1) 직접조사

직접 사람의 신체, 재산 등에 실력을 가하여 행정상 필요한 자료를 수집하는 행정조사로 불심검문, 가택수사, 음주측정 등이 있다.

(2) 간접조사

일정한 사항에 대한 보고 또는 자료를 제출하게 하거나 검사를 함으로써 행하는 행정조사로 여론조사, 인구조사 등이 있다.

3. 수단에 의한 분류

(1) 권력적 행정조사

행정기관의 일방적인 명령, 강제를 수단으로 하는 행정조사로 불심검문, 가택수사, 음주측정 등이 있다.

(2) 비권력적 행정조사

행정기관의 실력행사 없이 상대방의 임의적 협력에 의한 행정조사로 여론조사, 인구조사 등이 있다.

4. 범위에 의한 분류

(1) 일반조사

일반적인 정책, 준칙성립을 위한 행정조사로 통계조사가 있다.

(2) 개별조사

특정한 개별적 · 구체적 행정결정을 위하여 특정 개인에게 조사상의 구체적 의무가 발생하는 행정조사를 말한다.

Ⅳ. 행정조사에 대한 구제

적법한 행정조사로 인해 권익을 침해받은 사람은 자신에게 귀책사유 없이 특별한 희생을 입은 경우에는 법률이 정하는 바에 따라 적절한 보상청구가 가능하고, 위법한 행정조사로 인해 권익을 침해받은 사람은 행정쟁송, 행정상 손해배상청구, 정당방위 등이 가능하다.

제4절 행정벌

Ⅰ. 서 설

1. 행정벌과 행정범의 의의

행정벌은 행정법규의 실효성을 확보하기 위하여 일반통치권에 의거하여 의무위반자에게 과하는 제재로 직접적으로는 행정법규의 실효성을 확보하고, 간접적으로는 심리적 압박으로 의무이행을 확보한다. 행정벌이 과하여지는 비행 또는 의무위반자를 행정범이라 한다.

2. 행정벌의 성질

(1) 징계벌과의 구별

징계벌은 특별권력관계에서 그 내부질서를 유지하기 위하여 질서문란자에게 과하는 제재이나, 행정벌은 행정법규의 실효성을 확보하기 위하여 일반권력관계(일반 통치권)에 의거하여 의무위반자에게 과하는 제재이다.

징계벌과 행정벌은 권력적 기초를 달리하므로 양자를 병과하는 것은 일사부재리의 원칙에 저촉되지 않는다.

(2) 집행벌(이행강제금)과 구별

집행벌은 행정법상 의무불이행이 있는 경우 장래의 의무이행을 확보하기 위하여 강제집행의 수단으로서 과하여 지나, 행정벌은 과거의 행정법상 의무위반자에 대한 제재로 과하여진다.

(3) 형사벌과의 구별

형사벌의 처벌대상은 반윤리성 · 반사회성이 법규이전에 존재하는 자연범적 성격이 강하나, 행정벌은 법규에 의해 창조되는 경향이 강하며 그 처벌대상은 법정범적 성격이 강하다.

Ⅱ. 행정벌의 근거

죄형법정주의 원칙에 의해 반드시 법률에 근거가 있어야 하나, 예외적으로 법률에 근거가 있으면 행정벌에 관한 법규제정을 행정입법에 위임이 가능하다. 위임은 법률에 구체적으로 범위를 정한 개별적 위임만 가능하고, 처벌의 대상인 행위의 기준 · 행정벌의 최고한도 등을 구체적으로 정하여 위임하여야 한다. 지방자치단체는 조례로써 조례위반행위에 대하여 1,000만원 이하의 과태료를 정할 수 있다(지방자치법 제20조).

Ⅲ. 행정벌의 종류

1. 행정형벌

행정형벌은 행정법상의 의무를 위반함으로써 '직접적으로' 행정목적을 침해하는 경우에 부과된다. 행정벌로서 형법에 정하여져 있는 형(사형 · 징역 · 금고 · 자격상실 · 자격정지 · 벌금 · 구류 · 과료 · 몰수)을 과한다. 원칙적으로 형법총칙이 적용되고(고의 · 과실을 요하고, 죄형법정주의를 적용한다.), 과벌절차는 형사소송절차에 의하나 즉결심판절차 또는 통고처분절차에 의하는 경우도 있다.

2. 행정질서벌

행정질서벌은 신고·등록·서류비치 등의 의무를 태만히 하는 것과 같이 '간접적으로' 행정목적 달성에 장해를 미칠 위험성이 있는 행위에 대해 부과된다. 행정벌로서 행정질서벌은 형벌의 성질을 가지지 않는 법령위반에 대하여 과하여지는 금전벌인 과태료가 있다. 행정질서벌도 행정형벌과 마찬가지로 질서위반행위규제법 제6조와 제7조에 근거해 형법총칙이 적용된다 (고의·과실을 요하고, 죄형법정주의를 적용한다.). 행정질서벌은 과벌절차 역시 질서위반행위규제법에 의한다.

3. 양자구별의 상대화

과거에 행정형벌을 과하던 것을 행정질서벌로 대체하는 경향이 있다. 이를 행정벌의 행정질서벌화 행정범의 탈범죄·비범죄화라 한다.

Ⅳ. 행정형벌의 특수성 및 과벌절차

1. 행정형벌과 형법총칙

형법 제8조는 "본법 총칙은 타 법령에 정한 죄에 적용한다. 단, 그 법령에 특별한 규정이 있는 때에는 예외로 한다."고 규정하고 있어 행정형벌에 형법총칙 규정이 적용된다. 형벌의 범위를 축소한다든가 형벌을 감경하는 경우는 죄형법정주의의 원칙에 저촉되지 않으므로 명문의 특별규정이 없더라도 규정의 성질을 고려하여 형법총칙의 규정을 배제·제한할 수 있다고 본다.

2. 행정형벌에 관한 특별규정

(1) 고의·과실

행정범의 성립을 위해서는 고의가 있어야 하며, 과실인 경우에는 명문규정이 있거나 과실범도 벌한다는 취지가 명백한 경우에만 범죄가 성립한다. 고의의 성립은 범죄사실의 인식과 위법성의 인식을 요소로 한다.

(2) 위법성의 인식

위법성의 인식은 고의와 별개의 독자적인 책임요소이며, 금지의 착오(법률의 착오)[3]가 전혀 회피 불가능한 경우에는 책임이 배제되고, 회피가능한 경우에는 사정에 따라 책임이 감경될 수 있다. 금지의 착오(법률의 착오)는 행정범에 대하여 언제나 타당하다고 할 수는 없으며, 개별법에서 이의 적용을 배제하는 명문규정을 두는 경우가 있다.

(3) 책임능력

형사범에 있어서는 심신장애자 및 농아자의 행위는 이를 벌하지 아니하거나 감경하며, 14세 미만인 자의 행위는 벌하지 아니한다. 그러나 행정형벌의 경우는 이에 대한 예외가 인정되는 경우가 있다.[4]

3. 법인의 책임

행정범에 있어서는 법인의 대표자 또는 법인의 대리인・사용인 기타의 종업원이 법인의 업무에 관하여 의무를 위반한 경우에 행위자뿐만 아니라 법인에 대해서도 처벌이 가능하다. 법인을 처벌하는 경우에 그 형벌은 성질상 벌금・과료・몰수 등의 금전벌이며, 또한 법인과 함께 행위자도 처벌받는 양벌주의를 채택하고 있다.

4. 타인의 행위에 대한 책임

행정범의 경우에는 반드시 현실의 행위자뿐만 아니라 행정법상의 의무를 지는 자도 책임을 진다. 따라서 미성년자・금치산자의 위법행위에 대하여 법정대리인을 처벌하거나, 양벌규정을 두어 행위자 외에 사업주도 처벌한다. 법령상 책임자

---

3) 형법 제16조(법률의 착오) : 자기의 행위가 법령에 의하여 죄가 되지 아니하는 것으로 오인한 행위는 그 오인에 정당한 이유가 있는 때에 한하여 벌하지 아니한다.

4) 담배사업법 제31조에의 벌금경합에 관한 제한가중규정은 형법 제9조의 적용을 제외한다. 형법 제9조(형사미성년자) 14세 되지 아니한 자의 행위는 벌하지 아니한다.

가 타인의 비행에 대해 지는 책임은 대위책임이 아니라 자기의 감독불충분에 대한 과실책임으로 볼 수 있다. 타인의 행위에 대하여 책임을 지는 것은 죄형법정주의에 따라 명문의 규정이 있는 경우에만 허용된다.

5. 공 범

행정법상의 의무의 다양성으로 인해 공동정범 · 교사범 · 종범에 관한 규정의 적용을 배제하는 경우가 있는가 하면, 종범감경규정을 배제하는 경우도 있다.

6. 경합범 · 작량감경

경합범[5] · 작량감경[6]에 관한 규정의 적용을 배제하는 특별규정을 두고 있는 경우가 많다.

7. 행정형벌의 과벌절차

(1) 일반절차

행정형벌은 형사소송법이 정하는 바에 따라 과함이 원칙이다. 그러나 간이한 특별처리 절차로서 통고처분과 즉결심판이라는 예외적인 과벌절차가 인정된다.

---

5) 경합범(競合犯)은 하나의 범죄행위에 대한 법적 판단의 다수, 또는 하나의 행위자의 다수행위가 문제된다.
   ① 하나의 행위가 여러 개의 죄에 해당하는 경우를 상상적 경합(想像的競合)이라 하며, 이 때에는 가장 무거운 죄에 정한 형으로 처벌한다(형법 제40조).
   ② 한 사람이 매일매일 죄를 범하는 것과 같이 다수의 죄를 범한 경우에는 이것을 실체적 경합(實體的競合)이라 하며(형법 제37조), 가중주의(加重主義)에 의하여 처벌하는 것이 원칙이나(형법 제38조 제1항 제2호), 흡수주의(吸收主義) 또는 병과주의(倂科主義)에 의하여 처벌되기도 한다(형법 제38조 제1항 제1 · 3호).

6) 법관의 재량으로 정상(情狀)을 참작해 형량을 줄여주는 것을 말한다. 형의 감경에는 '법률상 감경'과 '재판상의 감경(작량감경)'이 있다. 법률상 감경은 법률의 특별규정에 의해 형이 감경되는 경우를 말하며, 작량감경에 해당하는 재판상의 감경은 법률상의 특별한 감경사유가 없는 경우에도 정상에 특히 참작할 만한 사유가 있는 때에 그 형을 감경해주는 것이다.

(2) 특별절차

1) 통고처분

현행법상 조세범·관세범·출입국관리사범 및 도로교통법위반사범 등에 대해서는 형사소송절차에 대신하여 행정청이 벌금 또는 과료에 상당하는 금액의 납부를 명하는 준사법적 행정행위인 통고처분에 의한다. 통고처분을 받은 자가 법정기간 내에 통고된 내용에 따라 이행한 때에는 일사부재리의 원칙의 적용을 받아 다시 소추 되지 아니한다. 법정기간 내에 통고된 내용을 이행하지 않으면 통고처분은 효력을 상실하고 관계 기관장의 고발에 의하여 형사소송절차로 이행한다. 피고는 정식재판청구권이 없다.

2) 즉결심판절차

20만원 이하의 벌금·구류 또는 과료의 행정형벌은 즉결심판에 관한 절차법이 정하는 바에 따라 즉결심판에 의해 과해지며 그 형은 경찰서장에 의해 집행된다. 즉결심판에 불복하는 피고인은 즉결심판의 선고·고지를 받은 날로부터 7일 이내에 정식재판청구서를 경찰서장에게 제출하여야 하고, 정식재판청구서를 받은 경찰서장은 지체 없이 판사에게 이를 송부해야 한다. 정식재판에 대한 관할권은 그 지역을 관할하는 지방법원 또는 지방법원지원에 있다.

V. 행정질서벌(과태료)의 특수성 및 과벌절차

1. 형법총칙 적용 여부

(1) 죄형법정주의

질서위반행위규제법 제6조에 "법률에 따르지 아니하고는 어떤 행위도 질서위반행위로 과태료를 부과하지 아니한다."고 하여 죄형법정주의가 적용된다고 보아야 한다.

(2) 고의 · 과실

질서위반행위규제법 제7조에 "고의 또는 과실이 없는 질서위반행위는 과태료를 부과하지 아니한다."고 하여 고의 · 과실이 요구된다고 보아야 한다.

2. 질서위반행위규제법의 내용

(1) 질서위반행위의 성립 등

1) 위법성의 착오

자신의 행위가 위법하지 아니한 것으로 오인하고 행한 질서위반행위는 그 오인에 정당한 이유가 있는 때에 한하여 과태료를 부과하지 아니한다(동법 제8조).

2) 책임연령

14세가 되지 아니한 자의 질서위반행위는 과태료를 부과하지 아니한다. 다만, 다른 법률에 특별한 규정이 있는 경우에는 그러하지 아니하다.

3) 심신장애

① 심신상실

심신(心神)장애로 인하여 행위의 옳고 그름을 판단할 능력이 없거나 그 판단에 따른 행위를 할 능력이 없는 자의 질서위반행위는 과태료를 부과하지 아니한다(동법 10조 제1항).

② 심신미약

심신장애로 인하여 제1항에 따른 능력이 미약한 자의 질서위반행위는 과태료를 감경한다(동법 10조 제2항).

③ 원인에 있어서 자유로운 행위

스스로 심신장애 상태를 일으켜 질서위반행위를 한 자에 대하여는 제1항 및 제2항을 적용하지 아니한다(동법 10조 제3항).

4) 법인의 처리 등

① 양벌규정

법인의 대표자, 법인 또는 개인의 대리인・사용인 그 밖의 종업원이 업무에 관하여 법인 또는 그 개인에게 부과된 법률상의 의무를 위반한 때에는 법인 또는 그 개인에게 과태료를 부과한다(동법 제11조 제1항).

② 적용제외

제7조부터 제10조까지의 규정은 「도로교통법」 제56조 제1항[7]에 따른 고용주등을 같은 법 제160조제3항에 따라 과태료를 부과하는 경우에는 적용하지 아니한다(동법 제11조 제2항).

5) 다수인의 질서위반행위 가담

① 공범의 경우

2인 이상이 질서위반행위에 가담한 때에는 각자가 질서위반행위를 한 것으로 본다(동법 제12조 제1항).

② 신분범인 경우

신분에 의하여 성립하는 질서위반행위에 신분이 없는 자가 가담한 때에는 신분이 없는 자에 대하여도 질서위반행위가 성립한다(동법 제12조 제2항).

③ 신분범 감경・가중의 경우

신분에 의하여 과태료를 감경 또는 가중하거나 과태료를 부과하지 아니하는 때에는 그 신분의 효과는 신분이 없는 자에게는 미치지 아니한다(동법 제12조 제3항).

---

7) 제56조(고용주등의 의무) ①차의 운전자를 고용하고 있는 사람이나 직접 이를 관리하는 지위에 있는 사람 또는 차의 사용자(이하 "고용주등"이라 한다)는 운전자에게 이 법이나 이 법에 의한 명령을 지키도록 항상 주의시키고 감독하여야 한다.
②고용주등은 제43조 내지 제45조의 규정에 의하여 운전을 하여서는 아니되는 운전자가 자동차등을 운전하는 것을 알고도 이를 말리지 아니하거나 그러한 운전자에게 자동차등을 운전하도록 시켜서는 아니된다.

6) 수개의 질서위반행위의 처리

① 상상적 경합

하나의 행위가 2 이상의 질서위반행위에 해당하는 경우에는 각 질서위반행위에 대하여 정한 과태료 중 가장 중한 과태료를 부과한다(동법 제13조 제1항).

② 실체적 경합

제1항의 경우를 제외하고 2 이상의 질서위반행위가 경합하는 경우에는 각 질서위반행위에 대하여 정한 과태료를 각각 부과한다. 다만, 다른 법령(지방자치단체의 조례를 포함한다. 이하 같다)에 특별한 규정이 있는 경우에는 그 법령으로 정하는 바에 따른다(동법 제13조 제2항).

7) 과태료의 산정

행정청 및 법원은 과태료를 정함에 있어서 질서위반행위의 동기・목적・방법・결과, 질서위반행위 이후의 당사자의 태도와 정황, 질서위반행위자의 연령・재산상태・환경, 그 밖에 과태료의 산정에 필요하다고 인정되는 사유 등의 사항을 고려하여야 한다(동법 제14조).

8) 과태료의 시효

과태료는 행정청의 과태료 부과처분이나 법원의 과태료 재판이 확정된 후 5년간 징수하지 아니하거나 집행하지 아니하면 시효로 인하여 소멸한다(동법 제15조 제1항). 제1항에 따른 소멸시효의 중단・정지 등에 관하여는 (민법이 아니라) 「국세기본법」 제28조[8]를 준용한다(동법 제15조 제2항).

---

8) 제28조(시효의 중단과 정지) ①제27조의 규정에 의한 소멸시효는 다음 각호의 사유로 인하여 중단된다.
1. 납세고지
2. 독촉 또는 납부최고
3. 교부청구
4. 압류
② 제1항의 규정에 의하여 중단된 소멸시효는 다음 각호의 기간이 지난 때부터 새로 진행한다.
1. 고지한 납부기간
2. 독촉 또는 납부최고에 의한 납부기간
3. 교부청구중의 기간
4. 압류해제까지의 기간

(2) 과태료의 부과·징수와 이의제기 등

1) 부과·징수

① 사전통지 및 의견제출

행정청이 질서위반행위에 대하여 과태료를 부과하고자 하는 때에는 미리 당사자에게 대통령령이 정하는 사항을 통지하고, 10일 이상의 기간을 정하여 의견을 제출할 기회를 주어야 한다. 이 경우 지정된 기일까지 의견 제출이 없는 경우에는 의견이 없는 것으로 본다(동법 제16조 제1항).

② 과태료의 부과

행정청은 제16조의 의견 제출 절차를 마친 후에 서면으로 과태료를 부과하여야 한다(동법 제17조 제1항).

③ 과태료 부과의 제척기간

행정청은 질서위반행위가 종료한 날(다수인이 질서위반행위에 가담한 경우에는 최종행위가 종료한 날을 말한다)부터 5년을 경과한 경우에는 해당 질서위반행위에 대하여 과태료를 부과할 수 없다(동법 제19조 제1항).

2) 이의제기와 법원에의 통보

① 이의제기

행정청의 과태료 부과에 불복하는 당사자는 제17조 제1항에 따른 과태료 부과통지를 받은 날부터 60일 이내에 해당 행정청에 서면으로 이의제기를 할 수 있다(동법 제20조 제1항). 제1항에 따른 이의제기가 있는 경우에는 행정청의 과태료 부과처분은 그 효력을 상실한다(동법 제20조 제2항).

---

③ 제27조의 규정에 의한 소멸시효는 세법에 의한 분납기간·징수유예기간·체납처분유예기간·연부연납(연부연납)기간 또는 세무공무원이 「국세징수법」 제30조의 규정에 따른 사해행위취소의 소를 제기하여 그 소송이 진행 중인 기간 동안에는 진행하지 아니한다. 〈改正 1981. 12. 31 , 1984. 8. 7 , 2006. 12. 30 〉

④ 제3항의 규정에 따른 사해행위취소의 소의 제기로 인한 시효정지의 효력은 소송이 각하·기각 또는 취하된 경우에는 효력이 없다.

② 법원에의 통보[9]

제20조 제1항에 따른 이의제기를 받은 행정청은 이의제기를 받은 날부터 14일 이내에 이에 대한 의견 및 증빙서류를 첨부하여 관할법원에 통보하여야 한다. 다만, 당사자가 이의제기를 철회한 경우, 당사자의 이의제기에 이유가 있어 과태료에 처할 필요가 없는 것으로 인정되는 경우의 어느 하나에 해당하는 경우에는 그러하지 아니하다(동법 제21조 제1항).

(3) 질서위반행위의 조사 및 자료제공요청

1) 질서위반행위의 조사

① 출석요구 및 진술청취 등

행정청은 질서위반행위가 발생하였다는 합리적 의심이 있어 그에 대한 조사가 필요하다고 인정할 때에는 대통령령으로 정하는 바에 따라 당사자 또는 참고인의 출석 요구 및 진술의 청취, 당사자에 대한 보고 명령 또는 자료 제출의 명령 등의 조치를 할 수 있다(동법 제22조 제1항).

② 소속직원의 장부등 검사

행정청은 질서위반행위가 발생하였다는 합리적 의심이 있어 그에 대한 조사가 필요하다고 인정할 때에는 그 소속 직원으로 하여금 당사자의 사무소 또는 영업소에 출입하여 장부・서류 또는 그 밖의 물건을 검사하게 할 수 있다(동법 제22조 제2항).

---

9) **〈질서위반행위의 재판과 집행〉**

(1) 재 판

① 과태료 사건은 다른 법령에 특별한 규정이 있는 경우를 제외하고는 당사자의 주소지의 지방법원 또는 그 지원의 관할로 한다(질서위반행위규제법 제25조 1항).

② 법원은 심문기일을 열어 당사자의 진술을 들어야 한다(질서위반행위규제법 제31조 1항).

③ 법원은 검사의 의견을 구하여야 하고, 검사는 심문에 참여하여 의견을 진술하거나 서면으로 의견을 제출하여야 한다(질서위반행위규제법 제31조 2항).

④ 과태료 재판은 이유를 붙인 결정으로써 한다(질서위반행위규제법 제36조 1항). 결정은 당사자와 검사에게 고지함으로써 효력이 생긴다(질서위반행위규제법 제37조 1항).

(2) 집 행

과태료 재판은 검사의 명령으로써 이를 집행한다. 이 경우 그 명령은 집행력 있는 집행권원과 동일한 효력이 있다(질서위반행위규제법 제42조 1항). 과태료 재판의 집행절차는 「민사집행법」의 규정에 따르거나 국세 또는 지방세 체납처분의 예에 따른다(질서위반행위규제법 제42조 2항 본문).

③ **사전통지**

제2항에 따른 검사를 하고자 하는 행정청 소속 직원은 당사자에게 검사 개시 7일 전까지 검사 대상 및 검사 이유, 그 밖에 대통령령으로 정하는 사항을 통지하여야 한다. 다만, 긴급을 요하거나 사전통지의 경우 증거인멸 등으로 검사목적을 달성할 수 없다고 인정되는 때에는 그러하지 아니하다(동법 제22조 제3항).

④ **비례의 원칙 준수**

제1항 및 제2항에 따른 조치 또는 검사는 그 목적 달성에 필요한 최소한에 그쳐야 한다(동법 제22조 제5항).

2) 자료제공요청

행정청은 과태료의 부과·징수를 위하여 필요한 때에는 관계 행정기관, 지방자치단체, 그 밖에 대통령령으로 정하는 공공기관의 장에게 그 필요성을 소명하여 자료 또는 정보의 제공을 요청할 수 있으며, 그 요청을 받은 공공기관등의 장은 특별한 사정이 없는 한 이에 응하여야 한다(동법 제23조).

(4) 가산금 징수 및 체납처분

1) 가산금 징수

행정청은 당사자가 납부기한까지 과태료를 납부하지 아니한 때에는 납부기한을 경과한 날부터 체납된 과태료에 대하여 100분의 5에 상당하는 가산금을 징수한다(동법 제24조 제1항). 체납된 과태료를 납부하지 아니한 때에는 납부기한이 경과한 날부터 매 1개월이 경과할 때마다 체납된 과태료의 1천분의 12에 상당하는 가산금(중가산금)을 제1항에 따른 가산금에 가산하여 징수한다. 이 경우 중가산금을 가산하여 징수하는 기간은 60개월을 초과하지 못한다(동법 제24조 제2항).

2) 체납처분

행정청은 당사자가 제20조 제1항에 따른 기한 이내에 이의를 제기하지 아니하고 제1항에 따른 가산금을 납부하지 아니한 때에는 국세 또는 지방세 체납처분의 예에 따라 징수한다(동법 제24조 제3항).

3. 이중처벌 가능성(병과)

(1) 행정형벌과 행정질서벌의 병과

행정형벌과 행정질서벌은 모두 행정벌의 일종이나 행정형벌은 공행정목적을 정면으로 위반한 경우에 과해지는 것이지만, 행정질서벌은 단순의무위반으로 공행정질서에 장해를 줄 가능성이 있는 정도의 경미한 범법행위에 가해지는 것인 점에서 그 목적을 달리한다. 따라서 행정질서벌인 과태료부과처분 후에 행정형벌을 부과한다고 하여도 일사부재리의 원칙에 반하는 것이 아니다. 판례의 입장도 같다.[10)]

(2) 징계벌과 행정질서벌의 병과

징계벌과 행정질서벌은 모두 불이익한 처벌이나 징계벌은 공무원 사회의 내부질서를 위한 것이지만 행정질서벌은 국가 전체의 질서를 위한 것이라는 점에서 양자는 목적을 달리한다. 따라서 징계벌을 부과한 후 행정질서벌을 부과할 수도 있다.

참고 **과징금과 타행위와의 구별**

① 과징금은 일정한 행정법상의 의무위반에 대한 금전적 제재로 과하는 제재금이라는 점에서 벌금 또는 과태료와 같으나, 과징금은 형식상 행정벌에 속하지 않는 점에서 행정형벌인 벌금 또는 행정질서벌인 과태료와 다르다.

② 과징금과 범칙금은 행정법상의 의무위반에 대한 금전적 제재로 과하는 행정제재금이라는 점 및 벌금이 아니라는 점에서는 같다. 그러나 과징금은 불법적인 경제적 이익을 박탈하기 위한 것이나 범칙금은 형사벌을 과해야 할 범죄행위에 대하여 그 형사적 처벌을 유보한 채 금전적 제재를 과하는 것이라는 점에서 서로 다르다.

---

10) 예컨대 새차를 구입하면서 임시운행기간의 경과 후에도 자동차등록원부에 등록을 하지 아니한 채 자동차를 운행하면, 임시운행기간의 경과 후의 운행을 이유로 행정질서벌(과태료)이 부과될 수 있을 뿐만 아니라 미등록으로 인한 행정형벌(벌금형)도 부과될 수 있다.

제5절 행정법상의 새로운 의무이행 확보수단

I. 공급거부

1. 공급거부의 의의 및 성질

(1) 의 의

공급거부란 행정법상의 의무를 위반하거나 불이행한 자에 대하여 일정한 행정상의 역무나 재화의 공급을 거부하는 행정조치를 말한다. 오늘날 국민의 행정의 존도가 높아지면서 행정에 의하여 공급되는 역무 내지 재화는 국민생활에 필수적이기 때문에 그 거부는 행정상 의무이행의 확보를 위한 매우 실효적인 수단이 된다. 행정청의 명령이나 처분에 위반하여 시정명령을 받고 이행하지 아니한 건축물에 대한 전기, 전화, 수도의 공급중지 등이 그 예이다.

(2) 성 질

공급거부는 의무이행을 위하여 행정법상 의무위반자, 불이행자에게 사업이나 생활상의 어려움을 주어 간접적으로 의무이행을 확보하는 제도이다.

2. 공급거부의 법적근거 및 한계와 구제

(1) 법적 근거

공급거부는 국민의 권익에 중대한 영향을 미치는 침익적 행위이므로 반드시 법적 근거 요한다.

(2) 한 계

행정상 서비스나 재화는 국민의 일상생활에 있어 불가결한 것이기 때문에 행정법상의 의무위반자에 대해 그 공급을 거부하는 것이 어느 범위까지 허용되는

지가 문제된다. 일반적으로 행정상 수단은 본래 예정되어 있는 목적과 다른 목적을 위하여 강제수단으로 활용될 수 있는가의 문제인데, 법치행정의 원리, 그 중에서도 법률유보원칙과의 조화의 관점에서 검토되어야 한다. 또한 이 문제는 행정법의 일반원칙인 과잉금지원칙과 부당결부금지원칙의 관점에서도 검토되어야 한다.

(3) 구 제

급부관계가 사법적 성질인 경우 민사소송절차에 의하고(판례 : 전화가입계약해지), 급부관계가 공법적 성질인 경우 행정쟁송절차에 의한다(판례 : 단수처분).

Ⅱ. 공 표

1. 공표의 의의 및 성질

(1) 의 의

행정법상 의무위반이 있는 경우 그 의무위반 또는 위반 사실을 일반 공중이 알 수 있도록 공표함으로써 사회적 비난을 받아 간접적·심리적 강제에 의하여 그 의무를 이행하게 하려는 제도이다.

(2) 성 질

공표는 그 자체로서는 아무런 법적 효과도 발생하지 아니하는 것으로서, 일정한 상태의 존부를 다수인에게 알리는 데 그치는 단순한 사실행위로서의 통지에 불과하다.

2. 공표의 법적근거 및 구제

(1) 법적 근거

인격권, 사생활 등의 기본권 침해가능성이 있으므로 법적근거를 요한다고 보는 것이 통설이다. 국세기본법, 관세법의 고액체납자 및 아동・청소년 성보호에 관한 법률상 성범죄자 명단공표가 그 예이다.

(2) 구 제

비권력적 사실행위이므로 처분성을 부정해 행정상 쟁송이 되지 않는다는 견해(부정설)가 일반적이고, 위법한 공표에 의하여 명예나 신용 등이 침해된 경우 행정상 손해배상청구가 가능하다. 위법한 공표로 인하여 권리침해의 결과가 계속되면 결과제거청구권을 행사해 공표된 내용의 정정, 철회 등 시정조치를 구할 수 있다.

Ⅲ. 관허사업의 제한

1. 의 의

행정상 의무를 위반하거나 불이행한 자에 대하여 각종 인가・허가를 거부함으로써 행정법상 의무의 준수 또는 의무의 이행을 확보하는 간접적 강제수단을 말한다.

2. 법적 근거

관허사업 제한은 국민의 권익을 침해하는 권력적 사실행위이므로 원칙적으로 법률의 근거가 있어야 한다.

3. 종 류

(1) 관련사업의 제한

인가・허가 등의 거부・정지・철회 등이 의무위반사항과 직접 관련성을 갖는 사업에 대한 경우를 말한다. 식품위생법상 의무위반 시 동법 제75조에 의한 영업허가의 취소가 그 예이다.

(2) 무관련사업의 제한

세무서장은 납세자가 정당한 사유 없이 국세를 체납한 때에는 허가, 인가, 면허 및 등록과 그 갱신을 요하는 사업의 주무관서에 그 납세자에 대해 허가 등을 하지 않을 것을 요구할 수 있다. 또한 세무서장은 위의 허가 등을 받아 사업을 경영하는 자가 국세를 3회 이하 체납한 때에는 정당한 사유로 체납을 한 때와 납세자에게 곤란한 사정이 있는 사실을 세무서장이 인정하는 때를 제외하고는 그 주무관서에 사업의 정지 또는 허가의 취소를 요구할 수 있다(국세징수법 제7조, 지방세법 제40조 등).

4. 한 계

이러한 수단은 전통적 강제수단인 체납처분보다 당사자에게 미치는 효과 면에서 불리하게 작용하여 국민의 기본적 생업 자체를 위협할 수 있으므로 비례의 원칙 위반여부가 문제 될 수 있다. 또한 납세의무자와 전혀 무관한 내용의 제재가 과해지는 점에서 부당결부금지의 원칙에 위반된다.

Ⅳ. 금전적 제재

1. 과징금

(1) 의의와 성질

행정청이 일정한 행정법상의 의무를 위반한 사람에게 부과・징수하는 금전적 제재이다. 과징금의 법적 성질은 행정행위인 급부하명이다.

(2) 종 류

1) 의무위반행위 자체로 얻은 불법적 이익을 박탈하기 위한 과징금

① 독점규제 및 공정거래에 관한 법률(원칙적 의미의 과징금)

공정거래위원회의 가격인하명령에 불응할 경우 인상된 가격으로 얻은 경제적 이익만큼을 과징금으로 징수한다.

② **부과금(과징금과 유사한제도)**

일반적으로 어떤 사업을 수행하기위하여 필요한 경비를 그 사업의 수행으로 이익을 얻는 다수의 관계자로부터 징수하는 금전적 부담으로 대기환경보전법·수질환경보전법상의 배출부과금, 축산법상의 초과사육부과금 등이 있다. 부과금의 경우 국고로 귀속하지 않고 사용목적이 제한되는 점에서 과징금과 구별된다.

2) 변형된 과징금

인허가 사업에 있어서 그 사업정지를 명할 일정한 사유가 있음에도 공익상 그 사업을 계속하게 하고 그에 따른 이익을 박탈하는 내용의 행정제재금으로 자동차운수사업법상의 과징금이 그 예이다.

(3) 특 질

개선경령 후속조치로 부과되고, 그 분야의 행정 목적을 위하여 직접 사용된다. 과징금은 원칙적으로 영업정지 등에 갈음하여 부과하는 것이므로 동일한 법령에 의하여 영업정지 등과 병과할 수는 없다고 본다. 다만, 과징금을 부과할 것인지 영업정지 등의 행정처분을 내릴 것인지는 행정청의 재량으로 보는 것이 일반적이다(대판 2006. 5. 12, 2004두12315).

(4) 법적 근거 및 구제

과징금은 금전적 납부의무를 부담케하는 침익적 행정행위이므로 법치행정의 요청상 반드시 법적 근거가 있어야 한다. 잘못 부과된 과징금은 행정쟁송을 통해 취소가 가능하다.

2. 가산금·중가산급

(1) 의의와 성질

행정법상 급부의무 또는 작위의무를 이행하지 않을 경우 의무불이행에 대한 제재로 과하는 금전부담이다. 가산금은 일정한 기간 내의 의무이행을 위하여 금전지급의무를 부과함으로써 조세채무의 이행에 대한 간접강제의 의미와 지연배상금의 성질을 가지며, 중가산금은 위 가산금에 가산하여 납부기한이 경과한 날로부터 매 1월이 경과할 때마다 부과·징수하는 것으로 일종의 이행강제금인 집행벌의 일종이라 할 수 있다.

(2) 법적 근거

가간금과 중가산금의 일반적 근거법으로, 조세의 체납자에게 과하는 국세징수법 제21조와 지방세기본법 제59·60조가 있으며, 과태료의 체납자에게 과하는 질서위반행위규제법 제24조가 있는 외에 각 개별법이 있다.

(3) 대상 및 부과

가산금과 중가산금의 대상은 행정법상의 급부의무라 할 것이므로, 행정청의 처분 중에 급부의무를 과하는 하명처분이 그 대상이 될 수 있다. 조세체납의 경우 납부기한이 지난날부터 체납조세의 100분의 3에 상당하는 가산금을 징수하고(국세징수법 제21조 제1항, 지방세기본법 제59조), 이에 더하여 매 1개월 마다 체납조세의 1천분의 12에 상당하는 중가산금을 징수한다(국세징수법 제21조 제1항, 지방세기본법 제60조 제1항).

3. 가산세

(1) 의 의

가산세란 세법에 규정하는 의무의 성실한 이행을 확보하기 위하여 그 세법에 의하여 산출된 세액에 가산하여 징수하는 금액을 말한다.

(2) 근 거

세법상 법정신고기간 내에 신고하여 납부해야 할 의무가 있는 경우 신고하지 아니하였거나, 과소신고한 경우 일정비율의 납부불성실가산세라든가 신고불성실가산세 등이 과하여진다(소득세법 제81조, 제115조).

(3) 성 격

가산세는 세법에 규정된 의무를 정당한 이유없이 위반한 납세자에게 부과하는 일종의 행정상 제재이므로, 가산세 부과처분은 본세의 부과처분과 별개의 처분이다(대판 2005. 9. 30, 2004두2356).

제 3 편

행정구제법

제1장 행정구제 일반 및 옴부즈만제도

제1장 행정구제 일반 및 옴부즈만제도

제1절 행정구제 일반

I. 행정구제제도 개관

1. **사전적 구제제도**
   - 행정절차
   - 직권시정
   - 정당방위 : 사전적 · 직접적 구제제도
   - 청 원 — 사전적 · 사후적 구제제도
   - 옴브즈만(호민관) 제도 — 사전적 · 사후적 구제제도

2. **사후적 구제제도**
   - 손해전보제도(실체법상구제)
     - 손해배상
       - 공무원의 위법한 직무행위로 인한 손해배상
       - 영조물의 설치 · 관리의 하자로 인한 손해배상
     - 손실보상 : 적법한 공권력행사로 인한 손해전보
   - 행정쟁송제도(절차법상 구제)
     - 행정심판
       - 항고심판
         - 일반항고 심판
         - 특별항고 심판
           - 취소심판
           - 무효등확인심판
           - 의무이행심판
       - 당사자심판
     - 행정소송
       - 항고소송
         - 법정항고소송
           - 취소소송 — 주관소송
           - 무효등확인소송 — 주관소송
           - 부작위위법확인소송 — 주관소송
         - 비법정항고소송
       - 당사자소송
         - 실질적 당사자소송
         - 형식적 당사자소송
       - 민중소송 — 객관소송
       - 기관소송 — 객관소송
   - 형사책임(고소 · 고발), 공무원의 징계책임, 헌법소원

Ⅱ. 총 설

1. 행정구제의 의의

행정작용으로 인하여 국민의 권리 또는 이익이 침해되었을 때, 행정 기관이나 법원에 원상회복, 손해 전보, 행정작용의 취소·변경 등을 청구하거나 기타 피해구제 또는 예방을 청구하고 이에 대하여 행정기관 또는 법원이 심리하여 권리 또는 이익의 보호에 관한 판정을 내리는 행위이다.

2. 행정구제의 필요성

법률에 의한 행정의 원칙 확립과 실질적 법치국가주의의 전제가 되며, 행정청과 상대방간의 이해조정기능을 수행한다.

제2절 옴부즈만제도

Ⅰ. 의의와 유형

1. 의 의

'국민의 대리자' 또는 '국민과 행정의 중개자'로서 부당한 행정처분 등으로 행정주체와 국민 간에 발생하는 문제를 형식에 머물지 않고 가능한 넓게 받아들이는 간이·신속한 절차를 통해 실효성 있는 권리구제와 국민의 인권보호기능을 실현하는 새로운 구제제도라고 정의할 수 있다. 옴부즈만제도는 초기에는 '의회의 대리인'으로서 행정을 감시하는 역할을 하였지만, 다른 나라로 전파되어 가는 과정에서 오히려 '국민의 대리인'이라는 성격을 강조하고 있다. 최초로 옴부즈만제도를 채택한 국가는 스웨덴이다.

2. 유 형

(1) 의회형(전통적 유형)

스웨덴을 비롯한 북구계 국가들에 의해 채택되고 있는 전통적 유형으로서 옴부즈만은 의회에서 선출되어 의회에 소속되어 있으나, 직무상 고도의 정치적 독립성을 보유하며 일반 국민으로부터 민원을 받아 행정사무의 개선, 공무원의 징계 등의 권고를 행하고 국회에 연차보고서를 제출하게 되어 있으나 국회의 간섭을 받지 않는다.

(2) 행정부형

행정부형 옴부즈만제도가 국회에 의한 행정통제라기보다는 국민의 고충을 듣고 당해 행정기관을 조사하여 시정권고 및 알선·설득하는 행정구제에 중점을 두고 있어서 국민의 고충을 검토·분석하는 원인규명과정을 통하여 행정운영개선에 능동적으로 기여하는 행정절차의 일환으로 이해될 수 있다.

(3) 절충형

보고서를 의회와 대통령에게 제출하는 것이 특징이다. 옴부즈만의 독립성과 권한·지위는 의회형 옴부즈만보다는 약하지만, 행정부형 옴부즈만보다 강한 유형이다.

Ⅱ. 기 능

행정기능이 양적·질적으로 확대되어 가고 행정작용의 다양화와 복잡화로 인하여 종래의 전통적인 행정구제제도로서는 국민의 권리구제에 충분히 대응할 수 없게 된다. 즉, 행정행위 재량권의 확대와 자의성을 증대시켜줌으로써 행정권의 남용에 의한 국민의 자유와 권리를 침해할 위험을 내포하게 된 것이다. 옴부즈만제도는 이러한 국민의 기본권을 지키기 위한 행정구제제도로서의 기능을 하는 것으로 대표된다.

옴부즈만제도는 나라마다 조금씩 다른 형태로 운영되고 있으나 그 공통적인 기능으로는 다음을 들 수 있다.

1. 행정통제기능

행정통제기능은 옴부즈만이 제일 먼저 시작한 스웨덴에서 그 기능을 찾아볼 수 있는데 법원과 행정기관이 국민의 인권에 대해 객관적이고 공평하게 행동하도록 하여 국민을 보호하는 기능이다. 일반적으로 고충민원업무처리를 위하여 옴부즈만은 행정기관을 감독하기 위한 조사권을 부여받고 있는데 이것은 직권조사권 등으로 더욱 강화된 형태를 가지기도 한다.

2. 정부기관과 일반국민간의 갈등해결을 위한 중재기능

중재기능은 피해를 본 시민이 법원을 찾아 법적·행정적 소송절차를 하는 경우보다 옴부즈만의 중재적인 역할을 통하여 당사자들을 새롭고 긍정적인 관계로 재창조할 수 있도록 도와주면서 통합시키는 것이라고 할 수 있다. 이러한 점에서 볼 때 옴부즈만의 중재 및 조정기능은 법원에서의 소송과는 다른 특별한 의미를 갖는다. 즉, 옴부즈만의 중재 및 조정의 중요한 기능은 대립하는 양당사자의 주장에 대한 시비를 가리는 것에 그치지 않고 서로의 원만한 관계와 상호합의를 도출할 수 있도록 하는 것이다.

3. 각종 행정정보의 공개기능

옴부즈만제도는 공개적 운영과 설명 및 자료제출요구권 등을 통한 조사과정에서 행정정보를 적극적으로 공개하는 기능을 수행하고 제반 사회문제에 대한 이슈를 제기하여 이에 대한 개선을 촉진하는 기능을 수행한다.

4. 문제 제기를 통한 개혁기능

옴부즈만제도는 행정기관의 위법·부당한 처분 등을 시정하고 법령 및 기타 제도나 정책 등에 대해 개선을 권고하며 이를 국민에게 공개함으로써 행정개혁을 촉진하는 기능을 수행한다. 개혁성으로의 옴부즈만의 기능은 특별한 권력에 의존하지 않고 인간적 권위 즉 '부드러운 법률'을 통해 행정의 변화를 도모할 수 있다는데 중요성이 있다.

5. 민주적 · 정치적 대변기능

옴부즈만제도는 사회적 약자의 정당한 권익이 침해당하지 않도록 국민의 입장에서 이들의 의견을 대변한다. 자유민주주의사회에서는 계층 · 분야 · 지역간에 국가의 권한과 기능에 대한 다양한 입장과 견해를 가질 수 있다. 이때 행정기관은 대체로 힘 있는 다수를 대표하는 결정을 하기 쉽고 따라서 힘없는 소수집단은 행정기관의 결정에 의해 권익을 침해당할 가능성이 높아지게 된다. 이러한 사회적 약자의 정당한 권익이 침해당하지 않도록 옴부즈만은 이들을 대변하는 기능이 요구되고 있다.

Ⅲ. 일반적 특징

옴부즈만 제도는 나라마다 조금씩 다른 형태로 운영되고 있으나, 다음과 같은 공통적 특징을 가지고 있다.

첫째, 옴부즈만은 의회에 의해 임명되고 의회에 대하여 보고할 의무가 있으나, 직무수행 에 있어서 의회의 개별적 지시를 받지 않는 독립성과 정치적 중립성을 가진다.

둘째, 옴부즈만의 권한은 의회의 통제권의 영역인 국정전반에 미친다. 그러나 특정 행정 작용이 위법 또는 부당한 것으로 판단되는 경우에는 이를 직접 취소, 변경하여 시정할 수 있는 것은 아니고 다만 조사권을 행사하여 행정기관과 국민을 조정하고 권고할 수 있을 뿐이다. 그러나 이러한 권고나 의견은 신뢰할 수 있고 객관성이 높기 때문에 그 영향력이 크다.

셋째, 옴부즈만은 개인의 권리구제를 위한 활동에 있어서 민원신청이 없는 경우에도 신문보도 또는 직무활동을 통하여 권리 침해가 있는 것으로 확인되면 권고 등의 권한을 행사할 수 있다.

넷째, 옴부즈만은 민원처리에 있어서 고정된 형식절차에 구애됨이 없이 융통성 있는 처리를 할 수 있으므로 그에 대한 시민의 접근이 용이하고, 또한 다른 구제방법에 비하여 저렴한 비용으로 매우 신속하고 신축적으로 처리할 수 있다는 장점을 가지고 있다.

다섯째, 옴부즈만은 의회 또는 수상, 대통령, 국왕 등 최고책임자에 의하여 법률·행정에 관한 전문지식이 뛰어난 인격자 중에서 임명되어 높은 지위를 가지며, 임기가 길고 임기보장이 엄격히 적용된다.

여섯째, 옴부즈만에게 고발할 수 있는 행위는 명백한 불법행위뿐만 아니라 재량권을 일탈한 부당행위, 비능률, 부정행위, 과실, 태만, 신청에 대한 불응답, 답변의 지연, 결정의 편파성, 사실행위 등 사소한 문제까지 포함하여 취급한다. 영역에 있어서도 군사, 경찰, 교도, 사회보험 및 인권침해 등 다루고 있는 영역이 매우 넓고 다양하다.

일곱째, 옴부즈만의 고충처리업무는 행정작용에 대한 개인의 고충처리업무를 위주로 한다.

Ⅳ. 우리나라의 옴부즈만제도

우리나라의 경우에도 행정기능의 확대로 인한 행정권 남용의 통제 및 국민 권익 보호를 위한 제도적 권리 구제 수단을 갖고 있다. 그 예로 행정심판제도, 국민권익위원회의 국민고충처리제도, 국가인권위원회, 의문사진상규명위원회 등이 있는데 이 중에서 행정형 옴부즈만제도로서 국민권익위원회의 국민고충처리제도가 가장 대표적이라고 할 수 있다.

1993년 이른바 문민정부의 출범이후, 당시 대통령 직속기관이던 행정쇄신위원회의 제안에 따라 행정규제 및 민원사무기본법이 제정되었고, 동 법에 근거하여 한국형 옴부즈만제도의 일환으로 1994년 4월 국민고충처리위원회가 발족되어 운영되고 있다가 현재는 국가청렴위원회, 국민고충처리위원회, 국무총리행정심판위원회의 통합 조직인 국민권익위원회가 운영되고 있다.

V. 국민권익위원회의 국민고충처리제도

1. 서 설

오늘날 여러 나라에서 스웨덴의 제도를 거의 그대로 도입하거나 또는 다소의 변형을 가하여 채택하고 있는데, 우리나라에서는 아직까지 스웨덴과 같은 옴부즈만제도는 없고 그 기능과 유사한 제도가 마련되어 있을 뿐이다.

이 중 '부패방지 및 국민권익위원회의 설치와 운영에 관한 법률'에 근거한 국민권익위원회소속의 국민고충처리제도는 행정기관의 민원처리 상황에 대하여 통제기능을 행하며, 또한 위법・부당한 행정작용으로 인한 국민 피해의 권리구제와 행정제도의 개선에 대한 권고기능 등을 통하여 과거 행정편의주의적인 제도를 개선할 수 있는 제도적인 틀을 어느 정도 구비하게 되었다.

2. 기 능

국민권익위원회의 국민고충처리제도는 위법・부당한 행정처분에 대한 시정권고 기능, 불합리한 행정제도에 대한 개선권고 기능, 각종 민원의 상담・안내 기능, 민원종결 기능[1] 등을 수행한다.

3. 국민권익위원회 설치 및 구성

위원회는 국무총리 소속의 합의제 행정기관으로서 위원장 1인을 포함한 15명의 위원으로 구성(부위원장 3인과 상임위원 3인 포함) 구성되어 있으며 대통령에 의해 임명 또는 위촉된다(부패방지 및 국민권익위원회의 설치와 운영에 관한 법률 제11조, 제13조 제1항).

---

1) 위원회는 민원인이 충분히 자기주장을 소명할 수 있는 기회를 부여하고, 이를 바탕으로 비상임 민간위원이 다수를 이루는 위원회가 독립적・중립적 입장에서 신중히 검토하여 최종 결정을 내림으로써, 비록 민원인의 주장이 인용되지 아니하더라도 민원인은 위원회의 결정을 신뢰하고 받아들이게 된다. 결과적으로, 위원회는 민원인이 민원처리결과를 납득하지 못하여 다른 행정기관에 동일 민원을 반복적으로 제출함으로써 야기되는 행정력 낭비현상을 방지하고 고질・반복민원에 대한 종결기능을 수행한다.

4. 국가권익위원회 관할범위가 되는 고충민원

(1) 고충민원

고충민원이란 위원회가 관할하여 조사·처리하는 민원은 행정기관의 위법·부당한 처분(부작위 및 거부처분 포함) 등과 사실행위, 그리고 불합리한 행정제도 등으로 인하여 국민의 권리를 침해하거나 불편·부담을 주는 사항에 관한 민원(현역 장병 및 군 관련 의무복무자의 고충민원 포함)으로 다음의 어느 하나에 해당하는 사항에 관한 민원을 말한다(부패방지 및 국민권익위원회의 설치와 운영에 관한 법률 제2조 5호).

① 행정기관 등의 위법·부당한 처분(사실행위를 포함한다)이나 부작위 등으로 인하여 권리·이익이 침해되거나 불편 또는 부담이 되는 사항의 해결요구

② 민원사무의 처리기준 및 절차가 불투명하거나 담당 공무원의 처리지연 등 행정기관 등의 소극적인 행정행위나 부작위로 인하여 불편 또는 부담이 되는 사항의 해소요청

③ 불합리한 행정제도·법령·시책 등으로 인하여 권리·이익이 침해되거나 불편 또는 부담이 되는 사항의 시정요구

④ 그 밖에 행정과 관련한 권리·이익의 침해나 부당한 대우에 관한 시정요구

(2) 국가권익위원회 관할범위에서 제외되는 사유

권익위원회는 접수된 고충민원이 다음의 어느 하나에 해당하는 경우에는 그 고충민원을 각하하거나 관계 기관에 이송할 수 있다(부패방지 및 국민권익위원회의 설치와 운영에 관한 법률 제43조).

① 고도의 정치적 판단을 요하거나 국가기밀 또는 공무상 비밀에 관한 사항

② 국회·법원·헌법재판소·선거관리위원회·감사원·지방의회에 관한 사항

③ 업무의 성질상 수사 및 형집행에 관한 사항으로서 그 관장기관에서 처리하는 것이 적당하다고 판단되는 사항 또는 감사원의 감사가 착수된 사항

④ 행정심판·소송, 헌법재판소의 심판, 헌법소원이나 감사원의 심사청구 기타 다른 법률에 의한 불복구제절차가 진행중인 사항

⑤ 법령의 규정에 의하여 화해·알선·조정·중재 등 당사자간의 이해조정을

목적으로 행하는 절차가 진행중인 사항

⑥ 판결 · 결정 · 재결 · 화해 · 조정 · 중재 등에 의하여 확정된 권리관계에 관한 사항 또는 감사위원회의에서 의결된 사항

⑦ 공무원 또는 직원에 관한 인사행정상의 행위에 관한 사항

⑧ 사인간의 권리관계 또는 개인의 사생활에 관한 사항

제2장 행정상 손해배상(국가배상)

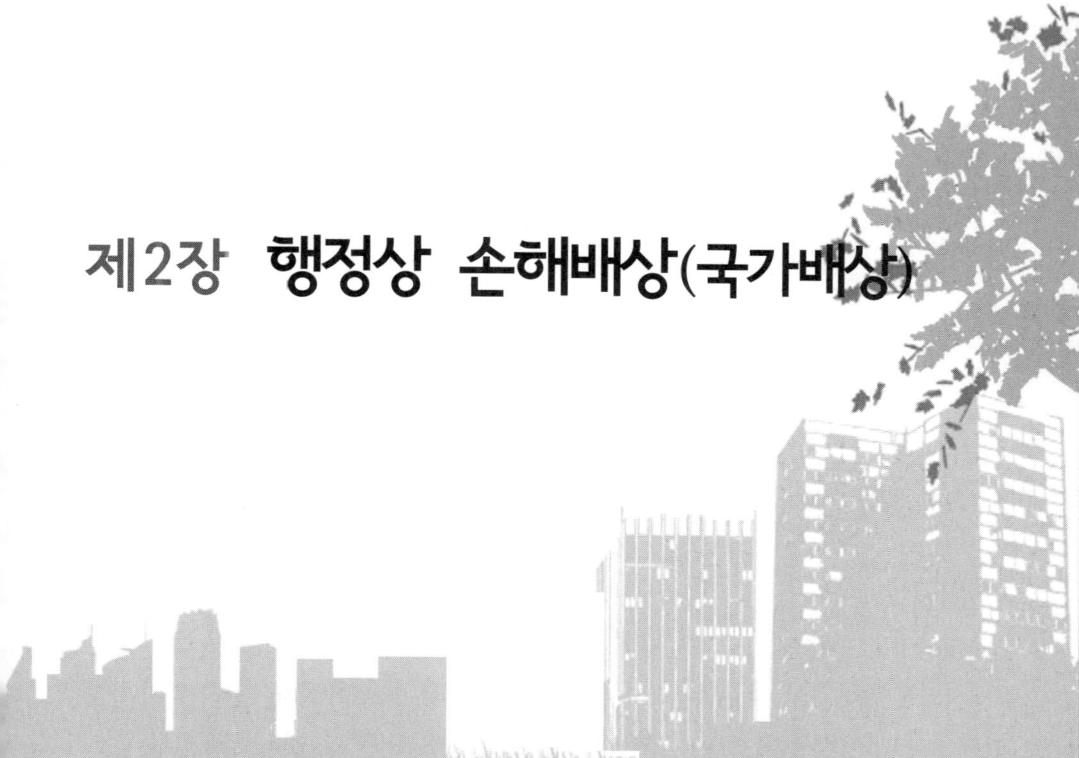

제2장 행정상 손해배상(국가배상)

제1절 개 설

I. 행정상 손해배상의 의의와 근거

1. 의 의

행정상의 손해배상이란 공무원의 직무상 불법행위나, 영조물 설치·관리 하자로 인하여 손해가 발생한 경우에 국가 또는 공공단체가 배상하는 것을 의미한다.

2. 근 거

행정상의 손해배상에 대한 근거법으로 헌법[1]과 국가배상법을 들 수 있다. 특히 국가배상법은 손해배상의 성립요건·배상범위·배상주체·배상절차 등을 규정한 행정상 손해배상의 일반법이다.

---

1) 헌법 제29조 ①공무원의 직무상 불법행위로 손해를 받은 국민은 법률이 정하는 바에 의하여 국가 또는 공공단체에 정당한 배상을 청구할 수 있다. 이 경우 공무원 자신의 책임은 면제되지 아니한다.
② 군인·군무원·경찰공무원 기타 법률이 정하는 자가 전투·훈련 등 직무집행과 관련하여 받은 손해에 대하여는 법률이 정하는 보상 외에 국가 또는 공공단체에 공무원의 직무상 불법행위로 인한 배상은 청구할 수 없다.

Ⅱ. 손실보상과의 구별

손해배상은 위법한 공권력행사, 개인적·도의적 과실책임주의, 도의적 책임을 중시하는 반면, 손실보상은 적법한 공권력행사, 단체주의적·사회적 공평부담주의, 특별한 희생의 공평분배를 중시한다.

Ⅲ. 손해배상제도의 연혁

1. 프랑스

1897년 Blanco판결로 공역무과실을 인정하면서 민사상 손해배상과 다른 국가배상을 인정하였다. 1918년 르모니에(L'arrêet Lemonnier)판결[2] 이후 책임 중복의 원칙 확립으로 공무집행상의 과실을 개인과실과 공역무과실의 경합으로 보고 피해자에게 선택적 청구 인정하였다. 현대에 와서 위험책임 내지 무과실책임을 인정하고 있어, 국가배상의 폭을 확대하고 있다.

2. 독 일

독일은 19세기까지 국고작용으로 인한 손해에 대해서 1896년 독일민법에 의하여 국가 책임을 사인과 동일한 책임으로 인정하였다. 공권력의 행사 기타 공행정작용으로 인한 배상책임은 1910년 독일 국가공무원책임법에서 인정하였으며,

---

2) 이 이론의 시작은 1911년의 Anguet사건으로서 이 사건의 책임이 국가와 공무원에 의해 야기된 구분되는 두 개의 과실로 인하여 손해가 발생한 것을 인정한데서 출발하였다. 1911년 이전에는 프랑스의 경우도 공무원의 고의 또는 중과실로 인해 국손이 발생한 경우에는 현행 우리나라처럼, 결과적으로 보면, 그 공무원에게 국손 전액을 변상시켰다. 그런데 이 사건 이후로 국가의 과실도 있을 수 있음을 인정하게 되었고, 1918년의 Lemonnier을 기점으로 과실로 인한 하나의 손해가 국가와 공무원 모두에게 책임이 있는 경우가 있다는 것을 인정하게 되었다. 이후 점차 국가의 책임을 넓게 인정하는 방향으로 발전되어 1988년 Raszewski 사건에서는 공무원의 행위로 국손이 발생한 거의 모든 경우에 이 이론의 적용이 되게 되었다.
이 사건에서 정부측 논고관인 Léon Blum의 "과실은 업무에서 분리될 수 있으나, 업무는 과실에서 분리될 수 없다(la faute se détache peut être du service, mais le service ne se détache pas de la faute)"는 말은 유명하다.

이는 공무원의 불법행위책임을 국가가 대신 진다는 대위책임을 인정하는 것이었다. 1910년의 독일 국가공무원책임법, 현재 민법 제839조와 1949년 Bonn기본법 제34조를 근거로 국가배상 책임을 인정하고 있다. 본기본법은 대위책임이 아닌 국가 기타 공공단체의 직접적인 배상책임을 채택하였다.

3. 영·미의 손해배상책임제도

영·미의 "왕은 과오를 저지르지 않는다."는 원칙 또는 '주권면책사상'에 의하여 공무원 개인의 책임만 인정하였었다. 영국의 경우 1947년에 국왕소추법이 제정되면서, 그리고 미국의 경우 1946년 연방불법행위청구법이 제정되면서 국가책임을 인정하게 되었다.

Ⅳ. 우리나라의 국가배상제도

1. 국가배상법의 주체와 지위

(1) 배상주체

헌법은 국가 또는 공공단체(지방자치단체, 공공조합, 영조물법인)를 국가배상의 주체로 규정하고 있고, 국가배상법은 국가 또는 지방자치단체를 국가배상의 주체로 규정하고 있다. 따라서 공공조합과 영조물 법인은 민법에 의하고 있으나 헌법과 국가배상법상의 배상주체에 대한 차이는 합헌으로 보는 것이 다수설이다.

(2) 국가배상법의 지위

국가의 배상책임을 규정한 헌법규정에 따라 제정된 국가배상법은 국가 또는 지방자치단체의 불법행위책임에 관한 일반법이다. 동법 제8조는 "국가나 지방자치단체의 손해배상책임에 관하여는 이 법에 규정된 사항 외에는 민법에 따른다. 다만, 민법 외의 법률에 다른 규정이 있을 때에는 그 규정에 따른다."고 규정하고 있다. 따라서 국가배상사건에 적용되는 법률의 우선순위는 먼저 특별법이 있으면 그것이 적용되고, 그러한 특별법이 없으면 국가배상법이 적용되며, 동법에 규정이 없는 사항에 대해서는 민법이 적용된다.

2. 국가배상법의 법적 성질

(1) 공법설

국가배상법을 공법상 특수한 책임관계를 규정한 법으로 보는 견해로 손해배상 청구소송을 행정소송으로 제기한다는 견해로 다수설이다.

(2) 사법설

국가도 사인과 같은 지위에서 사법이론의 적용으로 손해배상청구소송을 민사 소송으로 제기한다는 견해로 판례의 입장이다.

3. 국가배상의 유형

국가배상법은 동법에 의한 국가배상의 유형을 공무원의 직무상 불법행위로 인한 손해배상(국가배상법 제2조)과 ② 공공시설의 설치・관리의 하자로 인한 배상책임(국가배상법 제5조)으로 나눈다.

제2절 공무원의 직무상 불법행위로 인한 손해배상

Ⅰ. 국가배상법상 규정(제2조)

국가나 지방자치단체는 공무원 또는 공무를 위탁받은 사인이 직무를 집행하면서 고의 또는 과실로 법령을 위반하여 타인에게 손해를 입히거나, 「자동차손해배상 보장법」에 따라 손해배상의 책임이 있을 때에는 이 법에 따라 그 손해를 배상하여야 한다. 다만, 군인·군무원·경찰공무원 또는 향토예비군대원이 전투·훈련 등 직무 집행과 관련하여 전사·순직하거나 공상을 입은 경우에 본인이나 그 유족이 다른 법령에 따라 재해보상금·유족연금·상이연금 등의 보상을 지급받을 수 있을 때에는 이 법 및 민법에 따른 손해배상을 청구할 수 없다(동법 제2조 제1항).

제1항 본문의 경우에 공무원에게 고의 또는 중대한 과실이 있으면 국가나 지방자치단체는 그 공무원에게 구상(求償)[3]할 수 있다(동법 제2조 제2항).

Ⅱ. 배상의 요건

1. 공무원이 행한 행위

여기서 말하는 공무원이란 국가·지방공무원뿐만 아니라, 공무를 수권·위임·위탁받아 그에 종사하는 모든 자 그리고 사실상의 공무원도 포함한다는 것이 통설과 판례의 입장이다.

(1) 판례상 공무원이 아닌 자

시영버스 운전사, 의용소방대원(소집에 의해 출동 중인 자는 공무원으로 보아야 한다.) 영조물법인 소속직원, 공무에 자진하여 협력하는 사인 등이 있다.

(2) 판례상 공무원인 자

집행관, 소집중인 향토예비군, 시영청소차운전수, 철도건널목간수, 조세원천징수의무자, 검사, 미군부대카츄사, 감독사관, 소방원, 위원, 임시공무원 등이 있다.

---

3) 〈구상권〉
타인을 위하여 그 사람의 채무를 변제한 사람이 그 타인에 대하여 가지는 반환청구의 권리이다. 예를 들어 A가 돈을 안 갚는 바람에 B가 대신 물어줬다고 치자. 이 때 B가 A에게 반환을 청구할 수 있는 권리가 구상권이다.

2. 직무상의 행위

여기서 말하는 직무행위에는 국고작용을 제외한 권력작용과 관리작용만을 의미한다. 직무행위에는 권력적 사실행위, 부작위 및 허위인감증명서의 발급이나 위법한 불합격결정과 같은 준법률행위적 행정행위 등을 들 수 있다. 그러나 통치행위나 행정상 입법행위, 국회의원의 입법, 판사의 재판과 같은 사법작용은 그 대상이 될 수 없다. 직무관련성은 당해행위가 공무원의 주관적 직무집행의사와 관계없이 객관적으로 보아 직무의 외형을 갖추고 있는지 여부에 따라 판단된다는 외형설이 통설 판례이다.

3. 위법성

공무원이 직무수행 중 불법행위를 행한 경우가 국가배상의 대상이다. 이에는 엄격한 법령위반뿐만 아니라 인권존중 · 권력남용금지 · 신의성실 · 사회질서원칙이나 관습법 · 조리법의 위반도 포함한다. 위법성의 입증책임은 피해자가 가해행위의 존재를 입증하면 충분하고 위법성을 입증할 필요는 없다.

4. 고의 · 과실로 인한 행위(과실책임주의)

여기서 말하는 고의는 위법한 결과를 발생시킬 의사를 가지고 행한 것은 물론, 그 의사가 없더라도 일정한 결과의 발생을 인식하면서 그것을 인용하는 경우를 의미한다. 과실은 당해 직무를 담당하는 평균적 공무원이 통상적으로 갖추어야 할 주의의무를 위반한 것을 말하며, 과실은 예견가능성과 회피가능성을 그 전제로 한다.

5. 타인에게 손해 발생

(1) 타 인

타인이란 가해자인 공무원과 그의 위법한 직무행위에 가담한 자 이외의 모든 자를 말한다. 가해공무원에 의해 피해를 입은 공무원, 국가, 지방자치단체도 타인에 포함될 수 있다. 다만, 피해자가 군인·군무원 등인 경우에는 특례를 규정하고 있다(헌법 제29조 제2항, 국가배상법 제2조 제1항 단서).

(2) 손 해

공무원의 가해행위와 상당인과관계가 있는 것으로서, 직접적인 손해는 물론 조세 감면의 기회를 잃거나 승진기회를 잃게 되는 등 소극적인 손해, 그리고 나아가 생명·신체·자유·명예 등과 같은 비재산적 법익과 정신적 손해인 위자료도 포함한다.

(3) 2중 배상금지

피해자가 군인·군무원·경찰공무원·향토예비군 대원으로서 전투·훈련 기타 직무집행과 관련하거나 국방상·치안유지상 사용하는 일정한 시설 안에서, 전사·순직 또는 공상을 입은 경우에 다른 법령에 의한 보상을 지급받을 수 있을 때에는 국가배상법 및 민법에 의한 손해배상을 청구하지 못한다.

Ⅲ. 국가배상의 책임

국가배상법상 배상책임자는 국가 또는 지방자치단체이다. 그러나 헌법 제29조에서는 배상책임자로 국가 또는 공공단체를 규정하고 있다. 가해자인 공무원의 선임·감독자와 봉급·급여 등 비용부담자가 다를 경우에는 그 비용을 부담하는 자도 배상책임을 진다.

Ⅳ. 배상책임의 성질

1. 대위책임설

국가배상 책임은 원래 공무원이 지는 것이지만, 피해자 보호를 위하여 국가 등이 공무원을 대신하여 지는 책임이라는 견해이다. 따라서 공무원의 배상책임은 부정되고 피해자는 국가에 대해서만 배상청구 할 수 있다. 대위책임설에 의하면 선택적 청구권이 부정되고, 구상권이 인정된다. 행정법학계의 다수설이다.

2. 자기책임설

국가 등의 배상책임은 그 기관의 공무원의 행위라는 형식을 통하여 자기의 행위에 대하여 책임을 지는 것이므로 국가 등의 자기책임이라는 견해이다. 자기책임설에 의하면 선택적 청구권이 인정되고, 구상권도 인정된다(논리적으로는 부정되나 의무위반을 이유로 긍정한다.). 헌법학계의 다수설이다.

3. 절충설

공무원의 고의·중과실에 의한 위법행위는 원칙적으로 국가기관의 행위로 볼 수 없으므로 공무원이 개인책임을 지나, 직무행위로서의 외형을 갖추고 있는 한 피해자의 구제라는 관점에서 대외적으로 국가가 자기책임을 진다고 보는 반면 경과실의 경우에는 국가의 기관으로서의 지위에서 행하는 것이므로 당연히 자기책임으로서 배상책임을 진다는 견해이다. 절충설에 의하면 고의·중과실의 경우 선택적 청구권이 인정되고, 구상권도 인정되며, 경과실의 경우 선택적 청구권이 부정되고, 구상권도 부정된다. 판례의 입장이다.

V. 배상책임자의 구상권

국가 또는 자치단체가 공무원의 공권력행사로 인한 손해배상을 한 경우, 국가 또는 자치단체는 공무원의 고의 또는 중과실에 대해서 당해 공무원에게 구상할 수 있다. 특히 대위책임설을 취하는 경우에는 논리적으로 당연히 구상권을 인정할 수 있으나, 자기 책임설의 경우에도 국가 또는 자치단체와 공무원의 내부적 사항을 규정한 것으로 볼 수 있다.

Ⅵ. 배상청구권의 내용

국가배상법은 생명・신체의 침해에 대한 배상청구권은 양도와 압류를 금지한다. 헌법과 국가배상법에 의하면 군인・군무원・경찰공무원・향토예비군대원에 대해서 행정상 손해배상청구권을 배제하는 특례를 인정한다. 손해배상청구권의 소멸시효는 민법규정을 원용하여 안날로부터 3년이 경과되면 시효가 소멸된다.

제3절 영조물 설치·관리하자로 인한 책임

Ⅰ. 영조물 설치·관리 하자로 인한 책임의 개념과 공공의 영조물

1. 개 념

영조물의 설치・관리하자로 인한 손해배상이란, 도로나 교량과 같은 공공시설을 설치하거나 또는 관리하는 가운데 하자가 발생하여 손해가 발생한 경우에 국가나 지방자치단체가 책임을 지는 것을 말한다. 이러한 배상책임은 무과실책임이다.

2. 공공의 영조물

(1) 국가배상법상의 의의

본래 영조물의 의미는 특정한 행정목적을 달성하기 위한 인적・물적 시설의 종합체를 의미하나 국가배상법 제5조에서의 영조물 개념은 학문상 공물의 개념으로 행정주체가 직접 공적 목적을 위해 제공한 공물을 의미한다.

(2) 범위와 사례

인공공물・자연공물, 동산・부동산, 자유공물・타유공물을 포함하고, 그 예로는 도로·하천·교량·해변·정부청사·관용차·동물 등이 있다. 국공유재산일지라도 행정목적에 공용되지 않는 일반재산은 포함되지 않는다.

Ⅱ. 배상요건

1. 영조물 설치·관리하자 책임의 요건

(1) 공공의 영조물의 존재

공공의 영조물이 존재하여야 하는 바, 공공의 영조물이란 국가 또는 지방자치단체에 의하여 특정 공공의 목적에 공여된 유체물 내지 물적 설비를 지칭한다.

(2) 설치·관리상의 하자

영조물의 설치·관리상의 하자란 영조물이 일반적으로 갖추어야 할 안전성에 흠이 있는 경우를 의미한다. 영조물의 안전성의 결여상태 여부의 결정에 있어 관리자의 귀책사유도 고려되어야 하는가에 대해서는 견해가 갈린다.

1) 객관설

이 설은 설치나 관리의 하자란 객관적으로 영조물의 설치와 그 후의 유지·수선에 불완전한 점이 있어서 사회통념상 일반적으로 갖추어야 할 물적 안정성을 결여한 것이라고 하는 통설의 입장이다. 따라서 이 설은 국가의 과실유무나 재정력과는 무관하게 배상책임을 인정하게 된다.

2) 주관설

이 설은 설치나 관리의 하자란 관리자가 영조물을 안전·양호한 상태로 유지하여야 할 작위 또는 부작위의무(관리의무)를 위반한 것이라고 한다. 이 설은 의무위반이라는 관리자의 주관적 귀책사유를 전제로 하므로 과실책임주의에 서게 된다.

3) 절충설

이 설은 영조물 자체의 객관적 하자뿐만 아니라 관리자의 안전관리의무의 위반이라는 주관적 요소도 고려하여 판단하여야 한다고 한다. 이 설에 의하면 공공의 영조물 자체의 결함이나 관리행위의 과오를 불문하고 국가의 배상책임을 인정할 수 있다.

4) 위법 · 무과실책임설

이 설은 국가배상법 제5조에 의한 책임을 관리주체가 과실여부를 불문하고 안전확보의무를 위반한 책임으로 보며, 관리의무위반설이라고도 한다. 이 설은 국가배상법 제5조의 책임은 영조물의 단순한 하자가 아니라 설치 · 관리의 하자를 요건으로 한다는 점, 제2조와 달리 고의 · 과실을 요하지 않는다는 점 및 민법 제758조와 달리 점유자의 주의의무를 규정하고 있지 않다는 점을 논거로 든다.

(3) 손해의 발생

영조물의 설치 · 관리상의 하자로 인하여 손해가 발생되어야 한다. 다만, 설치 · 관리상의 하자와 손해 사이의 상당인과관계를 원고(피해자)가 입증해야 한다.

Ⅲ. 손해배상의 내용

1. 배상책임자와 구상권

배상책임자는 국가 · 지방자치단체이다. 그리고 설치 · 관리자와 비용부담자가 일치하지 않는 경우에는 선택적인 청구가 가능하다. 이 경우 내부적으로 진정한 배상책임자에 대하여 구상권을 행사할 수 있다. 국가배상법상 공무원의 직무상 불법행위로 인한 배상책임과 영조물 설치 · 관리하자로 인한 배상책임 문제가 경합된 경우에는 선택적으로 청구가 가능하다.

Ⅳ. 사경제작용으로 인한 손해배상

국가 또는 지방자치단체가 사인과 동일한 지위에서 행하는 사경제적 작용(국고작용, 예컨대 철도·지하철·식당·주택 등의 경영)으로 인한 손해에 대해서는 사법상의 배상책임을 지게 되므로 민법이 적용된다(국가배상법 제8조).

제4절 국가배상의 청구절차

Ⅰ. 행정절차에 의한 배상청구

1. 임의적 행정절차

국가배상법은 행정상 손해배상의 소송은 배상심의회의에 배상신청을 하지 아니하고도 제기할 수 있다(국가배상법 제9조)고 규정하여 종래의 결정전치주의 대신 임의적 배상심의회결정을 택하였다. 이는 국민의 신속한 권리구제에 역점을 둔 것이라 할 수 있으며, 배상심의회의 결정은 행정적 편의를 기하고, 국가 등이 스스로 배상금을 지급하여 국민과의 사이에 야기될 수 있는 법적 분쟁을 미리 해결하며, 비용을 절감하면서 간이·신속한 해결을 도모할 수 있는 장점이 있다.

2. 배상심의회

(1) 지위 및 설치

배상심의회는 행정위원회적 성격을 가진 합의제 행정관청으로 행정상의 손해배상에 관하여 심의·결정하고 그 결정된 내용을 신청인에게 통지하는 권한을 가졌다. 배상심의회는 법무부에 본부심의회, 국방부에 특별심의회, 각 지구검찰청 및 일정한 군부대에 지구배상심의회를 둔다. 배상심의회의 구성은, 본부 및 특별심의회의 경우는 위원장을 포함하여 7인으로, 지구심의회는 5인으로 한다.

(2) 심의·결정·재심

지구심의회가 배상신청을 받은 때는 지체 없이 증인심문·감정·검증 등 증거조사를 거쳐, 그 심의 후 4주 이내에 배상결정을 해야 한다. 지구심의회는 긴급한 사유가 있다고 인정할 때에는 장례비・요양비 및 수리비의 일부를 사전에 지급하도록 결정할 수 있다. 사전에 지급을 한 경우에는 배상결정 후 배상금을 지급할 때에 그 금액을 빼야 한다. 심의회는 배상결정을 하면 결정일로부터 1주일 이내에 결정정본을 신청인에게 송달해야한다. 지구심의회에서 배상신청이 기각 또는 각하된 신청인은 결정정본이 송달된 날부터 2주일 이내에 그 심의회를 거쳐 본부심의회나 특별심의회에 재심을 신청할 수 있다.

(3) 배상결정의 효력

배상결정은 신청인의 동의가 있어야 효력이 발생하며, 국가나 지방자치단체는 그 청구를 받은 날로부터 소정의 기간 이내에 배상금을 지급하여야 한다. 심의회의 배상결정은 종국적인 효력을 갖지 못하며 신청인은 수령 후에도 배상금청구소송을 제기할 수 있다.

(4) 재심신청

지구심의회에서 배상신청이 기각 또는 각하된 신청인은 결정정본이 송달된 날부터 2주일 이내에 그 심의회를 거쳐 본부심의회나 특별심의회에 재심을 신청할 수 있다(국가배상법 제15의2조 제1항).

3. 임의적 결정전치주의

임의적 결정전치주의에 따라 위 배상심의회의 결정을 거치지 않고 곧바로 관할법원에 민사소송인 국가배상청구소송을 제기할 수 있다(국가배상법 제9조).

Ⅱ. 사법절차에 의한 배상청구

1. 일반절차에 의한 경우

배상금청구에 관한 일반적인 사법절차는 민사소송에 의한다는 설과 공법상의 당사자소송에 의한다는 설이 나누어져 있으나, 판례는 민사소송절차에 따른다. 항고소송에서 취소판결에 의해 행정행위가 취소된 후 해당 행정행위의 위법을 이유로 손해배상이 가능한 지 문제될 수 있다. 그런데 국가 등은 취소소송의 기판력에 의하여 해당 행정행위의 적법성을 주장할 수 없지만, 그렇다고 그것이 곧바로 공무원의 고의 또는 과실로 인한 것으로서 불법행위를 구성한다고 단정할 수 없다.

2. 특별절차에 의한 경우

행정소송과 관련되는 손해배상청구를 행정소송에 병합하여 청구하는 소송절차이다(행정소송법 제7조). 행정처분이 원인이 되어 손해가 발생하여 행정소송과 병합하여 손해배상청구소송을 제기하는 경우에 취소소송의 관할법원에 관련청구병합의 형태로 제기하는 경우이다.

제3장 행정상 손실보상

제3장 행정상 손실보상

제1절 행정상 손실보상의 개설

I. 의 의

행정상 손실보상이란 적법한 공권력행사로 사유재산에 가해진 특별한 희생에 대하여 전체적인 공평부담의 견지에서 행정주체가 행하는 조절적인 재산적 보상을 말한다.

1. 적법행위로 인한 손실의 보상

행정상 손실보상은 토지수용·농지매수 등과 같이 법률이 공공필요에 의하여 처음부터 국민의 사유재산권에 대한 부득이한 침해를 예정하고 있는 경우의 손실의 보상이므로 위법행위로 인한 행정상 손해배상과 구별된다.

2. 공권력행사로 인한 손실의 보상

행정상 손실보상은 공권력행사로 인한 것이므로 그 보상은 공법적 성질을 가지며, 사법상 계약에 의한 반대급부(예 : 공공용지의 임의매수 대가 등)와 구별이 된다.

3. 특별한 희생에 대한 조절적 보상

행정상 손실보상은 공공의 수요에 충당하기 위하여 특정 개인이 입은 재산상의 특별한 희생을 국민전체의 부담으로 전가시켜 공적 부담을 모든 국민에게 고르게 조절해 주는 보상이다. 따라서 일반적 부담(예 : 조세) 또는 재산권에 내재하는 사회적 제약에 대하여는 손실보상의 문제가 생기지 않는다.

4. 재산권의 수용 · 사용 또는 제한에 대한 보상

재산상의 손실에 대한 보상인 점에서 형의 선고에 의한 노력동원과 국방목적을 위한 전시근로동원 등에 대한 대상과 구별된다. 오늘날은 재산권 침해뿐만 아니라 생활권 침해(비재산권적 손실)에 대해서도 보상이 행하여진다.

Ⅱ. 근 거

1. 이론적 근거

과거 손실보상의 이론적 근거에 대해 기득권설, 은혜설, 공용수용설이 제기된 바 있으나, 현재는 자연법적인 정의 · 공평의 관념을 기초로 하여, 특정인에게 가해진 특별한 희생은 이를 공동체 전체의 부담(단체주의적 책임)으로 보상하는 것이 정의 · 공평의 요구에 합치하는 것이라는 특별희생설이 통설이다.

2. 실정법적 근거

(1) 헌법적 근거

구 분	한 계
재산권의 내용과 한계	모든 국민의 재산권은 보장된다. 그 내용과 한계는 법률로 정한다(제23조 제1항).
사회적 제약 (내재적 제약)	재산권의 행사는 공공복리에 적합하도록 하여야 한다(제23조 제2항).
손실보상청구권	공공필요(목적)에 의한 재산권의 수용 · 사용 또는 제한(공용침해 유형, 침해법정주의) 및 그에 대한 보상은 법률로써 하되(보상법주의, 불가분조항), 정당한 보상(보상기준)을 지급하여야 한다(제23조 제3항).

(2) 개별법적 근거

손실보상에 관한 일반법은 존재하지 않고, 공익사업을 위한 토지 등의 취득 및 보상에 관한 법률, 하천법, 도로법 등 개별법에 손실보상규정이 있는 경우 그에 따라 손실보상청구권을 행사할 수 있다.

(3) 개별법에 손실보상에 관한 근거규정이 흠결된 경우(헌법 제23조 제3항의 성질 및 효력)

1) 문제의 소재

현행 헌법은 보상규정에 관해 법률로써 정하도록 하고 있 바, 개별법에 공용침해에 대한 근거규정만 두고 그에 대한 손실보상규정이 흠결된 경우 헌법 규정만으로 손실보상을 청구할 수 있는지의 문제가 헌법 제23조 제3항의 성질 및 효력과 관련해서 논의되고 있다.

2) 학설

① **방침규정설(입법지침설)**

헌법상 손실보상에 관한 규정은 입법의 방침을 정한 것에 불과한 프로그램규정이므로 손실보상에 관한 구체적인 사항이 법률로써 정해져야만 사인(私人)은 손실보상청구권을 갖게 된다는 것으로 지지하는 학자는 없다.

② **위헌무효설(입법자에 대한 직접효력설 = 입법자구속설)**

손실보상 여부는 법률에 근거해야 하므로, 이러한 규정을 포함하지 않고 재산권제약을 허용하는 법률은 위헌·무효의 법률이고, 이에 근거한 행정작용은 위법이므로 이에 대해 당사자는 행정소송을 제기할 수 있고, 재산상 손해를 받은 경우에는 국가배상청구를 제기할 수 있다는 견해이다. 이에 대해서는 논리적인 면에서는 타당하지만, 국가배상법상의 과실요건의 충족이 어려우므로 국민의 권리보호에 미흡하다는 점에서 비판을 받고 있다.

③ **직접효력설(국민에 대한 직접효력설)**

개인의 손실보상청구권은 헌법 규정으로부터 직접 도출되는 것이므로, 법률에 보상규정이 없는 경우에는 헌법 제23조 제3항에 근거하여 보상을 청구할 수 있다는 견해이다. 이렇게 해석하는 것이 국민의 권익구제에 바람직하다. 이 견해에 의하면 법률에서 보상기준 등에 관한 규정이 없는 경우에는 법원이 일반보상의 법리에 따라 보상액을 정하여 보상을 결정하게 된다. 그러나 입법자가 아니라 법원에서 배상 여부를 결정하게 되므로 권력분립원리에 반하고 논리적으로 무리라는 비판이 있다.

④ 유추적용설(간접효력규정설)

법률에 손실보상규정이 없는 경우에는 헌법 제23조 제1항(재산권 보장)과 제11조(평등원칙)를 직접적인 근거로, 헌법 제23조 제3항 및 관계규정의 유추적용을 통해 보상을 청구할 수 있다는 견해이다. 이는 독일에서 발전된 수용유사침해이론을 도입하여 이를 손실보상의 문제로 해결하려는 것이다. 이 견해에 대해서는 헌법 제23조 제1항은 재산권의 존속보장에 관한 규정으로서 재산권의 가치보장의 문제인 손실보상에 관한 근거규정이 될 수 없고, 유추적용은 대상의 유사성이 전제로 요구되는데, 헌법 제23조 제3항은 적법성을 기초로 하는 것임에 반하여 손실보상을 규정하고 있지 않은 법률에 근거한 공권력 행사는 불가분조항에 반하는 것으로서 위법한 행정작용의 성질을 갖게 되므로 유사성이 없다. 독일의 수용유사침해이론을 도입하여 이를 손실보상의 문제로서 해결하려는 시도는, 독일에서도 연방헌법재판소의 자갈채취사건의 판결 이후 이러한 경우에 수용유사침해이론에 따른 손실보상을 부정하고 당사자는 바로 취소쟁송을 제기할 수밖에 없다는 결론에 비추어 당사자의 권리보호에 전혀 도움이 되지 못한다는 비판이 있다.

⑤ 보상입법부작위위헌설

공공필요를 위해 공용제한을 규정하면서 손실보상규정을 두지 않은 경우 공용제한규정 자체가 헌법에 위반되는 것은 아니고 손실보상을 규정하지 않은 입법부작위가 위헌이라는 견해이다. 이와 같은 입법부작위에 대해서는 헌법소원을 통해 구제되어야 한다. 그러나 헌법재판소는 구 도시계획법 제21조에 의하여 개발제한구역이 지정된 경우에 손실보상을 규정하지 않은 것은 기본권보장을 위한 법규정이 불충분하여 보충을 요하는 경우에 해당하는 부진정입법부작위이기 때문에 위헌소원의 대상은 몰라도 권리구제 소원의 대상은 아니라고 판시하였다(헌재결 1999. 1. 28, 97헌마9).

3) 판례

대법원은 헌법이 개정될 때마다 불법행위를 인정하기도 하고(대판 1966. 10. 18, 66다1715), 직접효력설에 입각하기도 하고(대판 1967. 11. 2, 67다1334) 방침규정설에 입각하기도 하고(대판 1976. 10. 12, 76다1443), 관련 공법규정을 유추적용하기도 하고(대판 1985. 9. 10, 85다카571), 개발제한구역에 대해서는 사회적 제약이라고 판시하는 등(대판 1996. 6. 28, 94다54511) 일관된 입장을 보이지 못하고 있다. 헌법재판소는 위헌무효설을 취하고 있다. 또한 헌법재판소는 "보상의 구체적 기준과 방법은 헌법재판소가 결정할 성질이 아니라 광범위한 입법형성권을 가진 입법자가 입법정책적으로 정할 사항이다."(헌재결 1998. 12. 24, 89헌마214 · 90헌바16 · 97헌바78)라고 판시함으로써 보상규정이 없을 경우 직접 손실보상을 청구할 수 없다는 입장이다.

Ⅲ. 행정상 손실보상청구권의 성격

1. 공권설

행정상 손실보상청구권에 대하여 공권력행사로 인한 특별한 희생에 대한 보상이고, 권력작용의 원인 또는 결과와 밀접한 관계를 맺고 있기 때문에 공법상의 법률관계로 이해하며 소송은 공법상 당사자소송에 의한다는 견해이다. 통설의 입장이다.

2. 사권설

원인행위는 공법적이라 할지라도 그에 대한 보상을 청구하는 권리는 사법적인 성질을 갖는다고 보아 사권설을 취하는 견해도 있다. 판례는 사권설을 취해 민사소송의 대상으로 보고있다.

제2절 행정상 손실보상의 요건

Ⅰ. 공공필요

1. 공공필요의 요건

손실보상의 원인이 되는 공권력 행사는 공공필요에 의한 경우에만 인정된다. 공공필요 여부의 판단에 관해 당해 사업이 순수한 수익목적 내지는 영리목적을 위한 경우, 한정된 특정소수인의 이익을 위한 경우, 당해 사업이 사람의 사회·경제·문화생활상 직접적인 필요성이 극히 적은 경우, 사업주체가 당해 토지를 직접 자기목적을 위해 공용하지 아니한 경우, 순수한 국고목적의 작용인 경우에는 공공필요를 부정한다.

2. 공공필요의 확대화 경향

오늘날 공공필요의 개념은 점차 확대되고 있는 추세이다. 공공필요의 확대는 사회정의의 실현과 공익과 사익의 적절한 조절 및 규제를 통해 국민전체의 공공복리의 증진을 요청하고 있는 복리국가주의에 따른 것이다. 헌법상 보장되고 있는 기본권으로서의 개인의 재산권 보장에 비추어 그 인정은 신중하게 결정돼야 할 것이다.

Ⅱ. 재산권에 대한 공권적 침해

1. 재산권의 의의

재산권은 소유권뿐만 아니라 법에 의하여 보호되고 있는 일체의 재산적 가치 있는 권리를 의미한다. 이에는 사법상의 권리(물권·채권·공유수면매립권·재산적 가치 있는 회원권·저작권 등)만이 아니라, 공법상의 권리도 포함한다. 그러나 현존하는 구체적인 재산가치가 있어야 하므로 지가상승과 같은 기대이익은 제외된다. 또한 비재산적 가치인 생명·신체·자연적·문화적·학술적·정신적 가치(위자료)는 원칙적으로 손실보상의 대상이 되지 않는다.

2. 공권적 침해(공용침해)

공공필요에 의해 행정작용에 의한 사인의 재산권이 침해돼야 한다. 헌법 제23조 제3항은 공공필요에 의한 재산권의 수용(소유권의 박탈), 사용(수용에 이르지 않은 일시적 사용), 제한(사용이나 수익의 제한)을 규정하고 있다. 그 이외에도 재산권이 제약되는 양상은 다양하게 나타날 수 있는바, 도시개발법상 도시개발사업으로 인한 공용환지나 도시 및 주거환경정비법상 정비사업으로 인한 공용환권 등에 의해 재산적 가치가 감소되는 경우와 재산권 행사가 제약되는 경우도 포함된다.

3. 침해의 직접성

개인의 재산권에 대한 침해가 공권력의 주체에 의해 의욕되고 지향되었거나 아니면 최소한 상대방의 재산권의 손실에 대한 직접적인 원인이 돼야 한다. 따라서 결과적(비의도적·비전형적·간접적·부수적)으로 야기된 침해(수용적 침해)는 제외된다.

Ⅲ. 공공의 필요에 의한 적법한 침해

손실보상의 원인이 되는 개인의 재산에 대한 침해는 적법한 것이어야 하며, 여기서 적법한 것이라고 함은 법률에 근거한 것임을 의미한다. 따라서 공권력이 법령에 위반하여, 즉 위법하게 개인의 재산권을 침해한 때에는 국가배상의 원인이 될 뿐, 엄격한 의미의 손실보상의 원인은 되지 않는다고 보아야 한다. 침해의 근거가 되는 법률은 국회가 제정한 형식적 의미의 법률을 의미한다.

Ⅳ. 보상규정

헌법 제23조 제3항은 "공공필요에 의한 재산권의 수용·사용 또는 제한 및 그에 대한 보상은 법률로써 하되, 정당한 보상을 지급하여야 한다."라고 규정하고 있으므로, 헌법이 예상하고 있는 손실보상은 보상규정이 법률상 존재하는 것을 요건으로 한다고 해석할 수 있다. 보상규정이 흠결된 경우는 수용유사침해가 된다.

Ⅴ. 특별한 희생

1. 개 설

손실보상은 사인에게 발생한 재산권 행사의 제약정도가 특별한 희생에 해당하는 경우에만 인정된다. 따라서 재산권 행사의 제약 정도가 재산권의 사회적 제약에 해당하는 경우에는 손실보상을 요하지 않으므로, 특별한 희생의 기준을 어떻게 정하는가 하는 것은 중요한 의미를 갖게 된다.

2. 구별기준

사회적 제약과 특별한 희생의 구별기준에 관해서는 인적범위를 기준으로 하는 입장(형식적 기준설)과 재산권 제약의 정도나 강도를 기준으로 하는 입장(실질적 기준설)으로 나뉜다.

(1) 형식적 기준설

1) 개별행위설

재산권에 대한 침해행위가 일반적인 것인지 개별적인 것인지를 기준으로 하여 특정인 또는 한정된 범위의 사람에 대한 침해만을 특별한 희생으로 본다.

2) 특별희생설

개별행위설을 발전시킨 견해로서, 특정인 또는 한정된 사람에 대하여 다른 자에게 요구되지 않는 희생을 불평등하게 부과되는 경우를 특별한 희생으로 본다. 그러나 이들 형식적 기준만으로는 불충분하므로 공용침해의 내용 및 성질 등 실질적 기준도 요구된다.

(2) 실질적 기준설

1) 보호가치설

재산권 중 보호할 가치가 있는 것에 대한 침해만 보상대상이라는 견해로서, 보호가치여부는 당사자의 수, 침해의 목적, 침해에 결부된 대응가치 등을 종합해서 판단한다.

2) 수인한도설

침해행위의 본질성과 강도를 기준으로 재산권의 본체인 배타적 지배성을 침해하여 수인의 한도를 넘은 것만 보상대상이라는 견해인데, 누구를 기준으로 수인가능성을 결정할 것인가가 문제로 지적된다.

3) 목적위배설(기능설)

재산권에 대한 침해행위가 재산권의 본래의 기능 또는 목적에 위배되는 것일 때 특별한 희생으로 본다.

4) 사적 효용설

주관적 이용목적(사적 효용)을 침해하는 것만 보상한다는 견해인데, 재산과 재산권자에 따라 사적 효용이 다르다는 문제점이 있다.

5) 중대성설

재산권에 미치는 중대성과 범위를 기준으로 구별하는 견해로, 독일의 연방행정법원이 기본적으로 취하는 입장이다.

6) 상황구속성설

재산권이 놓여 있는 지리적 여건을 기준으로 하는 견해로서, 동일한 재산권일지라도 도심지에 있는 것과 자연보호구역에 있는 것은 달리 취급되어야 한다.

7) 사회적 비용설

손실보상에는 사회적 비용(특별한 희생의 범위와 액수를 조사하는 비용, 담당공무원의 보수, 기타 제도 운영비용 등)을 고려하여 보상여부를 결정해야 한다는 견해이다. 따라서 사회적 비용이 특별한 희생을 상회하는 경우에는 보상을 요하지 않지만, 하회하는 경우에는 보상을 요한다.

(3) 복수기준설(절충설, 개별 · 구체적 검토설)

실질적 기준설의 공통적 문제점은 내용이 불확정적이고 주관적이기 때문에 실질적 기준만으로는 불충분하고 보충적으로 형식적 기준도 동시에 고려해서 결정해야 한다는 견해로 통설의 입장이다.

3. 분리이론과 경계이론

재산권에 대한 사회적 제약과 보상을 요하는 수용을 구분하는 기준으로 독일 판례상 발전된 이론이 바로 분리이론과 경계이론이다. 분리이론은 위헌적인 침해의 억제에 중점을 두고, 경계이론은 가치의 보장에 중점을 두고 있다.

(1) 분리이론(불연속 모델, 단절이론)[1)]

독일기본법 제14조 제3항은 수용에 대해서만 규정하고 있고, 동조 제1항 제2문은 재산권의 내용을 규정하고 있다. 즉, 독일기본법은 수용(제3항)과 내용(제1

---

1) 〈장점과 단점〉

1. 장 점

분리이론의 장점으로는 ㉠ 법해석론상 재산권에 관한 침해유형들, 즉 원칙적으로 보상 없이 가능한 재산권 내용규정에 의한 제약과 보상을 요하는 수용을 선명히 구별한다는 점, ㉡ 사법부가 입법부의 의무불이행을 보완할 수 없도록 함으로써 권력분립원칙의 엄격한 준수를 도모한다는 점 등을 들 수 있다.

2. 단 점

분리이론의 단점으로는 ㉠ 권력분립에 대한 배려와 사법부의 실질적 입법에 대한 우려는 제1차적 권리보호 수단(취소소송 등)을 통해서도 충분히 해소될 수 있다는 점, ㉡ 보상 없이 가능한 재산권내용규정에 의한 제약과 보상을 요하는 수용을 구별하는 것이 현실적으로 불가능하다는 점, ㉢ 수용개념을 엄격히 제한한 결과 오히려 다른 법적 근거에 의한 손실보상청구권, 예컨대 수용유사적 침해나 수용적 침해에 대한 손실보상청구권들이 성립할 수 있는 여지를 남기는 역설적인 결과를 초래한다는 점 등을 들 수 있다.

항)은 전혀 별개의 규정이므로 양자가 분리되어 있다. 이는 독일 연방헌법재판소에 의해 제시된 견해이다.

분리이론은 사회적 제약을 정한 재산권의 내용규정과 수용규정을 전혀 별개의 제도로 보고, 양자는 재산권 제약의 질적인 정도에 의해 구분되는 것이 아니라 입법의 형식과 그 목적에 따라 구분된다고 보는 견해이다. 즉, 입법자가 공용침해를 규정한 것이 아니라 재산권의 내용을 규정하는 경우, 그 규정이 일정한 한계를 벗어나면 보상의 문제를 가져오는 것이 아니라, 위헌(비례·평등원칙 위반)의 문제만을 가져온다고 한다.

따라서 입법자가 보상규정을 두고 그 입법의 목적이 공적 과제의 수행을 위한 의도적 재산권 박탈의 경우라면 보상이 필요한 수용규정이 되는 것이고, 보상규정 없이 단순히 일반적·추상적으로 재산권의 권리와 의무를 확정하는 경우라면 내용규정이라는 것이다.

그러나 이 견해는 보상을 요하는 수용과 보상의무가 없는 내용규정 사이에 제3의 범주가 있음을 인정한다. 즉, 내용규정은 원칙적으로 보상의무가 없지만, 예외적으로 그 내용규정이 구체적인 경우에 헌법상의 한계를 일탈하여 위헌의 문제를 야기한다면, 그 내용규정은 위헌무효가 되며 이 경우 이러한 내용규정에 의거한 위법한 처분(공용침해)은 보상의무가 있는 수용이 되는 것이 아니라 그 처분을 취소하여 권리보호를 받아야 한다고 한다. 다만, 보충적으로 다른 법규정 또는 원칙에 따라 보상이 이루어질 수는 있다.

(2) 경계이론(한계이론, 연속성 또는 선형모델)

독일기본법과는 달리 우리 헌법 제23조 제3항은 수용만이 아니라 사용·제한도 함께 규정하고 있다는 점에서 헌법규정 자체가 다르다. 우리는 수용과 사용·제한이 완전히 분리되어 규정된 것이 아니라, 재산권에 대한 제약의 정도에 따라 제2항과 제3항의 경계를 넘나들게 된다. 즉, 사회적 제약에 그치면 보상이 필요 없는 제2항의 문제로 되고, 특별한 희생일 경우에는 보상이 필요한 제3항의 문제가 된다.

달리 말하면, 재산권의 사회적 제약에 관한 내용규정과 수용규정은 함께 판단하되, 재산권의 제약이 일정한 문턱(경계)을 넘어서면 보상을 요하는 공용침해가 되고, 문턱을 넘지 않으면 보상이 필요 없는 재산권 제약으로 보는 견해이다. 여기서 구분의 기준점이 되는 한계(경계)는 그 재산권제약이 특별한 희생인가의 여부, 즉 그 제약의 강도와 질이 기준이 된다.

따라서 경계이론은 재산권에 내재하는 사회적 제약과 구별되는 특별희생의 판단에 관한 이론으로서 수용유사침해이론과 밀접한 관련이 있다. 이 견해는 독일의 연방최고법원과 연방행정법원에 의해 지지된 견해이고 우리나라의 다수설이다.

(3) 헌법재판소의 분리이론의 수용

헌법재판소는 개발제한구역의 지정으로 인한 재산권 행사의 제한과 그에 대한 권익구제의 문제를 헌법 제23조 제3항의 공용제한과 손실보상의 문제로 보지 않고 헌법 제23조 제1항 및 제2항의 재산권의 내용과 한계의 문제로 보고 있다. 이 점에서 헌법재판소는 재산권의 제한에 관한 독일법상의 경계이론과 분리이론 중 분리이론을 취하고 있다.[2)]

제3절 행정상 손실보상의 기준 및 내용

Ⅰ. 손실보상의 기준

1. 헌법상 보상기준(정당한 보상)

현행 헌법은 “공공필요에 의한 재산권의 수용·사용 또는 제한 및 그에 대한 보상은 법률로써 하되, 정당한 보상을 지급하여야 한다.”(제22조 제3항)라고 규정하고 있다. 여기서 ‘정당한 보상’의 의미와 관련하여 견해가 대립되고 있다.

---

2) 입법자가 도시계획법 제21조를 통하여 국민의 재산권을 비례의 원칙에 부합하게 합헌적으로 제한하기 위해서는 수인의 한계를 넘어 가혹한 부담이 발생하는 예외적인 경우에는 이를 완화하는 보상규정을 두어야한다. 이러한 보상규정은 입법자가 헌법 제23조 제1항 및 제2항에 의하여 재산권의 내용을 구체적으로 형성하고 공공의 이익을 위하여 재산권을 제한하는 과정에서 이를 합헌적으로 규율하기 위하여 두어야 하는 규정(분리이론을 판시한 부분)이다(헌재결 1988. 12. 24, 89헌마214·90헌바16·97헌바78).

(1) 완전보상설

완전보상설은 공용침해로 인해 발생한 객관적 손실 전부를 보상해야 한다는 견해로 다수설과 판례의 태도이다. 이는 다시 피침해재산의 객관적 가치를 보상하는 것으로 충분하다는 견해와 이전료·영업상 손실 등 부대적 손실의 보상을 포함하여 발생한 손실 전부를 보상해야 한다는 견해로 나뉜다. 다수견해는 객관적 가치의 보상과 함께 부대적 손실의 보상도 포함하는 것으로 이해하고 있다.

(2) 상당보상설

재산권의 사회적 구속성이라는 입장에서 개인의 이익과 사회의 이익을 적정하게 비교형량하여 합리적으로 보상하려는 견해로서 보상이 당시의 사회통념에 비추어 객관적으로 공정·타당한 것이면 된다는 견해이다. 상당보상설은 정당한 보상이란 합리적 이유가 있을 때에는 완전보상을 하회하거나 상회할 수 있다고 본다.

2. 법률상의 보상기준 및 내용

(1) 공용수용의 경우

1) 보상액 산정의 가격결정 기준시점(협의 성립 또는 재결 당시의 가격)

보상액의 산정은 협의에 의한 경우에는 협의 성립 당시의 가격을, 재결에 의한 경우에는 수용 또는 사용의 재결 당시의 가격을 기준으로 한다(토지보상법 제67조 제1항).

2) 보상액의 산정

사업시행자는 토지 등에 대한 보상액을 산정하려는 경우에는 감정평가업자 2인 이상에게 토지 등의 평가를 의뢰하여야 한다. 다만, 사업시행자가 국토해양부령이 정하는 기준에 따라 직접 보상액을 산정할 수 있는 때에는 그러하지 아니하다(토지보상법 제68조 제1항). 감정평가업자를 선정함에 있어 토지소유자가 요청하는 경우 제1항의 규정에 의한 감정평가업자 외에 토지소유자가 추천하는 감정평가업자 1인을 선정할 수 있다(동조 제2항).

3) 개발이익의 환수

① **개발이익의 의의**

공익사업을 위해 토지를 수용당한 토지소유자에게 개발로 인한 손실을 보상하는 한편, 이러한 토지소유자와 수용당하지 않은 토지소유자나 개발사업자 등과의 불균형을 막기 위해 개발이익을 환수하고 있다.

구체적인 사항에 대해서는 개발이익환수에 관한 법률이 규정하고 있으며, 여기서 '개발이익'이란 개발사업의 시행이나 토지이용계획의 변경 그 밖에 사회·경제적 요인에 따라 정상지가상승분을 초과하여 개발사업을 시행하는 자 또는 토지소유자에게 귀속되는 토지가액의 증가분을 말한다(토지보상법 제2조 제1호).

② **공익사업시행지역 내 주민(공시지가)**

협의 또는 재결에 의하여 취득하는 토지에 대하여는 「부동산 가격공시 및 감정평가에 관한 법률」에 의한 표준시 공시지가[3)]를 기준으로 하여 보상하여야 한다(토지보상법 제70조 제1항).

③ **사업시행자(개발부담금)**

사업시행자의 경우 개발부담금을 징수하는데, 개발부담금이란 개발이익 중 국가가 부과·징수하는 금액을 말한다(개발이익환수에 관한 법률 제2조 제4호). 개발부담금의 부과대상인 개발사업은 택지개발사업(주택단지조성사업을 포함), 산업단지개발사업, 관광단지조성사업, 도시환경정비사업(공장을 건설하는 경우를 제외), 물류시설용지조성사업, 온천개발사업, 여객자동차터미널사업, 골프장건설사업, 지목변경이 수반되는 사업으로서 대통령령이 정하는 사업 등이 있다(동법 제5조 제1항).

④ **공익사업시행지역 밖의 주민(조세)**

이에 대해서는 양도소득세 등 조세의 형식으로 개발이익을 환수하고 있다. 토지소유자가 공익사업의 시행 등에 의해 정상지가상승률을 초과하여 얻게 되는 토지가격의 증가분 중에서 세금의 형식으로 환수하는 토지초과이득세는 폐지되었다.

---

3) 표준지공시지가라 함은 국토해양부장관이 조사·평가하여 공시한 표준시의 단위면적당 가격을 말한다(부동산 가격공시 및 감정평가에 관한 법률 제2조 제5호).

(2) 공용사용의 경우

공공의 이익을 위해 일시적이거나 계속적인 사용으로 발생하는 손실에 대한 보상으로 협의 또는 재결에 의하여 사용하는 토지에 대하여는 그 토지와 인근 유사토지의 지료·임대료·사용방법·사용기간 및 그 토지의 가격 등을 참작하여 평가한 적정가격으로 보상하여야 한다(토지보상법 제71조 제1항).

(3) 공용제한의 경우

공익목적으로 개인의 재산권을 제한함으로써 특별희생이 발생한 경우에 이루어지는 보상으로 공용제한도 헌법상의 공용침해에 해당하기 때문에 손실보상의 대상이 된다. 그러나 공용제한에 관한 법률 가운데는 손실보상에 관한 규정을 둔 법률도 있으나, 그 보상기준에 대해서는 명확한 규정을 두지 않는 경우가 많다.

Ⅱ. 손실보상의 종류

1. 손실보상 방법에 따른 분류

(1) 손실보상의 원칙

손실보상은 사업시행자 보상(국가보상의 원칙이 아님), 사전(선불)보상(공사에 착수하기 이전), 현금(금전)보상, 개인별 보상(개별불)[4], 일시급 보상[5], 일괄보상(토지소유자 또는 관계인의 요구가 있는 때)[6]을 원칙으로 하고 있다.

(2) 유가증권보상

현금보상에 대한 예외로 현금대신 유가증권으로 보상하는 것으로 일명 채권보상이라고 하는데, 토지보상법에서 일부 취하고 있는 제도로 재정부족을 위해 사용된다.

---

4) 물건별 보상의 원칙은 틀린 표현이다.

5) 일시급이 원칙이고, 분할급이 이루어지는 경우에는 이자와 물가변동에 따르는 불이익은 보상책임자가 부담해야 한다(징발법 제22조의2 제2항).

6) 사업시행자는 동일한 사업지역 안에 보상시기를 달리하는 동일인소유의 토지 등이 수개 있는 경우 토지소유자 또는 관계인의 요구가 있는 때에는 일괄하여 보상금을 지급하도록 하여야 한다(토지보상법 제65조).

(3) 현물보상

현금보상에 대한 예외로 도시 및 주거환경정비법에 의한 환권 내지 환지가 그 예이다. 환권은 도시재개발 사업의 일환으로 일정한 절차를 거쳐 토지와 건축시설의 전체에 관해 권리의 변환을 행하는 것을 말한다. 예를 들면 종전의 토지 소유자에게 건축시설에 대한 권리를 분양하는 경우도 있다. 환지는 토지개량사업 내지 토지구획정리 사업을 실시함에 있어서 종전의 토지에 관한 소유권 및 기타의 권리를 보유하는 자에게 종전의 토지를 대신하여 정연(整然)하게 구획된 토지를 할당하고, 종국적으로 이를 귀속시키는 처분을 말한다.

(4) 매수보상

토지수용 관련법상의 잔지수용이나 완전수용이 이에 해당한다. 잔지수용은 동일한 소유자에 속하는 일단의 토지의 일부가 수용됨으로써 잔여지를 종래 이용하고 있던 목적에 사용하는 것이 현저히 곤란하게 된 경우에 그 토지소유자의 청구에 의하여 그 잔여지까지를 합하여 수용하는 것이고, 완전수용은 사용에 갈음하는 수용으로 토지를 사용하는 경우에, 그 사용이 3년 이상이거나, 사용으로 인하여 토지의 형질을 변경할 때 또는 사용하고자 하는 토지에 토지소유자의 건물이 있는 경우에, 그 토지소유자의 청구에 의하여 당해 토지를 수용하는 것을 말한다.

2. 손실보상의 범위에 따른 분류

(1) 재산권보상

재산권의 침해에 대한 보상방법으로, 전통적으로는 순수한 재산권의 객관적 보상에 국한시켰으나 완전보상의 취지에 그 범위가 최근 확대되고 있다. 따라서 토지는 물론 그 외의 지상물건, 농업손실, 각종권리(어업권, 용수권 등), 영업손실, 잔여지에 대한 보상도 포함시키는 개념으로 발달하였다.

(2) 생활보상

1) 의 의

① 협의의 생활보상

부대적 손실(영업손실이나 소수잔존자 보상 등)의 상당부분을 제외시켜 현재 당해 지역에서 누리고 있는 생활이익의 상실에 대한 보상만을 의미하는 것으로 본다. 이는 이주대책 등을 생활보상의 주된 내용으로 보며, 댐의 설치·관광단지의 조성 등 대규모의 공사에 수반하여 행해짐이 보통이다.

② 광의의 생활보상

이는 보상에서 정신적 보상과 대물적 보상을 제외한 손실에 대한 보상을 생활보상으로 보면서도 부대적 손실을 포함시키는 견해로 다수설의 입장이다. 생활보상을 광의로 이해하는 입장에서는 주거의 총체가치의 보상, 영업상 손실의 보상, 이전료보상, 소수잔존자보상 등을 포함하며, 재산의 등가교환적 가치의 보상에 그치는 것이 아니라 유기체적 생활을 종전과 마찬가지 수준으로 보상해 주는 것을 말한다.

2) 법적 근거

① 헌법적 근거

헌법 제23조 제3항(토지수용 등에 대한 손실보상규정)은 재산권보상의 규정이므로 헌법 제34조(인간다운 생활을 할 권리)와 결합해야 생활보상의 근거가 된다고 보는 견해가 다수설이다.

② 법률적 근거

생활보상은 헌법규정만에 근거해서 직접 청구할 수는 없고, 법률의 근거가 있어야 한다. 공익사업을 위한 토지 등의 취득 및 보상에 관한 법률은 생활보상을 명시적으로 인정하고 있지는 않지만 소수잔존자보상, 이주대책, 이주정착금의 지급, 주거대책비보상, 이농비 또는 이어비보상에 관한 규정은 생활보상도 보상의 범위에 들어간다는 것은 전제로 인정되는 보상이다.

3) 내 용

① **생활재건조치**

생활재건조치란 사업시행자가 피보상자에게 지급하는 보상금이 아니라, 보상금이 피보상자의 생활재건을 위해 가장 유용하게 쓰여지도록 유도하는 각종의 조치를 말한다. 이에는 이주대책의 수립·시행(아파트 수분양권 부여), 대체지의 알선(간척지의 알선, 국·공유지의 알선), 공영주택의 알선, 국민주택자금의 지원, 생계비 또는 주거비 지급 등과 정착자금지원, 개간비보조·융자, 가산금, 직업훈련실시, 고용알선, 보상금에 대한 세제 혜택 등의 조치가 포함된다.

② **이주대책**

생활재건조치의 가장 대표적인 내용이 이주대책의 수립·시행이다. 사업시행자는 공익사업의 시행으로 인하여 주거용 건축물을 제공함에 따라 생활의 근거를 상실하게 되는 자를 위하여 이주대책을 수립·실시하거나 이주정착금을 지급하여야 한다(토지보상법 제78조 제1항).

③ **소수잔존자보상**

이는 공공사업의 시행결과 종전 생활공동체로부터 분리되어 잔존자의 생활환경이 현저히 불편하게 되어 이주가 불가피한 경우 시행지구 안에 편입된 것으로 보고 보상하는 제도를 말한다. 따라서 소수잔존자에 대한 이전비·이주비·이농비의 지급 또는 실농보상·실어보상·세입자에 대한 주거대책비 지급 등을 들 수 있다.

④ **영세농 등에 대한 보상**

이는 토지의 보상액이 영세하여 다른 곳으로 이주하더라도 생계를 유지하기 어려운 자에게 생활배려의 차원에서 지급하는 보상금이다. 전세입주자에 대한 주거대책비 지급이나 무허가영업자 등에 대한 폐업보상으로 행하는 주거대책비 지급을 들 수 있다.

(3) 간접손실보상(제3자보상)

1) 의 의

공익사업의 시행으로 인해 직접적으로 토지 등을 수용당하거나 제한받는 것은 아니지만, 사업시행지 이외의 주변토지의 소유자에게 간접적으로 미치는 손실을 간접손실이라 하는데, 이는 제3자보상의 문제로 이해하기도 한다. 다만, 분류상으로는 생활보상의 일종으로 분류하기도 하고, 별도로 분류하기도 한다. 판례도 간접손실을 헌법 제23조 제3항에 규정한 손실보상의 대상이 된다고 보고 있다(대판 1999. 11. 15, 99다27231).

2) 간접손실의 요건

간접손실이 되기 위해서는 공공사업의 시행으로 사업시행지 이외의 토지소유자가 입은 손실이어야 하고, 그 손실이 공공사업의 시행으로 인해 발생하리라는 것이 예견되어야 하며, 그 손실의 범위가 구체적으로 특정될 수 있어야 한다(대판 1999. 12. 24, 98다57419).

3) 유 형

① 물리적 · 기술적 손실

통상 공해에 해당하는 것으로 공사 중의 소음 · 진동이나 완성된 시설에 의한 일조 또는 전파에 대한 장해(수용적 침해)등을 말한다.

② 경제적 · 사회적 손실

댐건설 등으로 인해 대부분의 주민이 이전함으로써 생기는 지역장애에의 영향이나, 어업권의 소멸에 따라 어업활동이 쇠퇴하여 생기는 경제활동에의 영향 등 지역사회의 변동을 통해 개인에게 미치는 간접적 영향을 말한다.

제4절 보상액의 결정방법 및 불복절차

Ⅰ. 당사자 사이의 협의에 의하는 경우

사업시행자는 토지 등에 대한 보상에 관하여 토지소유자 및 관계인과 성실하게 협의하여야 한다(토지보상법 제16조). 사업시행자는 협의가 성립된 때에는 토지소유자 및 관계인과 계약을 체결하여야 한다(동법 제17조). 손실보상에 관한 당사자 사이의 협의는 행정청의 일방적 결정(재결)의 전단계로서 행하여지는 것으로 협의의 법적 성질에 관해서 판례는 사법상 계약으로 보고 있으나, 공법상 계약으로 보는 견해가 다수설이다.

Ⅱ. 행정청에 의한 결정

1. 토지수용위원회 등 행정청의 재결에 의한 결정

당사자 사이에 보상금에 관한 협의가 이루어지지 아니한 경우 토지수용위원회와 같은 행정청의 일방적 결정이나 재결에 의해 손실보상이 결정되는 경우이다.

2. 이의신청(행정심판)

지방토지수용위원회의 재결에 대하여 이의가 있는 자는 당해 지방토지수용위원회를 거쳐 중앙토지수용위원회에, 중앙토지수용위원회의 재결에 대하여 이의가 있는 자는 중앙토지수용위원회에 이의를 신청 할 수 있다(토지보상법 제83조). 이의신청이 있는 경우 중앙토지수용위원회는 재결이 위법 또는 부당하다고 인정하는 때에는 그 재결의 전부 또는 일부를 취소하거나 보상액을 변경할 수 있다(동법 제84조).

Ⅲ. 행정소송

사업시행자 · 토지소유자 또는 관계인은 재결에 대하여 불복이 있는 때에는 재결서를 받은 날부터 60일 이내에, 이의신청을 거친 때에는 이의신청에 대한 재결(이의재결, 확인행위)서를 받은 날부터 30일 이내에 각각 행정소송을 제기할 수 있다.

제5절 수용유사침해와 수용적 침해

Ⅰ. 수용유사침해

1. 의 의

수용유사침해란 공공필요에 의하여 국민의 재산권을 침해해 특별한 희생을 가하기는 하였으나 그에 대한 보상규정이 존재하지 않는 경우를 의미한다.

국가의 전보책임에 관하여 손해배상과 손실보상의 양 제도만을 인정하고 있는 현행법체계상으로는 위법 · 무책의 침해에 대하여는 국민은 보상받을 길이 없었던 바, 이러한 실정법상의 간격을 메우기 위한 이론으로서 관습법적으로 발전되어 온 희생보상제도를 근거로 하여 독일 연방최고법원의 판례를 통하여 형성되었다.

2. 근 거

수용유사침해이론의 우리나라에 도입가능성에 관하여 견해가 나뉘고 있다.

(1) 부정설

이 설은 독일에서와 같은 판례법이나 관습법으로서의 희생보상청구권의 법리가 없는 우리나라에서는 수용유사침해이론에 의한 손실보상을 인정할 수 없다고 한다. 즉, 보상규정이 없는 법률에 근거한 행정작용에 대해서는 취소소송을 제기해야 하지 손실보상을 주장할 수 없으며, 과실의 객관화 등 손해배상제도의 확대를 통해 해결하는 것이 타당하다고 한다.

(2) 긍정설

이 설은 독일식의 근거는 적용할 수 없으나, 헌법상의 여러 조항(제11조, 제23조 제1 · 3항, 제37조 제1 · 2항)의 유기적인 해석을 통해 수용유사침해보상을 해결할 수 있다고 한다. 수용유사침해의 법리는 적어도 국가배상법상 위험책임이나 무과실책임이 도입되어 보상규정이 없는 법률에 의한 재산권의 박탈에 대한 불법행위책임이 인정되기까지는 우리나라 행정법에서도 충분히 수용될 만한 가치를 지닌다고 한다.

(3) 판 례

판례는 수용유사침해보상의 채택여부에 대하여 판단하지 않고 있다.

3. 구성요건

타인의 재산권에 대한 위법한 공용침해로 인한 특별한 희생의 발생이 수용유사침해에 대한 보상의 요건이다. 즉, 재산권 침해, 공용침해, 특별한 희생, 침해의 위법성이 그 성립요건이다. 여기서의 위법은 공용침해 자체는 법률에 근거하여 행하여졌으나, 그 법률에서 손실보상에 관하여 규정하지 않았기 때문에 공용침해를 규정한 법률이 위헌이 된다는 의미의 위법인 것이다. 따라서 공용침해를 한 행정기관은 상대방에게 손해를 가할 의사가 없다고 할 것이며, 공공필요가 그의 동기이므로 과실을 인정할 수 없다. 따라서 수용유사침해의 전형적인 태양은 '위법 · 무과실의 침해'이다. 그러나 과실의 유무는 중요한 요소가 아니므로 '위법 · 유책(有責)의 공용침해'까지도 포함하는 것이 오늘날의 독일의 학설 · 판례의 입장이다.

4. 타 손해전보와의 구별

수용유사침해는, '위법'한 공용침해에 대한 보상인 점에서 '적법'한 공용침해에 대한 보상인 본래의 의미의 공용침해와 구별되며, 공용침해로 야기된 손실의 조절적 보상인 점에서 위법·유책(과실)의 손해에 대한 배상을 의미하는 국가배상과 구별된다. 그리하여 수용유사침해와 국가배상은 청구권의 성립요건, 보상의 범위, 청구절차, 청구권의 소멸시효 등에 있어서 차이가 생긴다.

Ⅱ. 수용적 침해

1. 의 의

적법한 공행정작용의 비전형적이고 비의도적인 부수적 효과로서 발생한 개인의 재산권에 대한 침해를 의미, 수용적 침해는 주로 사실행위에 기하여 발생하는 것으로 사회적 기초시설의 설비작용과 관련되는 경우로서 도로구역의 지정의 장기화나, 지하철공사의 장기화로 인하여 인근 상가에 영업상의 손실을 초래하는 경우가 실례이다.

2. 근 거

우리나라에서 수용적 침해보상의 인정 근거에 관해 헌법 제23조 제3항을 유추적용하여 손실보상을 인정할 수 있다는 견해(유추적용설), 헌법 제23조 제3항을 직접적인 근거로 하여 손실보상청구가 가능하다는 설(직접적용설), 입법적으로 해결해야 한다는 설(입법필요설)이 대립하고 있다.

3. 구성요건

수용적 침해보상의 성립요건은 재산권 침해, 공용침해, 침해의 비의도성, 특별한 희생, 침해의 적법성과 그 결과로서의 손해발생 등이다. 여기서 침해는 의도

되지 않은 침해를 말하며, 적법판단의 대상은 의도되지 않은 효과가 손해로 나타난 처분이다.

4. 공용침해 · 수용유사침해와의 구별

수용적 침해는 예측할 수 없고, 따라서 당초에 법률에 의해 규율되지 않은 희생을 수반하는 점에서 예측할 수 있는 특별한 희생을 수반하는 본래의 의미의 공용침해와 구별되며, 또한 침해 그 자체가 적법한 행정작용에 의한 것이라는 점에서 침해 그 자체가 위법한 수용유사침해와 구별된다.

제6절 결과제거청구권과 희생보상청구권

Ⅰ. 결과제거청구권

1. 의의 및 존재이유

위법한 공행정작용의 불법적인 결과로 인해 자기의 법률상의 이익을 침해받고 있는 자가 행정주체를 상대로 하여 그 위법한 상태를 제거하여 침해 이전의 상태로 회복하여 줄 것을 청구하는 실체법상의 권리(원상회복청구권)이다. 기존의 금전배상 제도인 국가배상제도로는 구제할 수 없는 결함을 보완하기 위해 인정하는 것이다.

예컨대 토지수용재결이 취소되었음에도 불구하고 사업시행자인 행정주체가 그 토지를 반환하지 않고 있는 경우에 이를 반환받고자 하는 경우, 공직자의 직무수행 중의 발언으로 명예를 훼손당한 자가 그 발언의 철회를 요구하고자 하는 경우에 활용될 수 있다.

2. 성 질

원상회복청구권적인 성질을 지녔으며 특히 재산권에 대한 침해에 대한 원상회복청구는 물권적 청구권이나 명예 등 비재산권침해의 경우에도 발생하는 것이므로 물권적 청구권으로 한정할 것은 아니라는 게 다수설이다. 사권으로 보는 견해도 있으나, 행정주체의 공행정작용으로 인한 침해가 있는 경우에 발생하는 것이기 때문에 공권이라는 견해가 다수설이다. 그러나 판례는 사권설을 취하고 있다.

3. 법적 근거

결과제거청구권의 법리는 독일에서 학설·판례로서 발전된 것인데, 근거는 헌법상의 법치행정의 원리, 기본권규정, 민법상의 소유물반환청구 및 소유물방해제거청구 등 관계규정(민법 제213조·214조)의 유추적용 등에서 찾을 수 있다.

4. 요 건

(1) 행정주체의 공행정작용으로 인한 침해행위

행정상 결과제거청구권의 대상인 침해행위는 행정주체의 공행정작용으로 인한 것이라고 한다. 이에는 권력작용, 관리작용, 부작위 등이 포함되나, 사법적 작용의 경우는 민법상의 원상회복·방해배제청구권(민법 제213조·214조)에 의하기 때문에 제외된다.

(2) 타인의 법률상 이익의 침해

공행정작용으로 인하여 야기된 결과적 상태가 타인의 권리 또는 법률상 이익을 침해하고 있어야 한다. 여기서 권리 또는 법률상 이익에는 재산적 가치가 있는 것은 물론 명예·호평 등 그 밖의 것도 포함한다.

(3) 위법한 상태의 존재

행정주체의 공행정작용으로 인하여 야기된 결과적 상태가 위법한 상태로 존재하고 있어야 한다. 위법한 상태의 존재여부는 사실심의 변론종결 시를 기준으로 하여 판단하여야 한다. 여기서 위법성은 처음부터 발생할 수도 있으며, 기간의 경과 또는 해제조건의 성취 등에 의해 사후에 발생할 수도 있다. 위법하기는 하지만 무효가 아닌 행정행위, 즉 취소할 수 있는 행정행위는 취소되기 전까지는 공정력이 있기 때문에 이 청구권이 성립하지 않는다.

(4) 위법한 상태의 계속

공행정작용에 의하여 야기된 결과적 상태가 위법한 상태로 계속 존재하고 있어야 한다. 따라서 결과로서의 상태는 존재하지 않고 권리침해로서의 불이익만 남아 있는 경우에는 국가배상·손실보상의 문제만이 고려될 수 있을 뿐이다.

5. 한 계

(1) 결과제거의 가능성에 의한 한계

결과제거청구권의 요건이 충족된 경우에도 결과제거로 인해 원상회복이 사실상·법률상 가능해야 한다는 한계가 있다. 원상회복이 사실상이나 법률상으로 불가능한 경우에는 침해행위의 적법·위법에 따라 손실보상이나 손해배상에 의한 구제만이 가능하다.

(2) 비용 또는 신의성실의 원칙에 의한 한계(기대가능성에 의한 한계)

결과제거청구를 위한 원상회복이 가능하다 하더라도 지나치게 많은 비용을 요하거나 신의성실의 원칙에 반하는 때에는 기대가능성이 없기 때문에 손해배상이나 손실보상으로 만족해야 한다.

(3) 과실상계 규정에 의한 한계

위법한 상태의 발생에 대하여 피해자에게도 과실이 있는 경우에 민법상의 과실상계에 관한 규정(민법 제396조)이 유추적용 된다고 볼 것이므로, 피해자의 과실의 정도에 따라 이 청구권이 수축되거나 상실되는 경우도 있을 수 있다.

Ⅱ. 희생보상청구권

1. 의 의

생명, 명예, 건강, 자유와 같은 비재산적 법익의 침해에 대해서 보상하는 것을 말한다. 예컨대 국가기관의 검정을 받은 약품을 복용하여 뜻밖의 질병에 걸린 경우, 국립 병원의 의사가 예방주사를 놓았는데 특이체질의 사람이 그로 인해 병을 얻은 경우, 범인을 향해 발사한 총탄이 범인을 관통하여 옆 사람에게 상해를 입힌 경우 등에 대한 보상 등을 들 수 있다.

희생보상청구권은 비재산적 법익에 대한 침해에 대하여 보상하는 것이므로, 재산적 침해를 전제로 보상하는 수용유사침해나 수용적 침해와도 구별된다.

2. 인정여부

(1) 부정설

헌법 제23조 제3항의 손실보상은 재산권침해에 대하여 인정되는 것이며 비재산적 침해에 대한 근거가 될 수 없으므로 법률에 근거규정이 없는 한 허용될 수 없다고 한다.

(2) 직접적용설

헌법상의 손실보상규정(제23조 제3항), 인간의 존엄과 가치 및 행복추구권의 규정(제10조), 신체의 자유의 규정(제12조), 평등조항(제11조) 등을 직접 근거로 보상을 청구할 수 있다고 한다.

(3) 유추적용설

헌법상의 손실보상규정(제23조 제3항)과 기본권보장 및 법치국가원리 등에서 희생보상청구권을 유추적용할 수 있다.

3. 성립요건

(1) 공공필요를 위한 공행정작용에 의한 침해

희생침해는 공공필요를 위한 공행정작용에서 발생한 것이어야 한다. 공행정작용에는 권력적인 것은 물론 비권력적인 것도 포함된다. 권력적인 침해의 경우 공용침해의 경우처럼 의욕적 침해일 필요는 없으나, 비재산적 법익에 대한 직접적인 침해이어야 한다. 공행정작용의 일환으로 행해진 침해는 포함되나 자의 또는 자기 과실로 입은 법익은 제외된다.

(2) 비재산적 법익에 대한 침해

비재산적 법익은 생명 · 건강 · 신체의 자유 · 명예 등을 말하며, 헌법 제12조 제1항의 신체의 자유에 관한 권리이다.

(3) 특별한 희생

특별한 희생은 일반인이 통상적으로 감수해야 할 사회적 제약의 범위를 넘어서는 특별한 부담을 의미한다. 특별한 희생의 판단기준은 평등원칙에 위배여부, 즉 관계인에게 불평등한 부담을 부과하고 있는지에 의한다.

(4) 재산적 손실의 발생

희생보상은 비재산적 법익의 침해행위로 발생한 재산적 손실이다. 따라서 치료비 · 요양비 · 일실소득에 대한 것이며, 재산적 손실이 아닌 정신적 피해(위자료)는 청구의 대상에 포함되지 않는다.

(5) 보상법규의 부존재

이는 법률에 보상규정이 없는 경우에 문제되는 것이며, 예방접종으로 인한 질병 · 장애 · 사망에 대한 보상(감염병의 예방 및 관리에 관한 법률 제71조)이나 소방업무 · 산불진화작업 중의 사상자에 대한 보상(소방기본법 제39조 제2항, 산림보호법 제44조)과 같이 법률에 보상규정이 있는 경우에는 희생보상이론을 원용할 필요가 없다.

4. 희생보상의 의무자와 범위

(1) 보상의 의무자

침해를 통해 수익하는 자가 있으면 그 자가 보상하고, 그렇지 못하면 처분의 관할청이 속한 행정주체가 보상한다.

(2) 희생보상의 원칙

금전보상을 원칙으로 하며, 진료비, 양육비, 일실소득에 대한 보상이 그 예이다. 그리고 위자료는 희생보상에서 제외된다. 공동과실, 과실상계 등의 사법상 일반원칙이 적용되며, 관계인의 귀책사유는 보상범위에 고려된다.

제4장 행정심판

제4장 행정심판

제1절 개 설

I. 의 의

1. 행정심판의 개념

실질적 의미의 행정심판은 행정청의 위법·부당한 처분으로 인해 권익이 침해된 자가 행정기관에 대해 그 시정을 구하는 일련의 쟁송절차를 말한다. 현행법상으로는 행정심판·이의신청·심사청구·심판청구 등 다양한 명칭으로 불리고 있다. 형식적 의미의 행정심판은 행정심판법의 적용을 받는 행정심판만을 의미한다.

2. 유사개념과의 구별

(1) 이의신청

이의신청은 원칙적으로 당해 처분청에 제기하는 쟁송인데, 행정심판은 직근상급행정기관소속 행정심판위원회에 제기하는 쟁송이다. 이의신청은 모든 위법·부당한 처분 등에 대해 인정되는 것이 아니고 개별법에서 정하고 있는 처분 등에서만 인정(국세기본법, 민원사무 처리에 관한 법률, 정보공개법 등)되는데, 행정심판은 모든 위법·부당한 처분에 대하여 인정된다.

(2) 청 원

행정심판은 기본적으로 행정쟁송제도인 반면, 청원은 행정쟁송제도라기보다 국정에 대한 국민의 정치적 의사표시를 보장하기 위한 제도이다.

(3) 진 정

진정이란 법정 절차와 형식에 의하지 않고 행정청에 대해 어떠한 희망을 진술하는 것으로 권리행사가 아니므로 법적 구속력이나 효과를 발생하지 않는 사실행위에 불과하다.

(4) 특별행정심판

행정기관이 심판기관이 되는 행정쟁송절차인 점에서는 행정심판과 성질이 같으나, 행정심판법의 적용이 제한되는 특별법에 의해 심판이 행해지는 점에서 구별된다. 특별행정심판으로는 소청심사, 특허심판, 조세심판, 해양안전심판, 중앙노동위원회의 재심, 감사원법에 의한 재심청구 등이 있다.

3. 행정심판의 존재이유(기능)

(1) 권력분립 · 자율적 행정통제

행정의 적법성 · 타당성을 행정권 스스로 자율적으로 보장하려는 행정의 자율적 통제와 감독 기능을 수행한다.

(2) 사법기능의 보완 · 법원의 부담경감 · 구제의 신속성

법원은 고도의 전문적 · 기술적 문제에 대한 심사에는 적합하지 않으므로 행정기관은 법원의 능력을 보충함과 동시에 법원 및 당사자의 시간 · 노력의 부담을 경감한다.

(3) 행정능률의 보장

사법심사는 상당한 시간이 소요되어 행정의 능률성을 저해할 수 있으므로 신속 · 간편한 절차인 행정심판을 거침으로써 분쟁을 신속히 해결할 수 있다.

Ⅱ. 행정심판과 행정소송의 비교

구 분	행정심판	행정소송
종류	항고심판 ①취소심판(형성적쟁송) ②무효등확인심판 (준형성적쟁송) ③의무이행심판 (이행쟁송) ✔부작위위법확인심판은 인정되지 않음	항고소송 ①취소소송(형성적소송) ②무효등확인소송 (준항고소송) ③부작위위법소송 (확인소송) ✔비법정 · 무명항고소송 – 의무이행소송 – 불법행위에 대한 위법확인소송 – 예방적 부작위청구소송 – 작위의무확인소송
존재이유	자율적 통제, 전문성 확보	타율적 통제, 독립성 확보
성질	①형식적 의미의 행정 ②실질적 의미의 사법	①형식적 의미의 사법 ②실질적 의미의 사법
목적(기능)	①행정의 적법성 보장(1차적) ②국민의 권리구제(2차적)	①국민의 권리구제(1차적) ②행정의 적법성 보장(2차적)
심판절차	약식쟁송	정식쟁송
참가통지	제3자의 참가여부에 대한 통지규정 존재	제3가의 참가여부에 대한 통지규정 부존재
심판대상	①처분에 한정되고 재결은 제외 ②대통령의 처분이나 부작위 제외	①처분 등(처분+행정심판재결) ②대통령의 처분이나 부작위 포함
제기기간	①취소심판: 처분이 있음을 안 날로부터 90일, 처분이 있은 날로부터 180일. 불가항력으로 인한 특칙 존재 ②무효등확인심판: 기간제한 없음. ③의무이행심판 : 기간제한 없음.	①취소소송: 처분이 있음을 안 날로부터 90일(재결서의 정본을 송달받은 날로부터 90일), 처분이 있은 날로부터 1년(재결이 있은 날로부터 1년). 불가항력으로 인한 특칙규정 없음 ②무효등확인소송 : 기간제한 없음 ③부작위위법확인소송 : 기간제한 없음
심판기관	행정청(행정심판위원회)	법원
임시처분(가처분)	임시처분 인정(제31조)[1)]	임시처분 규정 없음.

<table>
<tr><th colspan="2">구 분</th><th>행정심판</th><th>행정소송</th></tr>
<tr><td rowspan="2">심리
방식</td><td>구술
심리</td><td>법률은 구술심리 또는 서면심리를 선택적으로 규정하고 있지만, 해석상 서면심리주의를 취했다는 것이 다수설</td><td>명시적 규정은 없지만 민사소송법을 준용하여 구술심리원칙(구두변론주의)
✔행정소송법에 명시적 규정이 있는 심리원칙: 직권심리주의・직권증거조사주의</td></tr>
<tr><td>공개
여부</td><td>비공개원칙. 명문의 근거는 없음. 직권심리주의와 서면심리주의 채택한 전체적 구조로 판단. 위원회가 필요 인정 시 공개</td><td>공개제한주의: 재판의 심리와 판결은 공개한다. 다만, 심리는 국가의 안전보장 또는 안녕질서를 방해하거나 선량한 풍속을 해할 염려가 있을 때에는 법원의 결정으로 공개하지 아니할 수 있다(헌법 제109조).</td></tr>
<tr><td colspan="2">공통점</td><td colspan="2">① 당사자의 쟁송제기에 의해서만 개시
② 청구인적격・원고적격(법률상 이익)
③ 심판청구인 대 행정청, 원고 대 피고의 대심구조
④ 개괄주의
⑤ 행정청의 처분이나 부작위를 대상
⑥ 제3자적 기관(행정심판위원회, 법원) 등에 의한 판정
⑦ 적법한 쟁송제기 시 심판기관의 심리의무
⑧ 청구의 변경 인정
⑨ 집행부정지원칙
⑩ 보충적 직권심리주의
⑪ 구술심리주의
⑫ 불고불리의 원칙
⑬ 불이익변경금지
⑭ 당사자・이해관계인의 참여인정
⑮ 사정재결・사정판결의 인정
⑯ 재결이나 판결에 특별한 효력(확정력・기속력) 인정</td></tr>
<tr><td colspan="2">양자의
관계</td><td colspan="2">개정 전 행정소송법은 행정소송(항고소송)의 제기에 앞서 전심절차로서 행정심판을 거치게 하는 필요적 행정심판전치주의를 취했지만, 현행 행정소송법은 행정심판을 거치지 않고 행정소송을 제기할 수 있는 행정심판임의주의(임의적 행정심판전치주의)를 원칙으로 하고 있다.</td></tr>
</table>

1) 제31조(임시처분) ① 위원회는 처분 또는 부작위가 위법・부당하다고 상당히 의심되는 경우로서 처분 또는 부작위 때문에 당사자가 받을 우려가 있는 중대한 불이익이나 당사자에게 생길 급박한 위험을 막기 위하여 임시지위를 정하여야 할 필요가 있는 경우에는 직권으로 또는 당사자의 신청에 의하여 임시처분을 결정할 수 있다.

제2절 행정심판의 종류와 그 성질 및 특수성

I. 종 류

1. 취소심판

취소심판이란 행정청의 위법 또는 부당한 공권력의 행사 또는 그 거부나 그 밖에 이에 준하는 행정작용으로 인하여 권익을 침해당한 자가 그 취소 또는 변경을 구하는 행정심판을 말한다(행정심판법 제5조 제1호).

2. 무효등확인심판

무효등확인심판이란 행정청의 처분의 효력유무 또는 존재여부에 대한 확인을 하는 행정심판을 말한다(행정심판법 제5조 제2호). 이에는 무효확인심판·유효확인심판·실효확인심판·부존재확인심판·존재확인심판이 포함된다. 무효등확인심판에는 취소심판에서 인정되는 청구기간(동법 제27조 제7항) 및 사정재결(동법 제44조 제3항)의 규정이 적용되지 아니한다.

3. 의무이행심판

의무이행심판이란 행정청의 위법 또는 부당한 거부처분이나 부작위에 대하여 일정한 처분을 하도록 하는 행정심판을 말한다(행정심판법 제5조 제3호). 국민의 권익은 소극적인 공권력 불발동으로도 침해되며, 오늘날 국민생활의 행정의존도가 높아지고 있기 때문에 이에 대한 구제수단이 필요한 바, 여기에 의무이행심판이 제도화된 것이라 하겠다. 행정심판법이 의무이행심판을 실현한 데 대하여 행정소송법은 부작위위법확인소송을 제도화하는데 그치고 있다.

Ⅱ. 성 질

1. 취소심판

취소심판의 성질에 관하여는 처분의 위법성을 확인하는 것으로 보는 견해(확인쟁송설)도 없지 않으나, 처분의 취소 변경을 통하여 당해 법률관계를 소멸시키거나 변경하는 성질을 가진 것으로 보는 견해(형성쟁송설)가 통설이다.

2. 무효등확인심판

무효등확인심판의 성질에 관하여는 확인쟁송설・형성쟁송설・준형성쟁송설 등이 대립되고 있으나, 실질적으로 확인쟁송인 것이나 형식적으로는 처분의 효력의 유무 또는 존재여부를 직접 쟁송의 대상으로 한다는 점에서 형성쟁송의 성질도 아울러 가진다고 보는 준형성쟁송설이 통설이다.

3. 의무이행심판

부작위에 대한 의무이행심판청구는 심판청구기간의 제한이 없고(행정심판법 제27조 제7항), 거부처분・부작위에 대한 의무이행재결에 불복이 있으면 일정한 제소기간 내에 부작위위법확인소송을 제기하여야 한다. 의무이행심판의 성질은 이행쟁송의 성질을 가진다.

Ⅲ. 행정심판법상 특수성

취소심판	무효등확인심판	의무의행심판
①심판청구기간의 제한(제27조) ②사정재결의 인정(제44조) ③집행부정지의 원칙 적용(제30조)	①심판청구기간의 제한을 받지 않고(제27조 제7항), ②사정재결에 관한 규정이 적용되지 않는다(제44조 제3항). ③집행부정지원칙은 명문규정은 없지만 적용된다.	①거부처분에 대한 의무이행심판은 청구기간의 제한을 받으나, 부작위에 대한 의무이행심판은 그 제한을 받지 않는다(제27조 제7항). ②사정재결에 관한 규정은 적용된다(제44조 제3항). ③집행정지에 관한 규정은 적용되지 않는다.

제3절 행정심판의 제기

I. 당사자와 이해관계인

1. 개 설

행정심판법은 행정심판의 준사법화를 규정한 헌법 제107조 제3항의 취지에 따라 행정심판절차에 있어서 청구인과 피청구인이 당사자로서 어느 정도 대등한 위치에서 서로 대립하는 대심구조(對審構造)를 취하고 있다.

2. 청구인

(1) 의 의

청구인이란 행정심판의 대상인 처분 또는 부작위에 불복하여 그의 취소 또는 변경 등을 구하기 위하여 심판청구를 제기하는 자를 말한다. 청구인은 원칙적으로 자연인 또는 법인이어야 하나, 법인이 아닌 사단 또는 재단으로서 대표자나 관리인이 정하여져 있는 경우에는 그 사단이나 재단의 이름으로 심판청구인이 될 수 있다(행정심판법 제14조).

(2) 청구인적격

행정심판의 청구인이 될 수 있는 법률상의 자격으로 행정심판법은"취소심판은 처분의 취소 또는 변경을 구할 법률상 이익이 있는 자가 청구할 수 있다."라고 규정하고 있다(행정심판법 제13조 제1항 제1문). 따라서 법률상 이익이 있으면 처분의 상대방뿐만 아니라 제3자도 심판청구인이 될 수 있다

(3) 선정대표자

여러 명의 청구인이 공동으로 심판청구를 할 때에는 청구인들 중에서 3명 이

하의 선정대표자를 선정할 수 있다(행정심판법 제15조 제1항). 청구인들이 선정대표자를 선정하지 아니한 경우에 위원회는 필요하다고 인정하면 청구인들에게 선정대표자를 선정할 것을 권고할 수 있다(동조 제2항). 선정대표자는 다른 청구인들을 위하여 그 사건에 관한 모든 행위를 할 수 있다. 다만, 심판청구를 취하하려면 다른 청구인들의 동의를 받아야 하며, 이 경우 동의받은 사실을 서면으로 소명하여야 한다(동조 제3항). 선정대표자가 선정되면 다른 청구인들은 그 선정대표자를 통해서만 그 사건에 관한 행위를 할 수 있다(동조 제4항).

선정대표자를 선정한 청구인들은 필요하다고 인정하면 선정대표자를 해임하거나 변경할 수 있다. 이 경우 청구인들은 그 사실을 지체 없이 위원회에 서면으로 알려야 한다(동조 제5항). 청구인이나 피청구인은 대표자, 관리인, 선정대표자 또는 대리인이 그 자격을 잃으면 그 사실을 서면으로 위원회에 신고하여야 한다(동법 제19조 제2항).[2)]

3. 피청구인

행정심판의 피청구인이란 심판청구를 제기 받은 상대방인 당사자를 말한다. 행정심판법은 "행정심판은 처분을 한 행정청(의무이행심판의 경우에는 청구인 신청을 받은 행정청)을 피청구인으로 하여 청구하여야 한다. 다만, 심판청구의 대상과 관계되는 권한이 다른 행정청에 승계된 경우에는 권한을 승계한 행정청을 피청구인으로 하여야 한다."라고 규정하고 있다(동법 제17조 제1항).

4. 심판참가

행정심판의 결과에 이해관계가 있는 제3자나 행정청은 해당 심판청구에 대한 위원회나 소위원회의 의결이 있기 전까지 그 사건에 대하여 심판참가를 할 수 있다(행정심판법 제20조 제1항). 위원회는 필요하다고 인정하면 그 행정심판 결과에 이해관계가 있는 제3자나 행정청에 그 사건 심판에 참가할 것을 요구할 수 있다

---

2) 항정심판절차에서 청구인들이 당사자가 아닌 자를 선정대표자로 선정하였더라도 행정심판법 제11조에 위반되어 그 선정행위는 그 효력이 없다(대판 1991. 1. 25, 90누7791).

(동법 제21조 제1항). 참가요구를 받은 제3자나 행정청은 지체 없이 그 사건 심판에 참가할 것인지 여부를 위원회에 통지하여야 한다(동조 제2항).

Ⅱ. 행정심판의 대상

1. 열기주의와 개괄주의

열기주의란 행정심판을 제기할 수 있는 사항을 개별화하여 열기해서 특정된 사항만을 행정심판사항으로 하는 제도이다. 개괄주의란 행정심판의 대상을 개별화하여 제한하지 않고, 행정청의 위법, 부당한 행정작용을 일반적으로 행정심판사항으로 인정하는 제도이다.

2. 우리나라

(1) 개괄주의의 채택

행정심판법은 "행정청의 처분 또는 부작위에 대하여는 다른 법률에 특별한 규정이 있는 경우 외에는 이 법에 따라 행정심판을 청구할 수 있다."(동법 제3조 제1항)라고 규정함으로써 개괄주의를 채택하고 있다. 여기서 처분이란 행정청이 행하는 구체적 사실에 관한 법집행으로서의 공권력의 행사 또는 그 거부, 그 밖에 이에 준하는 행정작용을 말하고(동법 제2조 제1항 제1호), 부작위란 행정청이 당사자의 신청에 대하여 상당한 기간 내에 일정한 처분을 하여야 할 법률상 의무가 있는데도 처분을 하지 아니하는 것을 말한다(동법 제2조 제1항 제2호).

(2) 제외대상

대통령의 처분 또는 부작위와 심판청구에 대한 재결이 있으면 그 재결 및 같은 처분 또는 부작위는 행정심판의 대상에서 제외된다. 행정심판법은 "대통령의 처분 또는 부작위에 대하여는 다른 법률에서 행정심판을 청구할 수 있도록 정한 경우 외에는 행정심판을 청구할 수 없다."라고 규정하고 있다(동법 제3조 제2항). 이는 행정심판의 실익이 없다고 보아 대상에서 제외하여 직접 행정소송을 제기하도록 하였다. 또한 "심판청구에 대한 재결이 있으면 그 재결 및 같은 처분 또는 부작위에 대하여 다시 행정심판을 청구할 수 없다."라고 규정하고 있다(동법 제51조).

Ⅱ. 행정심판의 청구방식과 절차

1. 청구방식

엄격한 형식을 요하지 아니하는 서면주의에 의한다. 심판청구를 서면으로 한 취지는 심판청구의 내용을 명확히 하고 일정한 방식으로 통일함으로써 구술제기로 인해 생길 심판의 지체와 번잡을 피하기 위해서이다. 그러나 판례는 행정심판 청구는 엄격한 형식을 요하지 아니하는 서면행위이기 때문에 행정심판청구서의 형식을 갖추지 못한 경우라도 보정이 가능한 경우 행정심판청구로 인정한다.

2. 절 차

(1) 심판청구서의 제출(선택적 경유절차)

행정심판법은 "행정심판을 청구하려는 자는 심판청구서를 작성하여 피청구인이나 위원회에 제출하여야 한다. 이 경우 피청구인의 수만큼 심판청구서 부본을 함께 제출하여야 한다."라고 규정함으로써 종래의 처분청경유주의를 폐지하고, 청구인의 선택에 의하도록 했다(동법 제23조 제1항). 행정청이 고지를 하지 아니하거나 잘못 고지하여 청구인이 심판청구서를 다른 행정기관에 제출한 경우에는 그 행정기관은 그 심판청구서를 지체 없이 정당한 권한이 있는 피청구인에게 보내야 한다(동조 제2항). 심판청구서를 보낸 행정기관은 지체 없이 그 사실을 청구인에게 알려야 한다(동조 제3항). 심판청구 기간을 계산할 때에는 피청구인이나 위원회 또는 제2항에 따른 행정기관에 심판청구서가 제출되었을 때에 행정심판이 청구된 것으로 본다(동조 제4항).

(2) 처분청(경유청)의 처리

1) 위원회에의 송부와 피청구인에 통지

피청구인이 심판청구서를 접수하거나 송부 받으면 10일 이내에 심판청구서와 답변서를 위원회에 보내야 한다. 다만, 청구인이 심판청구를 취하한 경우에는 그러하지 아니하다(행정심판법 제24조 제1항). 피청구인은 처분의 상대방이 아닌 제3자가 심판청구를 한 경우에는 지체 없이 처분의 상대방에게 그 사실을 알려야 한다(동조 제2항). 피청구인이 심판청구서를 보낼 때에는 심판청구서에 위원회가 표시되지 아니하였거나 잘못 표시된 경우에도 정당한 권한이 있는 위원회에 보내야 한다(동조 제3항). 피청구인은 답변서를 보낼 때에는 청구인의 수만큼 답변서 부본을 함께 보내되, 답변서에는 처분이나 부작위의 근거와 이유, 심판청구의 취지와 이유에 대응하는 답변, 제2항에 해당하는 경우에는 처분의 상대방의 이름, 주소, 연락처와 제2항의 의무 이행 여부를 명확하게 적어야 한다(동조 제4항). 제2항과 제3항의 경우에 피청구인은 송부 사실을 지체 없이 청구인에게 알려야 한다(동조 제5항). 중앙행정심판위원회에서 심리, 재결하는 사건인 경우 피청구인은 위원회에 심판청구서 또는 답변서를 보낼 때에는 소관 중앙행정기관의 장에게도 그 심판청구, 답변의 내용을 알려야 한다(동조 제6항).

2) 피청구인의 직권취소 등

심판청구서를 받은 피청구인은 그 심판청구가 이유 있다고 인정하면 심판청구의 취지에 따라 직권으로 처분을 취소, 변경하거나 확인을 하거나 신청에 따른 처분을 할 수 있다(행정심판법 제25조 제1항).

(3) 위원회의 처리

위원회는 심판청구서를 받으면 지체 없이 피청구인에게 심판청구서 부본을 보내야 한다(행정심판법 제26조 제1항).

Ⅳ. 행정심판 청구기간

1. 원칙적인 심판청구기간

(1) 행정심판법 규정

행정심판은 처분이 있음을 알게 된 날부터 90일 이내에 청구하여야 한다(행정심판법 제27조 제1항). 행정심판은 처분이 있었던 날부터 180일이 지나면 청구하지 못한다. 다만 정당한 사유가 있는 경우에는 그러하지 아니하다(동조 제3항). 두 기간 중 어느 하나라도 경과하면 행정심판을 제기할 수 없다. 90일은 불변기간(변경할 수 없는 기간. 즉, 기간이 지난 경우 행정심판을 받아줄 수 없다는 의미)이다(동조 제4항).

행정심판청구기간의 제한규정은 취소심판과 거부처분에 대한 의무이행심판에는 적용되지만, 무효등확인심판청구와 부작위에 대한 의무이행심판청구에는 이를 적용하지 아니한다(동조 제7항).

(2) 처분이 있음을 안 날의 의미

1) 특정인의 경우

판례에 의하면 처분이 있었음을 현실적으로 안 날을 의미하고 추상적으로 알 수 있었던 날(효력발생일, 즉 도달한 날)이 아니다.[3)]

---

3) 〈관련판례〉

1. **'안 날'의 의미는 현실적으로 안 날을 의미하고 추상적으로 알 수 있었던 날은 아니지만, 알 수 있는 상태에 놓여진 때 반증이 없는 한 처분이 있음을 알았다고 추정할 수 있다.**
행정심판법 제18조 제1항 소정의 심판청구기간 기산점인 '처분이 있음을 안 날'이라 함은 당사자가 통지, 공고 기타의 방법에 의하여 당해 처분이 있었다는 사실을 현실적으로 안 날을 의미하고, 추상적으로 알 수 있었던 날(도달한 날, 효력발생일)을 의미하는 것은 아니지만, 처분에 관한 서류가 당사자의 주소지에 송달되는 등 사회통념상 처분이 있음을 당사자가 알 수 있는 상태에 놓여진 때에는 반증이 없는 한 그 처분이 있음을 알았다고 추정할 수 있다. 아르바이트 직원이 납부고지서를 수령한 경우, 납부의무자는 그때 부과처분이 있음을 알았다고 추정할 수 있다(대판 2002. 8. 27, 2002두3850).
2. **아파트 경비원이 과징금부과처분의 납부고지서를 수령한 날은 그 납부의무자가 '부과처분이 있음을 안 날'은 아니다.**
아파트 경비원이 관례에 따라 부재중인 납부의무자에게 배달되는 과징금부과처분의 납부고지서를 수령한 겨우, 납부의무자가 아파트 경비원에게 우편물 등의 수령권한을 위임한 것으로 볼 수는 있을지언정, 과징금부과처분의 대상으로 된 사항에 관하여 납부의무자를 대

2) 불특정다수인의 경우(고시 또는 공고에 의하여 행정처분을 하는 경우)

판례에 의하면 이해관계인이 고시 또는 공고가 있었다는 사실을 알았는지 여부에 관계없이 고시 또는 공고의 효력발생일(고시, 공고한 날부터 14일 후)에 알았다고 본다.[4)]

(3) 처분이 있은 날의 의미

처분이 있은 날이란 처분이 고지에 의해 외부에 표시되고 그 효력이 발생한 날을 의미한다. 180일은 불변기간이 아니다.

신하여 처리할 권한까지 위임한 것으로 볼 수는 없고, 설사 위 경비원이 위 납부고지서를 수령한 때에 위 부과처분이 있음을 알았다고 하더라도 이로써 납부의무자 자신이 그 부과처분이 있음을 안 것과 동일하게 볼 수는 없다(2002. 8. 27, 2002두3850).

그러나 아파트 경비원을 통한 납세고지서 송달 자체는 적법하다(대판 2000. 7. 4, 2000두1164).

4) **〈관련판례〉**

1. **불특정다수인에 대한 고시 또는 공고(고시의 효력발생일)**
   통상 고시 또는 공고에 의하여 행정처분을 하는 경우에는 그 처분의 상대방이 불특정다수인이고 그 처분의 효력이 불특정다수인에게 일률적으로 적용되는 것이므로, 행정처분에 이해관계를 갖는 자가 고시 또는 공고가 있었다는 사실을 현실적으로 알았는지 여부에 관계없이 고시가 효력을 발생하는 날에 행정처분이 있음을 알았다고 보아야 한다(대판 2006. 4. 14, 2004두3847).
2. **도시관리계획의 경우 고시 또는 공고 후 5일이 경과한 날이 안 날이다.**
   통상 고시 또는 공고에 의하여 행정처분을 하는 경우에는 그 처분의 상대방이 불특정다수인이고, 그 처분의 효력이 불특정다수인에게 일률적으로 적용되는 것이므로, 그에 대한 행정심판 청구기간도 그 행정처분에 이해관계를 갖는 자가 고시 또는 공고가 있었다는 사실을 현실적으로 알았는지 여부에 관계없이 고시가 효력을 발생하는 날인 고시 또는 공고가 있은 후 5일이 경과한 날에 행정처분이 있음을 알았다고 보아야 한다(대판 2000. 9. 8, 99두11257).
3. **특정인이 대한 행정처분을 주소불명 등의 이유로 송달할 수 없어 관보 등에 공고한 경우, 상대방이 그 처분이 있음을 안 날은 현실적으로 안 날이다.**
   특정인에 대한 행정처분을 주소불명 등의 이유로 송달할 수 없어 관보, 공보, 게시판, 일간신문 등에 공고한 경우에는, 공고가 효력을 발생하는 날에 상대방이 그 행정처분이 있음을 알았다고 볼 수는 없고, 상대방이 당해 처분이 있었다는 사실을 현실적으로 안 날에 그 처분이 있음을 알았다고 보아야 한다. 상고이유에서 드는 대법원 1995. 8. 22. 선고 94누5694 판결은 통상 고시 또는 공고에 의하여 불특정다수인에 대하여 행정처분을 하는 경우에 있어서의 제소기간의 기산점에 관한 것으로서, 이 사건과는 사안을 달리하여 적절한 선례가 될 수 없다(대판 2006. 4. 28, 2005두14851).

2. 예외적인 심판청구기간

(1) 90일의 예외(불가항력)

청구인이 천재지변, 전쟁, 사변, 그 밖의 불가항력으로 인하여 처분이 있음을 알게 된 날부터 90일내에 심판청구를 할 수 없었을 때에는 그 사유가 소멸한 날부터 14일 이내에 행정심판을 청구할 수 있다. 다만, 국외에서 행정심판을 청구하는 경우에는 그 기간을 30일로 한다(행정심판법 제27조 제2항). 이 기간은 불변기간이다(동조 제4항).

(2) 180일의 예외(정당한 사유)

행정심판은 처분이 있었던 날부터 180일이 지나면 청구하지 못한다. 다만, 정당한 사유가 있는 경우에는 그러하지 아니하다(행정심판법 제27조 제3항). 정당한 사유는 불가항력보다 넓은 개념이다.

3. 복효적 행정행위의 심판청구기간

복효적 행정행위의 제3자의 경우에도 심판청구기간은 원칙적으로 처분이 있음을 안 날로부터 90일, 처분이 있은 날로부터 180일 이내이다. 그러나 우리의 경우 독일과 달리 복효적 행정행위의 경우 제3자에 대한 통지의무가 없기 때문에 제3자는 현실적으로 처분이 있음을 알기 어려우므로 통상 180일 경과 후에도 심판청구가 가능하였다는 특별한 사정이 없는 한, 예외가 되는 정당한 사유에 해당한다고 보아야 한다.

4. 심판청구기간의 오고지와 불고지

행정심판법은 오고지나 불고지에 대해 절차상 제재적 효과를 부여하여, 행정청이 심판청구기간을 법정기간보다 긴 기간으로 잘못 알린 경우에 그 잘못 알린 기간 내에(동법 제27조 제5항), 심판청구기간을 알리지 아니한 때에는 처분이 있음을 알았더라도 180일 내에 심판청구를 할 수 있도록 규정하고 있다(동조 제6항).

V. 청구의 변경

청구인은 청구의 기초에 변경이 없는 범위에서 청구의 취지나 이유를 변경할 수 있다(행정심판법 제29조 제1항). 행정심판이 청구된 후에 피청구인이 새로운 처분을 하거나 심판청구의 대상인 처분을 변경한 경우에는 청구인은 새로운 처분이나 변경된 처분에 맞추어 청구의 취지나 이유를 변경할 수 있다(동조 제2항).

Ⅵ. 행정심판 청구의 효과

1. 위원회에 대한 효과

행정심판이 제기되면 위원회는 심리, 의결과 재결을 할 의무를 진다.

2. 처분에 대한 효과

(1) 집행부정지의 원칙

심판청구는 처분의 효력이나 그 집행 또는 절차의 속행에 영향을 주지 아니한다(행정심판법 제30조 제1항). 이와 같은 집행부정지원칙의 이론적 근거는 종래에는 행정처분의 공정력 내지 자력집행력에서 구하는 견해가 많았으나 오늘날은 입법정책의 문제로 보는 것이 통설적 견해이다. 그리하여 행정심판법은 행정운영의 부당한 정체(停滯)를 예방하고 남소(濫訴)의 폐단을 방지하기 위하여 집행부정지원칙을 채택하되, 이로 인하여 개인의 권리·이익이 침해되는 일이 없도록 집행정지를 할 수 있는 경우뿐만 아니라 임시처분을 할 수 있는 경우를 아울러 규정하고 있다.

(2) 예외적 집행정지

위원회는 처분, 처분의 집행 또는 절차의 속행 때문에 중대한 손해가 생기는 것을 예방할 필요성이 긴급하다고 인정할 때에는 직권으로 또는 당사자의 신청에 의하여 처분의 효력, 처분의 집행 또는 절차의 속행의 전부 또는 일부의 정지를 결정할 수 있다. 다만, 처분의 효력정지는 처분의 집행 또는 절차의 속행을 정지함으로써 그 목적을 달성할 수 있을 때에는 허용되지 아니한다(행정심판법 제30조 제2항). 위원회는 집행정지를 결정한 후에 집행정지가 공공복리에 중대한 영향을 미치거나 그 정지사유가 없어진 경우에는 직권으로 또는 당사자의 신청에 의하여 집행정지 결정을 취소할 수 있다(동조 제4항).

(3) 집행정지의 요건

1) 적극적 요건

적극적 요건이란 재결청이 집행정지결정을 하기 위하여 적극적으로 존재할 것이 요구되는 요건을 말한다. 즉, 집행정지의 대상인 처분이 존재하여야 하고, 심판청구가 재결청에 계속(係屬)되어 있으며, 처분이나 그 집헝 또는 절차의 속행 때믄에 '중대한 손해가 생기는 것을 예방할 필요성'이 '긴급하다고 인정할 때'이다.

2) 소극적 요건

소극적 요건이란 집행정지결정을 위하여 존재하여서는 아니 되는 요건인데, 이는 집행정지로 인하여 "공공복리에 중대한 영향을 미칠 우려가 있을 때"이다. 이는 청구인의 권리보전이라는 사익을 희생시키더라도 부득이하다고 판단되는 정도로 공공복리에 중대한 영향을 주는 경우를 말하는 바, 구체적으로 공사(公私)의 관계이익을 비교형량 하여 상대적으로 판단할 일이다.

제4절 행정심판기관

Ⅰ. 개 설

행정심판기관이란 행정심판의 청구를 수리하고 이를 심리, 재결할 수 있는 권한을 가진 행정기관을 의미한다. 종래 행정심판법은 행정심판의 심리・재결기관으로 절차의 객관성과 공정성을 확보하기 위해 심리·의결기관인 행정심판위원회(실질적 권한)와 재결기관인 재결청(형식적 권한)을 분리하고 있었다. 그러나 개정 행정심판법은 행정심판의 심리·재결기관을 행정심판위원회로 일원화하고 있다.

Ⅱ. 행정심판위원회

1. 행정심판위원회의 의의와 성질

행정심판위원회란 행정심판청구사건을 심리하고 재결하기 위하여 설치한 행정기관을 말한다. 행정심판법은 행정심판에 대한 심리와 재결을 준사법화함으로써 객관적 공정성을 확보함과 동시에 심리기관과 재결기관을 통합하여 절차를 단순화함으로써 신속한 권리구제를 기하려 하였다. 이에 따라 행정심판위원회는 심판청구사건을 심리·재결하는 합의제행정청으로서 심리기관과 재결기관의 성격을 동시에 가진다.

2. 설 치

(1) 해당 행정청 소속 행정심판위원회

다음 각 호의 행정청 또는 그 소속 행정청(행정기관의 계층구조와 관계없이 그 감독을 받거나 위탁을 받은 모든 행정청을 말하되, 위탁을 받은 행정청은 그 위탁받은 사무에 관하여는 위탁한 행정청의 소속 행정청으로 본다.)의 처분 또는 부작위에 대한 행정심판의 청구에 대하여는 다음 각 호의 행정청에 두는 행정심판위원회에서 심리, 재결한다(행정심판법 제6조 제1항).

1. 감사원, 국가정보원장, 그 밖에 대통령령으로 정하는 대통령 소속기관의 장
2. 국회사무총장, 법원행정처장, 헌법재판소사무처장 및 중앙선거관리위원회사무총장
3. 국가인권위원회, 진실·화해를위한과거사정리위원회, 그 밖에 지위, 성격의 독립성과 특수성 등이 인정되어 대통령령으로 정하는 행정청

(2) 중앙행정심판위원회

다음 각 호의 행정청의 처분 또는 부작위에 대한 심판청구에 대하여는 「부패방지 및 국민권익위원회의 설치와 운영에 관한 법률」에 따른 국민권익위원회에 두는 중앙행정심판위원회에서 심리, 재결한다(행정심판법 제6조 제2항).

1. 제1항에 따른 행정청 외의 국가행정기관의 장 또는 그 소속 행정청
2. 특별시장, 광역시장, 도지사, 특별자치도지사(특별시, 광역시, 도 또는 특별자치도의 교육감을 포함한다. 이하 "시, 도지사"라 한다) 또는 특별시, 광역시, 도, 특별자치도의 의회(의장, 위원회의 위원장, 사무처장 등 의회 소속 모든 행정청을 포함한다)
3. 지방자치법에 따른 지방자치단체조합 등 관계 법률에 따라 국가, 지방자치단체, 공공법인 등이 공동으로 설립한 행정청. 다만, 제3항 제3호에 해당하는 행정청은 제외한다.

(3) 광역자치단체장 소속 행정심판위원회

다음 각 호의 행정청의 처분 또는 부작위에 대한 심판청구에 대하여는 시, 도지사 소속으로 두는 행정심판위원회에서 심리, 재결한다(행정심판법 제6조 제3항).[5)]

1. 시, 도 소속 행정청
2. 시, 도의 관할구역에 있는 시, 군, 자치구의 장, 소속 행정청 또는 시, 군, 자치구의 의회(의장, 위원회의 위원장, 사무국장, 사무과장 등 의회 소속 모든 행정청을 포함한다)
3. 시, 도의 관할구역에 있는 둘 이상의 지방자치단체(시, 군, 자치구를 말한다), 공공법인 등이 공동으로 설립한 행정청

(4) 해당 행정청의 직근 상급행정기관에 두는 행정심판위원회

행정심판법 제6조 제2항 제1호에도 불구하고 대통령령으로 정하는 국가행정기관 소속 특별지방행정기관의 장의 처분 또는 부작위에 대한 심판청구에 대하여는 해당 행정청의 직근 상급행정기관에 두는 행정심판위원회에서 심리, 재결한다(동조 제4항).

---

5) 1. 노량진1동장의 처분에 대한 행정심판위원회는 동작구청이 아닌 서울특별시 소속 행정심판위원회이다.
2. 광혜원면장의 처분에 대한 행정심판위원회는 진천군이 아닌 충청북도 소속 행정심판위원회이다.
3. 서울특별시 서초구청장의 건축에 관한 처분의 행정심판위원회는 서울특별시 소속 행정심판위원회이다.

3. 구성과 회의

(1) 구 성

중앙행정심판위원회는 위원장 1명을 포함한 50명 이내의 위원으로 구성하되, 위원 중 상임위원은 4명 이내로 한다(행정심판법 제8조 제1항). 일반행정심판위원회는 위원장 1명을 포함한 30명 이내의 위원으로 구성한다(동법 제7조 제1항).

(2) 회 의

중앙행정심판위원회의 회의는 위원장, 상임위원 및 위원장이 회의마다 지정하는 비상임위원을 포함하여 총9명으로 구성한다. 구성원 과반수의 출석과 출석위원 과반수의 찬성으로 의결한다. 일반행정심판위원회의 회의는 위원장과 위원장이 회의마다 지정하는 8명의 위원으로 구성한다. 구성원 과반수의 출석과 출석위원 과반수의 찬성으로 의결한다.

4. 행정심판위원회위원의 제척, 기피, 회피

행정심판법은 심판청구사건에 대한 심리, 재결의 공정과 국민의 신뢰를 확보하기 위하여 행정심판위원회 위원과 당해 사건의 심리, 재결에 관한 사무에 관여하는 위원 아닌 직원에 대해서도 제척, 기피, 회피를 규정하고 있다(동법 제10조).

(1) 제 척

1) 의 의

제척(除斥)이란 위원 등이 해당 사건과 깊은 관련성이 있는 경우에 법률상 당연히 그 사건의 심리·의결에 참여할 수 없는 것을 말한다.

2) 사 유

제척사유는 위원 또는 그 배우자나 배우자이었던 사람이 사건의 당사자이거나 사건에 관하여 공동 권리자 또는 의무자인 경우, 위원이 사건의 당사자와 친족이거나 친족이었던 경우, 위원이 사건에 관하여 증언이나 감정(鑑定)을 한 경우, 위원이 당사자의 대리인으로서 사건에 관여하거나 관여하였던 경우, 위원이 사건의 대상이 된 처분 또는 부작위에 관여한 경우 등이다.

3) 효 과

제척결정은 위원장이 직권으로 또는 당사자의 신청에 의한다. 제척의 효과는 제척결정과 상관없이 당연히 발생하는 것이므로 위원장의 제척결정은 확인적 성질을 갖는다.

(2) 기 피

1) 의의 및 사유

기피(忌避)란 법률상 정해진 제척사유 이외의 공정을 기대하기 어려운 사정이 있는 경우 당사자의 신청에 의하여 위원장의 결정으로 해당 위원이 심리·의결에서 배제되는 것을 말한다. 여기서 '공정을 기대하기 어려운 사정'이란 통상인의 객관적 판단에 비추어 위원과 해당 사건의 관계에서 편파적이고 불공정한 심리, 의결이 우려되는 경우를 말한다.

2) 효 과

기피는 제척과 달리 기피결정이 있어야 효력이 발생하므로 형성적 성질을 갖는다.

3) 제척과 기피의 결정절차 및 불복

제척신청이나 기피신청은 그 사유를 소명한 문서로 위원장에게 하여야 하며, 위원장은 대상 위원으로부터 의견을 받을 수 있고, 신청에 따른 제척 또는 기피 여부에 대한 결정을 하고, 지체 없이 신청인에게 결정서 정본을 송달하여야 한다.

제척이나 기피여부의 결정에 대해서는 심판의 신속한 진행을 위해 다시 불복신청을 하지 못한다.

(3) 회 피

회피(回避)란 위원이 스스로 제척 또는 기피의 사유가 있다고 인정하여 자발적으로 심리, 의결을 피하는 것을 말한다. 이 경우 위원은 위원장에게 그 사유를 소명하여야 한다.

Ⅲ. 행정심판위원회의 권한

1. 심리권

행정심판위원회는 행정심판을 청구한 심판청구사건에 대한 심리권을 가진다(행정심판법 제32～42조). 여기서 심리권은 재결의 기초가 되는 사실관계 및 법률관계를 명백히 하기 위하여 문서 또는 구술에 의한 당사자 및 관계인의 주장과 반박을 듣고, 이것을 뒷받침하는 증거 기타의 자료 등을 수집·조사할 수 있는 권한을 말한다. 행정심판을 청구하는 데 필요한 형식적인 요건의 구비 여부에 대한 심리가 요건심리이고, 심판청구가 이유 있는지 여부에 대한 심리가 본안심리이다.

2. 심리권에 부수된 권한

심리권에 부수된 권한으로 증거조사권, 대표자선정권고권, 청구인의 지위승계허가권, 대리인선임허가권, 피청구인 경정결정권, 심판참가허가 및 요구권, 청구의 변경허가·불허권, 심리의 병합·분리, 보정명령권·직권보정권 등이 있다.

3. 이행재결의 기속력을 확보하기 위한 직접처분권

위원회는 피청구인이 행정심판법 제49조 제2항의 "당사자의 신청을 거부하거나 부작위로 방치한 처분의 이행을 명하는 재결이 있으면 행정청은 지체 없이 이전의 신청에 대하여 재결의 취지에 따라 처분을 하여야 한다."는 규정에도 불구하고 처분을 하지 아니하는 경우에는 당사자가 신청하면 기간을 정하여 서면으로 시정을 명하고 그 기간에 이행하지 아니하면 직접 처분을 할 수 있다. 다만,

그 처분의 성질이나 그 밖의 불가피한 사유로 위원회가 직접 처분을 할 수 없는 경우에는 그러지 아니한다(행정심판법 제50조 제1항)

4. 재결권 · 결정권

(1) 재결권

행정심판위원회는 심판청구사건에 대한 심리를 마치면 그 심판청구에 대하여 재결할 권한을 가진다(행정심판법 제43조).

(2) 사정재결권

위원회는 심판청구가 이유가 있다고 인정하는 경우에도 이를 인용하는 것이 공공복리에 크게 위배된다고 인정하면 그 심판청구를 기각하는 재결을 할 수 있다. 이 경우 위원회는 재결의 주문(主文)에서 그 처분 또는 부작위가 위법하거나 부당하다는 것을 구체적으로 밝혀야 한다(제44조 제1항).

(3) 집행정지결정권

위원회는 처분, 처분의 집행 또는 절차의 속행 때문에 중대한 손해가 생기는 것을 예방할 필요성이 긴급하다고 인정할 때에는 직권으로 또는 당사자의 신청에 의하여 처분의 효력, 처분의 집행 또는 절차의 속행의 전부 또는 일부의 정지를 결정할 수 있다. 다만, 처분의 효력정지는 처분의 집행 또는 절차의 속행을 정지함으로써 그 목적을 달성할 수 있을 때에는 허용되지 아니한다(행정심판법 제30조 제2항).

(4) 집행정지취소결정권

위원회는 집행정지를 결정한 후에 집행정지가 공공복리에 지대한 영향을 미치거나 그 정지사유가 없어진 경우에는 직권으로 또는 당사자의 신청에 의하여 집행정지 결정을 취소할 수 있다(행정심판법 제30조 제4항).

5. 명령 등의 시정조치 요구권

중앙행정심판위원회는 심판청구를 심리·재결할 때에 처분 또는 부작위의 근거가 되는 명령 등(대통령령·총리령·부령·훈령·예규·고시·조례·규칙 등)이 법령에 근거가 없거나 상위 법령에 위배되거나 국민에게 과도한 부담을 주는 등 크게 불합리하면 관계 행정기관에 그 명령 등의 개정·폐지 등 적절한 시정조치를 요청할 수 있다(행정심판법 제59조 제1항). 위 요청을 받은 관계 행정기관은 정당한 사유가 없으면 이에 따라야 한다(동조 제2항).

제5절 행정심판의 심리

Ⅰ. 의 의

행정심판의 심리란 재결의 기초가 될 사실관계 및 법률관계를 명확히 하기 위해 당사자 및 관계인의 주장과 반박을 듣고 증거 기타의 자료를 수집·조사하는 일련의 절차를 말한다. 심리절차의 객관적 공정을 보장하기 위하여 헌법 제107조 제3항의 헌법정신을 반영하여 행정심판법은 행정심판에 있어서 심리기관의 객관화와 심리절차의 대심구조화를 취해 심리절차의 사법절차화를 도모하고 있다.

Ⅱ. 내 용

1. 요건심리

당해 심판청구의 제기요건을 갖추고 있는지 여부를 형식적으로 심리하는 것으로 형식적 심사 또는 본안전심리라고도 한다. 요건심리의 결과 부적법한 경우에는 보정을 명하고, 보정이 불가능한 경우나 보정하지 않는 경우에는 '각하재결'을 한다.

2. 본안심리

심판청구가 적법한 경우에 청구의 위법 또는 부당에 대해 실체적으로 심리하는 것을 말한다. 본안심리의 결과 당해 심판청구를 인용할 것인지 아니면 기각할 것인지를 재결로써 하게 된다(인용재결 또는 기각재결). 그러나 본안심리 도중에 형식적 요건을 갖추지 못한 것이 판명될 때에는 언제든지 각하할 수 있다.

Ⅲ. 심리의 범위

1. 불고불리의 원칙과 불이익변경금지의 원칙

심판청구대상 외의 사항에 대해서는 심리할 수 없고(불고불리의 원칙), 심판청구대상인 처분보다 청구인에게 불리한 재결을 하지 못한다(불이익변경금지의 원칙). 행정심판의 기능을 행정의 적법·타당성을 확보하는 행정통제적 기능에 중점을 두는 입장에서 이들 원칙의 적용이 없다고 보는 견해도 있으나, 행정심판법은 행정심판의 행정구제적 기능을 중시하여 행정심판의 심리와 재결에 있어 이 원칙의 적용을 명문화하였다(행정심판법 제47조).

2. 법률문제와 사실문제

위원회는 당해 심판청구의 대상인 처분이나 부작위에 관한 적법·위법의 법률문제에 한하지 않고, 당·부당의 재량문제를 포함한 사실문제에 대하여도 심리할 수 있다.

Ⅳ. 기본원칙

1. 대심주의(당사자주의)

대심주의란 서로 대립하는 분쟁당사자의 공격과 방어에 의해 심리를 진행시키는 제도를 말한다. 행정심판법은 이들이 각각 공격·방어방법을 제출할 수 있고, 원칙적으로 그들 당사자가 제출한 공격·방어방법을 심리의 바탕으로 하는 대심주의를 취하고 있다.

2. 처분권주의

처분권주의란 절차의 개시, 심판의 대상 및 절차의 종결을 당사자의 의사에 일임하는 것을 말한다. 행정심판법도 기본적으로 처분권주의에 입각하고 있지만, 심판청구 제기기간의 제한, 청구인락[6]의 부인 등 공익적 견지에서 여러 가지 제한을 가하고 있다.

3. 구술·서면심리주의(서면심리주의가 원칙)

행정심판의 심리는 구술심리나 서면심리로 한다. 다만, 당사자가 구술심리를 신청한 경우에는 서면심리만으로 결정할 수 있다고 인정되는 경우 외에는 구술심리를 하여야 한다(행정심판법 제40조 제1항). 다수설은 서면심리주의가 원칙이라고 해석한다.

4. 직권심리주의(직권증거조사주의)

직권심리주의란 당사자주의에 대한 것으로 심리의 진행을 위원회의 직권으로 하고, 심리에 필요한 자료를 당사자가 제출하는 것뿐만 아니라 직권으로 수

---

6) 재판 중에 피고가 원고의 청구(요구사항)를 그대로 받아주고 이때 재판장은 판결대신에 당사자의 의견을 조서에 기록하고 그것으로 확정한다는 의미이다.

집 · 조사하는 제도를 말한다. 행정심판법은 당사자주의를 원칙으로 하면서도, 심판청구의 심리를 위해 필요하다고 인정되는 경우에는 직권심리주의를 반영하고 있다.

5. 비공개주의

비공개주의란 행정심판의 심리와 재결과정을 일반에게 공개하지 아니하는 원칙을 말하며, 공개주의에 대한 개념이다. 행정심판법에는 심리절차에서의 비공개에 관한 명문규정은 없으나 서면심리주의 · 직권심리주의 등을 채택한 전체적인 구조로 보아 비공개주의에 입각한 것이라 할 것이 다수설이다.

V. 심리의 병합 또는 분리

행정심판위원회는 심리의 경제성과 신속성을 도모하기 위하여 직권으로 서로 관련되어 있는 수 개의 행정심판청구사건을 병합하여 심리할 수도 있고, 이미 병합된 행정심판청구사건을 필요에 따라 직권으로 분리하여 심리할 수 있다(행정심판법 제37조).

병합심리를 할 필요성 및 관련성의 유무는 구체적 개별적으로 행정심판위원회가 결정한다.

제6절 행정심판의 재결

I. 의 의

행정심판의 재결이란 행정심판의 청구에 대하여 행정심판위원회가 행하는 판단을 말한다(행정심판법 제2조 제3호). 재결은 행정법상의 법률관계의 존부(存否) 또는 정부(正否)에 관한 분쟁에 대하여 행정심판위원회가 일정한 절차를 거쳐 심리한 내용을 판단·확정하는 행위이다. 준법률행위적 행정행위 중 확인행위이고 준사법행위로서 처분에 해당하며, 재결 자체에 고유한 위법이 있는 경우 행정소송의 대상이 된다.

Ⅱ. 절차와 형식

1. 재결기간

피청구인 또는 위원회가 심판청구서를 받은 날로부터 60일 이내에 이루어져야 하며, 부득이한 사정이 있는 경우 위원장이 직권으로 30일 연장이 가능하다. 이 경우 재결기간이 끝나기 7일 전까지 당사자에게 알려야 한다(행정심판법 제45조 제1·2항). 다만 위원회가 청구인에게 보정을 명한 경우에 그 보정기간은 재결기간에 산입하지 아니한다(동법 제32조 제5항). 재결기간에 관한 규정은 재결에 관한 시간적 기준을 제시하는데 그치는 훈시규정으로서 그 재결기간이 경과한 후에 한 재결도 유효하다고 할 것이다.

2. 재결의 방식(서면주의)

재결청은 문서의 형식으로만 가능하고, 구두에 의한 재결은 불가능한 요식행위이다(행정심판법 제46조 제1항). 재결은 심판청구사건에 대한 판단행위이므로 객관적 명확성이 강하게 요구되기 때문이다. 재결서에는 사건번호와 사건명, 당사자·대표자 또는 대리인의 이름과 주소, 주문, 청구의 취지, 이유, 재결날짜를 기재하고 기명날인하여야 한다(동조 제2항). 여기서 '주문'은 재결의 결론을 말하며, 심판청구의 각하 또는 청구의 당부에 대한 판단의 표시이다. 재결서에 적은 이유는 주문 내용이 정당하다는 것을 인정할 수 있는 정도의 판단을 표시하여야 한다(동조 제3항).

Ⅲ. 재결의 범위

위원회는 행정심판청구의 대상인 처분이나 부작위 외의 사항에 대하여는 재결하지 못하며(행정심판법 제47조 제1항), 심판청구의 대상인 처분보다 청구인에게 불이익한 재결을 하지 못한다(동조 제2항, 불고불리 · 불이익변경금지의 원칙). 불고불리의 원칙의 적용여부에 대해서는, 행정심판의 목적이 행정의 합법성 및 합목적성의 확보에 있다는 점에 주안점을 두어 행정심판의 재결에는 적용을 부정하는 소극설도 있으나, 행정심판의 권리구제수단으로서의 성질에 중점을 둔다면 이를 인정하는 적극설이 타당하다. 또한 위원회는 재량권행사의 위법 여부뿐만 아니라 재량권행사의 당 · 부당에 대하여도 판단할 수 있다.

Ⅳ. 재결의 송달과 효력발생

위원회가 재결을 한 때에는 지체 없이 당사자에게 재결서의 정본을 송달하여야 하고, 재결은 청구인에게 송달되었을 때에 효력이 발생한다(행정심판법 제48조 제1 · 2항). 위원회는 재결서의 등본을 참가인에게 지체 없이 송달하여야 하고(동조 제3항), 처분의 상대방이 아닌 제3자가 심판청구를 한 경우 위원회는 재결서의 등본을 지체 없이 피청구인을 거쳐 상대방에게 송달하여야 한다(동조 제4항).

위원회는 전자정보처리조직을 통한 심판청구의 경우에는 청구인이나 참가인이 동의하지 아니하는 한 그 정보통신망을 이용하여 재결서를 송달할 수 있다(행정심판법 제54조 제1항). 이 경우 청구인이 그 전자문서를 확인한 때에 도달된 것으로 보며, 등재사실을 확인하지 아니하였더라도 통지한 날부터 2주(재결서 외의 서류는 7일 이내)가 지난 날에 도달한 것으로 본다(동조 제4항).

법령의 규정에 따라 공고하거나 고시한 처분이 재결로써 취소되거나 변경되면 처분을 한 행정청은 지체 없이 그 처분이 취소 또는 변경되었다는 것을 공고하거나 고시하여야 하고(동법 제49조 제4항), 법령의 규정에 따라 처분의 상대방 외의 이해관계인에게 통지된 처분이 재결로써 취소되거나 변경되면 처분을 한 행정청은 지체 없이 그 이해관계인에게 그 사실을 알려야 한다(동조 제5항).

V. 재결의 종류

1. 각하재결

위원회는 심판청구가 적법하지 아니하면 그 심판 청구를 각하한다(행정심판법 제43조 제1항). 각하재결(却下裁決)은 심판청구의 제기요건이 결여되어 부적법한 것인 경우에 본안심리를 거절하는 재결이다. 예컨대 심판청구사항이 아닌 것에 대한 심판청구, 청구인적격이 없는 자의 심판청구, 심판청구기간의 경과, 행정심판의 대상인 처분의 소멸 및 재심판청구 등의 경우가 이에 해당한다.

2. 기각재결

기각재결은 본안심리의 결과 심판청구가 이유가 없을 때(즉, 위법・부당하지 않을 때) 청구를 배척하고 원처분을 시인하는 재결을 말한다(행정심판법 제43조 제2항). 기각재결이 있은 후에도 처분청이 해당 처분을 직권으로 취소・변경할 수 있음은 물론이다. 기각재결의 종류로는, 전부기각재결과 원처분과 다른 이유로 원처분을 유지하는 재결 및 사정재결이 있다.

3. 사정재결

사정재결은 심판청구가 이유 있는 경우에도 인용이 현저히 공공복리에 적합하지 않을 경우 청구를 기각하는 예외적 재결로서 기각재결의 일종이다. 위원회는 심판청구가 이유가 있다고 인정하는 경우에도 이를 인용하는 것이 공공복리에 크게 위배된다고 인정하면 그 심판청구를 기각하는 재결을 할 수 있다. 이 경우 위원회는 재결의 주문에서 그 처분 또는 부작위가 위법하거나 부당하다는 것을 구체적으로 밝혀야 한다(행정심판법 제44조 제1항). 위원회는 사정재결을 함에 있어서는 청구인에 대하여 상당한 구제방법을 취하거나, 피청구인에게 상당한 구제방법을 취할 것을 명할 수 있다(동조 제2항). 사정재결은 취소심판과 의무이행심판에만 인정되고, 무효등확인심판에는 인정되지 않는다(동조 제3항).

4. 인용재결

(1) 취소 · 변경재결

취소재결은 취소심판의 청구가 이유 있다고 인정하여 처분을 취소 또는 다른 처분으로 변경하거나 처분을 다른 처분으로 변경할 것을 명하는 내용의 재결이다(행정심판법 제43조 제3항). 위원회가 스스로 처분을 취소 또는 다른 처분으로 변경하는 재결은 그 재결의 형성력에 의하여 해당 처분은 별도의 행정처분을 기다릴 것 없이 당연히 취소되어 소멸 또는 다른 처분으로 변경되고(형성재결)(판례), 처분청에 대하여 다른 처분으로 변경 할 것을 명하는 내용의 재결은 재결내용에 따른 위원회의 명령에 의하여 처분청의 변경처분을 기다려 대외적 효력을 발생한다(명령재결). 따라서 처분의 취소재결은 처분청의 취소처분 없이 재결의 형성력에 의해 바로 취소의 효력이 발생하며, 다른 처분으로 변경하는 재결의 경우에만 명령재결인 경우에 한해 처분청에 의하여 변경된다.

(2) 무효등확인재결

무효등확인심판의 청구가 이유 있다고 인정될 때 처분의 효력 유무 또는 존재 여부를 확인하는 재결로 확인재결에는 처분무효확인재결, 처분유효확인재결, 처분존재확인재결, 처분실효확인재결 등이 있다(행정심판법 제43조 제4항).

(3) 의무이행재결

의무이행심판의 청구가 이유 있다고 인정될 때 지체 없이 신청에 따른 처분을 하거나 (형성재결인 처분재결) 처분청에게 신청에 따른 처분을 할 것을 명하는 재결(이행재결인 처분명령재결)이다(행정심판법 제43조 제5항).

Ⅵ. 재결의 효력

1. 형성력

재결의 형성력이란 재결이 있으면 처분행정청에 의한 별도의 행위를 기다릴 필요 없이 재결의 내용에 따라 행정법관계에 직접적인 변동을 가져오게 되는 것을 말한다. 따라서 취소재결이 있는 경우에는 취소된 처분은 처분 시에 소급하여 소멸되며, 변경재결이 있으면 원처분의 효력은 상실되고 재결에 의하여 새로이 변경된 내용에 따른 효력이 생기게 된다. 또한, 의무이행재결에 의해 재결로써 신청에 따른 처분을 한 때에는 그에 따른 행정법관계에 새로운 변동이 생기게 된다. 형성력에 의한 법률관계의 변동은 누구나 인정해야 하는 것이므로 형성력은 제3자에게도 미치는 '대세적 효력'이다.

2. 기속력

기속력이란 처분청 및 관계행정청이 재결의 취지에 따르도록 처분청 및 관계행정청을 구속하는 효력을 말한다(행정심판법 제49조 제2항). 기속력은 인용재결에만 인정되고 각하·기각재결에는 인정되지 않는다. 왜냐하면 기각 또는 각하의 재결은 관계행정청에 대하여 원처분을 유지하여야 할 의무를 부과하는 것이 아니라, 청구인의 심판청구를 배척하는데 그치는 것이기 때문이다.

3. 행정행위로서의 효력

재결도 행정행위의 일종(확인행위)으로서 내용상 구속력, 공정력, 구성요건적 효력, 불가쟁력과 불가변력 등의 효력을 갖는다.

Ⅶ. 재결의 불복

1. 재심판청구금지

행정심판법은 심판청구에 대한 재결이 있으면 그 재결 및 같은 처분 또는 부작위에 대하여 다시 행정심판을 청구할 수 없도록 하여(동법 제51조), 행정심판의 단계를 단일화하였다. 다만, 국세기본법 등 개별법으로 다단계의 행정심판이 인정되는 경우도 있다.

2. 행정소송의 제기

행정심판의 재결에 대한 불복의 경우 행정소송을 제기할 수 있다. 이때의 행정소송의 대상은 원칙적으로 행정심판의 재결이 아닌, 원처분을 대상으로 제기하여야 한다. 다만, 행정심판 재결 자체에 고유한 위법존재 시에는 재결의 취소를 구하는 행정소송을 제기할 수 있다(행정소송법 제19조 단서).

제7절 불복고지(고지제도)

Ⅰ. 의 의

행정청이 행정행위를 함에 있어서 당해 행정행위의 상대방이 행정심판을 제기하고자 하는 경우의 필요사항인 재결청, 경유절차, 제출기간, 제출절차 등을 알려 주어야 할 의무를 지는 제도이다. 이 제도는 상대방이 심판청구의 요건을 잘 알지 못함으로 인하여 불이익을 받는 일이 없도록 심판청구의 기회를 보장하고, 행정청이 고지를 하게 되면 해당 처분을 함에 있어 보다 신중을 기하게 됨으로써 행정의 적정화를 도모하자는 데 그 의의가 있다.

Ⅱ. 성 질

고지는 행정청의 일정한 관념 또는 의사를 알리는 것이 아니라 기존의 법규의 내용을 구체적으로 알리는 비권력적 사실행위로서, 그 자체로서는 아무런 법률효과도 수반하지 아니한다. 따라서 고지를 하지 아니하거나 잘못 고지한 경우에도 당해 행정처분의 효력에 영향을 미치는 것은 아니다. 고지 그 자체는 행정쟁송의 대상인 처분이 아니나, 당사자로부터 고지의 요청을 받은 때(행정심판법 제58조 제2항)에 이를 거부하는 것은 거부처분으로서의 성질을 지닌다고 할 것이다.

Ⅲ. 고지의 종류

1. 직권고지

(1) 고지대상

고지의 대상이 되는 것은 처분이다. 다만 고지의 대상인 처분은 행정심판법상의 심판청구의 대상이 되는 처분에 국한되는 것이 아니라, 널리 행정심판의 대상이 될 수 있는 처분을 총칭한다고 보아야 할 것이다. 다만 신청에 의한 처분에 대하여 신청한 대로 처분을 한 경우와 비록 신청에 의하지 않고 행정청이 일방적으로 처분을 하였으나 그 내용이 상대방에게 어떠한 불리한 효과를 발생시키지 않는 경우는 그 성질상 고지를 요하지 않는다고 하겠다. 그러나 신청에 의한 처분에 있어서 처분내용이 신청한 대로가 아닌 때나, 신청한 대로의 내용 이외의 부관(특히 제한적 내용을 갖는 부관)이 부과되는 때, 또는 복효적 행정처분으로서 달리 부담적 효과를 수반하는 것인 때에는 고지를 하여야 한다.

(2) 고지의 내용

고지할 내용은 해당 처분에 대한 행정심판의 제기절차 및 기간 등 행정심판의 제기에 필요한 사항이다. 즉, 형정심판을 제기할 수 있는지의 여부, 제기하는 경우의 심판청구절차 및 제기기간 등이 그것이다. 행정심판을 제기할 수 있는지의 여부의 경우 다른 법률에 의해 행정심판을 제기해야 하는 경우(예컨대 국세기본법상의 국세심판)에도 고지해야 하고 행정소송법 제18조 제3항의 '행정심판을 제기함이 없이 소송을 제기할 수 있을 경우'도 고지해야 한다. 행정심판을 제기하는 경우의 심판청구절차의 경우 구체적으로 행정심판위원회의 명칭을 고지하여야 한다. 행정심판 제기기간의 경우 처분이 있은 날로부터 180일(객관적 청구기간)과 처분이 있음을 안 날로부터 90일(주관적 청구기간)의 모든 기간을 고지할 필요는 없고 전자는 후자가 적용될 경우에는 적용될 여지가 없으므로 처분 시의 고지에 있어서는 주관적 청구기간인 90일을 고지하면 충분하다.

(3) 고지의 상대방 및 방법

그지는 해당 처분의 상대방에 대하여 하여야 한다. 고지의 방법에 대하여는 명문의 규정이 없으나, 서면에 의한 처분의 경우에 해당 서면에서 고지하는 것이 원칙이라 할 것이다. 고지는 처분 시에 함이 원칙이라 하겠으나 처분 후에 고지를 하면 불고지의 하자가 치유된다.

2. 신청고지

(1) 신청권자

고지를 신청할 수 있는 자는 처분에 대한 이해관계인이다. 이해관계인이란 해당 처분으로 자기의 권익이 침해되는 제3자를 말한다. 그러나 처분 시에 고지를 하지 아니한 경우에는 해당 처분의 상대방도 포함된다고 할 것이다.

(2) 고지의 대상 및 내용

모든 처분이 그 대상이 될 수 있다. 고지의 내용은 직권에 의한 경우와 같다.

(3) 고지시기 및 방법

고지를 요구받은 행정청은 지체 없이 고지를 하여야 한다. 고지의 방법에는 제한이 없으나, 고지를 신청한 자가 서면에 의한 고지를 요구한 때에는 반드시 서면에 의한 방법으로 고지하여야 한다(행정심판법 제58조 제2조 후단).

Ⅳ. 불고지와 오고지

1. 불고지의 효과

불고지는 행정청이 고지를 하지 아니하여 청구인이 다른 행정기관에 심판청구를 제기한 때에는 지체 없이 정당한 권한 있는 행정청에 이송한다. 행정청이 청구기간을 고지하지 아니한 때에는 처분이 있은 날로부터 180일 이내에 행정심판을 제기하면 적법한 것으로 인정된다.

2. 오고지의 효과

행정청이 경유절차를 잘못 고지하여 다른 행정기관에 심판청구를 제기한 경우 지체 없이 정당한 권한 있는 행정청에 이송한다. 행정청이 소정의 행정심판기간보다 착오로 길게 고지한 때에는 그 고지기간 내에 제기하면 적법한 기간 내에 행정심판을 제기한 것으로 본다.

제5장 행정소송

제5장 행정소송

제1절 행정소송 서설

Ⅰ. 행정소송 개관

1. 의의 및 기능

(1) 의 의

행정소송이란 행정법상의 법률관계에 관한 분쟁에 대하여 법원의 재판절차에 의하여 판단하는 정식쟁송을 말한다.

1) '행정법상의 법률관계'에 관한 소송

이 점에서 국가의 형벌권의 발동에 관한 소송인 형사소송과, 사법상의 법률관계에 관한 분쟁을 판정하는 소송인 민사소송과 구별된다.

2) '법원'이 심판기관이 되는 행정쟁송

행정소송은 개인의 권익보호에 중점을 두어, 행정기관과는 계통을 달리하고 제3자적 입장에 있는 법원이 심판기관이 된다는 점에서 행정심판과 구별된다.

3) '정식쟁송절차'로 행하는 행정쟁송

행정소송은 대심구조·구술변론 등 신중한 소송절차를 거치며 독립한 제3자적 지위에 있는 법원이 심판기관이 된다는 점에서 약식쟁송절차에 의하는 행정심판과 구별된다.

(2) 기 능

1) 권리구제기능

행정작용이 법치주의의 요구에 어긋남으로 인해 개인의 권익을 침해한 경우 그 행정작용을 취소 또는 변경을 하여 침해된 권익을 구제하려는 기능을 한다.

2) 행정통제기능

행정사건에 대한 법적판단을 통하여 행정작용을 법에 종속시킴으로써 행정의 적법성과 타당성을 확보하는 행정통제기능으로 권리구제의 부수적 효과이다.

2. 행정소송의 특성

(1) 행정심판전치주의

행정소송의 전단계로 행정심판제도를 두고 있으며, 행정심판은 임의적 전치주의를 원칙으로 하고 예외적인경우에만 필요적 전치주의를 인정한다.

(2) 행정소송의 3심제

제1심 관할법원을 지방법원급인 피고의 소재지를 관할하는 행정법원으로 함으로써 3심제를 채택하였다.

(3) 피고의 특수성

소송 당사자가 되는 것은 권리의무의 주체인 것이 원칙이므로, 행정소송의 피고도 국가나 공공단체 등의 행정주체가 되어야 할 것이지만, 재판의 신속과 정확을 기하기 위하여 해당 행정소송의 대상인 처분 등을 행한 행정청을 피고로 하였다.

(4) 관련청구소송의 병합

행정소송의 청구와 관련되는 원상회복, 손해배상 등 청구를 병합 할 수 있도록 하여 분쟁의 신속한 해결과 권리구제의 철저를 도모하고 있다.

(5) 직권심리주의

법원은 필요하다고 인정할 때에는 직권으로 증거조사를 할 수 있고, 당사자가 주장하지 아니한 사실에 대하여도 판단할 수 있다.

(6) 제소기간의 제한

제소기간을 행정심판에 대한 재결서정본의 송달을 받은 날부터 60일 이내와 처분이 있음을 안 날부터 180일을 통합하여 처분이 있음을 안 날(재결서 정본의 송달을 받은 날 포함)부터 90일, 처분 등이 있은 날부터 1년 이내에 제기하도록 하였다.

(7) 사정판결의 인정

원고의 청구가 이유 있다고 인정하는 경우에도 처분 등을 취소하는 것이 현저히 공공복리에 적합하지 아니하다고 인정하는 때에는 법원은 원고의 청구를 기각할 수 있다.

3. 행정소송의 한계

(1) 개 설

행정소송의 한계는 행정소송에 대한 법원의 재판권이 어디까지 미치는가 하는 문제이다. 행정소송법은 원칙적으로 개괄주의를 취하고 있으므로, 행정권의 모든 위법한 처분 기타 공권력작용에 대해 권리구제가 가능하다. 그러나 모든 위법한 공행정작용에 대해 어느 경우에든지 행정소송의 제기가 허용되는 것은 아니며, 여기에는 사법의 본질 및 권력분립주의에서 나오는 일정한 한계가 있다.

(2) 헌법 명시적인 한계

소극적 한계로 헌법재판소의 권한에 관한 헌법 제111조 제1항[1)]과 군사법원의

---

1) 헌법 제111조 ①헌법재판소는 다음 사항을 관장한다.
  1. 법원의 제청에 의한 법률의 위헌여부 심판
  2. 탄핵의 심판
  3. 정당의 해산 심판

재판권을 규정한 헌법 제110조 제1·4항[2]에 의한 한계가 있고, 적극적인 한계로 국회의원의 징계·자격심사에 관한 분쟁에 대한 법원제소를 금지한 헌법 제64조 제2~4항(국회자율권)에 의한 한계가 있다.[3]

(3) 사법의 본질에 의한 한계(법률상 쟁송)

행정소송도 사법작용이므로 구체적 사건성을 전제로 하는 '법률상 쟁송'이 있는 경우에만 허용한다. 여기서 '법률상 쟁송'이란 법령의 해석·적용에 의해 해결할 수 있는 당사자 사이의 구체적인 권리·의무에 관한 분쟁을 의미한다는 것이 일반적인 견해이다. 다시 말하면 행정소송은 당사자 간의 구체적인 권리·의무에 관한 분쟁, 즉 구체적 사건성을 전제로 함과 동시에, 법령을 해석·적용함으로써 해결할 수 있는 분쟁, 즉 법적 해결성(법적용상의 분쟁)을 필요로 한다.

1) 구체적 사건성을 결여한 사건

행정소송은 당사자 간의 구체적이고 현실적인 권리·의무에 관한 분쟁 즉 구체적 사건성이 요구된다. 따라서 다음의 것들에 대한 소송가능성에 대하여는 의문이 제기된다.

① 법령의 효력 및 해석(추상적 규범통제)

법령의 일반적·추상적인 효력 내지 그 해석에 관한 분쟁은 구체적 권리·의무관계에 관한 쟁송이 아니므로 행정소송의 대상이 되지 않음이 원칙이다. 그러나 구체적 사항의 규율을 내용으로 하는 처분법령은 그를 구체화하는 처분을 매개함이 없이 그 자체가 직접적으로 구체적인 권리·의무에 영향을 미치기 때문에 예외적으로 행정소송의 대상이 된다.

---

4. 국가기관 상호간, 국가기관과 지방자치단체간 및 지방자치단체 상호간의 권한쟁의에 관한 심판
5. 법률이 정하는 헌법소원에 관한 심판

2) 헌법 제110조 ①군사재판을 관할하기 위하여 특별법원으로서 군사법원을 둘 수 있다.
④비상계엄하의 군사재판은 군인·군무원의 범죄나 군사에 관한 간첩죄의 경우와 초병·초소·유독음식물공급·포로에 관한 죄중 법률이 정한 경우에 한하여 단심으로 할 수 있다. 다만, 사형을 선고한 경우에는 그러하지 아니하다.

3) 헌법 제64조 ②국회는 의원의 자격을 심사하며, 의원을 징계할 수 있다.
③의원을 제명하려면 국회재적의원 3분의 2 이상의 찬성이 있어야 한다.
④제2항과 제3항의 처분에 대하여는 법원에 제소할 수 없다.

② 반사적 이익

행정소송을 제기하기 위해서는 법률상 이익이 있어야 하는바(행정소송법 제12조 전단), 따라서 반사적 이익이나 사실상 이익의 침해 여부는 법원의 심판대상이 되지 않는 다는 것이 통설과 판례이다.

③ 객관적 소송 · 단체소송

일반적으로 객관적 소송은 공익이나 다른 사람의 이익을 위해 소송을 제기하는 것이므로, 개인의 권리보호와 무관하기 때문에 법률에 특별한 규정이 있는 경우에만 인정된다. 그러나 최근에 객관적 소송과 관련하여 특히 환경법, 소비자보호법 등의 분야에서 관계법규가 불충분하게 입법 · 진행되고 있음을 이유로 공익소송으로서의 다수당사자소송(독일에서의 단체소송, 미국에서의 집단소송)의 도입이 활발히 논의되고 있다.

④ 사실행위

사실행위는 그 개념상 법률효과의 발생을 직접적으로 의욕하지 않으므로, 이로 인해 당사자의 권리나 의무에 직접적인 영향을 발생하지 않으므로, 행정소송의 대상이 되지 않는다. 또한 단순한 사실관계의 존부도 행정소송의 대상이 되지 않는다. 다만 권력적 사실행위의 경우에는 권력적 성질로 인해 당사자 간의 권리나 의무에 관한 분쟁의 존재를 인정할 수 있으므로 행정소송의 대상이 된다.

2) 법적용상의 한계

행정소송은 법규의 해석 · 적용에 의해 해결할 수 있는 당사자 간의 구체적인 분쟁이 요구된다. 법률적용상의 분쟁에 해당하지 않는 경우에는 권력분립의 원칙상 스스로 해결할 수 없으므로, 이러한 관점에서는 이들 문제는 권력분립상의 한계에 해당한다고 볼 수 있다. 따라서 다음의 것들에 대한 소송가능성에 대하여는 의문이 제기된다.

① 통치행위

통치행위는 고도의 정치성을 갖는 국가행위로 성질상 사법심사의 대상이 되기에는 부적당한 행위를 말한다.

② **재량행위**

오늘날 기속행위에 대해서는 사법심사가 전면적으로 이루어지는 반면, 재량행위의 경우는 재량의 일정한 한계 내의 행사에 있어서는 당・부당의 문제로 보아 사법심사의 대상에서 제외되지만 행정심판절차에서는 당・부당의 문제도 심판대상이 된다.

③ **학술・예술상의 문제(판단여지)**

순수한 학술 또는 예술적 차원에서의 진위확인・논쟁・우열의 평가나 단순한 사실관계의 확인・판단 등은 구체적 권리의무관계에 관한 것이 아니므로 행정소송의 대상이 아니다.

④ **특별행정법관계에서의 분쟁의 문제**

종래 특별권력관계에서의 특별권력주체의 내부질서유지를 위한 행위는 사법심사의 대상에서 제외된다고 보았으나, 오늘날은 특별권력관계에서의 분쟁도 법률상 이익에 관한 분쟁이기만 하면 사법심사의 대상이 된다고 보는 것이 일반적인 견해이다.

(4) 권력분립에 따른 한계(무명항고소송)

일반법원이 행정소송에 대한 관할권을 가지고 행정사건을 심리・판단하는 경우에 권력분립의 원리로부터 나오는 행정소송의 한계를 어느 정도 인정할 것인지가 문제인 바, 당사자의 일정한 행정행위의 신청에 대해 행정청이 거부하거나 부작위를 한 경우, 행정청에 대해 일정한 행정행위를 해 줄 것을 청구하는 내용의 행정소송인 '의무이행소송'이나 장래 행정청이 일정한 처분을 할 것이 명백한 경우에 그 처분을 하지 않을 것을 구하는 내용의 행정소송인 '예방적 부작위소송(부작위청구소송)' 등의 인정 여부에 대하여 학설의 대립이 있으며 판례와 실무에서는 이를 부정한다.

Ⅱ. 행정소송과 행정심판과의 관계

1. 행정심판전치주의의 의의와 존재이유

(1) 의 의

행정심판법 제18조 제1항은 “취소소송은 법령의 규정에 의하여 당해 처분에 대한 행정심판을 제기할 수 있는 경우에도 이를 거치지 아니하고 제기할 수 있다. 다만, 다른 법률에 당해 처분에 대한 행정심판의 재결을 거치지 아니하면 취소소송을 제기할 수 없다는 규정이 있는 때에는 그러하지 아니하다.”라고 규정하고 있다. 따라서 행정심판전치주의는 임의적 전치주의를 원칙으로 하고, 필요적 전치주의를 예외로 하고 있다.

필요적 전치주의를 채택하는 경우는 각종 소청관련 심사, 세금관련 심사(심판), 중앙노동위원회 재심판정, 감사원 심사, 도로교통법상 행정심판 등이다.

(2) 존재이유

행정심판은 권력분립과 자율적 행정통제, 사법기능의 보완, 행정청의 전문지식 활용, 법원의 부담경감, 소송경제의 확보 등과 같은 순기능적 역할을 한다.

2. 행정심판전치의 예외

(1) 심판의 재결을 받지 않아도 되는 경우

심판청구일로부터 60일 경과하여도 재결이 없을 때, 처분의 집행 또는 절차의 속행으로 생길 중대한 손해발생을 예방해야 할 긴급상황, 법령의 규정상 행정심판 의결이 배제되었을 때, 그 밖의 정당한 사유가 있을 때에는 행정심판의 재결을 받지 않아도 된다.

(2) 행정심판을 제기하지 않아도 취소소송을 제기할 수 있는 경우

동종사건에 이미 기각재결이 존재하는 경우, 서로 내용상 관련되는 처분 또는 같은 목적을 위하여 단계적으로 진행되는 처분 중의 하나가 이미 행정심판을 거친 때, 행정청이 심판의 사실심변론 종결 후 소송대상인 처분을 변경하여 변경된 처분에 대하여 소를 제기한 때, 처분청이 행정심판을 거칠 필요가 없다고 오고지한 경우에는 행정심판을 제기하지 않아도 취소소송을 제기할 수 있다.

3. 행정심판전치에 관한 흠의 치유

행정심판전치를 요하는 경우에 행정심판을 제기하였으나 그 재결이 있기 전에 행정소송을 제기하면 소는 부적법한 것이나 소가 각하되지 않고 있는 사이에 재결이 있으면 그 흠은 치유된다.

4. 행정심판전치주의의 적용범위

항고소송에만 적용되고, 공법상 법률관계에 관한 소송인 당사자 소송에는 성질상 적용되지 않는다. 항고소송 중에도 취소소송과 부작위 위법확인소송의 경우에만 적용된다. 무효인 하자가 있는 행정행위는 별도의 행위를 기다릴 필요 없이 처음부터 효력을 발생하지 않으므로 무효등확인소송의 경우 적용하지 아니한다. 또한 하나의 처분에 2단계 이상의 행정심판절차가 인정되는 경우 명문의 규정이 있는 경우를 제외하고는 하나만 거치면 족하다는 것이 통설이다.

5. 행정심판의 제기 및 재결

원칙적으로 적법하게 제기하여야 하고, 또 본안에 관하여 재결을 받아야 한다. 따라서 부적법한 행정심판청구에 대하여 본안재결을 한 경우에는 행정심판전치의 요건이 충족되었다고 할 수 없다. 적법한 행정심판제기에 대하여 각하한 경우에는 행정심판전치의 요건이 충족된 것으로 본다.

제2절 행정소송의 종류

I. 성질에 의한 분류

1. 형성의 소

법률관계를 변동시키는 판결을 구하는 목적으로 하는 소이다. 따라서 형성판결은 형성요건의 존재를 확정하는 동시에, 새로운 법률관계를 발생시키거나, 기존의 법률관계를 변경 또는 소멸시키는 판결이다. 취소소송의 성질이 형성의 소에 속한다고 봄이 일반적이다.

2. 이행의 소

이행청구권의 확정과 피고에 대하여 이행을 명하는 판결을 구하는 것을 목적으로 하는 소이다. 이행의 소는 실체법상의 청구권이 그 바탕이 되는 것으로 청구의 내용이 금전 지급, 물건인도, 의사표시, 작위 또는 부작위 어느 것을 구하는 것이어도 상관없다. 의무이행소송이나 금전급부 등을 목적으로 하는 당사자소송이 이에 속한다.

3. 확인의 소

법률관계의 존부를 확정하는 판결을 구하는 소이다. 무효등확인소송과 부작위위법확인소송 및 공법상 법률관계의 존부의 확인을 구하는 당사자소송이 이에 속한다.

Ⅱ. 내용에 의한 분류

1. 항고소송

행정청의 작위, 부작위로 인하여 권익을 침해당한 자가 그 위법을 이유로 당해 처분의 취소 또는 변경을 구하는 소송이다. 행정소송법은 항고소송의 종류로 취소소송과 무효등확인소송 및 부작위위법확인소송을 규정하고 있다. 그런데 이러한 행정소송법의 규정은 보통 예상할 수 있는 항고소송의 형태를 예시한 것으로 볼 것인지, 아니면 항고소송의 종류를 위 세 가지로 한정하여 열거한 것인지 다툼이 있을 수 있다. 항고소송의 종류를 예시한 것에 불과하다고 보면 행정소송법에 규정한 위 세 가지 소송을 법정항고소송이라 하고, 그 외에 예상할 수 있는 항고소송을 무명항고소송이라 한다.

무명항고소송이란 행정소송법에 명문으로 규정되어 있지 아니한 법정외항고소송을 말하는바, 행정소송법에서 규정한 항고소송을 예시규정이라고 볼 경우 예상할 수 있는 항고소송이라 할 수 있다. 이는 위 행정소송의 한계에서 살펴본 바와 같이 의무이행소송과 예방적 부작위소송 등을 들 수 있다.

2. 당사자 소송

행정청의 공권력 행사, 불행사의 결과로서 발생한 법률관계에 관하여 다투는 소송과 서로 대립된 당사자 사이에서의 공법상의 법률관계에 관한 소송이다.

Ⅲ. 주관적 소송과 객관적 소송

1. 주관적 소송

개인의 주관적 권익의 보호를 목적으로 하는 소송으로 취소소송, 무효등확인소송, 부작위위법확인소송 등의 항고소송과 당사자 소송이 주관적 소송에 해당한다.

2. 객관적 소송

개인적 권익과는 관계없이 순전히 행정작용의 적법성을 확보함으로써 객관적 법질서를 유지함을 목적으로 하는 소송으로, 국가 또는 공공단체의 기관이 법률에 위반되는 행위를 한 때에 직접 자기의 법률상 이익과 관계없이 그 시정을 구하기 위하여 제기하는 민중소송과 국가 또는 공공단체의 기관 상호간에 있어서의 권한의 존부 또는 그 행사에 관한 다툼이 있을 때에 이에 대하여 제기하는 기관소송이 있다.

정리 행정소송의 종류

① **주관적 소송**
- ㉠ 항고소송
  - ⓐ 법정항고소송
    - 취소소송
    - 무효등확인소송
    - 부작위위법확인소송
  - ⓑ 무명항고소송
    - 의무이행소송
    - 예방적 의무확인소송
    - 예방적 금지소송
    - 무하자재량행사청구소송
- ㉡ 당사자 소송

② **객관적 소송**
- ㉠ 민중소송
- ㉡ 기관소송

제3절 항고소송

I. 항고소송의 의의 및 분류

1. 의 의

행정청의 처분 등이나 부작위에 대하여 제기하는 소송, 즉 행정청의 위법한 처분이나 재결 또는 부작위로 인하여 권리, 이익의 침해를 받은 자가 그 위법을 이유로 취소, 변경 등을 구하는 소송이다.

2. 항고소송의 분류

(1) 법정항고소송

우리 행정소송법에서 명문으로 규정하고 있는 세 가지 유형의 항고소송을 말한다.

1) 취소소송

행정소송 중 중심이 되는 소송으로 취소소송에 대한 규정이 무효 등 확인소송과 부작위위법 확인 소송에 선택적으로 준용된다.

2) 무효등확인소송

취소소송의 행정심판전치주의, 제소기간, 사정판결, 재량처분의 취소[4] 등은 무효 등 확인소송에 준용되지 않는다.

---

4) 행정심판법 제27조(재량처분의 취소)
행정청의 재량에 속하는 처분이라도 재량권의 한계를 넘거나 그 남용이 있는 때에는 법원은 이를 취소할 수 있다.

3) 부작위위법확인소송

취소소송의 제소기간, 처분변경으로 인한 소의변경[5], 집행정지결정, 사정판결, 피고의 소용비용부담 등은 부작위위법 확인 소송에 준용되지 않는다. 소송의 대상인 처분자체가 없으므로 그 성질상 제소기간, 처분변경으로 인한 소의변경, 집행정지결정은 당연히 준용되지 않는다.

(2) 무명항고소송

법에 규정이 없는 종류의 항고소송을 무명항고소송이라고 하는데 학계에서 이름을 붙인 것에 불과하고 행정소송법에 그 이름이나 절차에 관한 규정이 없기 때문에 그렇게 부른다. 우리 행정소송법상 인정여부에 대하여 논란이 되며, 판례는 인정하지 않는다. 의무이행소송, 예방적 의무확인소송, 예방적 금지소송, 무하자재량행사청구소송 등이 있다.

Ⅱ. 취소소송

1. 의 의

취소소송은 항고소송의 가장 대표적인 형태로서, 행정청의 위법한 처분이나 재결의 취소 또는 변경을 구하는 소송을 가리킨다. 취소소송은 위법한 처분이나 재결에 대한 것이 보통이나, 무효인 처분에 대하여 무효선언의 뜻에서의 취소를 구하는 것도 무방하다.

2. 성 질

취소소송의 성질에 대하여는 견해가 갈린다. 형성소송설은 취소소송은 일응 일정한 법률관계를 성립시킨 행정행위의 효력을 다툼으로써 해당 행정행위의 취

---

5) 행정심판법 제22조(처분변경으로 인한 소의 변경)
① 법원은 행정청이 소송의 대상인 처분을 소가 제기된 후 변경한 때에는 원고의 신청에 의하여 결정으로써 청구의 취지 또는 원인의 변경을 허가할 수 있다.

소·변경을 통하여 그 법률관계를 소멸 또는 변경시키게 되는 점에서 형성소송적 성질을 가진다고 하며, 통설과 판례의 입장이다. 이에 대하여 확인소송설은 법적 효력이 발생하지 않는 사실행위나 처분의 효력이 소멸된 후에도 취소소송이 가능하며 공정력은 적법성추정이 아닌 잠재적 통용력에 불과하다는 점에서 취소소송을 그 처분 당시에 있어서의 처분의 위법성을 확인하는 성질의 소송으로 본다. 마지막으로 구제소송설은 취소소송을 행정행위의 위법성 확정이라는 확인소송적 성질과 행정행위의 공정력 배제라는 형성소송적 성질을 아울러 가지는 특수한 유형의 소송으로 본다.

3. 종 류

취소소송의 종류에는 처분취소소송과 재결취소소송, 처분변경소송 이외에 종래 판례에 의하여 인정된 소위 무효선언을 구하는 취소소송 등이 있다.

4. 소송물

(1) 의 의

소송물이란 원고의 청구취지 및 청구원인에 의해 특정되고 법원의 심판대상과 범위가 되는 기본단위로서, 소송의 목적물 내지 소송의 객체를 말한다. 소송물은 원고측에서는 소송상의 청구가 되고, 피고측에서는 공격방어방법의 기본목표가 되며, 법원으로서는 판단할 대상과 범위가 되는 것으로 소송법상의 기술적 개념이다.

소송물개념은 확정판결이 있게 되면 소송물의 범위 안에서만 기판력이 발생하므로 기판력의 객관적 범위, 동일 소송물에 대한 중복소송의 금지, 소의 변경과 청구의 병합의 여부, 처분사유의 추가·변경의 가부 등과 관련하여 중요한 의미를 가진다.

(2) 학 설

취소소송의 소송물에 관한 실정법상의 정의규정이 없기 때문에 무엇이 소송물인지에 대하여 견해가 나뉘고 있다.

1) 위법성일반설

취소소송의 성질을 형성소송으로 보고, 취소소송의 형성요건이 행정처분의 위법성이기 때문에 행정처분의 위법성 일반이 소송물이라고 하는 견해로 다수설의 입장이다. 하나의 행정행위에 여러 개의 위법사유가 있더라도 소송물을 하나로 보며, 개별위법사유는 공격방어방법의 하나에 불과하다고 본다. 당초처분의 위법성뿐만 아니라 당초처분과 규율내용 및 사실관계에 있어서 동일성이 인정되는 처분의 위법성 일반을 소송물로 보는 견해도 이 부류에 속한다고 할 것이다. 이 견해에 의하면, 행정처분은 본래 객관적 진실에 기하여 행하여져야 하므로 법원은 그 적법 여부를 판단함에 있어서 처분 당시에 객관적으로 존재하는 사정의 전부를 참작할 수 있어야 하고, 그렇게 함으로써 분쟁의 일회적 해결을 통해 소송경제에 도움이 된다는 것을 논거로 든다.

2) 개별위법사유설

소송물은 개별적인 위법사유이고, 위법사유를 달리할 때마다 소송물도 다르다는 입장이다. 따라서 행정청이 처분사유를 변경하여 동일한 내용의 처분을 중복하여 행하면 소송물이 복수로 존재하게 되고, 원고는 그 각각에 대하여 취소소송을 제기하게 된다. 이 견해는 소송물을 해당 처분의 위법성 일반으로 보면 기판력 또한 위법성 일반의 범위까지 확대되는 결과 원고는 늦어도 사실심변론종결시까지 모든 위법사유를 주장할 것을 강요당하게 되므로 원고가 주장하지 않았던 위법사유에 대하여 실권(失權)의 불이익을 받을 우려가 있으므로 위법사유마다 소송물을 인정하는 것이 국민의 권리보호라는 취소소송의 목적에 부합된다는 점 등을 그 논거로 든다.

3) 위법처분취소청구권설(원고의 권리주장설)

취소소송은 형성소송이므로 그 소송물은 법원에 대한 형성요구권이어야 하므로, 취소소송의 소송물은 행정처분에 의해 창설된 법관계의 취소를 구할 법적지위인 취소청구권이라고 한다. 또는 소송물은 처분을 통하여 자신의 권리가 침해되었다는 원고의 법적 주장(청구취지)이라고도 한다.

4) 위법성과 권리주장설

이 견해는 취소소송의 소송물은 처분의 위법성과 이를 근거로 한 처분 등의 취소를 구하는 원고의 법적 권리주장이라고 한다. 즉, 처분의 위법성은 객관적으로 위법한 것만으로는 부족하므로 원고와의 관계에서도 주관적으로 위법해야 한다고 본다. 객관적 위법성은 법질서 전체에 대한 반가치판단으로서의 위법을 말하고, 주관적 위법성이란 원고에 대한 권리침해를 의미한다. 독일의 통설이다.

5) 처분권한 존부설

이는 취소소송을 확인소송으로 보고, 소송물은 처분 시에 구체적인 처분요건 내지 처분권한의 존부(存否)라고 한다.

(3) 판 례

대법원은 "과세처분취소소송의 소송물은 그 취소원인이 되는 위법성 일반"이라고 하여(대판 1990. 3. 23. 89누5386; 대판 1989. 4. 11. 87누647 등) 위법성일반설을 취하고 있다.

Ⅲ. 무효 등 확인소송

1. 의 의

무효 등 확인소송이란 행정청의 처분 등의 효력유무 또는 존재여부를 확인하는 소송이다. 이는 무효인 행정처분도 처분으로서의 외관(外觀)을 가지고 있기 때문에 그 외형상 효력의 제거를 위하여 필요한 소송이다.

2. 성 질(준항고소송)

무효등확인소송의 성질에 관해 확인소송설(당사자소송설), 항고소송설, 준항고소송설 등이 대립한다. 확인소송설은 무효등확인소송은 적극적으로 처분 등의 효력을 소멸시키거나 부여하는 것이 아니라 처분 등의 존부나 효력의 유무를 확인·선언하는 확인소송으로서의 성질을 가지는 것이라고 하며, 항고소송설은 주로 무효와 취소의 구별 상대화 이론을 전제로 하여 무효등확인소송도 행정처분의 무효를 확정하고 그 효력의 제거를 목적으로 하는 것이기 때문에 행정주체가 우월한 지위에서 행한 행정권의 행위의 효력을 다투는 것이 되어 항고소송과 본질적으로는 같은 것이라고 한다. 이에 대하여 준항고소송설은 무효등확인소송은 실질적으로는 일종의 확인소송이라고 할 수 있으나, 형식적으로는 처분의 효력의 유무를 직접 소송의 대상으로 한다는 점에서 항고소송적인 측면을 아울러 지니는 것으로 보는 견해이다. 행정소송법은 항고소송의 일종으로 명문화하여 입법적으로 해결하였다.

3. 종 류

무효등확인소송에는 무효확인소송·유효확인소송·존재확인소송·부존재확인소송 및 실효확인소송 등이 포함된다.

4. 소송물

무효등확인소송의 소송물은 구체적인 청구에 따른 처분 또는 재결의 무효성, 유효성 또는 존재, 부존재이며, 특정한 처분이나 재결의 효력의 유무 또는 존재여부를 주장함으로써 그 효력의 유무나 존재여부를 확인하는 행위이다.

Ⅳ. 부작위위법확인소송

1. 의 의

행정청의 부작위가 위법하다는 것의 확인을 구하는 소송이다. 즉, 행정청이 당사자의 신청에 대하여 상당한 기간 내에 일정한 처분을 할 법률상의 의무가 있음에도 불구하고 이를 하지 않은 것에 대한 위법확인을 구하는 소송이다.

2. 성 질

부작위위법확인소송은 행정청이 일정한 처분을 하여야 할 법적 의무가 있음에도 불구하고 이를 하지 않음으로 인한 위법한 법상태가 외부화·현실화된 경우에 그 위법함을 확인받기 위한 것이므로 확인소송으로서의 성질을 가진다고 할 것이다. 그러므로 부작위위법확인소송에서의 판결은 행정청의 특정한 부작위의 위법 여부를 확인하는 데 있으며, 적극적으로 행정청에 대하여 일정한 처분을 할 의무를 직접 명하는 것은 아니다.

3. 소송물

부작위위법확인소송의 소송물은 해당 소송의 대상인 부작위의 위법성이다. 이 점은 같은 부작위소송이라도 의무이행소송인 경우에는 일정한 행위의무의 존재가 소송물이 되는 것과 다르다.

제4절 당사자 소송

I. 개 설

1. 의 의

공법상의 법률관계에 관해 의문이나 다툼이 있는 경우에 그 법률관계의 당사자가 원고 또는 피고의 입장에서 그 법률관계에 관하여 다투는 소송이다. 행정소송법은 당사자소송을 "행정청의 처분 등을 원인으로 하는 법률관계에 관한 소송 그 밖에 공법상의 법률관계에 관한 소송으로서 그 법률관계의 한쪽 당사자를 피고로 하는 소송"으로 규정하고 있다(동법 제3조 제2호).

2. 성 질

항고소송은 행정청의 우월적 지위에서 행한 공권력의 행사·불행사 등을 직접적인 불복의 대상으로 하는 소송인데 대하여, 당사자소송은 그러한 공권력의 행사·불행사의 결과로서 생긴 법률관계 및 그 밖의 공법상의 법률관계를 대상으로 대등한 지위에서 행하는 소송이다. 또한 당사자 소송은 공법상의 법률관계를 대상으로 하는 점에서 사법상의 법률관계를 대상으로 하는 민사소송과도 다르다.

당사자소송은 아직 유권적(有權的)인 결정이 없는 공법상의 권리관계 또는 법률관계를 다투는 쟁송이므로 시심적(始審的) 쟁송의 성질을 갖는다.

3. 취소소송 및 무효등확인소송과의 관계

(1) 취소소송과의 관계

행정처분은 비록 하자가 있더라도 당연무효의 하자가 아닌 한 공정력이 있으므로 취소소송 이외의 방법으로 그 효력을 부인할 수 없다. 따라서 위법한 과세처분에 의하여 세금을 납부한 자도 그 과세처분이 당연무효가 아닌 한 과세처분 취소소송을 제기하여야 하고, 취소소송을 제기함이 없이 바로 당사자소송으로 납부한 세금의 반환을 구하는 소송을 제기할 수 없다. 즉, 취소소송과 당사자소송은 보충적 관계에 있다.

(2) 무효등확인소송과의 관계

무효등확인소송과 당사자소송이 서로 병렬관계인지 보충관계인지에 대하여 견해가 대립되고 있다. 예컨대 과세처분이 무효인 경우 항고소송으로서 과세처분 무효확인소송과 당사자소송으로서의 조세채무부존재확인소송의 관계가 문제된다. 즉, 보충관계설에서는 당사자소송은 공법상의 법률관계 일반을 대상으로 하는 포괄적인 성격의 소송이므로 정형적 법률관계에 대해서 하는 정형적 소송유형인 항고소송에 의하여 해결이 곤란한 경우에만 보충적으로 적용된다고 하고, 병렬관계설에서는 처분이 무효인 경우에는 공정력이 없고 누구나 어떠한 방법으로나 그 효력을 부인할 수 있는 것이므로 당사자의 선택에 따라 어느 소송이든 제기할 수 있다고 한다.

한편 판결의 제3자적 효력은 무효등확인소송에는 준용되고 있으나, 당사자소송에는 준용되고 있지 않다.

Ⅱ. 당사자소송의 종류와 적용법규

1. 실질적 당사자소송

(1) 의 의

공법상의 법률관계에 관한소송으로서 그 법률관계의 한쪽 당사자를 피고로 하는 소송으로 실질적 당사자소송에는 행정청의 처분 등을 원인으로 하는 법률관계에 관한 소송과 그 밖의 공법상의 법률관계에 관한 소송을 포함한다. 행정소송법상의 당사자소송은 주로 실질적 당사자소송을 의미한다.

(2) 소송물

항고소송처럼 행정처분을 소송물로 하는 것이 아니라 공법상 법률관계 그 자체를 소송물로 한다.

(3) 내용 및 사례

1) 처분 등을 원인으로 하는 법률관계에 관한 소송

다수설에 따르면 처분 등의 무효・취소를 전제로 하는 공법상의 부당이득반환청구소송(과오납금반환청구소송), 공무원의 직무상 불법행위로 인한 국가배상청구소송, 별도의 불복방법에 관한 규정이 없는 경우의 손실보상청구권 등에 관한 소송은 공법상 당사자소송이 된다고 본다.

그러나 판례는 국가배상청구권이나 조세부과처분이 무효로 됨으로써 발생하는 부당이득반환청구권, 별도의 불복절차에 관한 규정이 없을 경우 손실보상청구권은 사권이고 그에 관한 소송은 민사소송이라고 본다.

2) 그 밖의 공법상의 법률관계에 관한 소송

통설과 판례는 모두 공법상 계약에 대하여 실질적 당사자소송을 인정한다.[6] 기타 공법상 금전지급청구를 위한 소송(사회보장급부청구소송)[7], 공법상 지위·자격·신분의 확인을 구하는 소송[8], 항만법에 의한 항만시설 무상사용권 범위확인 소송(대판 2001. 9. 4, 99두10148), 도시정비법상의 관리처분계획에 대한 총회결의의 무효확인소송 등이 있다. 결과제거청구소송의 경우 공법상 법률관계에 관한 실질적 당사자소송으로 볼 수 있으나, 판례는 민사소송으로 본다.

2. 형식적 당사자소송

(1) 의 의

행정청의 처분·재결 등이 원인이 되어 형성된 법률관계에 관해 다툼이 있는 경우에 그 원인이 되는 처분·재결 등의 효력이 아닌 그 처분 등의 결과로서 형성된 법률관계에 대해 그 처분청을 피고로 하지 않고 그 법률관계의 한쪽 당사자를 피고로 하여 제기하는 소송이다.

---

6) 판례는 ⓐ 서울특별시립무용단 단원의 위촉(대판 1995. 12. 22, 95누4636), ⓑ 국립중앙극장 전속합창단원의 채용(대판 1996. 8. 27, 95나35953), ⓒ 광주시립합창단원에 대한 재위촉(대판 2001. 12. 11, 2001두7794), ⓓ 국방일보의 발행책임자인 국방홍보원장으로 채용된 계약직공무원에 대한 채용계약(대판 2002. 11. 26, 2002두5948), ⓔ 전문직공무원인 공중보건의사 채용계약·공중보건의 계약해지(대판 1996. 5. 31, 95누10617) 등을 공법상 계약으로 보고 그에 대한 구제수단으로 당사자소송을 인정하고 있다.
그러나 토지수용 시 협의성립 후 보상금 미지급 시 보상금지급청구소송에 대해 다수설은 공법상 계약이므로 당사자소송으로, 판례는 사법상 계약이므로 민사소송에 의한다는 입장이다.

7) 근거법령상 공법상 급부청구권이 행정청의 1차적 결정 없이 곧바로 발생하는 경우에는 당사자소송에 의한다. 이에는 ⓐ 「광주민주화운동관련자보상등에관한법률」 제15조에 의거하여 관련자 및 유족들이 갖게 되는 보상 등에 관한 권리(대판 1992. 12. 24, 92누3335), ⓑ 구 석탄산업법상의 석탄가격안정지원금 지급청구의 소(대판 1997. 5. 30, 95다28960), ⓒ 공무원연금관리공단이 퇴직연금 중 일부금액에 대하여 지급거부의 의사표시를 한 경우 미지급퇴직연금의 지급을 구하는 소송(대판 2004. 7. 8, 2004두244), ⓓ 공무원봉급 미지급 시 지급청구소송 등이 있다.
당사자의 신청과 그에 대한 행정청의 인용결정이 있을 때 비로소 권리가 발생하는 경우는 항고소송의 대상이다.

8) ⓐ 국가의 훈기부상 화랑무공훈장을 수여받은 것으로 기재되어 있는 자가 태극무공훈장을 수여받은 자임의 확인을 구하는 소송(대판 1990. 10. 23, 90누4440)
ⓑ 영관생계보조기금권리자확인(대판 1991. 1. 25, 90누3041)
ⓒ 구 도시재개발법에 의한 재개발조합에 대해 조합원 자격확인을 구하는 소송(대판 1999. 2. 5, 97누14606).

(2) 형식적 당사자소송의 필요성

신속한 권리구제를 도모하고 소송절차를 간소화할 수 있다. 직접 이해관계자를 소송당사자로 하여 다투도록 하는 것이 소송의 진행이나 분쟁의 해결에 보다 적절하다는 것이다. 예컨대, 토지수용위원회를 상대로 재결취소소송을 제기한 후 또는 그와 동시에 보상금증감에 관한 당사자소송을 제기하여 양자를 병합하는 등의 부담이 있기 때문이다.

(3) 성 질

항고소송과 당사자소송의 성질을 아울러 가진다. 즉, 형식적 당사자소송은 실질적으로는 행정청의 처분 등의 효력을 다투는 소송이므로 항고소송의 성질을 가지나, 형식적으로는 소송형태의 면에서 항고소송과 같이 행정청을 피고로 하는 것이 아니고 법률관계의 한쪽 당사자를 피고로 하는 소송이다.

(4) 형식적 당사자소송의 일반적 인정 여부

형식적 당사자소송이 현행 행정소송법 하에서 일반적으로 인정될 수 있는지 여부에 대해 견해가 나뉜다. 이에 대해서 개별법의 규정이 없는데도 형식적 당사자소송을 인정하여 공정력을 가지는 처분을 그대로 둔 채 당해 처분을 원인으로 하는 법률관계에 관한 소송을 제기하고 법원이 이를 심리·판단하는 것은 공정력이나 구성요건적 효력에 반한다는 점을 논거로 부정하고 개별법규가 있는 경우에만 인정하는 견해가 다수설과 판례의 태도이다.

(5) 내용 및 사례

형식적 당사자소송의 예로는 특허무효항고심판, 특허권존속기간의 연장등록무효항고심판, 권리범위확인항고심판 등에 관한 소송 등 지적재산권에 관한 소송(특허법 제187조 단서, 실용신안법 제33조, 상표법 제85의3조)과 방송통신위원회의 재정의 다툼에 관한 소송(전기통신사업법 제45조)를 들 수 있다.

「공익사업을 위한 토지 등의 취득 및 보상에 관한 법률」 제85조 제2항에 의한 손실보상금 증감을 다투는 소송은 형식적 당사자소송과 항고소송이 결합된 독특

한 형태의 소송이다.[9)]

Ⅲ. 당사자 등

1. 원고적격

항고소송은 법률상 이익이 있는 자에게만 인정되고 사실상 이익 내지 반사적 이익이 있는 자에게는 인정되지 않지만 당사자소송에는 항고소송과 같은 제한이 없다. 공법상 법률관계에 있어서 권리보호의 이익 또는 필요성을 갖는 자는 누구나 원고가 될 수 있다. 실질적 당사자소송은 일반 민사소송의 원고적격에 관한 규정을 준용한다.

2. 피고적격

당사자소송의 피고는 국가, 공공단체, 그 밖의 권리주체(공무수탁사인)이다. 국가가 피고가 될 때에는 법무부장관을 상대로 하고, 지방자치단체가 피고로 될 때에는 당해 자치단체의 장을 상대로 한다.

3. 재판관할, 관련청구의 병합, 이송, 소의 변경 등

당사자소송의 제1심 관할법원은 항고소송과 동일하다. 즉, 피고 소재지를 관할하는 행정법원이다. 항고소송의 관련청구의 병합, 이송, 소의 변경 등의 규정이 당사자 소송에도 준용된다. 기타 취소소송에 관한 피고경정, 공동소송, 제3자의 소송참가, 행정청의 소송참가에 관한 규정이 당사자소송에도 준용된다.

---

9) 재경의 내용 중 손실보상액에 대하여만 불복이 있는 경우에는 이의신청을 거치지 않은 경우에는 재결서를 송달받은 날로부터 60일 이내에, 이의신청을 거친 경우에는 30일 이내에 보상금증감청구소송을 제기할 수 있는데, 이 경우 당해 소송을 제기하는 자가 토지소유자 또는 관계인인 때(증액청구소송)에는 사업시행자를, 사업시행자인 때(감액청수소송)에는 토지소유자 또는 관계인을 각각 피고로 한다(공익사업을 위한 토지 등의 취득 및 보상에 관한 법률 제85조 제2항).

4. 소의 제기의 효과(집행정지 불가)

당사자소송이 제기되면 취소소송에 있어서의 관련청구의 이송·병합규정, 소의 변경규정, 소송참가규정 등이 준용되지만, 집행정지에 관한 규정은 준용되지 않는다.

5. 심리와 판결

항고소송의 직권심리주의와 처분·재결에 관한 기록의 제출명령이 준용된다. 사정판결제도가 없음은 최소소송의 경우와 다르다. 구속력, 형성력, 기판력이 인정되고, 항고소송에서는 인정되지 않는 집행력도 인정된다.

제5절 기관소송과 민중소송(객관적 소송)

Ⅰ. 기관소송

1. 의 의

기관소송이란 행정관청이 개인의 권익과 관계없이 직책상 권한을 주장하여 제기하는 소송, 즉 국가 또는 공공단체의 행정기관 상호간에 그 주관권한의 존부 또는 그 권한행사에 관하여 분쟁(권한쟁의 또는 주관쟁의)이 있을 때에 그에 관하여 제기하는 소송을 의미한다.

2. 종 류

(1) 지방자치법상의 기관소송

1) 지방의회 의결에 대한 소송

지방의회의 의결에 대하여 지방자치단체의 장이 대법원에 제기하는 소송이다.

즉, 지방의회의 의결이 월권이거나 법령에 위반되거나 공익을 현저히 해친다고 인정되어 지방자치단체의 장이 재의를 요구하였으나 전과 같이 재의결한 사항이 법령에 위반된다고 인정되면 대법원에 소를 제기할 수 있고(지방자치법 제107조 제3항, 제172조 제3항), 해당 지방자치단체의 장이 제소를 하지 아니하는 경우 주무부장관이나 시·도지사가 대법원에 직접 제소할 수 있다(동법 조172조 제6·7조).

2) 감독처분에 대한 소송

지방자치단체의 장은 주무부장관 또는 시·도지사의 자치사무에 관한 명령이나 처분의 취소 또는 정지에 대하여 이의가 있으면 그 처분통지를 받은 날부터 15일 이내에 대법원에 소를 제기할 수 있다(지방자치법 제169조 제2항). 또한 주무부장관이나 시·도지사의 위임사무에 관한 직무이행명령에 대하여 이의가 있는 지방자치단체의 장은 이행명령서를 접수할 날부터 15일 이내에 대법원에 소를 제기할 수 있다(동법 제170조 제3항).

(2) 지방교육자치에 관한 법률상의 기관소송

교육감은 교육위원회의 의결 또는 교육·학예에 관한 시·도의회의 의결이 법령에 위반된다고 인정되어 재의를 요구하여 재의결된 사항이 역시 위법하다고 판단될 때에는 재의결된 날부터 20일 이내에 대법원에 제소할 수 있다(지방교육자치에관한법률 제28조 제3항). 이 경우 교육감이 소를 제기하지 아니하는 때에는 교육과학기술부장관이 직접 제소할 수 있다(동조 제4항).

Ⅱ. 민중소송

1. 의 의

민중소송이란 국가 또는 공공단체의 기관이 법률에 위반되는 행위를 한 때에 직접 자기의 법률상 이익과 관계없이 그 시정을 구하기 위하여 제기하는 소송이다. 국민 또는 주민이 법치행정유지를 위해 위법행위의 시정을 구하는 것을 말한다.

2. 종 류

(1) 선거소송

1) 대통령 및 국회의원 선거

선거의 효력에 이의가 있는 선거인, 정당, 후보자는 선거일로부터 당해 선거관리위원회위원장을 피고로 하여 대법원에 소를 제기할 수 있다.

2) 지방의회의원 및 지방자치단체장 선거

광역자치단체장과 의회의원 선거의 효력에 관하여 중앙선거관리위원회(접수일로부터 60일 이내 결정)에 소청을 할 수 있으며, 그 기간이 경과한 때에는 그 기간이 종료된 날로부터 10일 이내에 대법원에 소를 제기할 수 있다. 기초자치단체장과 의회의원 선거의 효력에 관하여 지역구선거관리위원회에 소청할 수 있으며, 그 기간이 경과한 때에는 그 기간이 종료한 때로부터 10일 이내에 관할고등법원에 소를 제기할 수 있다.

(2) 당선소송

대통령, 국회의원 선거에 있어서 당선의 효력에 이의가 있는 정당 또는 후보자는 당선인 결정일로부터 30일 이내에 등록무효 내지 피선거권상실로 인한 당선무효 등을 이유로 하는 때에는 당선인을 피고로 하여 대법원에 소를 제기할 수 있다.

(3) 국민투표

국민투표에 이의가 있는 투표인은 투표인 10만 이상의 찬성을 받아 중앙선거관리위원회 위원장을 피고로 하여 투표일로부터 20일 이내에 대법원에 제소할 수 있다.

(4) 주민소송

지방자치단체의 조례 또는 그 장의 명령이나 처분이 헌법, 법률에 위반된다고 인정될 때에는 일정한 요건 하에 대법원에 제소할 수 있다.

제6절 행정소송(항고소송)의 제기요건과 효과

Ⅰ. 제기요건

1. 취소소송

(1) 제기요건

취소소송을 위한 실질적 요건으로 행정청의 위법한 처분의 존재, 소송 이익의 존재, 소송제기(원고적격 있는)자의 소송제기 등이 요구되고, 취소소송을 위한 형식적 요건으로 형식을 갖춘 소장제출, 출소기간 내 제기, 필요한 전심절차 경유, 관할법원에 제기 등이 요구된다.

(2) 취소소송의 대상이 되는 처분

취소소송의 대상이 되는 처분으로는 행정행위, 거부처분, 권력적 사실행위, 행정심판 재결 자체의 위법, 국공립학교 학생의 퇴학처분(통설), 행정계획(도시계획결정 : 통설, 판례), 처분의 취소·철회(통설, 판례)와 같은 것들이 있다.

(3) 처분의 배제사유

취소소송의 대상이 되지 않는 처분성 배제사유에는 공법상 계약·사법상 계약·기타 사법상의 행위(비권력적 행위)와 행정주체의 내부적 의사결정, 행정지도(비권력적 사실행위), 통치행위, 통고처분(피고가 정식재판 불가)과 같은 것들이 있다.

정리 〈판례상 행정처분〉

① 처분여부의 기준
- 공권력 발동으로서의 행위
- 국민에게 직접 법적 효과를 발생하는 행위
- 사건성숙성

② 처분에 포함한 경우(항고소송 가능)
- 감사원의 징계요구에 의한 징계처분
- 체납처분으로 하는 공매
- 단수처분

③ 처분에 포함시키지 않은 경우(항고소송 불가)
- 아파트 분양지침
- 교육공무원법상 총학장의 임용제청
- 통고처분
- 형집행정지 취소처분
- 지적 봉쇄조치
- 법인세 과세 표준 결정
- 추첨에 의한 운수사업 면허대상자 선정행위에서 추첨
- 법규상 또는 조리상 권리 없이 한 신청에 대한 거부처분
- 검찰총장과 재항고 기각결정이나 검사의 불기소처분
- 개인택시면허 우선순위에 관한 국토해양부장관의 시달

2. 무효 등 확인소송

무효나 부존재확인을 구할 소의 이익이 있는 자가, 피고 소재지 관할 행정법원에 제기할 수 있으며, 무효확인소와 취소소송을 예비적, 택일적으로 제기가능 하다.

3. 부작위위법확인소송

행정청의 작위의무의 존재, 전심절차 경유(행정심판)[10], 재결서 정본 송달일로부터 90일 내에 제기 등의 요건을 갖추어야 한다.

10) 행정심판전치는 임의적 절차로 정해져 있기 때문에 반드시 행정심판을 거칠 필요는 없다. 그러나 부작위위법확인소송을 제기하기 전에 먼저 의무이행심판을 거쳐야 함을 개별법에서 정하고 있는 경우에는 의무이행 심판을 거쳐야 한다(행정소송법 제38조 제2항, 제18조).

Ⅱ. 효 과

1. 소송계속

(1) 의 의

항고소송이 제기되면 소송계속의 효과가 발생한다. 소송계속이란 특정한 청구에 관하여 특정한 법원에 재판절차가 현실적으로 존재하는 상태, 즉 특정한 사건이 특정한 법원에서 재판절차로 심판되고 있는 상태를 가리킨다.

(2) 효 과

항고소송이 제기되면 소송계속의 효과로 소송법적으로 중복소송이 금지되며, 소송참가는 가능하고, 관련청구의 이송이 인정도고, 그 사건은 행정법원에 계속되며, 행정법원은 이를 심리・판결할 의무가 발생한다. 또한 당사자는 동일사건에 대하여 재차 소를 제기할 수 없으나 제3자의 경우 당해 소송의 결과에 따라 권익침해를 받은 자는 소송에 참가할 수는 있다.

2. 항고소송제기의 효과

(1) 행정처분 등에 대한 효과(집행부정지원칙 – 가구제제도)

1) 의 의

행정소송이 제기되더라도 원칙적으로 처분의 효력이나 집행 또는 절차의 속행에 아무런 영향을 주지 아니한다.

2) 적용범위

취소 및 무효 등 확인소송이며, 대상이 되는 처분이 없는 부작위위법확인소송에는 적용되지 아니한다. 또한 거부처분에 대한 집행정지는 인정되지 아니하는 것이 통설과 판례의 태도이다. 한국은 집행부정지원칙이 적용되나, 독일의 브레멘과 같은 일부 주에서는 집행정지원칙이 적용되고 있는 것이 특색이다.

(2) 집행정지결정

1) 의 의

행정소송이 제기된 경우 처분 등이나 그 집행 또는 절차의 속행으로 인하여 생길 회복하기 어려운 손해를 예방하기 위하여 긴급한 필요가 인정될 때에는 법원이 당사자의 신청 또는 직권에 의하여 하는 처분이다.

2) 결정요건

집행정지결정을 위한 적극적 요건으로 적법한 본안소송의 계속, 대상인 처분 등의 존재, 회복할 수 없는 손해발생의 우려, 긴급한 필요의 존재 등이 요구되고, **소극적 요건으로** 집행정지가 공공복리에 중대한 영향을 미칠 우려가 있을 때에는 허용되지 아니한다. 집행정지결정 또는 기각결정에 재판의 성질상 신속히 확정지어야 할 결정에 대하여 인정되는 불복신청 방법인 즉시항고가 가능하다.

3) 결정절차

직권 또는 당사자의 신청에 의하여 본안소송이 계속된 법원의 결정에 의한다. 다만, 신청인은 그 신청에 대하여 소명을 하여야 하며, 변론을 거치지 아니하고 결정할 수 있으나 당사자는 심문을 할 수 있다.

4) 결정의 효력

처분의 효력정지는 당해 행정행위의 구속력을 정지시키고 그 행위가 없었던 것과 같은 상태를 실현시키는 형성력이 발생하며, 대인적 효력으로 신청인과 피신청인뿐만 아니라, 관계행정청과 제3자에게도 효력이 미친다. 시간적 효력으로는 결정의 주문에 정한 시기까지 정지결정의 효력이 존속한다.

5) 집행정지결정의 취소

집행정지가 공공복리에 중대한 영향을 미치거나 그 정지사유가 없어진 때에는 당사자의 신청 또는 직권에 의하여 결정으로 집행정지결정을 취소할 수 있다. 취소효과는 장래를 향하여 효력이 소멸한다.

제7절 소송참가

Ⅰ. 의 의

소송계속 중 소송 당사자외의 제3자가 타인의 소송의 결과에 따라 자기의 법률상 이익에 영향을 미치게 될 경우에 자기의 이익을 위하여 그 소송절차에 참가하는 것을 말한다.

Ⅱ. 제3자의 소송참가

1. 의 의

다수인에 대한 처분이라든가 복수적 처분에 있어서 소송당사자 이외의 제3자의 권익보호를 위하여 법원은 소송의 결과에 이해관계가 있는 제3자는 신청이나 직권에 의한 결정으로 당해 소송에 참가할 수 있게 하는 것을 말한다.

2. 요 건

타인 간 적법하게 제기된 항고소송이 계속 중이어야 하고, 소송의 결과에 따라 권익침해를 받는 제3자가 제기해야 한다.

3. 소송참가 절차

당사자 또는 제3자로부터 참가신청이 있는 때에는 결정으로 참가여부의 재판을 하며, 직권으로 제3자를 소송에 참가시킬 필요가 인정될 때에는 결정으로 참가를 명한다. 하지만, 법원은 제3자의 참가를 허가하거나 명하는 결정을 하고자 하는 때에는 미리 소송당사자 및 그 제3자의 의견을 들어야 한다.

4. 참가인의 지위

참가인으로 된 제3자의 지위는 민사소송법 제65조를 준용하고 있으므로 필수적 공동소송에 있어서의 공동소송인에 준한다. 그러나 제3자는 참가인에 불과하고 소송당사자에게 독자적인 청구를 하지 못한다는 점에서 일종의 공동소송적 보조참가와 유사하다는 것이 판례와 일반적 견해이다.

Ⅲ. 행정청의 소송참가

1. 의 의

법원은 소송당사자인 행정청 이외의 행정청을 당사자나 당해 행정청의 신청 또는 직권으로 소송에 참가시킬 수 있다.

2. 요 건

타인간의 항고소송의 계속 중이어야 하고, 소송당사자인 행정청 이외의 다른 행정청이어야 하며, 참가의 필요성이 있어야 한다.

3. 절 차

당사자 또는 해당 행정청의 신청 또는 직권에 의하여 법원의 결정으로서 하며(행정소송법 제17조 제1항), 이 경우 당사자 및 당해 행정청의 의견을 들어야 한다.

4. 참가행정청의 지위

참가행정청의 소송상의 지위는 민사소송법 제71조의 규정을 준용하고 있으므로 민사소송법상의 보조참가인에 준한다.

제8절 행정소송의 심리와 판결

Ⅰ. 행정소송의 심리

1. 심리의 내용

(1) 요건심리

행정법원에 제기된 소가 소송요건을 갖춘 적법한 것인지의 여부를 심리하는 것이며, 심리 결과 제기요건을 갖추지 못한 때에는 소를 각하한다. 소송요건의 존부판단 시기는 원칙적으로 변론종결 시이며, 일반적으로 소송요건은 사실심의 구두 변론종결시가지 갖추면 된다. 제소요건이 갖추어진 경우에는 본안판결을 하여야 한다.

(2) 본안심리

요건심리 결과 당해 소송이 소송요건을 충족하였을 때 그 소에 의한 청구를 인용 또는 기각할 것인지를 판단하기 위하여 사건의 본안에 대한 실체적 심리를 하는 것이다.

2. 심리의 범위

(1) 불고불리의 원칙

소가 없거나 또는 원고의 청구의 범위를 넘어서는 심판할 수 없다는 원칙이다. 다만, 예외적으로 법원이 인정할 때에는 당사자가 주장하지 아니한 사실에 대하여도 판단할 수 있다는 직권탐지주의를 인정한다.

(2) 법률, 사실, 재량문제의 심리

행정법원은 행정처분이나 재결의 실체문제, 절차문제 및 법률문제, 사실문제에 관하여 재심사할 수 있으며, 특히 재량문제에 대하여는 그 권한의 일탈(유월), 남용이 있는지의 여부를 심리한다. 행정소송법 제27조는 "행정청의 재량에 속하는 처분이라도 재량권의 한계를 넘거나 그 남용이 있는 때에는 법원은 이를 취소할 수 있다."고 규정하여 이를 명백히 하고 있다. 다만, 재량권의 일탈(유월), 남용에 이르지 아니하고 재량권의 범위 내에서 재량을 그르친 경우에는 부당에 해당하여 기각판결을 내려야 한다.

3. 심리절차의 일반원칙

(1) 처분권주의

처분권주의란 소송절차의 개시, 진행, 종결 및 소송의 대상(소송물)인 청구의 처분을 소송당사자의 의사에 맡기는 것을 말한다. 처분권주의는 "소 없으면 재판 없다."라는 불고불리(不告不理)의 원칙으로도 표현되는 바, 이러한 소송절차의 전 과정을 법원에 맡기는 직권주의에 대한 관념이다. 처분권주의는 소송물에 대한 당사자의 자유처분을 뜻하는 것이므로, 법원은 당사자가 신청하지 아니한 사항에 대하여는 판결할 수 없다는 게 판례의 태도이다.

(2) 공개심리주의

공개심리주의는 재판의 심리와 판결의 선고를 일반인이 방청할 수 있는 상태에서 행하는 것을 말한다. 이는 판결의 공정성에 대한 국민의 신뢰를 확보하기 위한 제도인데, 예외적으로 일정한 경우에는 비공개도 인정된다.

(3) 구술심리주의

구술심리주의란 심리에 있어서 당사자 및 법원의 소송행위, 특히 변론 및 증거조사를 구술로 행하는 것을 말하며, 서면심리주의에 대응한 것이다. 구술심리주의는 당사자가 직접 구술로 진술할 수 있어 사건의 진상파악이 쉽고 의문사항은 석명을 통해 쉽게 해명될 수 있기 때문에 판결에 대한 당사자의 수용가능성을 높일 수 있다.

(4) 변론주의

변론주의란 재판의 기초가 되는 소송자료의 수집·제출의 책임과 권능을 당사자에게 맡기는 것을 말한다. 변론주의는 사적 자치에 근거하여, 소송자료의 수집과 제출을 대립 당사자에게 맡기는 것이 진실발견의 합리적인 수단이 될 뿐만 아니라, 분쟁의 공평한 해결 및 뜻밖의 타격을 방지하여 재판에 대한 신뢰를 확보한다는데 근거하고 있다.

(5) 직권심리주의

직권심리주의란 법원이 당사자의 주장에 구속됨이 없이 직권으로 필요한 사실의 탐지 및 증거조사를 하는 제도를 말하며, 직권탐지주의 또는 직권증거조사주의라고도 한다. 법원의 심리방법에는 변론주의와 직권심리주의가 있는데, 행정소송법은 변론주의를 기본으로 하면서 이에 대한 특례로 직권심리주의를 규정한 것인지 문제된다. 즉, 이에 대한 근거규정인 행정소송법 제26조 "법원은 필요하다고 인정할 때에는 직권으로 증거를 조사할 수 있고, 당사자가 주장하지 아니한 사실에 대하여도 판단할 수 있다."고 한 규정의 해석을 둘러싸고 견해가 나뉜다.

1) 변론주의보충설

이 설은 행정소송에도 변론주의가 원칙이나 행정소송의 특수성(국민의 권리구제와 행정의 적법성보장, 공공복리의 유지와 행정판결의 제3자효)에 따라 직권심리주의가 예외 내지 보충적으로 인정된 것에 불과하다고 한다. 즉, 변론주의를 보충하여 당사자가 제출한 증거에 의하여 충분한 심증을 얻을 수 없고, 공정·타당한 재판을 확보하기 위하여 필요하다고 인정하는 경우에 직권으로 증거를 조사할 수 있다고 한다.

2) 직권탐지주의설

이 설은 보충적 증거조사뿐만 아니라 나아가 당사자가 주장하지 아니한 사실에 대해서도 직권으로 이를 탐지하여 재판의 자료로 삼을 수 있다고 한다. 그 논거로, 행정법관계는 사적 자치의 원칙이 타당하지 아니하고 강행법규가 일반적이며, 행정소송은 국민의 권리보호와 행정의 적정성보장을 목적으로 하며 공익에 영향을 미친다(행정판결의 제3자효)는 점에서 변론주의가 적용되는 민사소송의 경우와 다르다고 한다.

3) 판 례

판례는 직권탐지주의를 제한적으로 허용하여 변론주의를 보충한다는 의미로 보며, 이는 일반적으로 변론주의보충설을 취하고 있는 것으로 볼 수 있다.

4. 행정소송의 입증책임

(1) 의 의

입증책임이란 소송상 일정한 사실의 존부가 확정되지 아니한 경우에 불리한 법적 판단을 받게 되는 일방의 당사자의 불이익 내지 위험을 말한다. 입증책임은 변론주의가 지배하는 절차에 한정되는 문제는 아니며, 일정 사실의 진위불명이 예상되는 한 직권탐지주의 하에서도 문제된다.

(2) 입증책임의 분배

입증책임의 분배란 일정 사실의 진위에 대하여 어느 쪽의 당사자가 입증책임을 져야하는 가를 정하는 것을 말한다. 입증책임의 분배에 관하여 행정소송법에 명문규정이 없기 때문에 종래부터 견해의 대립이 있다.

1) 원고책임설

원고책임설은 행정행위에는 공정력이 있어 적법성의 추정을 받는 것이므로, 행정행위의 위법을 주장하는 원고가 그 위법사유에 대한 입증책임을 진다는 설이다. 그러나 공정력은 실체법적인 적법성의 추정이 아니라 잠정적 통용력에 불과하여 입증책임의 문제와 직접 관계가 없고, 소송단계에서 적법성을 추정한다는 것은 행정권을 부당하게 보호함으로써 대립당사자의 실질적 평등과 정의에 바탕을 둔 입증책임과 모순된다는 비판을 받는다.

2) 피고책임설

피고책임설은 법치행정의 원리에서 보아 행정청은 행정행위의 적법성을 스스로 담보하여야 하므로 그가 행한 형정행위의 적법사유에 대하여 언제나 입증책임을 진다고 본다. 그러나 형벌권의 발동과 달리 행정처분 중에는 침해적 처분 외에도 수익적 처분도 포함되어 있으며, 소송에서 행정청과 국민은 대등한 지위에 있다고 할 것이므로 이 견해는 입증책임 공평의 원칙상 부당하다는 비판을 받는다.

3) 입증책임분배설(법률요건분류설, 일반원칙설)

이 설은 소송에서 당사자의 지위는 대등한 것이므로 항고소송에서도 민사소송의 일반원칙에 따라 입증책임을 분배하여야 한다는 견해로 통설의 입장이다. 그리하여 처분근거인 행정법규는 행정청의 권한행사의 요건을 규정하고 있는데, 각 당사자는 자기에게 유리한 법률효과의 발생을 정하는 규정의 요건사실에 관하여 입장책임을 진다고 한다. 즉, 행정청의 권한행사규정(…한 때에는…의 처분을 한다.)에서는 처분권한의 행사를 주장하는 자(적극적 처분에 대하여는 행정청, 소극적 처분(거부처분)에 대하여는 원고)가, 행정청의 권한불행사규정(…한 때에는…의 처분을 하여서는 아니 된다.)에서는 처분권한의 불행사를 주장하는 자(적극적 처분에 대하여는 원고, 소극적 처분에 대하여는 행정청)가 각각 요건사실에 관한 입증책임을 진다고 한다. 그러나 행정법규는 민사법과 달리 재판규범으로서 보다는 행위규범으로서의 성격이 강하고 공권력행사는 권력복종관계이지 권리의무관계가 아니라는 점에서 민사소송의 배분원리를 바로 적용할 수 없다는 비판이 있다.

4) 특수성인정설(행정소송법 독자분배설)

특수성인정설은 행정소송과 민사소송의 목적과 성질의 차이, 행위규범과 재판규범과의 차이 등을 이유로 독자적으로 정해야 한다고 한다. 즉, 민사법은 재판규범으로서의 성질을 가지나, 행정실체법은 공익과 사익의 조정을 내용으로 하며 행위규범으로서의 성질을 가지기 때문에 당사자간의 공평, 사안의 성질, 입증의 난이 등에 의하여 구체적인 사안에 따라 입증책임을 정해야 한다고 한다. 그리하여 침익적 처분의 소송에는 피고가, 권리이익의 확장의 소송에는 원고가, 재량권의 일탈·남용에 대한 소송에는 원고가 입증책임을 진다고 한다. 그러나 입증책임분배의 기준은 구체적 사안에 따라 정할 수 있는 것이 아니고 사전에 일의적으로 설정되어야 하며, 자유제한과 권리부여의 구별이 명확하지 않고 복효적 행정행위에 대한 적용에 문제가 있다는 비판이 있다.

5) 판 례

초기 판례는 원고책임설을 취하였으나, 그 후 입증책임분배설의 입장을 취하고 있는 것으로 보인다.[11)]

Ⅱ. 행정소송의 판결

1. 판결의 의의

판결이란 행정법원이 행정사건에 대한 분쟁을 심리하여 무엇이 구체적인 법인가를 판단, 선언하는 행위를 말한다.

2. 행정소송의 위법판단의 시기

행정법규는 항상 변하고 그 적용대상의 상태도 변하는 까닭에 항고소송의 대상인 처분 등의 적법성을 어느 시점의 법규와 상태를 기준으로 판단할 것인지가 문제되는 바, 이에 관하여는 처분시설과 판결시설이 대립되고 있다.

(1) 처분시설

이는 행정소송에서 해당 처분 등의 위법 여부의 판단은 행위 시의 법령 및 상태를 기준으로 하여야 한다는 견해이다. 이 설은 항고소송의 본질은 처분 등에

---

11) "민사소송법의 규정이 준용되는 행정소송에 있어서 입증책임은 원칙적으로 민사소송의 일반원칙에 따라 당사자 간에 분배되고 항고소송의 경우에는 그 특성에 따라 당해 처분의 적법을 주장하는 피고에게 그 적법사유에 대한 입증책임이 있다 할 것인바 피고가 주장하는 당해 처분의 적법성이 합리적으로 수긍할 수 있는 일응의 입증이 있는 경우에는 그 처분은 정당하다 할 것이며 이와 상반되는 주장과 입증은 그 상대방인 원고에게 그 책임이 돌아간다고 할 것이다."(대판 1984. 7. 24. 84누124, 법인세부과처분취소)

대한 사법적 사후심사이며, 판결시를 기준으로 하면 법원에 대해 행정감독적 기능을 인정하게 되어 부당하다는 것이다. 판례는 처분시설을 취한다.

(2) 판결시설

이 설은 취소소송의 목적은 계쟁처분의 효력을 현재 유지할 것인가의 여부를 결정하는데 있다고 보고, 처분의 취소여부는 판결 시(변론종결 시)를 기준으로 하여 판단하여야 한다고 본다.

(3) 절충설

원칙적으로 처분시설을 취하면서, 예외적으로 계속적 효력을 가진 처분이나 미집행의 처분(집행되지 않은 철거명령) 및 거부처분취소소송의 경우에는 판결시설을 취한다.

Ⅲ. 판결의 종류

1. 각하판결

소송요건을 갖춘 적법한 것인가의 여부를 심리하여 심리의 결과 제기요건을 갖추지 못하면 소를 각하판결이다. 본안심리를 거부하는 판결이므로 계쟁처분의 효과를 확정하는 효력이 없다. 따라서 원고는 결여된 요건을 보완하여 다시 소를 제기할 수 있다.

2. 청구기각판결

기각판결은 본안심리의 결과 원고의 청구가 이유 없다고 하여 배척하는 내용의 판결이다. 이것은 계쟁처분 등이 적법하거나 부당에 그치거나, 그 밖에 법률상 이익이 없다고 인정되는 경우에 행한다. 다만 청구에 이유가 있는 경우에도 예외적인 경우에 기각판결을 할 수 있는 바, 다음의 사정판결이 그것이다.

3. 사정판결

(1) 의 의

원고의 청구가 이유가 있는 경우라 하더라도 당해 처분 등을 취소, 변경함이 현저하게 공공복리에 적합하지 아니하다고 인정되어 이유 있는 원고의 청구를 기각하는 판결이다.

(2) 요건 및 이유

사정판결은 개인의 이익을 희생시키지 않으면 안 될 정도의 필요불가결한 공공복리의 필요성이 있는 경우에 한하여 발동을 허용하며, 다른 방법이 있는 경우에는 보충적으로만 인정된다. 사정판결을 할 경우에는 행정법원은 판결주문에서 당해 처분이나 판결의 위법성을 명시해야한다. 명시 내용에는 행정법원이 원고가 그로 인하여 입게 될 손해의 정도와 배상방법 그 밖의 사정을 조사하여야 하고, 사정판결을 하려는 사실을 사전에 원고에게 알려야 하는 것을 포함한다. 사정판결은 원고에 대한 보상적 구제를 가능케 하고, 소송비용의 결정에 참가하도록 하기 위한 것이다.

(3) 적용범위

사정판결은 취소소송에만 적용되며, 그 밖의 소송에는 일체 허용되지 않는다.

4. 인용판결

인용판결은 원고의 주장이 이유 있다고 인정하여 그 청구의 전부 또는 일부를 인용하는 판결이다. 인용판결은 그 내용에 따라, 일정한 법률관계나 법률사실의 존부를 확정하는 확인판결, 일정한 법률관계를 새로이 형성・변경・소멸시킴을 내용으로 하는 형성판결 및 행정청에 일정한 행위를 할 것을 명하는 이행판결로 나누어진다.

Ⅳ. 판결의 효력

1. 기속력

(1) 의 의

기속력이란 소송당사자와 관계행정청이 판결의 취지에 따라 행동할 실체법적 의무를 발생시키는 효력을 말한다. 기속력은 행정청에 대한 효력으로서, 행정청이 판결이유에서 위법이라고 한 점은 제거해야 하는 의무를 지게 된다. 기속력은 행정소송법 제30조 제1항 "처분 등을 취소하는 확정판결은 그 사건에 관하여 당사자인 행정청과 그 밖의 관계행정청을 기속한다."는 규정에 근거하고 있다. 기속력은 원고승소의 인용판결에서 인정되는 효력이고 원고패소의 기각판결에는 인정되지 아니한다.

(2) 성 질

1) 기판력설

이 설은 기판력의 당연한 결과로서 확정판결 이후 동일한 사안에 있어서는 그 확정판결을 존중하도록 구속된다고 한다. 판례의 입장이다.

2) 특수효력설

판결의 효과를 보장하기 위하여 특별히 인정된 효력으로 보는 견해로서 행정소송에 있어서 판결의 구속력은 그 판결의 실효성을 보장하기위하여 행정소송법이 확정판결에 대하여 특별히 부여한 실체법적 효과를 발생시키는 효력으로 보는 견해이다.

(3) 내 용

1) 반복금지효

취소판결 등 청구를 인용하는 판결이 확정되면 행정청은 동일 사실관계 하에서 동일 당사자에 대하여 동일한 내용의 처분 등을 반복하여서는 아니 된다는 것이다.

2) 적극적 처분의무

거부처분의 취소판결이나 부작위위법확인판결이 확정되면 당해 거부 처분을 한 행정청 또는 그 부작위를 범한 행정청은 판결의 취지에 따라 원래의 신청에 대한 처분을 해야 할 의무를 지게 되고 처분의 절차상 위법을 이유로 한 취소판결이 확정된 때에는 적법한 절차에 따라 이전의 신청에 대한 처분을 다시 하여야 한다는 것이다.

2. 불가쟁력(형식적 확정력)

불가쟁력이란 판결에 불복이 있는 자가 더 이상 상소로써 다툴 수 없는 판결의 구속력을 말하며, 형식적 확정력이라고도 한다. 이는 상소의 포기, 상소기간의 도과, 심급의 완료 등의 사유로 발생한다. 그러나 당사자가 책임질 수 없는 사유로 인하여 상소기간을 경과하거나 상소의 추완이 인정되는 경우 및 재심이 인정되는 경우에는 이 효력이 배제된다.

3. 기판력(실질적 확정력)

기판력(旣判力)이란 후소(後訴)의 법원에 대하여 동일한 사항에 대하여는 확정판결과 내용적으로 모순되는 판단을 못하도록 금함과 동시에, 동일 소송물에 대한 반복된 제소를 불허하는 확정판결의 효력을 말한다. 따라서 기판력은 당사자 및 법원에 대한 효력이다. 판결의 실질적 확정력이라고도 한다. 기판력은 소송절차의 무용한 반복을 방지함과 동시에 선후 모순된 재판의 출현을 방지함으로써 법적 안정성을 도모하려는 것으로서, 민사소송법(제216조, 제218조)을 준용한 것이다(행정소송법 제8조 제2항).

4. 간접강제

간접강제는 행정청이 인용판결에 따라 당사자의 신청에 따른 의무를 이행하도록 배상금부과의 방법으로 심리적 압박을 가하는 법원의 간접적 의무이행강제수단이다. 행정소송법은 의무이행소송을 인정하지 않았지만, 거부처분취소판결이 확정된 경우의 재처분의무와 함께 그 의무를 이행하지 않은 경우에 판결의 실효성을 더욱 확보하기 위한 수단으로 민사소송의 경우처럼 이른바 간접강제제도를 채택하였다. 이는 부작위위법확인소송에도 준용한다(동법 제38조 제2항).

5. 형성력

판결의 형성력이란 판결의 취지에 따라 기존의 법률관계 또는 법률상태에 변동을 가져오는 효력을 말한다. 취소소송과 같은 형성의 소에 있어서는 취소판결이 확정되면 행정청의 별도의 행위를 기다릴 것 없이 계쟁처분 등으로 말미암아 생겼던 위법한 법률상태가 소급하여 제거되어 처음부터 그러한 처분이 없었던 것과 같은 효과를 가져온다(대판 1991. 10. 11. 90누5443).

(1) 형성력의 주관적 범위

형성력은 소송당사자(원고와 피고) 사이에 생기는 것은 당연하지만, 처분 등을 취소하는 확정판결은 제3자에 대하여도 효력이 있다(행정심판법 제29조 제1항). 이와 같이 취소판결 형성력의 주관적 범위가 제3자에게 미치는 것을 제3자효 또는 대세효(對世效)라고 한다. 제3자의 범위에 대해서, 소송에 참가한 제3자에게만 형성력이 미친다는 상대적 효력설과, 소송에 참가하지 아니한 일반 제3자에게도 형성력이 미친다는 절대적 효력설이 대립하며, 절대효력설이 다수설이다.

(2) 형성력 있는 판결의 범위

형성력의 제3자효는 취소판결뿐만 아니라 집행정지결정 또는 집행정지결정의 취소결정에 준용하며(행정심판법 제29조 제2항), 무효등확인소송과 부작위위법확인소송에도 준용된다(행정심판법 제38조 제1·2항).

V. 소송비용과 재심청구

1. 소송비용의 부담

취소소송의 비용은 민사소송법의 일반원칙에 따라 패소자(敗訴者)가 부담하며(민사소송법 제89조), 원고의 청구가 일부 인용된 판결의 경우에는 각 소송당사자가 분담한다(동법 제101조). 다만, 취소청구가 사정판결에 의하여 기각되거나, 행정청이 처분 등을 취소 또는 변경함으로 인하여 청구가 각하 또는 기각된 경우에는 피고가 부담한다(행정소송법 제32조). 소송비용에 관한 재판이 확정된 때에는 피고 또는 참가인이었던 행정청이 소속하는 국가 또는 공공단체에 그 효력을 미친다(동법 제33조).

2. 재심청구

(1) 의 의

행정소송법은 취소・변경판결의 효력이 소외의 제3자에게도 미치게 한 결과(동법 제29조 제1항), 자기에게 책임 없는 사유로 소송참가를 못함으로써 판결결과에 영향을 미칠 공격방어 방법을 제출하지 못한 제3자의 권익을 보호하기 위하여 민사소송법에 대한 특칙으로서 확정된 종국판결에 대한 제3자의 재심청구가 인정되고 있다(동법 제31조).

(2) 당사자

재심청구의 원고는 취소소송의 인용판결에 의하여 권리 또는 이익의 침해를 받은 제3자가 되며, 피고는 확정판결에 나타난 원고와 피고가 함께 공동피고가 된다.

(3) 재심사유

자기에게 책임 없는 사유로 소송에 참가하지 못하였을 때, 소송에 참가하지 못함으로써 판결의 결과에 영향을 미칠 공격 또는 방어방법을 제출하지 못한 때이어야 한다.

(4) 재심청구기간

재심청구는 확정판결이 있음을 안 날로부터 30일 이내, 판결이 확정된 날로부터 1년 이내에 제기하여야 한다(행정심판법 제31조 제2항). 이 기간은 불변기간이다(동조 제3항).

찾아보기

ㄱ

ㅅ

ㅊ

ㅌ

ㅍ

ㅎ

‖ 저자약력 ‖

이윤환

충남대학교 대학원 법학과 졸업(법학박사)
건양대학교 경영행정대학원장, 홍보처장
사법시험, 7급 · 9급 공무원, 공인중개사 등 시험위원, 국정과제평가위원
노동위원회 공익위원, 충청남도 토지수용위원, 대전광역시 소청심사위원
대전경찰청 수사이의심사위원, 한국법학회 · 한국법정책학회 부회장
현, 건양대학교 국방경찰행정학부 교수

이한태

충남대학교 대학원 법학과 졸업(법학박사)
충남대학교 법학전문대학원 법학연구소 연구원
대전광역시 대전발전연구원 비상임연구원
충남대, 건양대, 공주교육대 등 강사
충청남도 공무원채용시험 · 소방간부시험 출제위원
대전광역시 성평등위원회 위원

저자와의
협의하에
인지생략

행정법의 기초

2016년 2월 25일 1판 1쇄 발행
2018년 3월 10일 1판 2쇄 발행

저 자 이 윤 환 · 이 한 태
발행인 김 광 식
조 판 아 람 기 획

07285
발행처 서울특별시 영등포구 선유로3길 10, 617호
도서출판 **탑 북 스**
등 록 2009.12.21 제 2016-000101 호
전 화 02)365-2223 팩스 02)365-2224

정가 28,000 원
ISBN 979-11-85647-88-3-93360